BÜCHELER · HOEPNER

HEINRICH BÜCHELER

HOEPNER

EIN DEUTSCHES SOLDATENSCHICKSAL DES ZWANZIGSTEN JAHRHUNDERTS

MITTLER

HERFORD

MCMLXXX

Bildnachweis:
Archiv Familie Joachim Hoepner (18),
Archiv Oberst i. G. a. D. v. Rücker (2),
Bundesarchiv Koblenz (1),
Landesbildstelle Berlin (1)
Für die Erlaubnis zum Abdruck der Karten (S. 85, 107, 123, 135, 152)
sind Verfasser und Verlag Frau Ursula Chales de Beaulieu
zu besonderem Dank verpflichtet.

Bücheler, Heinrich
Hoepner
Ein deutsches Soldatenschicksal
des 20. Jahrhunderts
1. Auflage, 1980, 228 Seiten

ISBN 3 8132 0118 X

Schutzumschlag-, Einband-, Innentitel- und Bildteilgestaltung: Martin Andersch, Hamburg
Verlagsherstellung: Heinz Kameier
Gesamtherstellung: F. L. Wagener GmbH & Co KG, Lemgo
Printed in Germany

Inhaltsverzeichnis

Vorwort 7

Einleitung 11

I. Lehrjahre eines Soldaten (1886–1918) 17
1. Herkunft, Kindheit und Jugend 17
2. Dragoner und Infanterist des Kaisers 24

II. Kavallerieoffizier der Republik (1919–1933) 46

III. Der neue Staat und die neue Waffe (1933–1939) 61

IV. Der Panzerführer (1939–1942) 82
1. Im Polenfeldzug und im »drôle de guerre« 82
2. Im Westfeldzug 101
3. Beim Vorstoß auf Leningrad 127
4. Bei der Operation auf Moskau 146

V. Der letzte Einsatz (1942–1944) 174
1. Die Sorge um Deutschland 174
2. Der 20. Juli 1944 181
3. Der Tod in Plötzensee 197

Dokumente 209

Literaturverzeichnis 217

Register 224

Vorwort

Am 9. August 1944 bringt ein 16jähriger Luftwaffenhelfer seinem Zugführer, dem Wachtmeister Rochow, den »Völkischen Beobachter« in die beim württembergischen Hailfingen gelegene Stellung. Darin sind Bilder und Berichte von »Verrätern des 20. Juli«, die am Vortage gehängt worden sind, darunter auch von Erich Hoepner. Das Foto zeigt den Generalobersten, seit Januar 1942 von Hitler unehrenhaft aus dem Heere ausgestoßen, in einer grauen Wolljacke, ohne Kragen und Krawatte, wie er vor dem Vorsitzenden des Volksgerichtshofes, Roland Freisler, steht. Im Text ist unter anderem festgehalten, daß Freisler ihn als einen jämmerlichen Feigling beschimpft hat.
Rochow, für seine »Jungens« nicht nur respektierter Vorgesetzter, sondern geliebt als eine Art Ersatzvater, ist von dem, was er sieht und liest, deutlich erschüttert. Dann sagt er zu dem Überbringer der Zeitung, auf das Bild Hoepners deutend: »Den kenn ich, den habe ich vor Warschau in der vordersten Linie gesehen. Der war kein Feigling!«
Für den Luftwaffenhelfer Bücheler, der den »V. B.« gebracht hat, wird dies so etwas wie ein Schlüsselerlebnis. Er hat in Hoepner sein Leitbild gefunden, und es ist von nun an sein Ziel, »alles über Hoepner« zu wissen. Der heutige Oberstleutnant der Bundeswehr ist der Autor dieses Buches.
Die Luftwaffenhelfer der beiden letzten Jahre des Krieges – damals noch halbe Kinder – gehören zu der Generation, die man in den 50er Jahren die skeptische nannte. Sie war es aus ihrem Erleben heraus geworden. Bücheler gehört zu denen, die diesem Grundgefühl eine Wendung ins Positive geben konnten, die ihn dann auch Soldat in der Bundeswehr werden läßt. Dies verdankt er, wie er sagt, der ständigen Beschäftigung mit seinem Leitbild Hoepner, die natürlicherweise das ganze Geschehen des Widerstandes einbezieht.
»Alles über Hoepner« zu wissen, was er sich vorgenommen hat, erweist sich als gar nicht so leicht. Diese bedeutende Figur des Widerstandes spielt – zu Unrecht – in der allmählich wachsenden Literatur keine große Rolle im Bewußtsein der breiten Öffentlichkeit, einem Bewußtsein, das aus mangelnder Kenntnis, gepaart mit dem Streben nach Verdrängung der schrecklichen Periode des Dritten Reiches, sowieso nie sehr intensiv war und ist. Hoepners Verhalten am 20. Juli selbst wird wiederholt – nur scheinbar zu Recht – schärfer kritisiert als das der anderen Handelnden.
Ein Buch nur über Hoepner gibt es, geschrieben von seinem früheren Chef des Stabes Walter Chales de Beaulieu. Es erschien im Jahre 1969. Es befaßt sich aber nur mit dem erfolgreichen Panzerführer (dem der Schreiber dieser Zeilen in Polen und in Rußland unterstellt war) und nicht mit dem letztlich gescheiterten Widerstandskämpfer.
Der Autor dieses Buches geht die Jahre hindurch all dem mit unermüdlicher Hingabe, großem Fleiß und viel Ernst nach; er gewinnt persönlichen Kontakt mit der Familie des Generalobersten, erhält Einblick in dessen glücklicherweise geretteten Papiere und zahlreiche Briefe. Diese vor allem sind es, die ihm außer der Gewißheit, daß er sich das rechte

Vorbild gewählt hat, den Gedanken eingeben, eine Biographie zu versuchen. Bis es dazu kommt, vergehen Jahre, denn die Arbeit seines Soldatenberufes läßt Bücheler über das Materialsammeln hinaus keine Zeit dazu.

Dafür, wer Gegenstand einer Biographie werden sollte oder könnte, gibt es keine Regeln, aber unterschiedliche Auffassungen. Die Frage, ob die Beschreibung eines privaten Lebens wirklich von Wert und Bedeutung sei, wird oft gestellt und bleibt offen – allerdings dann nicht, wenn dieses Leben ein exemplarisches ist und in seinen Umständen seine Zeit widerspiegelt. Das tut Hoepners Leben ganz gewiß.

Der Autor hat seinem Buch den Untertitel »Ein deutsches Soldatenschicksal des Zwanzigsten Jahrhunderts« gegeben. Das mag sehr privat klingen, ist es aber nicht. Eigentlich ist kein deutsches Soldatenschicksal, sei es das eines Landsers oder eines Generals, privat, sofern es in etwa mit dem Jahrhundert beginnt: es fängt an im Glanz des Kaiserreiches, erlebt den Ersten Weltkrieg und den Fall des Zweiten Reiches, das Zwischenspiel der Weimarer Republik, die Katastrophe des Zweiten Weltkrieges und die Zerstörung von Hitlers anfänglich scheinbar so glückhaftem Dritten Reich, das ein Hort des Verbrechens geworden war. Und wenn solch ein Leben ein besonderes gewesen ist wie das Hoepners, erlebt und lebt es den Widerstand und stirbt mit ihm. Es verdient, dargestellt und so vor allmählicher Vergessenheit bewahrt zu werden.

Es war nicht möglich, dokumentarisch genau zu belegen, von wann ab Hoepner an aktiven Widerstand dachte und mit der eigenen Person und den ihm jeweils gegebenen militärischen Möglichkeiten (d. h. zeitweise auch mit ihm unterstellter Truppe) dazu bereit war. Sicher ist, daß er von Beginn des Dritten Reiches an zu den damals nicht allzu zahlreichen Opponenten gehörte, die nicht nur der NSDAP, sondern auch Hitler ablehnend gegenüber standen, längst bevor sich im Gefolge der Fritschkrise 1938 eine regelrechte Militäropposition zu bilden begann. Zu dieser gehörte er von deren Beginn an, und zwar in aktiver Weise. Dies ist allein schon dadurch erwiesen, daß es Hoepner war, dem Witzleben und Halder den Auftrag gaben, mit seiner Division den im Herbst 1938 geplanten Staatsstreich militärisch durchzuführen, einen Auftrag, den Hoepner ohne zu zögern übernommen hat.

Hoepner war ein Soldat, dem Tradition im ursprünglichen und richtigen Sinn dieses Wortes viel bedeutete. Soldatische Tradition, richtig verstanden, ist nicht allein das berühmt gewordene Scharnhorstsche An-der-Spitze-des-Fortschritts-Marschieren, ist nicht nur die wohlbedachte Weitergabe von zeitlosen Werten und von lebendigem Bewährten in Verbindung mit sinnvoll gebliebenen Konventionen und äußeren Manifestationen, sondern auch, vor allem für den Soldaten, das Ausrichten des eigenen Denkens und Handelns auf menschliche große Leitbilder, die Soldaten waren. Die prägende Kraft solcher Leitbilder hat gerade auch in großer Deutlichkeit Erich Hoepner erfahren, der in bemer-

kenswerter Art ebenso aus seinen Anlagen heraus wächst wie aus menschlicher und sachlicher Umwelt und Überlieferung.
Es gibt in diesem zwanzigsten Jahrhundert unter den bekanntgewordenen Männern der deutschen Armee wohl nicht allzu viele solche soldatischen Leitbilder, deren Beispiel geeignet ist, in seinen Maximen nachgelebt zu werden. Hoepner ist ein solches Beispiel. Deshalb wurde dieses Buch geschrieben.

Am 8. August 1979, dem 35. Todestag Erich Hoepners

Johann Adolf Graf von Kielmansegg

Einleitung

»Sein Leben spiegelt Größe und Niedergang der militärischen Tradition Preußen-Deutschlands wieder.«[1] – Diese Feststellung Walter Bußmanns über Generaloberst Erich Hoepner verdient Zustimmung. Nur wenige deutsche Armeeführer haben Größe und Elend, grandeur et servitude des deutschen Militärs im 20. Jahrhundert unmittelbarer erlebt. Als Fahnenjunker ist Erich Hoepner im Frühjahr 1905 zu Metz in Lothringen ins preußische Heer eingetreten; als Generaloberst a. D. hat er seine Soldatenlaufbahn im August 1944 am Galgen in Plötzensee beendet. In den fast vier Jahrzehnten dazwischen, die eines der dramatischsten Kapitel deutscher Wehrgeschichte darstellen, hatte Hoepner viele Dienststellungen im Heer der Kaiserzeit, in der Reichswehr und der Wehrmacht inne. Im Ersten Weltkrieg war er Ordonnanzoffizier, Kompanieführer und Generalstabsoffizier in Divisions-, Korps- und Armeestäben an der Westfront. Den Ertrag dieser vier Jahre an Kriegserfahrung hat er in die Kavallerie der Reichswehr eingebracht – dazu seine Gedanken, welche um die neue Durchbruchswaffe zur Überwindung des Stellungskrieges kreisten. Als gelernter Kavallerist versuchte er, diese neue Durchbruchswaffe durch Weiterentwicklung der Kavallerie zu schaffen. In der Wehrmacht hat Hoepner, parallel zu Guderian, Verbände der »Schnellen Truppen« aufgebaut und geführt.

Im Polenfeldzug war es ihm vergönnt, seine operativen und taktischen Vorstellungen von der Panzerwaffe als der modernen Schlachtenkavallerie in entscheidende Führungstat umzusetzen. Als Kommandierender General des XVI. Armeekorps (mot.) gelang es ihm, die schnellen Truppen rasch in Richtung Warschau bis zur Bzura vorwärtszutreiben, so daß starke Teile der zurückgehenden polnischen Armee dicht vor Warschau im Rücken gefaßt werden konnten. Auch im Frankreichfeldzug, in dem das moderne Kriegsbild klassisch festgeschrieben wurde, gehörte Hoepner zu den herausragenden Panzerführern. Mitte Mai 1940 schlug er bei Hannut in Belgien die erste große Panzerschlacht des Zweiten Weltkrieges. Der Stoß des XVI. Armeekorps aus dem Raum westlich Düsseldorf bis zum Kemmel, von dort über die Somme bis in den Raum südlich Lyon war der größte Raid dieses Feldzugs.

Zur höchsten Entfaltung als soldatische Persönlichkeit und Truppenführer gelangte Hoepner im Feldzug gegen Sowjetrußland. Als Befehlshaber der Panzergruppe 4 sollte er mit verhältnismäßig schwachen Kräften, den Infanteriearmeen der Heeresgruppe Nord voraus, durch das bewaldete, panzerungünstige Baltikum auf Leningrad durchstoßen, die alte Hauptstadt Rußlands einnehmen und zugleich die linke Flanke der Heeresgruppe Mitte sichern. In wenigen Tagen führte er seine beiden Korps an die Düna, in der dritten Woche nahm er Pleskau. Dann aber mußte das konsequenteste Verfolgen des Operationszieles unwirksam werden, weil der Angriffsplan nicht nur den deutlichen Schwerpunkt vermissen ließ, sondern der »Führer« noch am 15. August 1941 Hoepners Angriffsziel Leningrad klar definierte, am 5. September jedoch als »Nebenkriegsschauplatz«

abtat. Selten in der Kriegsgeschichte ist eine Truppe durch ihren »Obersten Kriegsherrn« auf schnödere Art um den Abschlußerfolg ihrer Anstrengungen gebracht worden als Hoepners Panzergruppe nach ihrem 800-km-Raid von Ostpreußen bis an die Tore von Leningrad.

Von Oktober bis Dezember 1941 war Hoepner mit seiner Panzergruppe 4, jetzt der Heeresgruppe Mitte unterstellt, im Angriff auf Moskau. An der Kesselschlacht von Wjasma war er in hervorragendem Maße beteiligt. Von einer Fortführung der Operation zur Einschließung Moskaus hat Hoepner, ebenso wie Generaloberst Hoth und General Reinhardt, im November wegen der späten Jahreszeit und in richtiger Beurteilung der tatsächlichen Stärkeverhältnisse abgeraten, den Optimismus von Führerhauptquartier und Oberkommando des Heeres hatte er ohnehin selten geteilt. Trotzdem setzte der Frontbefehlshaber noch einmal seine ganze Kraft ein, um das Unmögliche vielleicht doch möglich zu machen. Bei seinen Panzermännern hieß Hoepner damals »der Bulle«. Die Russen nannten Hoepner nach ihrem eigenen Wappentier »der Bär«. Es waren ihm unterstellte Panzer, die durch knietiefen Schlamm, eisige Kälte und täglich härteren sowjetischen Widerstand Anfang Dezember bis in Sichtweite des Kreml vorstießen. Im Kampf des Soldaten Hoepner gegen die Verteidiger Moskaus *und* gegen die in irrealen Vorstellungen sich bewegende oberste Führung liegt etwas von jener Tragik, welche Hannibal umgab, als er, vom Synedrion im Stich gelassen, an den Toren Roms rüttelte.

Im Januar 1942 wäre bei strikter Befolgung von Hitlers Haltebefehl ein der 4. Panzerarmee unterstelltes Korps im Frontbogen von Borowsk eingeschlossen und vernichtet worden. Zum Glück für diese Truppe war ein militärischer Führer vom Range Erich Hoepners aufgerufen, die Verantwortung für die ihm anvertrauten Soldaten höher zu stellen als formalen Gehorsam und die von Hitler geforderte Subordination. Der Diktator witterte sofort, daß da *einer* war, der sich von ihm nicht blenden ließ, der seine geistige Unabhängigkeit behauptete, der, in der preußischen Tradition der v. d. Marwitz, Seydlitz und Yorck wurzelnd, sich als *Mann* über das Gehorsamsprinzip erhoben hatte. Daß Hoepners Vorgesetzte, welche seinen Entschluß vom taktisch-operativen Standpunkt aus billigten, seine Ausstoßung aus der Wehrmacht widerstandslos hinnahmen, zeigt den Niedergang der deutschen militärischen Führungsschicht.

»Hoepners Stellung in der preußisch-deutschen Militärgeschichte der ersten Hälfte des Jahrhunderts ist bedeutend. Sein geschichtlicher Rang aber liegt in der Opposition gegen Hitler.«[2] Als Mann des militärischen Widerstands von der ersten bis zur letzten Stunde hatte er wie nur ganz wenige einen Blick für die zerstörerische, der preußischen Art und Tradition fremden Natur Hitlers – zu einer Zeit, in welcher aktive Widerstandskämpfer der späteren Jahre noch an das »Gute im Führer« glaubten. Die bisherige Literatur hat zu sehr allein die Beteiligung am 20. Juli 1944 in den Mittelpunkt gestellt; dabei war dieser Tag nur Epilog eines Kampfes, den Hoepner über zehn Jahre hinweg gekämpft hat, um die deutsche Wehrmacht nicht zu einem Hebel des Bösen werden zu lassen. Die sogenannten »Kaltenbrunner-Berichte« wurden allzu unreflektiert übernommen, ohne richtig zu bedenken, wie diese »Quelle« entstand und was mit ihr bezweckt worden ist. So hat selbst die offiziöse Geschichtsschreibung der Bundesrepublik teilweise bis in die 70er Jahre hinein das Diffamierungswerk der Goebbels und Freisler an einer Hauptgestalt der

Militäropposition gegen Hitler gedankenlos fortgesetzt. Hier für die Zukunft mehr Differenziertheit und Gerechtigkeit zu erreichen ist das Anliegen dieses Buches.

Diese Lebensbeschreibung ist aus einer mehr als dreißigjährigen Beschäftigung mit der Militäropposition im allgemeinen und mit Erich Hoepner im besonderen entstanden. Gegenstand einer Biographie sollte der Mensch in seinem inneren Widerspruch, seiner Entwicklung, seinem unausgesetzten Werden sein. Von dieser Forderung her gesehen, muß der Biographie Hoepners das Wesentlichste fehlen. Denn ebensowenig wie Moltke, Haeseler, wohl auch Hindenburg und Seeckt hat Hoepner in diesem Sinne eine innere Entwicklung erlebt. Schon in den Briefen des 19jährigen Kavalleriefähnrichs von 1906 steht er als früh profilierter Mensch und Soldat vor uns, mit reifem Urteil über die Welt und das Leben, zwar voll innerer Kämpfe, aber doch im goetheschen Sinne schon »des rechten Weges stets bewußt«. Der Freundin, baldigen Braut und Frau schreibt er am 24. Mai 1906 von der Kriegsschule Hannover:

»Glaubst Du, daß ich mich beeinflussen lasse? Und von wem? Fast nehme ich an, Du meinst den Einfluß des Standesgeistes. Nein, ich bin leider zu selbständig und handle nach Befragen meines eigenen Gewissens.«

Von da erscheint alles wie vorprogrammiert: Die Staatsstreichpläne von 1938 und 1939/40; der Entschluß vom 8. Januar 1942; die Beteiligung am 20. Juli 1944. »Generaloberst Hoepner *mußte* den Weg, den er gegangen ist, nach Persönlichkeit und Charakter *so* gehen«[3], schrieb später sein Chef des Stabes in seinem Buch über den Panzerführer. Hoepners Weg vom Beginn im Frühjahr 1905 bis zu seinem Ende »als Soldat unter Soldaten« im Sommer 1944 ist untrennbar mit dem Weg des deutschen Heeres in diesen vier Jahrzehnten verbunden. Es ist der Weg vom Glanz der Kaiserzeit zur Niederlage von 1918; durch die Notzeiten und die Agonie der Republik; durch die Hybris und die Pyrrhussiege zu der von ihm früh vorausgesehenen Katastrophe des »Dritten Reiches«. Die Gabe, kommende Dinge militärisch und politisch früher und richtiger zu erkennen als andere, den Höllensturz des Diktators vorauszusehen, als um diesen noch die Jubelhymnen des In- und Auslandes erschallten, ist Teil seiner Größe und seines Schicksals. Dazu tritt der Wille als Soldat und Staatsbürger, nicht nur seine Gedanken- und Handlungsfreiheit zu behaupten, sondern sich auch aktiv dem Unheil entgegenzustellen. In diesem konsequent geführten Soldatenleben liegt viel von der kantisch-preußischen Pflichtethik, von der Unbedingtheit der Helden Schillers und Kleists. Und es bestätigt sich darin die Weisheit Heraklits, daß des Menschen Charakter zugleich sein Schicksal ist.

Was die Quellen betrifft, so war es nicht meine Absicht, einen gewichtigeren Beitrag zur Entwicklung der Panzerwaffe, zur Geschichte des Zweiten Weltkrieges oder der Militäropposition gegen Hitler zu liefern, sondern die Lebensgeschichte eines deutschen Soldaten aufzuzeichnen, der an allen drei Zeitereignissen wesentlichen Anteil hatte, selbst aber nicht mehr, wie andere, zu Worte kam, um vor der Nachwelt sein Denken, Erleben und Handeln zu verantworten. Zum Glück sind die vielen Feldpostbriefe, welche der eifrige Briefschreiber Hoepner von August 1939 bis Januar 1942 an seine Familie geschrieben hat, dadurch erhalten geblieben, daß sie rechtzeitig vor dem Inferno 1944/45 in einem Garten bei Braunschweig vergraben wurden. Hiermit sowie durch überlieferte Jugendbriefe, Feldpostbriefe aus dem Ersten Weltkrieg und durch eine ganze Reihe von Aufsätzen, Berichten und Studien ist es jetzt möglich, Generaloberst Hoepner, 35 Jahre nach seinem Tod in Plötzensee, doch noch zur alten wie zur jungen Soldatengeneration sprechen zu lassen und die Ereignisse, vor allem der ersten zweieinhalb Kriegsjahre, aus seiner Sicht zu schildern. Schließlich sind Hoepners Briefe an seine Lebensgefährtin, die hier ihre erste Auswertung erfahren, echtere Dokumente seiner Denkart als die Tagesbefehle, welche von ihm mehr unterschrieben als geschrieben worden sind.

Die Quellenlage konnte weiter verbessert werden durch Briefwechsel und Gespräche mit über sechzig Persönlichkeiten, die mit Hoepner in persönlicher oder dienstlicher Verbindung gestanden haben oder sonst ergänzende Angaben machen konnten. Für Briefe und Gespräche, ohne die das Buch *so* nicht hätte geschrieben werden können, bin ich vor allem Frau Margarete Buchholtz-Hoepner, Frau Ingrid Potente-Hoepner, Herrn Joachim Hoepner sowie den Herren Generalen der Bundeswehr a. D. Adolf Heusinger, Johann Adolf Graf v. Kielmansegg und Siegfried Schulz zu großem Dank verpflichtet.

Des weiteren habe ich den folgenden Damen und Herren für Auskünfte und Hinweise zu danken:

Balck, Hermann, General der Panzertruppen a. D.; Beaulieu, Walter Chales de, Generalleutnant a. D.; Below, Nicolaus v., Oberst i. G. a. D.; Benda, Hasso v., Oberstleutnant der Bundeswehr; Bittrich, Wilhelm, General der Waffen-SS a. D.; Bothe, Dr. jur. Werner, Major i. G. a. D.; Brennecke, Kurt, General der Infanterie a. D.; Buchbender, Dr. phil. Ortwin, Oberregierungsrat; Eberbach, Heinrich, General der Panzertruppen a. D.; Georgi, Dr. Dr. h. c. Friedrich, Major i. G. a. D.; Gersdorff, Rudolf-Christoph, Frhr. v., Generalmajor a. D.; Gerstenmaier, Eugen, Professor, Bundestagspräsident a. D.; Goerdeler, Dr. jur. Reinhard; Guderian, Heinz, Generalmajor der Bundeswehr a. D.; Hammerstein, Kunrat v., Oberleutnant d. R.; Hase, Karl-Günther v., Staatssekretär und Botschafter a. D.; Heim, Ferdinand, Generalleutnant a. D.; Herber, Franz, Oberst i. G. a. D.; Hermann, Dr. phil. Carl Hans, Oberst der Bundeswehr a. D.; Herrmann, Paul, Generalmajor der Bundeswehr a. D.; Herz, Dr. phil. Karl, Verleger; Heyde, Bolko v. d., Oberst i. G. a. D.; Hoffmann, Dr. phil. Peter, Universitätsprofessor; Hölter, H., Generalleutnant a. D.; Hossbach, Friedrich, General der Infanterie a. D.; Jünger, Ernst, Hauptmann a. D., Schriftsteller; Kleist, Ewald Heinrich v., Oberleutnant a. D., Verleger; Kluge, Günther v., Oberstleutnant i. G. a. D.; Mann, Golo, Universitätsprofessor und Schriftsteller; Meyer-Detring, Wilhelm, Generalleutnant der Bundeswehr a. D.; Mund, Ernst, Vorsitzender Regimentskameradschaft IR 17, Braunschweig; Munzel, Oskar, Generalmajor der Bundeswehr a. D.; Nehring, Walter K., General der Panzertruppen a. D.; Olbricht, Eva; Oster, Achim, Generalmajor der Bundeswehr a. D.; Reinhardt, Hellmuth, Generalmajor der Bundeswehr a. D.; Reinhardt, Dr. phil. Klaus, Oberst i. G. der Bundeswehr; Rücker, Wilhelm v., Oberst i. G. a. D.; Saucken, Dietrich v., General der Panzertruppen a. D.; Schall-Riaucour, Dr. phil. Heidemarie, Gräfin v.; Schlabrendorff, Fabian v., Oberleutnant a. D., Bundesrichter a. D.; Schöne, Volkmar, Oberst i. G. a. D.; Schramm, Dr. phil. Wilhelm Ritter v.; Senger und Etterlin, Dr. Ferdinand Frhr. v., General der Bundeswehr; Stahl, Dr. jur. Paul, Oberst a. D.; Stauffenberg, Franz Ludwig, Graf v., Bundestagsabgeordneter; Stülpnagel, Joachim v., Baudirektor; Veiel, Lothar, Major i. G. a. D., Rechtsanwalt und Notar; Voigts, Ernst Rudolf, Major a. D.; Vowinckel, Elly, Verlegerin; Wagener, Carl, Generalmajor a. D.; Wäninger, Walter, Oberstleutnant der Bundeswehr a. D.; Wenck,

Walther, General der Panzertruppen a. D.; Westphal, Siegfried, General der Kavallerie a. D.; Winterfeldt, Edith v.; Witzleben, Job v., Diplomingenieur; Wöber, Karl, Stabsfeldwebel a. D.; Wolters, Otto, Oberst i. G. der Bundeswehr a. D.
Die Lebensgeschichte eines Mannes wie Erich Hoepner kann nur in ihrem Zusammenhang mit der Zeitgeschichte richtig betrachtet werden. Die militärischen Persönlichkeiten, denen Hoepner zwischen 1905 und 1944 begegnet ist – Haeseler, Hindenburg, Ludendorff, Seeckt, Fritsch, Hammerstein-Equord, Beck, Brauchitsch, Halder, Witzleben, Olbricht, Stauffenberg u. a. –, mußten in die Betrachtung einbezogen werden. Für bibliographische Hinweise und Hilfen bei der Beschaffung von Literatur bin ich der Bibliothek des Bundesministeriums der Verteidigung, insbesondere Herrn H. Böhme, sowie der Zentralbibliothek der Bundeswehr in Düsseldorf und der Wehrbereichsbibliothek V in Stuttgart meinen Dank schuldig. Ebenso habe ich dem Militärgeschichtlichen Forschungsamt und dem Militärarchiv in Freiburg/Breisgau, dem Bundesarchiv in Koblenz sowie den Tageszeitungen »Die Welt« in Bonn und »Schwäbische Zeitung« in Leutkirch für Unterstützung zu danken.
Meinem Nachbarn in Rheinbach bei Bonn, Herrn Oberst i. G. a. D. Dr. C. H. Hermann, bleibe ich für wertvollste fachliche Beratung und Korrektur des Manuskripts in Dankbarkeit verbunden. Endlich danke ich meiner Frau für stilistische Verbesserungen und nicht zuletzt dafür, daß sie mich an zahllosen Abenden und Wochenenden ertragen und versorgen mußte, während ich schrieb.

Inzigkofen, im September 1980 — Der Verfasser

1 Vgl. »Neue deutsche Biographie«. Neunter Band. S. 351. Berlin (1972).
2 Ibid., S. 350.
3 Vgl. Walter Chales de Beaulieu: »Generaloberst Erich Hoepner.« Neckargemünd (1969). S. 9.

I. Lehrjahre eines Soldaten (1886–1918)

».. . es ist Mut vor allen Dingen die erste Eigenschaft des Kriegers. Der Mut ist doppelter Art: einmal Mut gegen die persönliche Gefahr, und dann Mut gegen die Verantwortlichkeit, sei es vor dem Richterstuhl irgendeiner äußeren Macht oder der inneren, nämlich des Gewissens.«

(Karl v. Clausewitz: »Vom Kriege«. Erster Teil, Erstes Buch, 3. Kapitel)

1. Herkunft, Kindheit und Jugend

Nach der Neuen Deutschen Biographie läßt sich die Herkunft von Generaloberst Erich Hoepner »aus alter Pfarrersfamilie«[1] ableiten. Das ist teilweise richtig, zumal im Familienwappen sich ein Bischofsstab befindet. Darin ist aber auch eine Hopfenstaude enthalten, welche auf eine zweite, gutsherrliche Familientradition hinweist. In der Uckermark, Raum Eberswalde–Angermünde–Strasburg–Templin, kann die Familie in Landpfarrern und Gutsbesitzern bis zum Dreißigjährigen Krieg zurückverfolgt werden[2]. Insgesamt sind in der Ahnenreihe Erich Hoepners die Gutsbesitzer häufiger als die Pfarrer vertreten. Eine dritte Familientradition, die militärische, ist nur mündlich überliefert. Danach soll zu dem preußischen General v. Höpfner, der in der ersten Hälfte des vorigen Jahrhunderts lebte, Verwandtschaft bestanden haben, vermutlich auch zum Inspekteur der kaiserlichen Marineinfanterie, General v. Hoepfner, sowie zu dem aus Stettin stammenden Chef der Luftstreitkräfte im Ersten Weltkrieg, General Ernst v. Hoeppner.

Die Uckermark als Heimat des Geschlechts war für alle drei Lebensformen ein guter Boden. Als der nördlichste, an Pommern grenzende Teil der Mark Brandenburg war sie an der Oder eine Gegend landwirtschaftlichen Überflusses. In die Umgegend der markgräflichen Residenz Schwedt hatten Hugenotten aus Frankreich neben ihrer freiheitlichen, dem Gewissen verpflichteten Lebensart auch den Tabakanbau gebracht. Andere Teile der Uckermark, insbesondere in der unmittelbaren Heimat der Hoepners, waren durch ihre herrlichen Seen und Laubwälder allzeit beliebte Erholungs- und Jagdgebiete, so vor allem Hohenlychen im Quellgebiet der Havel und die Schorfheide an der Oder.

Was die Religion betrifft, so war die um 1250 von dem brandenburgischen Markgrafen erworbene Uckermark im fünfzehnten und sechzehnten Jahrhundert ganz unter den Leitspruch ihrer neuen Herren, der Hohenzollern, getreten: »*Nihil sine Deo* – Nichts ohne Gott.« Der Boden hierzu war schon im dreizehnten Jahrhundert durch die Askanier vorbereitet worden. Am Werbellinsee im Süden der Uckermark hatte Markgraf Johann I. mit Zisterziensermönchen 1260 eine der schönsten baulichen Schöpfungen der Mark errichtet: Kloster und Klosterkirche Chorin.

Aus der Reihe märkischer Großlandwirte und Gutsbesitzer dürfte auf *den* Mann, dem es bestimmt war, den Namen »Hoepner« zum drittenmal in die Militärgeschichte des zwanzigsten Jahrhunderts einzutragen, das Beständige und zugleich Schlichte seines Wesens gekommen sein. Dazu noch einiges mehr: Das ausgeprägte Verantwortungsgefühl für alles in dem Bereich, für den man zuständig war; die Freude an der Landschaft, den Blick für das Gelände, seine Formen und Gegebenheiten; die Passion für das Reiten und Jagen, für alles Draufgängerische, verbunden mit einer robusten physischen Konstitution und einem gesunden Aussehen.
Die theologischen Vorfahren wiederum dürften das Bewußtsein der Verantwortlichkeit des Menschen für sein Handeln noch vertieft haben. Vor allem kam von ihnen der Glaube an die sittliche Verbindlichkeit des Gewissens, die Sensibilität für die »Stimme des Gewissens« als der obersten Instanz und gültigsten Richtschnur des Lebens, der protestantische Geist des Widerspruchs und *Widerstands* gegenüber Befehlen und Handlungen, die mit dem Gewissen und der eigenen sittlichen Einsicht nicht vereinbar waren, wohl auch die Befähigung zur Kontemplation als einer nur bei bedeutenden Soldaten vorkommenden Dimension jenseits der Aktion[3].
Die Eltern Erich Hoepners brachten Erkenntnisse, Begabungen und Überlieferungen weiterer Lebensbereiche auf ihre Kinder. Der Großvater, Carl Hoepner, war noch Gutsbesitzer in der Uckermark. Sein Sohn Kurt Hoepner (1859–1925) hat Medizin studiert, zum Dr. med. promoviert, Wissenschaft und Militärwesen miteinander verbunden, indem er in den Sanitätsdienst des preußischen Heeres eintrat. Der junge Sanitätsrat heiratete Elisabeth Kienast, Tochter des Berliner Fabrikbesitzers Kienast. Dieses Herkommen der Mutter mag für das große Interesse, welches ihr ältester Sohn später für Industrie und Wirtschaft aufbrachte, von Bedeutung gewesen sein. Der Beruf des Militärarztes wiederum führte insofern über den bisherigen Lebenskreis der Familie, die Mark Brandenburg, hinaus, als man im ganzen Kaiserreich, welches von der Maas zur Memel reichte, versetzt werden konnte. So hat der Dienst Kurt Hoepner eine Zeitlang an die Westgrenze des Reiches, nach Mörchingen bei Metz, geführt. Gute zwei Jahrzehnte später ging der älteste Sohn denselben Weg, um in Metz *seine* Soldatenlaufbahn zu beginnen.
Von 1886 bis 1888 waren die Eheleute Hoepner wieder in heimischer Umgebung, in der brandenburgischen Provinzhauptstadt Frankfurt/Oder. Dort wurde ihnen am 14. September 1886 der erste Sohn, Erich, geboren, ein kräftiger, lebhafter Junge. Die Familie verblieb nur kurze Zeit in Frankfurt; man kann daher kaum sagen, daß der kleine Erich in der alten Soldaten-, Universitäts- und Fabrikstadt an der Oder seine Kinderschuhe vertreten hat. Mit den Eltern mag er aber am Geburtshaus des Dichters Heinrich v. Kleist vorbeigegangen sein, der in drei brandenburgischen Gestalten zugleich drei Grundprinzipien brandenburgisch-preußischen Wesens festgehalten hat: das Gehorsamsprinzip im Großen Kurfürsten, das der Handlungsfreiheit im Prinzen von Homburg, das Rechtsprinzip im Michael Kohlhaas. Im letzten Vers seines großen Dramas hatte dieser bedeutendste Sohn der Stadt an der Oder die Losung ausgegeben: »In Staub mit allen Feinden Brandenburgs!« Kleist dachte dabei an die äußeren Feinde seiner Heimat. Er konnte nicht ahnen, daß dereinst weniger die äußeren als die *inneren* Feinde Brandenburg–Preußens Ende herbeiführen würden.
Etwa 15 km ostwärts Frankfurt/Oder lag Kunersdorf, wo Friedrich II. im Siebenjährigen

Krieg von dem Österreicher Laudon und dem Russen Saltikow schwer geschlagen worden war. Ein anderer Kleist, der Dichter-Offizier Ewald v. Kleist, der aus dänischen in preußische Dienste trat und eine »Ode an die preußische Armee« gedichtet hatte, war in dieser Schlacht tödlich verwundet und in Frankfurt beigesetzt worden. Von Kunersdorf und den Kleists wußte Erich damals noch nichts, noch nichts von Johann Adolf v. d. Marwitz, dem »Hubertusburg-Marwitz«, auf dessen Grabstein im nahen Friedersdorf bei Seelow die Worte standen: »Wählte Ungnade, wo Gehorsam nicht Ehre brachte.« Jahrzehnte später, als Generalstabsoffizier der Frankfurter Kavalleriedivision, hat er auf den Spuren des Wanderers Theodor Fontane solche Gedenkorte der Mark aufgesucht – und als Generaloberst 1942 danach gehandelt.
Im Dreikaiserjahr 1888 wurde, noch in Frankfurt, der zweite Sohn der Familie, Kurt, geboren. Dann aber war die Zeit an der Oder zu Ende. Der Vater wurde nach Torgau versetzt, an die Elbe. Auch Torgau ist in der Kriegsgeschichte verzeichnet, in der preußischen und in der »großdeutschen«. Das erstemal, 1760, siegten dort die preußischen Waffen über die österreichischen; eigentlich siegte der alte Husar Ziethen über den Österreicher Daun, denn es war ein Kavalleriesieg und ein Überraschungssieg, einer der schönsten in Preußens Geschichte. Den Kavallerieoffizier Hoepner mögen Ziethen und Torgau später beschäftigt haben. Das zweite große Torgauer Kriegsereignis, die Begegnung der Amerikaner und Russen zum »Finis Germaniae« im April 1945, hat er in seinen letzten und bittersten Stunden noch vorausahnen können, aber nicht mehr erlebt.
Ein dritter Sohn der Familie, Horst, kam 1889 noch in Torgau zur Welt. Dann erfolgte um 1890 abermals »Tapetenwechsel«. Kurt Hoepner quittierte den militärischen Sanitätsdienst und ging als praktischer Arzt nach Berlin. Für die drei Söhne bedeutete der Umzug, daß sie zu Großstädtern heranwachsen würden, daß das Berlin der Jahrhundertwende, die neue Hauptstadt des Deutschen Reiches, ihre Jugend- und Lebensheimat werden sollte. Das bedeutete weiter, daß Berlin seinen prägenden Einfluß auf die Entwicklung des jungen Hoepner ausüben und ihn zu einem »Berliner« machen würde.
Die Familie bezog Wohnung in Charlottenburg, Schloßstraße 67. Im Jahre 1892 wurde die einzige Tochter, Margarete, geboren, die den Brüdern eine in allen Lebenslagen hilfreiche Schwester und später auch Chronistin der ganzen Familie geworden ist. Ihre Charlottenburger Kindheit, die Eltern, das Leben des Berliner Bildungsbürgertums um die Jahrhundertwende und die vielfältigen Einflüsse auf ihren ältesten Bruder hat sie voll Humor beschrieben: ». . . Ich sage immer in Abwandlung vom Herrn Geheimrat: Vom Väterchen die Frohnatur, die Lust zum Fabulieren. – Mein Vater war der beste Freund seiner vier Kinder, meine Mutter war strenger . . . Im Großen und Ganzen hatte meine Mutter unsere Erziehung in der Hand. Was nun Erbteil väterlicherseits und was mütterlicherseits, kann ich schwer sagen. Von beiden das Beste: Gediegenheit, Zuverlässigkeit, Klugheit, Frohsinn, Humor, bestimmt aber väterlicherseits das Talent zu dichten und zu zeichnen.«[4]
Auch die ganze Berlin-Charlottenburger Stadtlandschaft hat prägend gewirkt. Es trafen sich dort viele Radien der Geistes-, Kultur-, Militär- und Sozialgeschichte Europas. Französisch-hugenottische, holländisch-oranische, baltisch-russische Elemente waren vertreten. Wenn Erich vor das Elternhaus in der Schloßstraße trat, stand etwa 30 m entfernt das Denkmal des Prinzen Albrecht; am Sockel zeigten Broncereliefs Episoden aus

den deutschen Einigungskriegen. Nur zwei Minuten Fußweg trennten das Elternhaus vom Schloß. Es war Ende des siebzehnten Jahrhunderts als Sommersitz für Sophie Charlotte, die mit Leibniz befreundete »philosophische« Kurfürstin und Königin »in Preußen«, gebaut worden. Im Anfang Charlottenburgs gab es das Schloß. Es wird auch für das Leben im Stadtbezirk um die Jahrhundertwende seine Rolle gespielt haben, vor allem wenn man in der Schloßstraße wohnte, wie die Hoepners. Täglich mehrmals hatte Erich den schöngegliederten Bau Nerings und Eosanders mit dem hochgereckten Kuppelturm vor Augen. Nördlich vom Schloß, entlang der Spree, erstreckte sich ein englischer Landschaftsgarten. Er war das Ziel kleinerer Familienspaziergänge und von Exkursionen der vier Geschwister.

Kurze Zeit bevor die Familie Hoepner von Torgau nach Berlin-Charlottenburg gekommen war, hatte in das Mausoleum im Schloßgarten, nach der Königin Luise und Friedrich Wilhelm III., noch ein zweites Herrscherpaar stillen Einzug gehalten: Im Dreikaiserjahr 1888 Kaiser Wilhelm I. und im Januar 1890 dessen Gemahlin, die Kaiserin Augusta. Die größte Leistung Wilhelms I. als Mensch und Monarch war es gewesen, daß er die stärksten Begabungen, welche politisch und militärisch im Lande vorhanden waren, in die Verantwortung gebracht und darin, allen Anfeindungen zum Trotz, auch gehalten hat. Was Moltke betrifft, so war Erich Hoepner fünf Jahre alt, als der Sieger von Königgrätz, Metz und Sedan zur »Großen Armee« abgerufen und in Kreisau in Schlesien beigesetzt wurde. Der »große Schweiger« hat ihn dann lebenslang in seinen Bann gezogen. Neben dem Feldmarschall und Chef des Generalstabes war es der alte Reichskanzler, Fürst Bismarck, dessen »Gedanken und Erinnerungen« zur bevorzugten Lektüre des Heranwachsenden wurden. Dabei war Berlin, verglichen mit Hamburg, in den neunziger Jahren keine eigentliche Stätte der Bismarck-Verehrung, trotz des Nationaldenkmals von Begas, welches 1901 im Tiergarten dem Reichsgründer enthüllt worden war. Der junge Kaiser wollte aus dem Schatten Bismarcks heraustreten und liebte keine Pilgerfahrten zum Titanen im Sachsenwald, schon gar nicht die literarischen. Wenn im Hause des preußischen Militärarztes a. D. Kurt Hoepner der älteste Sohn in seiner Bismarck-Verehrung und -Lektüre unterstützt worden ist, so zeigt dies zweierlei: einmal, daß bei allen Bindungen an die Dynastie die *geistige Freiheit* in dieser Familie des Bildungs-Bürgertums stets behauptet worden ist; zum andern, daß Erich Hoepner sich früh und intensiv mit politischen Dingen beschäftigt hat.

Ab 1893 besuchte Erich das humanistische »Kaiserin Augusta-Gymnasium« in der Cauerstraße. Rückblickend könnte untersucht werden, welche Bedeutung es für ihn erlangt haben mag, daß er als Charlottenburger Gymnasiast und nicht als Lichterfelder Kadett auf den Soldatenberuf vorbereitet worden ist. Hindenburg hat in der Kadettenanstalt die beste militärische Vorschule der Nation gesehen. Ludendorff hat sie abgelehnt, weil der geistige Eigenwuchs dort verkümmert sei. Dem sensiblen Moltke war seinerzeit die Kadettenanstalt in Kopenhagen zum Martyrium geworden. – Für die bildungsfähigen Kräfte im jungen Erich Hoepner ist das humanistische Gymnasium wohl günstiger gewesen als das Kadettenkorps[5].

Denn Bildungsfähiges steckte viel in ihm, wie der Gymnasialschüler bald gezeigt hat. Er schien für alles in gleicher Weise begabt. Sein Hauptinteresse galt früh den geschichtlichen und deutschkundlichen Fächern sowie dem Zeichnen. Auch Griechisch und Latein eignete er sich an, so daß später, als Frankreich in seinem Leben eine Rolle zu spielen begann, ihm der Zugang zum Französischen leicht wurde[6]. Schon früh scheint Erich sich zum Klassenprimus entwickelt zu haben, wozu aber nicht ehrgeiziges Strebertum, sondern natürliche Begabung, rasche Auffassungsgabe und der feste Wille zu vorbildlicher Pflichterfüllung in allen Dingen des Lebens die Grundlagen gewesen sein dürften. Auch war er nicht der Typ des Primus, wie man ihn sich vorstellt. In seinem äußeren Erscheinungsbild dominierte früh die Erbmasse der märkischen Großlandwirte. Er liebte frische Luft und körperliche Bewegung. Im Sommer spielte er Tennis, im Winter übte er sich im Eislauf. Obwohl er in Sport und Leibesübungen keine ausgesprochenen Passionen hatte – ausgenommen das Reiten –, zählte der Primus auch in diesen Fächern zu den Besten der Klasse, was seiner natürlichen Autorität zugute kam.

Das Talent »zu dichten und zu zeichnen«, welches Erich Hoepner nach dem Bericht seiner Schwester vom Vater ererbt hatte, ist später auch von seinem Chef des Stabes am Generaloberst in Rußland beobachtet worden. Was das Zeichnen betrifft, das ja Übung und Sicherheit des Auges und der Hand voraussetzt, so war ihm in der Bildung und Tätigkeit des Offiziers immer ein fester Platz eingeräumt. Hierin talentierte Offiziere fanden in dem von Scharnhorst und v. Grolman geschaffenen preußischen Generalstab vor allem in der »Landesaufnahme« Verwendung. Das »Topographische Büro« war neben der Kriegsgeschichtlichen Abteilung einer der klassischen wissenschaftlichen Zweige des Großen Generalstabs. Hoepners Leitbild in allem, Moltke, hat in der »Landesaufnahme« viele Jahre zugebracht. Noch heute kommt es dem Offizier zustatten, wenn er mit wenigen, geübten Strichen eine Geländeskizze mit genauer Wiedergabe der Bodenformen, Bewachsungen, Gewässer, Verkehrswege usw. entwerfen kann.

Im Gymnasium der Kaiserin Augusta hatte auch das Fach »Religion« einen hohen Stellenwert. Bei seiner eifrigen Moltke-Lektüre stieß Erich ebenfalls auf religiöse Themen. Einer der schönsten Aufsätze des Schlachtenlenkers war überschrieben: »Trostgedanken über das irdische und Zuversicht auf das ewige Leben«. Darin war u. a. zu lesen: »Das Christentum hat die Welt aus der Barbarei zur Gesittung emporgehoben.« – Das Erbe seiner theologischen Vorfahren, Elternhaus, Schule und eigenes Nachdenken, alles muß zusammengewirkt haben, um aus Erich Hoepner jenen gläubigen Menschen zu machen, der er im Urteil seiner Schwester gewesen ist, »wenn auch nicht als eigentlicher Kirchen-Christ«. Mit Offenbarung 2, Vers 10: »Sei getreu bis an den Tod, so will ich Dir die Krone des Lebens geben« ist Erich durch den Oberpfarrer Riemann im Frühjahr des Jahres 1902 in der Luisenkirche zu Charlottenburg konfirmiert worden. Eine Photographie, vermutlich um die Zeit der Konfirmation des Ältesten von den vier Kindern gemacht, zeigt Erich sitzend und selbstbewußt, umgeben von den jüngeren Geschwistern. Das harmonische, glückliche Zusammenleben im Elternhaus wurde Wurzel seines ausgeprägten Familiensinns und Vorbild für sein eigenes Familienleben. In allen Wechselfällen der Zeit, in die er hineinwuchs, ist die Familie seine Kraftquelle gewesen, die Heimat, in welche der Frontsoldat zurückkehren konnte.

Wichtig für Entwicklung und Berufswahl wurden die großen Ferien zwischen den Schuljahren. Erich verbrachte sie meist auf den Gütern von Verwandten in der Uckermark. Dort wuchs seine große Liebe zu den Pferden, welche er als die edelsten Geschöpfe neben den Menschen bezeichnete. Dort hat er Reiten gelernt, wenn auch noch nicht mit allen Feinheiten. Das Reiten ist ihm dann lebenslang der liebste Sport und die schönste Art der Fortbewegung gewesen. Daneben galt sein Interesse in den Landferien auch der Jagd, wodurch sein Naturgefühl, der Blick für das Gelände und die Fähigkeiten im Präzisionsschießen schon »vormilitärisch« gefördert worden sind. Auch daheim brauchte Erich den Umgang mit Pferden nicht zu entbehren. Das ganze Jahr über gab es reichlich Gelegenheit zu reitsportlichen Erlebnissen. Die Renntage in Hoppegarten und Karlshorst, den bedeutendsten Rennbahnen im Berlin der Jahrhundertwende, waren reiterliche und gesellschaftliche Ereignisse. Überall gab es glänzende Uniformen und militärisches Zeremoniell zu sehen: das Aufziehen der Wachen Unter den Linden, Paraden auf dem Tempelhofer Feld, Militärkonzerte im Charlottenburger Schloßhof oder Schloßgarten. So kamen die vielfältigen Einflüsse des Berliner Milieus der Jahrhundertwende den Grundanlagen seines Charakters entgegen und motivierten den jungen Erich Hoepner, den man in der Familie scherzhaft »Moltke« nannte, wohl schon als Sekundaner dazu, den Soldatenberuf zu ergreifen.

Um die Jahreswende 1904/05 wurde ein Bewerbungsschreiben an den Kommandeur des Königlich-Preußischen Schleswig-Holsteinschen Dragonerregiments 13, Oberst Dumrath, nach der Reichsfestung Metz abgeschickt. Mit einem positiven Bescheid aus Metz ging Erich dann in den ersten Märztagen 1905 ins Abiturientenexamen. Er wurde primus omnium des Kaiserin Augusta-Gymnasiums, so daß die mündlichen Prüfungen entfallen konnten. Sein Abituraufsatz behandelte das Thema: »Auf den Bergen ist Freiheit«, vermutlich im Anschluß an eine Klassenlektüre von Schillers »Wilhelm Tell«. Das Jahr 1905 war ein Schillerjahr gewesen. So weit die deutsche Zunge reichte und darüber hinaus gedachte man des hundertsten Todestages des großen Schwaben. Vor allem mit seinen geschichtlichen Werken hatte Schiller, ganz im Sinne Scharnhorsts, Ereignisse dargestellt, »die auf das Herz wirken«[7], und damit die Herzen bewegt wie kein anderer Deutscher seit Luthers Zeiten. Auch zu Bismarcks bevorzugter Lektüre hatte stets der »Wallenstein« gehört, die Tragödie eines Generals, der im Gegensatz zu seinem Kriegsherrn den Krieg beenden und dem deutschen Reich den Frieden bringen wollte.

Nach dem Urteil seiner Schwester lag Erich Hoepner »Schiller mehr als Goethe«. Hierin unterschied er sich von Moltke, dem Goethe der Inbegriff höchster geistiger Vollendung des Menschen gewesen ist. Goethe und Moltke waren epische Naturen, denen eine genügend lange Zeit zur Errichtung ihrer »Lebenspyramide« beschieden war. Hoepners Leben aber ist dramatisch verlaufen und auf der Höhe seiner Mannesjahre jäh beendet worden, wie dasjenige Schillers und auch Scharnhorsts.

Der Abituraufsatz »Auf den Bergen ist Freiheit« ist nicht überliefert; man hätte daraus wertvolle Einblicke in Denkart und Schreibstil des Achtzehnjährigen gewinnen können. Das Problem der Freiheit des Menschen aber hat Erich Hoepner lebenslang nicht mehr losgelassen. Schon wenige Tage nach dem Abitur folgte er dem Ruf des Dragoners aus »Wallensteins Lager«:

»Der dem Tod ins Angesicht schauen kann, / Der Soldat allein ist der freie Mann.«

---

1 Vgl. »Neue Deutsche Biographie«. Neunter Band, S. 350. Berlin (1972).

2 Die Schreibweise des Namens wechselt dabei häufig zwischen »Hoepner« und »Hoepfner«; auch gibt es ihn mit oe, ö, mit p und pp geschrieben.

3 Hier sei auf die entfernte Verwandtschaft mit Carl Ludwig Schleich, dem Chefchirurgen des Krankenhauses Lichterfelde, hingewiesen, der als Arzt und Schriftsteller über die Konfrontation des Lebens mit dem Tode, des Physischen mit dem Metaphysischen, vielbeachtete Bücher geschrieben hat.
4 Frau Margarete Buchholtz-Hoepner im Brief an den Verfasser vom 1. Oktober 1976.
5 Vgl. Moritz Faber du Faur: »Macht und Ohnmacht«. Stuttgart (1953). S. 148–168.
6 Im Sommer 1940 holte er einmal seine im Gymnasium erworbenen Latein-Kenntnisse hervor, um eine italienische Urkunde zu übersetzen. Die Italiener hatten ihm in der Endphase des Westfeldzuges einen farbenprächtigen Orden verliehen, als sie ostwärts Lyon von Hoepners Panzern entlastet worden waren.
7 Vgl. den Brief Scharnhorsts an Professor Stützer aus Königsberg vom 4. Dezember 1809: »Zum Aufbau der Allgemeinen Kriegsschule«. Abgedruckt u. a. in: J. Bertram: »Die Bildung des Offiziers. Dokumente aus vier Jahrhunderten«. Schriftenreihe Innere Führung. Reihe Bildung. Heft 5, S. 167. Bonn (1969).

2. Dragoner und Infanterist des Kaisers

Am 10. März 1905, wenige Tage nach dem Abitur, trat Erich Hoepner als Fahnenjunker in den Dienst des Schleswig-Holsteinschen Dragonerregiments Nr. 13. Unterkunft dieses Regiments war damals eine alte französische Artilleriekaserne auf dem Fort Mosel, einem Stadtteil von Metz. Das Dragonerregiment 13 bildete zusammen mit dem ebenfalls in Metz untergebrachten Dragonerregiment König Carl I. von Rumänien (1. Hann.) Nr. 9 die 33. Kavalleriebrigade, welche dem 1890 in Metz und Lothringen neu errichteten XVI. Armeekorps angehörte. Es ist nicht mehr ersichtlich, warum die Wahl von Waffengattung und Regiment, die ja für den Offizierberuf von Bedeutung ist, gerade auf das Dragonerregiment 13 fiel. Eine Erklärung liegt nahe: Von seiner Dienstzeit in Metz während der frühen achtziger Jahre bestand eine Verbindung des Vaters Kurt Hoepner zu den dortigen 13. Dragonern, die nun vertieft und auf den Sohn Erich übertragen worden ist. Vom Regiment, als einem Truppenteil der königlich-preußischen Armee, hat Erich Hoepner seine soldatische Prägung erfahren; es ist ihm die militärische Heimat geworden, der er stets in Dankbarkeit und in den späteren weltanschaulich veränderten Zeiten auch in leiser Wehmut gedacht hat: Dreißig Jahre nach seinem Dienstantritt in Metz, im Jahre 1935 als Oberst und Chef des Wehrkreiskommandos I in Königsberg, wirkte er trotz starker dienstlicher Belastung an der Darstellung der Geschichte seines alten Regiments mit.

Die Dragoner-Garnison Metz lag in engster Nachbarschaft zum Ursprungsland dieser Waffengattung. Die Dragoner waren im 16. Jahrhundert in Frankreich aus den Arkebusieren hervorgegangen. Ähnlich wie Musketiere und Füsiliere wurden sie nach ihrer Hauptwaffe benannt; dies war bei ihnen der »dragon«, eine Art kleiner Karabiner oder übergroßer Pistole, die mit einem Drachenkopf verziert gewesen sein soll. Im 16. und 17. Jahrhundert waren die Dragoner eine zwischen Fußvolk und Reiterei stehende dritte Truppengattung, eine »berittene Infanterie«, die grundsätzlich abgesessen kämpfte, deren Kampfwert aber durch die Schnelligkeit erhöht wurde, mit der sie ihre Feuerkraft am Einsatzort zur Wirkung bringen konnte. Ihre Kampfart läßt sich etwas mit den heutigen Panzergrenadieren (mot.) vergleichen. In Grimmelshausens »Simplicissimus« wird sie einprägsam beschrieben: ». . . wann ein Dragoner vom Pferd fällt, so steht ein Musketier wieder auf.« Schnelligkeit und Draufgängertum machten sie zu einer gefürchteten Truppe. Zum bekanntesten Dragoner des Dreißigjährigen Krieges ist durch Schillers Drama der Ire Walter Butler geworden, der als Obrist und »Chef eines Dragonerregiments« im Februar 1634 zu Eger das Attentat auf Wallenstein geführt hat. Daß die Dragoner, vor allem in Frankreich, auch zu Repressalien gegenüber der Bevölkerung, zu Zwangseinquartierungen als Bestrafung von Familien, Ortschaften usw. verwendet wurden, haftete ihnen lange an. Auch dies kam, ebenso wie ihre Zwitterstellung zwischen Fußvolk und Reiterei, in dem Spottvers zum Ausdruck: »Dragoner sind halb Mensch, halb Vieh, aufs Pferd gesetzte Infanterie.« Dieser Vers begleitete die Dragoner lange. »Er gibt aber ebenso wie das Lied von den ›Blauen Dragonern‹ oder die Bezeichnung ›Küchendragoner‹ für eine resolute Köchin auch die Popularität wieder, die diese Truppe erlangt hat.«[1]

In Preußen haben der Große Kurfürst und Friedrich der Große die Dragoner zur vollwertigen Kavallerie entwickelt. Bei Fehrbellin unter Derfflinger dürften sie am 28. Juni

1675 ihre erste Attacke geritten haben, welche den Sieg über die Schweden mit entschied. Einen zweiten Höhepunkt in ihrer Geschichte bildete die Attacke des Regiments Markgraf Friedrich von Bayreuth am 4. Juni 1745 bei Hohenfriedberg. Ein bekannter Reitermarsch und das Lied »Auf, Anspach-Dragoner, auf, Anspach-Bayreuth!« haben diesen Dragonersieg in deutschen Landen in Erinnerung gehalten. Die dritte Großtat der preußisch-deutschen Dragonerwaffe, die Reiterschlacht von Vionville-Mars La Tour am 16. August 1870, ist mit dem 13. Dragonerregiment unmittelbar verbunden und hat 1935, als die Geschichte des Regiments verfaßt wurde, im damaligen Oberst Hoepner einen Chronisten gefunden. Sein »Überblick über die Vorkriegsgeschichte unseres Regiments«[2] vermag über Hoepners Talent zum Militärschriftsteller einiges auszusagen.

Wohl auf einem seiner ersten Stadturlaube – nachdem er als Soldat »gehen« und grüßen konnte – hat Erich Hoepner sich in voller Montur vom »Hof-Photograph« Walter Jacobi in Metz fotografieren lassen; im kornblumenblauen Rock, mit weißem Koppel, Pickelhaube und Säbel. Stolz hat er die Fotografie am 11. Mai 1905 nach Hause geschickt: »Meinem lieben Bruder Horst – der Dragoner Hoepner.«

Wie waren Stärke, Bewaffnung und Ausrüstung der Dragoner im kaiserlichen Heer?

»Auch an ihrer zahlenmäßigen Stärke kann man die Bedeutung der Dragoner in Deutschland messen. Bis zum Ersten Weltkrieg stellten sie mit 36 von 110 Regimentern die stärkste Truppengattung innerhalb der Kavallerie, und die kleineren deutschen Staaten, wie Oldenburg, Mecklenburg-Schwerin, Baden, Hessen und Württemberg, verfügten an Reiterei nur über Dragonerregimenter. Wie sahen die Dragoner bis zum Ersten Weltkrieg aus? Seit 1845 trugen sie kornblumenblaue Röcke. 1842 erhielten sie Helme, bekannt unter dem Namen ›Pickelhaube‹, die sie bis zur Einführung des Stahlhelmes trugen. So sahen sie der Infanterie sehr ähnlich. 1889 wurden sie, wie die gesamte Kavallerie, zusätzlich mit der Stahlrohrlanze bewaffnet, die bis dahin nur von den Ulanen geführt wurde. Karabiner und Säbel, bei einigen Regimentern statt des Säbels der Degen, wurden weiterhin beibehalten.«[3]

Daß durch Order Kaiser Wilhelm II. auch die Stahlrohrlanze seit 1889 zur Bewaffnung des deutschen Dragoners gehörte, mag nachdenklich stimmen. Immerhin hatte bereits 1883 der Nordamerikaner Hiram S. Maxim das Maschinengewehr entwickelt, welches in den Stellungskriegsschlachten des Russisch-Japanischen Krieges 1904/05 seine Feldverwendungsfähigkeit bewies. Dieser Krieg im Fernen Osten sollte Auswirkungen haben, auch für das deutsche Kaiserreich; erkannt wurden sie in Deutschland freilich nicht. Wenige Wochen nachdem der »Dragoner Hoepner« sein Foto an den Bruder nach Berlin geschickt hatte, am 27. Mai 1905, wurde die russische Ostseeflotte bei der Insel Tsuschima von den Japanern vernichtet, Rußlands Niederlage besiegelt.

Nach neun Monaten kavalleristischer Grundausbildung beim Regiment in Metz bezog Fähnrich Hoepner im November 1905 die Kriegsschule Hannover. Ein Bündel Briefe aus der »schönen Welfenstadt« an die Freundin in Charlottenburg gibt Einblick in die innere und äußere Erlebniswelt des Neunzehnjährigen. Im Januar 1906 hat ihn der Lehrgangskoller gepackt. Dem Waffenlehrer erklärt er freimütig, daß ihm »der ganze Betrieb hier nicht paßt«. Viele Fähnriche sind ihm unsympathisch; auch gibt es einen Hauptmann, der ihn »schikaniert«. Die Mädchen der Fähnrich-Tanzstunde sind ihm gleichgültig. *»Sie*

können mich ja nicht verstehen, da sie nicht in mein Inneres sehen können, wo sich die Spuren eines gewaltigen Kampfes finden.« Doch ein Liebesmahl mit den Offizieren wird zum Erlebnis. Noch mehr aber bewegt ihn die Lektüre von Felix Dahn: »Ein Kampf um Rom«. Die Freundin bittet er, darin zu lesen, denn »in diesem Meisterwerk sind so viele verschiedene Charaktere geschildert, daß man an jedem studieren und lernen kann«. Totila und Teja sind zentrale Gestalten. Totila wird sein Ideal, dann auch Teja. Im Frühjahr betreibt er gewichtigere Lektüre: *»Um mir einen philosophischen Begriff von ›Glück‹ zu schaffen, lese ich augenblicklich Schopenhauer: ›Aphorismen zur Lebensweisheit über den Tod‹. – Was sagst Du dazu?«*
Die Lehrgangskrisis ist im März überwunden; sie war nicht durch fehlendes Können im Hörsaal oder Gelände, sondern durch seine junge Liebe und die Zweifel ausgelöst, ob er die Freundin, deren Eltern einen Industriellen als Schwiegersohn wünschen, an sein Soldatenlos binden darf. Daß die Freundin Reitsport betreibt, beglückt ihn, der er ja »mit Leib und Seele Kavallerist ist«. Immer wieder berichtet er über die Stärken und Schwächen seiner Reitpferde, von Geländeritten auf der kleinen Bult und der großen Vahrenwalder Heide. Sein Reitlehrer, Oblt. v. Rosenberg, ein bekannter Rennreiter, nimmt ihn und fünf andere begabte Kavallerieschüler mit in den Sprunggarten des Militär-Reitinstituts. *»Es ist eine lange Bahn mit einem Hindernis dicht hinter dem anderen, Zäune, Gräben, Hürden, Wälle u. a. Ohne Zügel mit ›Hüften fest‹ mußte alles gesprungen werden. Hei! Da wird das Herz noch gewogen!«*
Ende März kommt der Inspekteur der Kriegsschulen, Exzellenz v. Rohrscheidt, nach Hannover. *»Die Besichtigung endete heute mit einer Felddienstübung im größeren Stil. Seit langer Zeit saß ich mal wieder von 6^{30} morg. bis 1^{30} nachm. fast ununterbrochen im Sattel. Ich hatte eine Kavalleriepatrouille und sollte auf eine Entfernung von etwa 3 km eine Telegraphen- und Telephonleitung legen. Nach anfänglichen Schwierigkeiten, welche die mir unbekannten Apparate bereiteten, klappte die Sache sehr gut. Se. Exzellenz sprach mir seine Anerkennung aus.«* Mitte Mai teilte er mit, daß man ihn eingegeben hat, *»das Examen mit Kaisers Auszeichnung zu machen. Die Hoffnungen meiner Vorgesetzten werden aber wohl nichtig sein, da ich jetzt viel zu viel an Dich denke, um zuhören zu können.«* Er verschweigt der Freundin auch nicht, daß es an ihm Schwächen gibt. *»Wodurch habe ich denn Deine Liebe verdient? Kennst Du mich schon ganz genau? Weißt Du nicht, daß ich auch meine großen Fehler habe? Soweit ich diese selbst kenne, will ich sie Dir auch nicht verheimlichen. Zunächst bin ich, wie Du schon bemerkt hast, ziemlich von mir selbst eingenommen und von dem Werte meiner Persönlichkeit überzeugt. Es gibt nur wenige Menschen, die vor meiner Kritik bestehen können. Wie ich Dich einerseits mit der ganzen Glut meines Herzens liebe, so kann ich Leute, die mir an sich schon unsympathisch sind, mir Schwierigkeiten zu machen suchen und sich niederträchtig benehmen, hassen.«*
Den Lehrgang beendete Hoepner Mitte Juni 1906 mit dem besten Erfolg. Selbstbewußt kehrte er nach Metz zurück. Das »Sumpfleben« im Kasino war auch weiterhin nicht seine Sache. Im November vertiefte er sich in das Generalstabswerk über den Deutsch-Französischen Krieg 1870/71. *»Du siehst, ich will Feldmarschall werden. Vorläufig hat das ja noch Zeit. Aber man kann nicht früh genug daran danken. Denke Dir, sogar im Kasino hat man mir in dieser Beziehung Hohes prophezeit. Wenn ich nicht von der Urteilsunfä-*

higkeit dieser Leute überzeugt wäre, würde ich mir etwas einbilden können. Genug von dem Zeug.«

Die Woche über nahmen Eskadron und Regiment seine Zeit in Anspruch. Die freien Sonntage hat Hoepner benutzt, sich in der größten Garnison und stärksten Festung des deutschen Reiches umzusehen. Es gibt Punkte auf der Erdkugel, die dazu bestimmt scheinen, in der Menschheitsgeschichte vor allem Waffenplätze darzustellen. An der Mündung des kleinen Flüßchens Seille in die Mosel ist ein solcher Waffenplatz entstanden, vor Jahrtausenden, wenn man die römische und vorrömische Zeit dazu nimmt. Im frühen Mittelalter, nach gemeinsamer karolingischer Jugend, hatten sich die Reiche Karls, Lothars und Ludwigs schnell auseinandergelebt. Metz war bei den Teilungen zunächst an Lotharingien, mit diesem an das deutsche Reich gekommen. Im Jahre 1552 hatte König Heinrich II. von Frankreich, unterstützt vom Kurfürsten Moritz von Sachsen, die »drei Bistümer« Metz, Toul und Verdun in seinen Besitz gebracht. Ein Versuch Kaiser Karls V. zur Rückeroberung war in der Belagerung vom Oktober 1552 bis Januar 1553 gescheitert. Metz wurde eine starke französische Festung und Hauptstadt der Provinz »Drei Bistümer«. Beim Untergang des ersten Kaiserreichs, 1814 und 1815, verteidigte es sich hartnäckig gegen die in Frankreich einmarschierenden Alliierten. Nach über 300jähriger Zugehörigkeit zu Frankreich war Metz dann 1871 wieder deutsch geworden.

Bei seinen Exkursionen durch Metz und das Lothringer Land begegnete der preußische Leutnant, Verehrer Bismarcks und Moltkes, auf Schritt und Tritt dem Nachbarn *Frankreich*. Nach Erziehung und Veranlagung war Erich Hoepner national, aber nicht nationalistisch denkend; Haßgefühle auf andere Völker und Länder kannte er nicht. Der französischen Kultur und Lebensart trat er aufgeschlossen gegenüber; er hatte sie schon etwas in Berlin durch die Nachkommen der Hugenotten kennengelernt. Sein späterer Stabschef Chales de Beaulieu, selbst hugenottischer Herkunft, berichtet in seinen nachgelassenen Papieren: »Auf den jungen Hoepner haben französische Art und französisches Leben damals starken Eindruck gemacht. Er schätzte die französische Sprache und beschäftigte sich mit ihr, ließ sich von ihrer Eleganz bezaubern . . . Die Landesgrenze spielte nicht die heutige Rolle. Natürlich erfolgte der Grenzübertritt für Offiziere in Zivil. Aber in Nancy war der Soldat ohne weiteres an der unterschiedlichen Gesichtsfärbung, der hellen Stirn (von der Mütze her, die nie abgenommen wurde), der Gesichtsbräune von den Übungen im Gelände leicht zu erkennen. Man erkannte und kannte zum Teil auch die französischen Offiziere in Nancy und dasselbe galt umgekehrt für Metz. Der Ton war kameradschaftlich, interessiert, im Gegensatz zur damaligen großen Politik eher freundlich . . .«

Politisch allerdings waren und blieben die deutsch-französischen Beziehungen durch Elsaß-Lothringen schwer belastet. »Nie davon sprechen, immer daran denken« galt in Frankreich seit 1871. Und was die Berliner Regierung betrifft, so hatte sie in bezug auf das »Reichsland« keine gute Hand bewiesen, ihm lange keine Sitze im Bundesrat gewährt, erst sehr spät, 1911, eine Verfassung gegeben.

So war es für das Reichsland, seine Bevölkerung, aber auch für die deutschen Soldaten dort ein großes Glück, daß zum Kommandierenden General des 1890 in Lothringen neu errichteten XVI. Armeekorps eine Persönlichkeit von bedeutendem Rang, Graf Gottlieb

v. Haeseler, ernannt wurde. Daß noch nach seinem Tode (1919), im bereits wieder französisch gewordenen Metz, Anekdoten über den »alten Gottlieb« im Umlauf waren, zeigt das Außergewöhnliche seiner Wirkung als Soldat und Mensch; denn um Gewöhnliches ranken sich keine Anekdoten.
Graf Haeselers Stellung in der deutschen Militärgeschichte um 1900 läßt sich etwas mit derjenigen »Papa Wrangels« um die Jahrhundertmitte und des »Marschall Vorwärts« in den ersten Dezennien des 19. Jahrhunderts vergleichen. Seine militärische Jugend hatte Haeseler im Stabe des Prinzen Friedrich Karl verbracht, an dessen Seite er 1864, 1866 und 1870 »sehen konnte, arbeiten und reiten durfte«[4]. Durch Haeseler ist somit auch Prinz Friedrich Karl für das Werden des Soldaten Hoepner von Bedeutung geworden.
Die Tätigkeit des Grafen Haeseler in Metz von 1890 bis 1903 hat bahnbrechenden Einfluß nicht nur für sein Korps, sondern das gesamte deutsche Heer erlangt. In vielem wirkte er revolutionierend, für den jungen Kaiser wohl auch provokativ: So in seiner strikten Ablehnung alles dessen, was mit militärischem Gepränge und »Schaugeschäft« zu tun hatte; aber auch in seinem unablässigen Bemühen, die Mannschaften, den einfachen Soldaten zu »sehen«. Der Biograph Haeselers, Generalmajor Buchfinck, in den zwanziger Jahren Dozent für Kriegsgeschichte der Universität Jena, berichtet darüber: »Nur bei *einer* Gelegenheit ließ Haeseler den Parademarsch gelten: als Prüfstein, ob nach anstrengender Übung in der Truppe noch die Energie saß, sich tadellos zu präsentieren. Stundenlang hat er oft bei nächtlichem Einrücken der Truppe unter einer Straßenlaterne im Regen gehalten und Bataillon auf Bataillon an sich vorbeimarschieren lassen . . . Als an jenem 1. April (1890) das Armeekorps vorbeimarschiert war, hatte jeder Mann den Eindruck: *dir* hat er ins Auge gesehen. Eine persönliche Beziehung zwischen jedem einzelnen und dem Kommandierenden General war hergestellt . . . Jahr für Jahr, Tag für Tag und Stunde für Stunde wird dieser General unter seinen Truppen sein. Keiner wird im Korps sein, mit dem er nicht wenigstens eine kurze Frage und Antwort getauscht hat. Und keiner wird sein, der nicht den Glauben hat, daß sein Kommandierender General an ihm persönlich Anteil nimmt. Darin lag der unermeßliche Einfluß, den Haeseler auf die Truppe ausübte, daß sie ihm nicht eine Masse war, geeignet zu grandioser, mechanischer Leistung, sondern eine Zusammenfassung von Einzelpersönlichkeiten, von denen die höchste Leistung des einzelnen zugleich ein Maximum der Gesamtleistung bedeutete.« – Einen in diesem Zusammenhang zitierten Satz Haeselers enthielt *besser* noch kein Handbuch der Bundeswehr für Innere Führung: »Die Truppe soll keine Maschine sein, welche versagt, wenn der Maschinist sie nicht mehr leitet, sondern ein aus Persönlichkeiten bestehendes Ganzes, in dem der einzelne im Bewußtsein seines persönlichen Wertes handelt.«[5]
Im ganzen deutschen Heer gab es nirgends eine Ausbildung, die dem Wesen des modernen Krieges besser entsprochen hätte als die des XVI. Armeekorps. Vor allem durch ihre eindeutigen Schwerpunkte: Marschausbildung, Schießausbildung, Nachtausbildung. Durch systematische Marschgewöhnung kam Haeselers Infanterie auf Tagesleistungen von 60, ja 70 km zu jeder Jahreszeit und erfüllte damit eine Voraussetzung für einen siegbringenden Bewegungskrieg gemäß den West-Planungen des Generalstabs. In der intensiv betriebenen Schießausbildung bereitete er alle Truppengattungen auf das »Feuer« als dem Element des modernen Krieges vor. Mit der Kombination der Marsch- und Schieß-

ausbildung mit der Nachtausbildung schließlich betrat Haeseler fast Neuland. Aber schon 1904/05, in den Land- und Seeschlachten um Port Arthur, wurde seine Ansicht bestätigt, daß die Nacht der beste Freund jedes gut ausgebildeten Soldaten ist.
Ausdauer und Gewöhnung an die Nacht hatten besonders hohen Stellenwert in den Ausbildungsplänen für die jungen Kavallerieoffiziere; sie wurden nach Haeselers Abschied von Metz (1903) beibehalten, so daß der Kavallerist Hoepner noch seine Ausbildung nach den Richtlinien des »alten Gottlieb« erfahren hat. Bei Buchfinck findet sich über diese Ausbildung folgende Schilderung:
»Die Offiziere wurden in Dauerritten zur Überwindung großer Entfernungen erzogen. Diese Ausbildung lag wesentlich im Winter, im Sommer wurden die Kaiserpreisritte ausgeführt. Wenn aber im Winter kein Mond am Himmel stand, wenn der Schnee knietief lag und wenn es in der schönen Übergangsjahreszeit in den Schnee regnete, dann belebten sich die Chausseen Lothringens von Leutnants, die im Stechtrabe durch das Land zogen. Haeseler hatte zwei Methoden solcher Ritte: Entweder stand an einer verborgenen Stelle in einem entlegenen Walde ein Rittmeister, bei dem, aus allen Garnisonen Lothringens kommend, sich ein Dutzend Leutnants meldete, oder von zwei Garnisonen hatte je ein Leutnant auf genau bezeichnetem Wege, der meist durch Wald führte, nach der Nachbargarnison zu reiten, so daß beide, wenn sie vollkommen richtig ritten, einander begegnen mußten; bei dem kleinsten Versehen ritten beide aneinander vorbei und mußten dann in die Nachbargarnison reiten, um dort an der Wache ihren Brief abzugeben. Diese Art von Ritten war besondern unbeliebt, weil der Reiter nicht nur von seiner eigenen, sondern auch von der Dummheit eines anderen abhängig war. Im allgemeinen hatte jeder Leutnant der berittenen Waffen sechs derartige Ritte im Winter auszuführen. Wer seinen Auftrag nicht ausführte, ritt so oft, bis er ihn vollbracht hatte. Es war eine harte Schule, aber die Befangenheit vor der Nacht verloren wir vollkommen.«[6]
Neben Moltke ist Graf Haeseler für den jungen Soldaten Hoepner der entscheidende militärische Erzieher und Ausbilder geworden, insbesondere auf jenem Gebiet, das wir heute »Menschenführung« nennen. Bei aller Härte in der Durchsetzung der militärischen Erfordernisse und dem gewaltigen Maß an Strapazen, das er der Truppe auferlegte *und* mit ihr teilte, blieb sein »großes, gutes Herz« stets spürbar. Er führte sie immer wieder bis an die alleräußerste Grenze des Leistungsvermögens heran; da er aber unablässig den Zustand der Truppe beobachtete, geriet er nie in Gefahr, diese Grenze zu überschreiten. Niemand, auch nicht der Kaiser, konnte Haeseler dazu bewegen, der Truppe etwas abzuverlangen, was militärisch wertlos oder gar unsinnig war. Da äußere Ehrungen, Ordensverleihungen usw. ihm gleichgültig waren, fürchtete er sich auch nicht vor Meinungsverschiedenheiten mit dem jungen Kaiser. So trug die Art, wie er seine Offiziere beurteilte, ihm einmal eine Rüge ein. Er ging in seinem Wohlwollen so weit, daß der Kaiser ihn bei einem Neujahrsempfang der Kommandierenden Generale ansprach: »Haeseler, Sie sind mir zu gutmütig!«[7] – Über das Thema »Beurteilungen« hat Hoepner, aus dem Geiste Haeselers, später als Kommandeur eine seiner besten Denkschriften zu Papier gebracht.
Haeselers »Mut vor Fürstenthronen« ging so weit, daß er unerschrocken auch den Wert der Kaisermanöver für den modernen Krieg öffentlich in Zweifel zog. »Er war mit den weitgehenden Friedensrücksichten, die ein Kaisermanöver mit sich brachte, nicht einver-

standen; die Kosten schienen ihm nicht im Einklang mit dem zu stehen, was die Truppe dabei lernte.«[8] – Damit aber trat der Kommandierende General des XVI. Armeekorps nicht nur in Gegensatz zu Wilhelm II., für den diese Manöver ja in erster Linie angelegt waren, sondern auch zu dem Mann, der als Nachfolger Moltkes 1891 an die Spitze des preußisch-deutschen Generalstabs getreten war: Graf Schlieffen. Tief und verborgen in seinem Innern dürfte Haeseler gespürt haben, daß – wie in Wilhelm II. als Hohenzollernkaiser – in Schlieffen als Generalstabschef die schwächere dritte Generation aufgetreten war[9].

Dem »alten Gottlieb« kamen gegen die Planungsarbeit des neuen Generalstabschefs wohl früh Bedenken. »In der Schlieffenschen Lehre vollends sah er bei aller Hochschätzung, die er der genialen Persönlichkeit Schlieffens entgegenbrachte, ein Streben, das die unendliche Mannigfaltigkeit der kriegerischen Forderung zugunsten einer einseitigen Tendenz aus dem Auge verlor . . . Er hielt die Anwendung einer Operation für unzulässig, deren Gelingen nur dann zu erwarten war, wenn der Gegner die Torheit beging, sich auf solche Weise umklammern zu lassen. Er bevorzugte eine Operationsführung, die nicht auf weite Sicht sich festlegte, sondern die von Fall zu Fall jede Schwäche des Gegners auszunutzen suchte . . .«[10]

Damit bewegte Haeseler sich in der Tradition Moltkes, die von Schlieffen nur äußerlich, nicht aber in ihrer *Essenz* fortgeführt wurde. Daß der »alte Gottlieb«, der auch zwischen 1903 und 1913 vom Gut Harnecop östlich Berlins jährlich für einige Wochen in seine alte »Residenz« Metz kam, sich zu Moltke bekannte, hat beigetragen, den Moltke-Verehrer Hoepner auch zu einem Verehrer Haeselers zu machen. An Sonntagen, wenn der Ausbildungsdienst ruhte, zog der greise Feldmarschall auf die Schlachtfelder in der Umgebung von Metz. Der ihn begleitenden militärischen Jugend aus der Garnison zeigte er an Ort und Stelle, wie es gewesen war bei Mars la Tour, Vionville, Gravelotte. Der rüstige Veteran im schulterlangen weißen Haar und im höchsten Dienstgrad, den das deutsche Heer zu vergeben hatte, muß auf die jungen Offiziere gewaltigen Eindruck gemacht haben. In Hoepners Schilderung des Reiterkampfes auf der Hochfläche von Ville sur Yron ist zu spüren, wie begeistert und begeisternd Haeseler damals von 1870/71 erzählt haben muß.

Haeselers Ablehnung der Schlieffenschen Lehre vom modernen Feldherrntum wirkt prophetisch, wenn man auf die Erfahrungen blickt, die der Panzerführer Hoepner gut dreißig Jahre später mit seinem »Feldherrn« machen mußte: »Auch darin stimmte er [Haeseler] nicht mit Schlieffen überein, daß dieser sich den persönlichen Einfluß des Feldherrn auf die Truppe fast völlig ausgeschaltet dachte. Schlieffen hatte in der ›Deutschen Revue‹ (Januarheft 1909) einen Aufsatz über den Krieg der Gegenwart veröffentlicht, in dem er die Tätigkeit des Feldherrn schildert: ›Der Feldherr befindet sich weiter zurück in einem Haus mit geräumigen Schreibstuben, wo Draht- und Funkentelegraph, Fernsprech- und Signalapparate zur Hand sind, Scharen von Kraftwagen und Motorrädern, für die weitesten Fahrten gerüstet, der Befehle harren. Dort, auf einem bequemen Lehnstuhl vor einem breiten Tisch, hat der moderne Alexander auf einer Karte das gesamte Schlachtfeld vor sich, von dort *telephoniert er zündende Worte*, und dort empfängt er die Meldungen der Armee- und Korpsführer, der Fesselballons und der lenkbaren Luftschiffe.‹ – Davon wollte Haeseler durchaus nichts wissen. Der *ganze Lehnstuhl-Alexander war ihm ein Greuel*, und an die Zündkraft seiner Telephonsprüche glaubte er nicht.«[11]

Was hat der Soldat Hoepner von Feldmarschall Graf Haeseler übernommen?

- Die Unerschrockenheit und Konsequenz vor allem, mit der er Erkenntnisse und Erfordernisse in die befreiende Tat umsetzte, auch wenn er dadurch in Gegensatz zum vorgesetzten Bereich geriet.
- Das Führen von vorn.
- Die Gewohnheit, in allen Lagen die gleiche Luft zu atmen wie seine Soldaten; Strapazen und Gefahren mit der Truppe zu teilen, um auch die seelischen Einflüsse beurteilen zu können, denen die Truppe im Einsatz ausgesetzt ist.
- Die unvoreingenommene, von Chauvinismus und Ideologie freie Beschäftigung mit dem potentiellen Gegner.
- Das Bemühen um die richtige Einschätzung des Gegners.
- Den Widerstand gegen die große Verlockung, Wunschgebilde für die Wirklichkeit zu nehmen, die Intelligenz der gegnerischen Führung zu unterschätzen.

Bei aller Verehrung für den »alten Gottlieb« hat Hoepner aber nicht *alles* von ihm übernommen. Nicht gefolgt ist er dessen Nachlässigkeit in äußeren Dingen. An Haeselers Uniform war stets einiges auszusetzen; mit seinem schulterlangen Haar blieb Haeseler im 20. Jahrhundert der einzige deutsche Feldmarschall im »Beatle-Look«. Hoepner hingegen achtete stets auf korrekten Anzug; als Frisur gab es für ihn lebenslang nur einen kurzen Haarschnitt.

Außer dem Feldmarschall, dessen Geist noch aus dem Ruhestand das XVI. Armeekorps regierte, wurde auch der Kommandeur des 13. Dragonerregiments, Oberst Dumrath, wichtig für die soldatische Entwicklung des Dragoners Hoepner. Er war mit diesem voll einverstanden, denn am 18. August 1906 hat Dumrath den noch nicht Zwanzigjährigen mit einem auf den 15. Februar 1905 vordatierten Patent zum Leutnant befördert. Damit war die erste Stufe der militärischen Erfolgsleiter erreicht; der Leutnant wurde in die Offizierskameradschaft und Geselligkeit der großen Garnisonstadt aufgenommen. Auch die Leutnantsjahre blieben ausgefüllt mit der Ausbildung von Mann und Pferd. Die Offizier-Winterausbildung enthielt neben Geländeritten auch Standortvorträge und Planspiele auf Regiments- und Brigadeebene. Vor allem zu letzteren wurde Leutnant Hoepner häufig beordert; offenbar hat er dort durch sichere Lagebeurteilungen und gewandte Formulierungen sein Regiment wirkungsvoll vertreten. Das Frühjahr brachte die Einzel-, Gruppen-, Zug- und Schwadronbesichtungen. Der sommerliche Felddienst wurde überwiegend auf dem Rücken des Pferdes absolviert. Den meisten Kavallerieoffizieren galt damals noch der berittene Einsatz als eigentliche Aufgabe der Kavallerie; das Gefecht zu Fuß, wozu ja abgesessen werden mußte, war wenig geschätzt. Oberst Dumrath, später im Weltkrieg Führer einer Infanteriedivision, hatte offenbar für den alten abgesessenen Einsatz der Dragoner mehr als andere Kommandeure dieser Waffe übrig. Zwischen ihm und Leutnant Hoepner dürfte bei Planspielen häufig besprochen worden sein, ob der Kampfeinsatz zu Pferde, letztlich die Attacke, in konkreten »Lagen« wie in der Ausbildung allgemein angesichts der Waffenwirkung des Maschinengewehrs noch Priorität haben könne.

Vieles von dem, was später hinsichtlich Truppen-Beweglichkeit den Reichswehroffizier, den General der Wehrmacht und den Panzerführer Hoepner der frühen vierziger Jahre beschäftigt hat, geht in den Ursprüngen bis auf die Leutnantszeit in Metz zurück. – April

bis November 1907 besuchte der Fähnrich Heinz Guderian, vom Jägerbataillon seines Vaters abkommandiert, die Kriegsschule in Metz[12]. Möglich, daß er dort bei Standortveranstaltungen dem damaligen Leutnant Hoepner schon begegnet ist. Später sollten sie immer wieder aufeinandertreffen: als geistig Verbündete beim Aufbau der »Schnellen Truppen« und der Panzerwaffe, wenn auch von unterschiedlichen Bereichen und Vorstellungen ausgehend; als Nachbarn bei den großen Raids in Polen, Frankreich und Rußland bis zur Wende vor Moskau.
Neben der jahreszeitlichen Ausbildung, den dienstlichen und gesellschaftlichen Programmen in Regiment und Standort, den Fahrten zum Kennenlernen des Nachbarn Frankreich, die mehrmals auch nach Paris führten, schrieb Leutnant Hoepner weiterhin viele Briefe nach Berlin. Nur ein Teil ging an die Eltern und Geschwister, viele postlagernd an Irma Gebauer in Wannsee, die Freundin aus der Primanerzeit, Tochter des Fabrikanten und Kommerzienrats Dr. h. c. Julius Gebauer. Wie in allem Grundsätzlichen, war Erich Hoepner auch in Dingen des Herzens ein Mann der Beständigkeit. Seine Charlottenburger Jugendliebe wurde die Lebensgefährtin: Am 10. Juni 1910 fand in der Luisenkirche der Heimat Charlottenburg die Trauung statt. Dann richtete sich das junge Paar am damaligen Kaiser-Wilhelm-Ring in Metz die erste Wohnung ein. – Zwischen Metz und Königsberg wird Frau Irma Hoepner, dem etwa zweijährigen Versetzungs-Turnus ihres Mannes folgend, zwölf weitere Wohnungen einrichten. Aus einer alten Berliner Industriellen-Familie stammend, auf der Höheren Töchter-Schule in England mit dem angelsächsischen Kulturkreis vertraut geworden, Hausmusik mit Klavier und Gesang pflegend, hatte Irma Hoepner durchaus Interesse für militärische Dinge, war aber nicht die geborene »Kommandeuse«. Vielleicht gerade deshalb konnte sie überall, wo der Berufsweg ihres Mannes hinführte, als charmante, großzügige Gastgeberin ein Heim der kultivierten, geistvollen Geselligkeit schaffen. An den Freuden und Erfolgen seines Soldatenberufs nahm sie teil, ab der zweiten Hälfte der dreißiger Jahre auch an den Sorgen, die ihn bedrückten. Vom entscheidungsschweren Jahr 1938 an bis 1943 ist Irma Hoepner wieder in Berlin, wissend um die Planungen, die aus den Sorgen ihres Mannes entstanden sind.
Über die dienstlichen Leistungen des jung verheirateten, vierundzwanzigjährigen Leutnants ist überliefert, daß er »gut mit den Leuten umzugehen verstand und bei Kameraden sehr geschätzt war«. Seine Beförderung zum Oberleutnant erfolgte im frühest möglichen Zeitpunkt. Das Jahr 1911 brachte einen Wechsel in der Führung des Regiments; Oberst Dumrath wurde versetzt, für ihn kam Oberstleutnant Frhr. v. Broich als letzter Friedenskommandeur des Regiments. Die Manöver des Jahres 1911 sahen das Dragonerregiment 13 in der Gegend von Château–Salins, dicht an der französischen Grenze; sie standen im Zeichen des »Panthersprungs nach Agadir« und drohender Kriegsgefahr zwischen Deutschland und Frankreich. Die Regimentsgeschichte verzeichnet, daß damals aus dem Manövergelände Bataillone zur Verstärkung der Fortbesatzungen nach Metz zurückgeschickt wurden. Bei diesem Manöver hat Frhr. v. Broich den Oberleutnant Hoepner näher kennengelernt. Da er ihm dienstlich wie persönlich zusagte, machte er ihn zu Beginn des Jahres 1912 zum Regimentsadjutanten. Diese Verwendung war eine Auszeichnung für den verhältnismäßig jungen Offizier; sie brachte eine Erweiterung des Gesichtskreises und Betätigungsfeldes. Der Adjutant war erster Gehilfe seines Kommandeurs, Mittler

zum Offizierskorps und dessen anerkannter Vertrauensmann. Höhepunkte der Adjutantenzeit Hoepners wurden auch die Divisionsmanöver der Jahre 1912 und 1913. Sie fanden 1912 ostwärts der Saar, 1913 im Hunsrück statt. Vor den letzteren war die Division in den Weindörfern an der Mosel untergebracht. Aus diesen Tagen hat Erich Hoepner sich eine Vorliebe für die Weine dieser Gegend bewahrt. Die Regimentsgeschichte berichtet über das Manöver 1913 und allgemein über die Manöver der 13. Dragoner: »Die Dragoner wurden glänzend aufgenommen und gebührend mit Moselwein gefeiert. Überhaupt wurde das Regiment überall, auch in Lothringen, stets sehr gut aufgenommen. Niemals hörte man eine Klage über unfreundliche Aufnahme durch die Einwohner, was auch wohl dem musterhaften Verhalten sämtlicher Angehöriger des Regiments zuzuschreiben ist.«

Die stets sehr gute Aufnahme der 13. Dragoner – »auch in Lothringen« – zeigt, daß der Geist Haeselers, was seine Konzilianz gegenüber den französisch gesinnten Lothringern betrifft, im Regiment weitergewirkt hat; der Regimentsadjutant Hoepner wird dazu beigetragen haben. – Andernorts wurde in dieser Hinsicht damals viel Porzellan zerbrochen: Die »Zaberner Affäre«, falsche Behandlung elsässischer Rekruten durch einen unerfahrenen preußischen Offizier, beleuchtete grell die Szene im Vorfeld der heraufziehenden Katastrophe und zeigte der Welt, daß es der Berliner Regierung in vierzig Jahren nicht gelungen war, auch das *Herz* des Elsaß wiederzugewinnen.

Die anregende Adjutantenzeit dauerte nicht lange. Auf Vorschlag seines Kommandeurs, der ihn weiter fördern wollte, bewarb sich Oberleutnant Hoepner um Kommandierung zur Kriegsakademie. Nach bestandener Aufnahmeprüfung wurde er im Oktober 1913 nach Berlin kommandiert. Obwohl er den Truppendienst und die Garnison Metz liebte, ging Hoepner gerne wieder ins heimatliche Berlin. Die Aufnahme in den Generalstab war *die* Erfolgschance im Soldatenberuf. – Ihre Reise nach Berlin machten die Eheleute nicht mehr allein: Stammhalter Joachim war noch in Metz geboren worden.

Wir wissen wenig über die folgenden zehn Akademie-Monate. Der Briefwechsel hört in dieser Zeit auf, denn fast alle, die Hoepner nahestanden, lebten ja in Berlin. Auch zwei andere später bekannt gewordene Lehrgangsteilnehmer haben über diesen letzten preußisch-deutschen Generalstabslehrgang vor dem Weltkrieg kaum etwas berichtet. Guderian war Hoepner möglicherweise schon aus Metz bekannt. Erich v. Manstein hat er damals in der Akademie vermutlich zum erstenmal gesehen. Guderian war zwei, v. Manstein ein Jahr jünger. In ihrer späteren Soldatenlaufbahn sollten beide vieles mit Hoepner gemeinsam haben. Im Verhältnis zu Hitler jedoch wählten sie nicht wie er den Weg des aktiven Widerstands. In Guderians Erinnerungsbuch[13] wird der Lehrgang an der Kriegsakademie nicht erwähnt. Bei v. Manstein findet sich über diesen immerhin wichtigen Laufbahnabschnitt nur ein Satz: »Vom Herbst 1913 bis zum Ausbruch des Ersten Weltkriegs 1914 besuchte ich die Kriegsakademie in Berlin.«[14]

Mit der Mobilmachung endete die Kommandierung zur Kriegsakademie; die Lehrgangsteilnehmer kehrten zu ihren Truppenteilen zurück. In Metz erfuhr Hoepner seine Mob-Verwendung: Ordonnanzoffizier beim Generalkommando des XVI. Armeekorps. Er hätte eine Frontverwendung vorgezogen; jeder Offizier brannte darauf, am unmittelbaren Kampfgeschehen teilzunehmen, zumal allgemein nur mit einer kurzen Kriegsdauer gerechnet wurde. Für eine Verwendung als Schwadronschef war Hoepner jedoch zu jung; seine Leistungen an der Kriegsakademie legten eine spätere Verwendung im Generalstab nahe; hierfür war die Stellung des Ordonnanzoffiziers, vor allem bei einem höheren Stab wie dem Generalkommando, eine geeignete Vorbereitung. Eine Einarbeitung in die neuen Aufgaben wurde Hoepner dadurch erleichtert, daß er den neuen Vorgesetzten z. T. noch von seiner Adjutantenzeit her bekannt war. Von den drei Ordonnanzoffizieren im Stabe des Generalkommandos war Hoepner der älteste und als solcher Gehilfe des 1. Generalstabsoffiziers, der die »Lagen« zu bearbeiten hatte; daneben wurde er zur Begleitung des Kommandierenden Generals oder des Generalstabschefs eingesetzt.

Seit Schlieffens Dezember-Denkschrift von 1905 war in einem Kriege Deutschlands mit Frankreich das XVI. Korps in Metz »als linkes Flügelkorps des Hauptheeres« vorgesehen[15]. Als Grenzkorps hatte es bei Mobilmachung gleichzeitig die Grenzsicherung gegenüber Frankreich zu übernehmen und stand personell und materiell in einer höheren Bereitschaftsstufe als andere Korps. Der Krieg begann für das Generalkommando mit dem ersten Tag der Mobilmachung, lagen doch die westlichen Außenforts der Festung Metz in unmittelbarer Grenznähe. Oberleutnant Hoepner war viel unterwegs zu Erkundungen und zur Überwachung der Bereitschaft der Korps-Truppenteile. Für das XVI. Armeekorps, welches Graf Haeseler in unermüdlicher Marschausbildung auf Bewegungskrieg und weiträumige Operationen vorbereitet hatte, lag eine gewisse Ironie des Schicksals darin, daß ihm, wie der übergeordneten 5. Armee des Deutschen Kronprinzen, innerhalb der Feldzugsplanung für den Westen die Aufgabe zufiel, als Bindeglied zwischen dem im Norden durch Belgien vorgehenden rechten Angriffsflügel und dem südlichen linken Abwehrflügel nahezu stationär den Zusammenhalt der Front zu gewährleisten. Der Armeeführer Kronprinz Wilhelm schrieb darüber in seinem Erinnerungsbuch: »Unter nördlicher Umgehung des großen französischen Festungsgürtels Verdun–Belfort hatte das deutsche Westheer mit den Armeen 1–5 aus seinem Aufmarsch in der Linie Crefeld–Aachen–Trier–Diedenhofen–Metz eine gewaltige Linksschwenkung durch Belgien und Luxemburg hindurch in das Herz Frankreichs auszuführen. Dabei fiel der 5. Armee am linken Flügel die Aufgabe zu, den *Drehpunkt* Diedenhofen der befestigten Mosellinie festzuhalten . . . In sich stark links gestaffelt, sollte sie dann im Rahmen der fortschreitenden Heeresschwenkung ebenfalls in die allgemeine Angriffsrichtung nach Süden eindrehen. Die ihr im Wege liegenden Sperrforts Montmédy und Longwy waren im raschen Angriffsverfahren wegzunehmen.«[16]

Das XVI. Korps unter General v. Mudra bewegte sich im Rahmen dieser Operation, zunächst der Mosel folgend, nach Norden bis Diedenhofen, um dann nach Westen eindrehend vom 22.–25. August an der siegreichen Schlacht von Longwy teilzunehmen. Aus den Tagen dieser Schlacht berichtete Kronprinz Wilhelm: »In einem total zerschossenen Dorfe hielt beim Generalkommando des XVI. AK der greise Feldmarschall Graf Haeseler, ruhmreiche Vergangenheit mit stolzer Gegenwart verknüpfend. Der Soldat in ihm war stärker gewesen als das gebrechliche Alter. Er wollte sein einstiges braves Korps bei der Kriegsarbeit sehen.«[17]

Nach der Schlacht von Longwy beteiligte sich das XVI. AK weiter am Vormarsch der 5. Armee an und über die Maas, erzwang den Übergang bei Vilosnes Anfang September, schwenkte, entsprechend dem Vorwärtskommen der rechts anschließenden Armeen, auf dem West-Ufer der Maas nach Süden ein, um den Nordteil des Berglandes der Argon-

nen, beiderseits des kleinen Flüßchens Aire, in Besitz zu nehmen. Vorderste Teile des XVI. AK drangen vorübergehend bis Souilly vor, jenem Ort schon fast im Rücken der mächtigen Festung Verdun, wo Pétain, der Retter Verduns und Frankreichs, zwei Jahre später sein Hauptquartier hatte. – Zwischen Souilly und Bar le Duc kam der Vormarsch der 5. Armee ebenso zum Stehen wie derjenige der Armeen des Schwenkungsflügels weiter westlich. Der Bewegungskrieg ging nach acht Wochen an der Westfront überhaupt zu Ende; im Oktober begannen die Jahre des Stellungskrieges. Der unter Deutschen lange und selbstquälerisch geführte Meinungsstreit darüber, ob die »Verwässerung« des »genialen Plans« Deutschland um den Sieg gebracht oder ob dieser Plan, so wie ihn Schlieffen dem jüngeren Moltke als Testament überlassen hat, überhaupt undurchführbar war, interessiert hier nur am Rande. In Hoepners schriftlichem Nachlaß finden sich darüber keine Äußerungen[18]. Kronprinz Wilhelm war ein Verehrer, Graf Haeseler ein Kritiker Schlieffens. Aus Hoepners späterer militär-politischer Gesamthaltung ist ersichtlich, daß er, Haeseler auch hierin folgend, dem Schlieffen-Mythos gegenüber in wesentlichsten Dingen reserviert geblieben ist. So gegenüber der Bedenkenlosigkeit, mit welcher dieser Generalstabschef über die Neutralität der kleinen Staaten hinwegging; gegenüber Schlieffens Neigung, Stärke und Intelligenz der Gegner zu unterschätzen; gegenüber seinen falschen historischen Analogien, beispielsweise der Übernahme von Prinzipien friderizianischer Kriegführung und Kabinettspolitik ins Jahrhundert der Volks- und Weltkriege. – Durch Hitler wurde Schlieffens aus militärstrategischer Notwendigkeit resultierende Mißachtung der Souveränität fremder Staaten dann ins Verbrecherische gesteigert; ins Groteske geriet Hitler mit seiner Verhöhnung der allierten Führer im großdeutschen Rundfunk als »militärische Idioten«, wie auch mit seinem schwarzen Wunderglauben, mit dem er erwartete, daß das »Wunder des Hauses Brandenburg« sich auch in der Weltzeit vom April 1945 noch einmal ereignen werde. Für militärischen Dogmatismus oder Irrationalismus hatte Hoepner schon als Soldat des Ersten Weltkrieges nichts übrig. Dagegen war in ihm, wie noch zu zeigen sein wird, viel Verwandtes mit dem *voraussorgenden Realismus* der Truppen- und Menschenführung Pétains festzustellen.
Das XVI. Korps stand mit seinen Truppenteilen nordwestlich Verdun in einer südlich Varennes beiderseits der Aire von West nach Ost durch das Waldgebiet der Argonnen verlaufenden Frontlinie. Von seinem Friedensstandort Metz trennten es nach der Luftlinie nur etwa 100 km. Dazwischen aber lag die mächtige, unbezwungene Festung Verdun, deren Verbindungen mit Paris damals noch durch die Argonnen verliefen, weswegen den ganzen Winter 1914/15 dort die heftigsten Kämpfe entbrannten, wozu auch der Minen-Krieg, das Unterminieren und Sprengen der gegnerischen Gräben, trat. Die damals entstandenen Verse »Argonnenwald um Mitternacht . . .« wurden zum meistgesungenen Soldatenlied vieler Jahre, vergleichbar der »Lili Marlen« im Zweiten Weltkrieg. Während die in der Front eingesetzten Kampfdivisionen immer wieder ausgewechselt wurden, verblieb das Generalkommando als »bodenständige Einrichtung« – diese Bezeichnung kam damals auf – an seinem Ort. Es war zunächst in Apremont am Osthang des Argonnen-Waldes, ab Spätherbst 1914 im Schloß Cornay und ab Herbst 1915 weiter nördlich im Schloß Buzancy untergebracht. Aus der Zeit in Cornay ist eine Fotografie erhalten, auf der Rückseite steht geschrieben: »S. Exz. Feldmarschall Graf v. Haeseler mit seinen Geburtstagsgästen vor dem Schloß in Cornay Frankreich am 19. Januar 1915.« Die Geburts-

tagsgäste dürften der Stab des XVI. Armeekorps gewesen sein – einschließlich der Wachtposten mit dem aufgepflanzten Bajonett. Denn als echter Menschenfreund – wie wir wissen – kannte Haeseler keine Standesunterschiede und starre Reglements. Auf der Treppe sitzend die drei Ordonnanzoffiziere, links mit Zigarre Oberleutnant Hoepner. Für den Kommandierenden General, die Armeeführung wie auch die Oberste Heeresleitung dürfte indes die nahezu ständige Anwesenheit des achtzigjährigen Veteranen wenig angenehm gewesen sein; war doch der Greis eine stete Erinnerung daran, daß seinerzeit, 1870, in Frankreich alles besser gelaufen war.
Der lange Einsatz an dieser Stelle der Westfront brachte für Hoepner wertvolle Einblicke und Anregungen. Das XVI. Armeekorps war gewissermaßen das »Hauskorps« der 5. Armee des Deutschen Kronprinzen, dessen Hauptquartier nur etwa 40 km nördlich in Charleville lag. Jener Teil des Besucherstroms, der Kronprinz Wilhelms Hauptquartier besuchte und »Frontluft« schnuppern wollte, benutzte gerne die Gelegenheit, dies im nahegelegenen, durch das Lied berühmt gewordenen Argonnenwald zu tun. Der Ia-Abteilung des Generalkommandos, welcher Hoepner überwiegend zugeteilt war, oblag die Bearbeitung solcher Besuche. Viele Fürstlichkeiten, Militärs und Politiker der Mittelmächte wollten in die Gegebenheiten des Argonnen-Abschnitts eingewiesen werden. Auf den Oberleutnant Hoepner kam häufig diese Aufgabe zu. Kronprinz Wilhelm begleitete er mehrmals durch die vorderen Gräben; einmal führte er auch den Kaiser, als dieser von Spa bzw. Charleville–Mézières den Argonnen-Abschnitt besuchte. Hier entstand wohl auch Hoepners Soldaten-Kameradschaft mit dem Kronprinzen von Preußen und Deutschland, welche alle Stürme der Zeit überdauert hat.
Neben der Verwendung in der Ia-Abteilung leistete Hoepner auch Aushilfen beim Ib, dem 2. Generalstabsoffizier, der für Versorgung und wirtschaftliche Erfassung des besetzten Gebiets zuständig war. Der Logistik und der Kriegswirtschaft hat Hoepner schon damals besonderes Interesse entgegengebracht; sein Herkommen mütterlicherseits aus der Industrie mag dabei eine Rolle gespielt haben. Chales de Beaulieu berichtete über Hoepners damalige Ib-Tätigkeit: »Er lernte Land und Leute kennen und freute sich jedesmal, wenn wieder ein Wirtschaftsbetrieb, Elektrizitätswerk, Sägewerk, eine Bahnlinie usw. in Betrieb genommen werden konnte. Schnell erkannte er die großen Schwierigkeiten, unter denen eine Zivilbevölkerung im Krieg unschuldig zu leiden hatte, wenn ihre eigene Verwaltung ausgefallen war. Im Korpsabschnitt scheint die Zusammenarbeit mit der Bevölkerung eine recht gute gewesen zu sein.«
Am 18. Juni 1915 wurde Hoepner zum Rittmeister befördert; bald darauf erfolgte seine Versetzung in den Generalstab als Hauptmann i. G. Er hatte sich in der Ia- wie der Ib-Abteilung bereits voll bewährt. Die Stabstätigkeit allein konnte ihn aber – trotz interessanter Einblicke, welche sie vermittelte, und trotz der Reitjagden, die er für das Generalkommando arrangierte und an denen wiederholt vom Armee-Oberkommando 5 auch der Kronprinz teilnahm – auf die Dauer nicht befriedigen. Er wollte sich als Frontsoldat bewähren. Wo immer sich Gelegenheit zu Erkundungen bot, nutzte er sie, um den Grabenkrieg, auf welchen der Dragoner sich ja in Friedenszeiten nicht vorbereitet hatte, kennenzulernen. Am 21. Februar 1916 heißt es in einem Brief Hoepners an seine Frau: *»Unsere gestrige Unternehmung war sehr interessant. Wir sind 5 Stunden in den Stellungen und Sappen herumgekrochen. Während unserer Anwesenheit sprengten die Franzosen*

zweimal. Bei der zweiten Sprengung war ich gerade in der vordersten Sappe und flog plötzlich gegen die Wand . . . Es ist doch eine gemeine Kriegführung, 25 mtr. unter der Erde.«

Ebenfalls am 21. Februar 1916 begann mit dem deutschen Angriff auf Verdun die blutigste Materialschlacht der bisherigen Geschichte. Das XVI. Armeekorps war rechter Nachbar der Angriffsfront; von den Brennpunkten der Kämpfe lag es keine 40 km entfernt. Die »schweren Kämpfe im Maas-Gebiet«, wie der deutsche Heeresbericht stereotyp in den kommenden Monaten die Verdun-Schlacht nannte, strahlten optisch, akustisch und in der Gefechtstätigkeit bis in den Argonnenwald aus. Die »Hölle« rückte dem XVI. Armeekorps noch näher, als im März/April – sehr spät! – die Oberste Heeresleitung sich entschloß, den Angriff auch auf dem westlichen Maas-Ufer vorzutragen und das erbitterte Ringen um die Höhen »304« und »Mort-Homme« entbrannte.

Anfang Mai hatte Hoepner es durchgesetzt, daß er für einige Wochen vom Generalstabsdienst abkommandiert und mit der Führung einer Kompanie beauftragt wurde. Am 7. Mai 1916 teilte er seiner Frau brieflich mit: *»Morgen ziehe ich in den Schützengraben, in den Cheppy-Wald, wenn Du das erste Licht Deines 28. Geburtstages erblickst. Ich übernehme die 4. Kompanie des Infanterie-Regiments Nr. 144 . . . Morgen 04^{30} vorm. fahre ich hier ab. Leider ist das schöne Wetter durch Regen abgelöst. Es kann also eine recht feuchte Zeit werden. Sorge Dich nicht; es wird mir schon nichts zustoßen.«*

Es wurde eine »feuchte Zeit«, wie aus weiteren Briefen hervorgeht. Das Regenwetter hielt an; der Buschwald um den Ort Cheppy, ostwärts Varennes, sog sich voll Feuchtigkeit; der Boden war lehmig und undurchlässig. Rittmeister und Kompanieführer Hoepner fand einen noch nicht ganz ausgebauten, 4 m langen, 2,5 m breiten und 1,80 m hohen Unterstand vor, den er mit seinem Oberleutnant teilte; vom vordersten Graben war er 100 m entfernt. Die Wände waren feucht, Wasser sickerte an ihnen herab; auf dem Boden stand es trotz Abschöpfens immer einen Fuß hoch. Der Ofen qualmte, so daß man es vorzog, nicht zu heizen. Zu der Feuchtigkeit, welche die Kleider nie trocken werden ließ, kam als weitere Belastung die Ungezieferplage. Denn obzwar die »Champagne pouilleuse«, die jedem Kämpfer der Westfront bekannte »Lause-Champagne«, vom Argonnen-Abschnitt durch die Aisne getrennt war, kannte die Verlausung keine geographischen oder taktischen Grenzen. Zu alledem war der Cheppy-Wald einer der Brennpunkte des Minenkriegs im Korpsbereich. Der Dragoner-Rittmeister hatte daher reichlich Gelegenheit, sich unter ungünstigen Verhältnissen als Einheits- und Menschenführer zu bewähren. Als gelernter Kavallerist sich auf den infanteristischen Grabenkrieg umzustellen fiel ihm nicht schwer; für die Dragoner war dies offenbar leichter als für Ulanen, Husaren und Kürassiere. Und was die Menschenführung betrifft, so hatte er dafür eine natürliche Begabung, wie seine Briefe vom Mai 1916 immer wieder zeigen. So schrieb er am 9. Mai, seinem ersten Fronttag: *»Den ganzen Vormittag bin ich im Graben herumgekrochen und habe den Zugführern das Programm für die nächsten 14 Tage erklärt. Nachmittags werde ich in die Mannschaftsunterstände kriechen und abends Posten, sowie Patrouillen und das Drahthindernis revidieren; von 10 Uhr (abends) bin ich dann vor der Stellung bei den Horchposten.«* Zwei Tage später teilte er seiner Frau mit: *»Die Mannschaften müssen schwer arbeiten, 1/2 Brot pro Kopf und Tag ist zu wenig . . . Recht unangenehm ist die Kälte in unserer Höhle.«*

Wann immer es möglich war, schrieb Hoepner täglich einige Zeilen an seine Frau. Diese Eigenart hatte er mit vielen Soldaten gemeinsam, die sich mühten, möglichst oft nach Hause ein Lebenszeichen zu geben. Zwischen persönlichen Dingen, vor allem der dauernden Sorge um das Wohlbefinden von Frau und Kind angesichts des Lebensmittelmangels, geben kurze Passagen Einblick in Hoepners äußeres und inneres Erleben als Frontsoldat sowie in seinen Führungsstil. Am 12. Mai berichtet er: *»Heute haben die Franzosen in die Gegend meines Unterstandes Granaten mit Schwefelgas geschossen. Es hat aber nicht geschadet. Obgleich mir derartiges früher ganz egal war, gehe ich nach dieser Erfahrung immer mit der Gasmaske.«* Fünf Tage nach Übernahme der Einheit, am 13. Mai, teilt er zufrieden mit: *»Solange ich die Kompanie führe, habe ich noch keinen Mann verloren. Abends und morgens erhalte ich einen Feuerüberfall auf den Unterstand. Heute abend soll von uns in Vauquois (Dorf ca. 1 km ostwärts in der Front gelegen) eine größere Minensprengung (720 Ctr) erfolgen. Das kann ein ganz nettes Loch geben. Hoffentlich halten es unsere Gräben und Stollen aus.«* Es war Hoepners stetes Bemühen, seine Männer im feuchtkalten, gefahrvollen »Hessen-Wald« – so wird das Waldgelände südlich Cheppy in der Karte des Kronprinzen bezeichnet – physisch und psychisch fit zu halten. Am 15. Mai allerdings ging die gute Absicht schief: *»Gestern stiftete ich Bier für die Mannschaften und uns. Wir konnten aber nichts davon bekommen, da ein Unglücksmensch mit der großen Flasche, die uns aus dem Faß abgefüllt war, im Graben ausgeglitten und hingefallen war.«* – Besonders aufschlußreich für das Verantwortungs-Empfinden des Kompanieführers Hoepner ist der Brief vom 20. Mai: *»Wenn ein Schaden durch Beschießung (im Kp. Abschnitt) entsteht, entwickelt sich bei mir immer der Zwiespalt, ob ich den Graben sofort in Ordnung bringen lassen soll, was zur Gefechtsbereitschaft notwendig ist, oder ob ich aus Rücksicht auf die Leute diese während der Beschießung in den Unterständen lassen soll. In der Regel lasse ich sofort aufräumen, da die Männer ja doch in die Röhre (den Graben) fahren, sobald irgend ein Schuß fällt. Das Pflichtgefühl unterliegt bei den meisten doch der Sorge um das Leben. Das eiserne Muß kann nur durch das Beispiel des Offiziers auch den Leuten eigen werden.«*

Wie diese Briefe aus dem Cheppy-Wald zeigen, war das Bewußtsein für das soldatische Führertum bei Hoepner schon 1916 in den wesentlichsten Grundzügen fertig ausgebildet. Führen bedeutet für ihn – und das bleibt auch für den späteren Oberbefehlshaber kennzeichnend –, den gestellten Auftrag mit einem Minimum an Blut erreichen. Ganz sicher hat das Blutopfer von Verdun, von dessen Ausmaß man sich heute kaum noch eine rechte Vorstellung machen kann, dieses Zermantschen der individuellen Existenz, die psychische und physische Erschütterung kampfgewohnter Männer bis in den Irrsinn und die Auflösung, auf Hoepners Führungssicht tiefgreifend gewirkt. Später hat er diese Führungsmaxime so formuliert: *»Ein militärischer Erfolg hat nur dann Wert, wenn er mit sparsamsten Verlusten an Menschen erzielt wird, sonst kann man jeden Ignoranten an militärische Führerstellen setzen.«* Nach dieser Maxime hat er die Infanteriekompanie im Grabenkrieg der Argonnen geführt, nach der gleichen Maxime Jahrzehnte später die 4. Panzerarmee im Winterkrieg vor Moskau. Damit zusammen hing die unablässige Sorge um das physische Wohl der Truppe, insbesondere ihre zureichende Verpflegung. Ein militärischer Führer, der seine Soldaten nicht mehr ernähren kann, kann auch nichts mehr von ihnen fordern. Darin stimmte Hoepner überein mit zwei der besten Soldaten

Frankreichs: mit Marschall Davout, dem Sieger von Auerstädt, Eckmühl, Wagram und Smolensk[19], wie auch mit dem Befehlshaber 1916 »auf der anderen Seite«.

Dieser zweite Franzose, welcher der Logistik die gleiche Bedeutung beimaß wie der Taktik, war in jenen Wochen, in denen Hoepner sich um die Verpflegung seiner Infanteristen sorgte, schon erfolgreich dabei, den Auftrag seiner Grande Nation zu erfüllen: »Sauvez Verdun – Retten Sie Verdun!« Henri Philippe Pétain hatte sein Hauptquartier im Rathaus des Dörfchens Souilly bezogen, knapp zwanzig Kilometer hinter der bedrohten Festung. Unter seinen Augen zogen die Söhne Frankreichs über die Dorfstraße von Souilly, welche zugleich ein Stück der »Heiligen Straße« darstellte, in die »Stahlgewitter« der Schlacht. Wenn sie vier Wochen später, gemäß dem von Pétain festgelegten Ablösungs-Turnus, durch Souilly zurückkehrten in Richtung Bar le Duc, ihre Reihen gelichtet und gezeichnet vom Inferno der »moulin«, sahen sie ihren General wieder, *und er sah sie.* Oft kam Pétain dann herunter auf die Freitreppe, um ihnen ganz nahe zu sein. Aber auch in den vier Wochen des Grauens hatten sie Pétains Nähe und sorgende, organisierende Hand überall gespürt, nicht zuletzt darin, daß sie dank der Organisation des Nachschubs auf der »Voie Sacrée« an Weißbrot und vin rouge nie eigentlichen Mangel hatten. »Pétain war kein Château-General, sondern ein Frontbefehlshaber . . . Verdun war ein Sieg der Organisation, in welcher der sparsame Einsatz von Menschenleben Pétains oberste Aufgabe gewesen war. Pétain, so glaubten die Soldaten, war *der* General, der sie eher als Individuen betrachtete anstatt als Ziffern in einer militärischen Buchführung.«[20]

Pétain war als militärischer Führer in allem das Gegenteil vom Schlieffenschen »Lehnstuhl-Alexander«. Aber er war ein *Feldherr,* wie ihn sich Graf Haeseler an der Spitze des deutschen Heeres gewünscht hätte, einer wie der alte Moltke, »der nicht auf weite Sicht sich festlegte, sondern von Fall zu Fall jede Schwäche des Gegners auszunutzen wußte«. Im Frühjahr 1916 besuchte der dem Stabe des XVI. Armeekorps angehörende Biograph Haeselers, Buchfinck, die nahe Verdun-Front und berichtete diesem dann in Bucancy, was dort vor sich ging. Da fuhr der Graf heftig los: »Nein, das habe ich nie geglaubt und das wäre auch nie so gekommen, wenn wir nicht so erbärmlich schlecht geführt worden wären. Wir mußten den Krieg in der Bewegung durchführen und entscheiden. Nicht mit *einem* Vionville, aber mit zehn Vionvilles!«[21]

Es ist nicht Aufgabe dieser Lebensbeschreibung zu untersuchen, wieweit Haeselers Urteil über die 1. OHL des jüngeren Moltke und die 2. OHL Falkenhayns berechtigt ist. Wichtig bleibt indes die Feststellung, daß die Gedanken des »alten Gottlieb« über den Bewegungskrieg in Hoepner ebenso weitergewirkt haben wie dessen Auffassung und Beispiel in bezug auf das militärische Führertum. Im Frühjahr 1916 verabschiedete sich Graf Haeseler endgültig von seinem alten Korps. Als er sich bei einem Sturz beide Handgelenke brach, kehrte er auf sein Gut Harnecop im Barnim zurück, um es bis zu seinem Tod 1919, im fünfundachtzigsten Lebensjahr, nicht mehr zu verlassen.

Im Herbst 1916 endete auch für Erich Hoepner nach fast zwölf Jahren die in jeder Beziehung lehrreiche Zeit im Generalkommando XVI. Armeekorps. Es wurde bei ihm jedoch nicht, wie für den alten Haeseler, ein Abschied für immer; zweiundzwanzig Jahre später wird Hoepner, allerdings in völlig veränderten Zeiten, an die Spitze eines wieder aufgestellten XVI. Korps treten.

Der Krieg ging schon ins dritte Jahr, als am 29. August 1916 die beiden Feldherren der Ostfront die Oberste Heeresleitung übernahmen. Hindenburg und Ludendorff waren seit Tannenberg von Sieg zu Sieg geeilt. An ihre Namen knüpfte das deutsche Volk seine Hoffnung auf siegreiche Kriegsbeendigung. Der Nimbus des »Zweigestirns« hingegen hat schwer auf dem bei Verdun glücklosen Generalstabschef Falkenhayn gelastet. Wenn 1915/16 sich zwei Brüder im Heimaturlaub trafen, der eine vom Bug, der andere von der Aisne kommend, bekam der Westfront-Kämpfer von seinem Bruder spöttisch zu hören: »Im Osten steht das deutsche Heer; im Westen nur die Feuerwehr!«
Aber bald nach ihrer Ankunft im Westen erkannte die »3. OHL«, daß hier Operationen und Umfassungssiege wie im Osten nicht möglich waren. Sie trat nun auch der Auffassung des Vorgängers Falkenhayn bei, daß die Kriegsentscheidung nur an der Westfront fallen könne. Dann trafen Hindenburg und Ludendorff ihre Maßnahmen mit großer Umsicht und Tatkraft. Im Frühjahr 1917 nahmen sie die Truppen aus dem kräftezehrenden Frontbogen von Noyon zurück. Diese »Alberich-Bewegung«, gut geplant und durchgeführt, kann als ihre größte operative Leistung gelten, größer als der Sieg von Tannenberg über führungsschwache Gegner. Nur starke militärische Führer, welche entweder selbst die obersten Kriegsherren sind oder aber die volle Handlungsfreiheit haben, können dergestalt prestigegefährdende Maßnahmen treffen. Hindenburg und Ludendorff *waren* 1917/18 die obersten Kriegsherren Deutschlands. Und ihre Frontbegradigung zahlte sich aus. Mit den gewonnenen Reserven und gestützt auf die gut ausgebaute »Siegfried«-Stellung blieb die 3. OHL das ganze Jahr 1917 über in der Abwehr siegreich. Die wütenden Offensiven des Generals Nivelle im Mai/Juni an der Aisne wurden blutig abgewiesen. Als der »Blutsäufer«, wie damals Nivelle in Frankreich genannt wurde, dem Druck der öffentlichen Meinung weichen mußte, übergab er dem Nachfolger Pétain eine völlig demoralisierte, meuternde Armee. In diesen Wochen, in denen sowohl die Ermattungs- bzw. Ausblutungsstrategie Falkenhayns als auch die Defensivtaktik der 3. OHL ihre Erfolge zeitigten und die Entente sich am Rande der Niederlage bewegte, wurde Pétain noch einmal zum Retter Frankreichs.
Dies alles mag mit dem Rittmeister Hoepner nicht unmittelbar zu tun haben. Er war im Jahr 1917, das später wegen des Kriegseintritts der USA und der russischen Oktoberrevolution als *das* Schicksalsjahr des 20. Jahrhunderts erkannt worden ist, zunächst Hauptmann im Generalstab des AOK 1, dann des AOK 7. Ein Hauptmann im Armeeoberkommando ist mit Aufgaben der Entscheidungsvorbereitung befaßt, nicht mit solchen der Entscheidungsfindung. Trotzdem hat Hoepner damals nicht nur die Arbeitsweise eines großen Führungsstabes, sondern auch die Auswirkungen der Entschlüsse der oberen und obersten Führung auf die Truppe kennengelernt. Die 3. OHL hatte 1917 überzeugend demonstriert, daß es richtig sein kann, Gelände aufzugeben, um in »beweglicher Verteidigung« aus gut vorbereiteten Stellungen Krisen zu überwinden, die bei starrem »Halten« von taktisch ungünstigen Linien zur Erschöpfung und letztlich zum Verlust der Truppe führen würden. Fünfundzwanzig Jahre später, vor Moskau, wird Hoepner diesem Beispiel der 3. OHL folgen. – Im Jahre 1917 vermutlich hat Hoepner bei einem Besuch der OHL in den Armeehauptquartieren Hindenburg erstmals gesehen; von da datiert seine Verehrung, die er dem Feldmarschall wie dem späteren Reichspräsidenten lebenslang bewahrt hat. Es wird darauf zurückzukommen sein. Doch sei hier schon festge-

halten: Nach dem alten Moltke und dem Grafen Haeseler ist Paul von Hindenburg das dritte bestimmende Vorbild des Soldaten Hoepner geworden.
In einer anderen Hinsicht bestimmend für Hoepner wurden die Kriegsereignisse des November 1917. Seit dem Ende des Bewegungskrieges und dem Verschwinden der Kavallerie vom Schlachtfeld hatte an der Westfront drei Jahre lang der Satz gegolten: »Artillerie erobert, Infanterie besetzt.« Das heißt: Der Satz hatte nur bedingt gegolten. Selbst nach wochenlangem »Trommeln« der Artillerie waren in den Materialschlachten immer nur Geländegewinne von wenigen Quadratkilometern zu erzielen gewesen. Am 20. November 1917, bei Cambrai an der Schelde, schien der Satz seine Gültigkeit zu verlieren. Unter Verzicht auf längere Artillerievorbereitung überrollten 400 englische »Tanks« die deutschen Stellungen in breiter Front, walzten die Drahthindernisse nieder und schalteten die deutschen MG-Nester aus. Englische Infanterie stieß nach, auf 13 km Frontbreite gewann der Angriff in zwölf Stunden 9 km an Boden. 8 000 deutsche Gefangene und 100 Geschütze wurden eingebracht; dies, obwohl der Angriffsplan der britischen Armee »orthodox« war und einen schwerpunktmäßigen Ansatz der neuen Waffe, des Panzers, nicht vorsah und daher nicht bis zur Entscheidung durchschlug.
Nach diesen Anfangserfolgen der von den Engländern Brigadegeneral Elles und Oberstleutnant Fuller mit Hilfe des Marineministers Churchill entwickelten und bei Cambrai von Elles auch geführten »Tankwaffe« gewannen die deutsche Artillerie und Infanterie über die Tanks noch einmal die Oberhand. Der am 30. November 1917 beginnende Gegenangriff, unternommen vor allem mit der aus dem Osten frisch eingetroffenen 107. Infanteriedivision, gewann bis zum 5. Dezember das verlorengegangene Gelände weitgehend zurück.
Dieser Sieg der deutschen Artillerie und Infanterie bei Cambrai über ihren neuen Feind, den Tank, hatte Auswirkungen von geschichtlichem Ausmaß. Die 3. OHL war nämlich nur zu bereit, auch von einer künftigen Überlegenheit der Artilleriewaffe über die Tankwaffe, ihres Artilleriespezialisten Bruchmüller über den englischen Tankspezialisten Fuller, auszugehen. Bei Ludendorff liest sich das so:
»Den Tank als Begleitwaffe der Infanterie [sic!] besaßen wir nicht. Er war lediglich Angriffswaffe, und unsere Angriffe gelangen auch ohne Tanks. Das konnte uns nicht von der Pflicht entbinden, alles zu beschaffen, was unserer Infanterie das Leben zu erleichtern geeignet war . . . Der Feldkraftfahrchef hatte bereits frühzeitig den Auftrag bekommen, die Tankkonstruktion zu betreiben. Das Tankmodell, das er im Frühjahr 1917 der Obersten Heeresleitung vorführte, entsprach nicht den Anforderungen. Ich legte ihm ans Herz, den Tankbau energisch zu fördern. Möglich, daß ich schärferen Druck hätte ausüben müssen, möglich, daß wir dann zur Entscheidung 1918 einige Tanks mehr gehabt hätten; ich weiß aber nicht, welchen Heeresbedarf wir dafür hätten zurückstellen sollen . . . Zum Masseneinsatz von Tanks wären wir 1918 nie gekommen, und nur in der Masse hat der Tank seine Bedeutung.«[22]
In letzterem verdient der taktische Weitblick Ludendorffs unsere Bewunderung. In allem Vorausgehenden aber bleibt er widerspruchsvoll und darauf bedacht, sich für Versäumtes zu rechtfertigen. Warum sollte damals das Können der deutschen Konstrukteure und die Leistungskraft der deutschen Industrie nicht ausreichend gewesen sein, viele und gute Tanks zu produzieren? Man war ja auch imstande, die besten Schlachtkreuzer und Un-

terseeboote der Welt zu bauen. Es wäre aber ungerecht, den versäumten Tankbau *nur* der 3. OHL anzulasten. – Ein anderer Mangel, derjenige an militärpolitischem Verständnis, *muß* ihr jedoch angelastet werden, insbesondere Ludendorff, dem »Ersten Generalquartiermeister«. – »Der ist nun in Wirklichkeit Generalissimus, der Planer von Krieg und Frieden . . . Das ist nicht mehr des alten Moltke Stellung, das ist nicht sein Charakter, der vornehme, diskrete, humane. Ein gewaltiger Arbeiter, ein Kenner der neuen Kriegsmittel, den Kopf voller Zahlen und Namen, aber nervös, aber brutal, aber in den subtileren Wirklichkeiten der Welt unerfahren wie ein Kind . . . Erich Ludendorff kennt nur zwei mögliche Ausgänge des Krieges, den ganzen Sieg oder die ganze Niederlage . . . Die Niederlage nennt er den ›Untergang‹, wieder ohne sich vorzustellen, wie so ein Untergang eigentlich aussehen und was danach kommen soll. Sein Kommando markiert den Beginn eines Spieles, welches dem deutschen Charakter in der ersten Hälfte des 20. Jahrhunderts wohl irgendwie liegt, zumal es, fünfundzwanzig Jahre nach Ludendorff, noch einmal gespielt wurde: des Spieles ›Sieg oder Untergang‹, ›Alles oder Nichts‹.«[23] – Hier bleibt abschließend noch die Feststellung, daß auf der Feindseite die materiellen Voraussetzungen zur Massenproduktion von Tanks gegeben, ihre Führungsgrundsätze in »archaischer Form« schon entwickelt waren, ohne daß es zum operativen Durchbruch kam. Ihn 1939/40 zu verwirklichen, nachdem die technische Entwicklung die meisterliche Verwendung in militärstrategischem Rahmen gestattete, blieb Männern vorbehalten, die 1918 nicht zu den Siegern zählten und deren einer den Namen *Hoepner* trug.

Hoepners Kriegsbriefe aus den Jahren 1917 und 1918 gehören zu denjenigen, welche gegen Kriegsende 1945 an seinem letzten Wohnsitz Bredereiche in der Uckermark verlorengegangen sind. Wir wissen daher nicht, *wo* und *wie* er die Frühjahrsoffensiven der 3. OHL erlebt und was er darüber gedacht hat. Dem Offensivstoß, der, am 21. März 1918 beginnend, unter dem Tarnnamen »Michael« über das Trichtergelände des Sommeschlachtfeldes geführt wurde, diente als Modell die von General Hutier und dem Artillerieobersten Bruchmüller 1917 erfolgreich geschlagene Durchbruchsschlacht von Riga. Die Offensive gewann Gelände bis 60 km Tiefe. Dann, vor Amiens, »erstarb Michael wie ein Feuer, über das die Wasserpumpen letztlich Herr geworden sind. Am 27. März saßen die 17. und die 2. Armee endgültig fest, nur an der Front der 18. Armee griffen die Flammen noch weiter um sich.«[24]

Das eigentliche Angriffsziel, die Trennung von Engländern und Franzosen, war mit »Michael« nicht erreicht. Der am 9. April begonnene Angriff »Georgette« an der Ypernfront kam schon nach geringen Anfangserfolgen am Kemmel zum Stehen. Die dritte Offensive im Mai/Juni am Chemin des Dames führte das deutsche Heer wie 1914 noch einmal an die Marne; doch dann gelang es Foch mit seinen Reserven, darunter bereits Amerikaner in großer Zahl, auch diesen Stoß aufzufangen. Am 15. Juli, vor dem geplanten entscheidenden Schlag in Flandern gegen die Engländer, startete Ludendorff den Ablenkungsangriff »Marneschütze-Reims«. Doch die gut vorbereitete französische Abwehr brachte ihn nach enttäuschend geringen Ergebnissen schon nach zwei Tagen zum Stehen. Damit war die Angriffskraft des deutschen Heeres endgültig erschöpft. Der »Kulminationspunkt« im Clausewitzschen Sinne war schon mit »Michael« überschritten. Die Initiative ging unwiderruflich an den Feind.

Im Frühsommer 1918 erhielt Hoepner wieder eine neue Verwendung. Nachdem er schon

Ordonnanzoffizier, Generalstabsoffizier in Korps- und Armeestäben gewesen, wurde er jetzt Ia der 105. Infanteriedivision. Es war dies eine bewährte »Ostdivision«, die sich u. a. bei Tannenberg, in Serbien, Rumänien und im September 1917 an der Rigafront durch Erstürmung des Brückenkopfes von Jakobstadt ausgezeichnet hatte. Die 105. Infanteriedivision war am 9. April 1918 unter den Befehl der 18. Armee getreten, die von General der Infanterie v. Hutier geführt wurde. Unter den Armeeführern war v. Hutier

müller, ein hervorragender Artillerist, der im ganzen Heer als »Durchbruchmüller« bekannt war. Hoepner hat diese beiden Fachleute des Angriffs nur noch in den Abwehrschlachten der fünf letzten Kriegsmonate erlebt; aber sie leisteten auch da überragende Führungsarbeit.

In Hauptmann Hoepner, ihrem neuen Ia, hatte die 105. Infanteriedivision einen Generalstabsoffizier, der die Initiativen des Armee-Oberkommandos auf Divisionsebene in geeignete Führungsmaßnahmen umsetzte. Das Erinnerungsbuch des der Division angehörenden Infanterieregiments Nr. 21 verzeichnet hierüber: »Am 4. Juli 1918 war der bisherige Divisionskommandeur, Generalmajor Schaer, zu den Offizieren von der Armee versetzt worden. An seine Stelle trat Generalmajor Ehrhardt, der bisherige Kommandeur der 28. Res. Brigade. Als Generalstabsoffizier war für den versetzten Hauptmann Gerok kurz vorher Hauptmann Hoepner zur Division gekommen; er zeichnete sich bei besonders schwierigen Lagen durch bewundernswerte Ruhe aus, gab klare Befehle heraus, hatte Herz und Sinn für die Truppe und hatte sich somit bald das volle Vertrauen der unterstellten Regimentsstäbe erworben.«[25]

Die Beurteilung »Herz und Sinn für die Truppe« des Jahres 1918, hier aus dem unterstellten Bereich kommend, ergänzt, was wir bereits vom Leutnant in Metz und vom Kompanieführer im Cheppy-Wald wissen. Wie an Jahresringen läßt sich das Wachsen des Menschen- und Truppenführers verfolgen bis zum Höhepunkt im Januar 1942.

Die Rückzugskämpfe der 18. Armee von August bis November 1918 unter Führung des Generals v. Hutier sind für Hoepner besonders lehrreich geworden. Da der rechtzeitige Ausbau rückwärtiger Stellungen von der OHL versäumt worden war, mußte Ludendorff jetzt auf planmäßige Rückzugsbewegungen ähnlich »Alberich« verzichten und die Front Schritt für Schritt unter schwerster Anstrengung der Truppe zurücknehmen. Keuchend leistete das hungernde, ausgeblutete, todmüde Feldheer noch einmal Außergewöhnliches. In der ersten Septemberhälfte kämpfte die 105. Infanteriedivision noch *vor*, während der zweiten Septemberhälfte und in den Oktober hinein wieder in der Siegfriedstellung. Die folgenden Stellungen waren nur noch in den Lagekarten, nicht mehr ausgebaut im Gelände vorhanden. Vom 10. Oktober bis 4. November schlug sich die 105. Infanteriedivision vor und in der »Hermann-Hunding-Brunhild«-Stellung. Die letzten Kriegstage bis zum Waffenstillstand sahen sie im langsamen Ausweichen auf die »Antwerpen-Maas«-Stellung. Am Vormittag des 11. November 1918 befand sich die Divisionsführung bei Rance hart an der französisch-belgischen Grenze. Das Buch des Infanterieregiments 21 enthält darüber folgenden Bericht:

». . . ein ansprengender Meldereiter überbrachte meinem Kommandeur den Befehl, den Regimentsadjutanten zum sofortigen Befehlsempfang zur Division zu entsenden. Ich ritt los und traf auf der Dorfstraße vor dem Div. Stabsquartier den 1. Generalstabsoffizier.

Hauptmann Hoepner gab uns wortkarg in der ihm immer eigenen Ruhe, der wir jedoch, die wir ihn aus den verschiedensten Gefechtsmomenten her näher kannten, die krampfhafte, innere Beherrschung anmerkten, den Befehl der OHL bekannt, daß von 12 Uhr mittags ab sämtliche Feindseligkeiten einzustellen wären, das Weitere würde noch befohlen werden. Unsere Stimmung ist nicht wiederzugeben, nur ein fast gleichzeitig vorgebrachtes ›Warum?‹ löste die Spannung. Doch Hoepner war seelisch so bewegt, daß er nicht reden konnte, ein verkrampftes Achselzucken war schließlich die Antwort . . . Auf französischer Seite wurde die Waffenruhe durch clairons verkündet. Wie Trauermusik klang uns diese Weise in die Ohren.«[26]

Generalmajor Ehrhardt und sein Ia führten die 105. Infanteriedivision geordnet durch Belgien, die Ardennen und die Eifel in die Heimat zurück, wo im Dillkreis die Demobilisierung stattfand. Ende November 1918, als die Division aus dem Verband der 18. Armee ausschied, erreichte sie in Dillenburg noch ein Armeebefehl, worin der Oberbefehlshaber ihre ausgezeichneten Leistungen, die »zielbewußte Führung und den altbewährten Opfermut« anerkannte, mit welchem die Division dazu beigetragen hatte, dem Feind bis zuletzt den Durchbruch in die deutsche Heimat zu verwehren[27]. Eine Abschiedsparade der Division in Dillenburg vor ihrem Kommandeur und 1. Generalstabsoffizier bedeutete für Hoepner zugleich den Abschied von der alten preußisch-deutschen Armee. – Sie war und blieb für ihn »die beste, die die Welt je gesehen hat«. Auch hinsichtlich der Truppenführung war später, in NS-Zeiten, die alte Armee mit ihren Führergestalten wie Haeseler, Hindenburg und Hutier für Hoepner der bleibende Maßstab. *»In der Kaiserlichen Armee ist niemals von denkenden Soldaten ein Gehorsam verlangt worden, der die Ausführung eines sinnlosen Befehls forderte«*, heißt es in seinen nachgelassenen Papieren. Und als Bilanz seiner Jahre von 1905–1918 notierte er: *»Ich habe das Führen lernen dürfen!«*

---

1 Vgl. Klaus-Christian Richter: »Die blauen Dragoner sie reiten . . . Ein Beitrag zur Geschichte der Dragoner«. Deutsches Soldatenjahrbuch 1968, S. 71. Schild Verlag, München (1968).
2 Vgl. »Das Königlich-Preußische Schleswig-Holsteinsche Dragoner-Regiment Nr. 13 von seiner Gründung bis zum Ende des Weltkrieges«. In: »Aus Deutschlands großer Zeit. Heldentaten deutscher Regimenter«. 76. Bd. Zeulenroda (1935). S. 3/4.
3 Vgl. Klaus-Christian Richter: »Die blauen Dragoner . . .«. S. 71.
4 Vgl. Graf Haeseler: »Zehn Jahre im Stabe des Prinzen Friedrich Karl. Erinnerungen«. Vorwort zum 1. Band. Berlin (1910).
5 Vgl. Ernst Buchfinck: »Feldmarschall Graf Haeseler«. Berlin (1929). S. 132/133.
6 Ibid., S. 135.
7 Ibid., S. 175.
8 Ibid., S. 141.
9 Vgl. Herbert Rosinski: »Scharnhorst to Schlieffen: The rise and decline of German military thought«. In: Naval War College Revue = USA = 29 (1976), S. 83–103. – Rosinski sieht in Schlieffen auch den Inspirator der deutschen Weltkrieg-II-Strategie. – Siehe aber auch: Eberhard Kaulbach: »Schlieffen – zur Frage der Bedeutung und Wirkung seiner Arbeit«. In: »Wehrwissenschaftliche Rundschau« (1963). S. 137–149.
10 Vgl. Ernst Buchfinck: »Feldmarschall Graf Haeseler«. S. 139.
11 Ibid. – Hierüber auch: J. F. C. Fuller: »Generäle von morgen. Betrachtungen über militärisches Führertum«. Potsdam (1935).
12 Vgl. Karl J. Walde: »Guderian«. Ullstein Verlag, Frankfurt/M. – Berlin – Wien (1976). S. 17.
13 Vgl. Heinz Guderian: »Erinnerungen eines Soldaten«. Heidelberg (1951).
14 Vgl. Erich v. Manstein: »Aus einem Soldatenleben. 1887–1939«. Bonn (1958).
15 Vgl. Gerhard Ritter: »Der Schlieffenplan. Kritik eines Mythos«. München (1956). S. 163.
16 Vgl. Kronprinz Wilhelm: »Meine Erinnerungen an Deutschlands Heldenkampf«. Berlin (1923). S. 14.

17 Ibid., S. 38.
18 In seiner Studie über den »Generalstab« werden zwar »der große Moltke und sein genialer Schüler und Nachfolger Graf v. Schlieffen« in einem Atemzug genannt. Man wird dies aber mehr als eine zeitbedingte Wendung nehmen müssen. Im Winter 1939/40 hat Hoepner sich kritisch über den Schlieffenplan geäußert.
19 Vgl. Comte de Ségur: »Histoire de Napoléon et de la Grande Armée pendant l'année 1812«. Paris (1825).
20 Vgl. Correlli Barnett: »Anatomie eines Krieges«. München und Esslingen (1963). S. 275.
21 Vgl. Ernst Buchfinck: »Feldmarschall Graf von Haeseler«. Berlin (1929). S. 174.
22 Vgl. Erich Ludendorff: »Meine Kriegserinnerungen 1914–1918«. Berlin (1921). S. 461–463. Siehe hierüber auch: »Schlachten des Weltkrieges. Bd. 31. Die Tankschlacht von Cambrai 20.–29. November 1917«. Olden burg i. O. – Berlin (1929). S. 180–183.
23 Vgl. Golo Mann: »Deutsche Geschichte des neunzehnten und zwanzigsten Jahrhunderts«. Frankfurt/M. (1958). S. 606/607.
24 Vgl. Correlli Barnett: »Anatomie eines Krieges«. München – Esslingen (1963). S. 389.
25 Vgl. »Aus Deutschlands großer Zeit«. Bd. 18. Kriegsgeschichte des Königl. Preuß. Infanterie-Regt. von Borcke (4. Pomm.) Nr. 21. S. 525.
26 Ibid. S. 588.
27 Ibid., S. 589/590.

II. Kavallerieoffizier der Republik (1919–1933)

»Auf Erden gibt es nichts, was dem Fliegen so nahekommt wie das Reiten.«

(Xenophon)

Durch Herkunft, Erziehung und früh entwickeltes Geschichtsbewußtsein war Erich Hoepner ein treuer Anhänger der Monarchie geworden. Häufig gedachte er in den um die Iden des Mai geschriebenen Briefen jenes 13. Mai 1905 als des Tages, an welchem er »für den Königlich-Preußischen Soldatendienst auf den Namen Kaiser Wilhelm II. vereidigt wurde«. Dieser Tag blieb für ihn »von Bedeutung«. Nun war die Hohenzollern-Dynastie, welche Brandenburg-Preußen seit 1415 ein halbes Jahrtausend regiert und geprägt hatte, über Nacht abgetreten. Das ruhmlose Ende dieses großen Geschlechts, das Hoepner seit der Kindheit verehrte, war für ihn eines der schmerzlichsten Ereignisse im trüben November 1918. Über Wilhelm II. sprach und schrieb Hoepner nach 1918 nicht mehr. Der Kaiser war als Thema nicht mehr aktuell. Im stillen beschäftigte sich Hoepner trotzdem mit ihm, aber die Achtung gebot ihm zu schweigen. Im Nachlaß fand sich später ein Briefumschlag mit dem Vermerk, diesen besonders gut aufzuheben. Der Inhalt: ein kurzer Bericht vom persönlichen Adjutanten des Kaisers in Schloß Doorn über die letzten Tage, Tod und Begräbnis Kaiser Wilhelms II.

Im Anschluß an die Auflösung seiner Division verbrachte Erich Hoepner, nach vier Kriegsjahren, welche die Welt verändert hatten, einige Wochen des Familienglücks in der Heimat Berlin. Schon bald aber mußte die Familie wieder zurücktreten, denn die Zuspitzung nach dem 9. November 1918 stellte neue Forderungen an den Offizier. Die Frage, ob der Berufsoffizier überhaupt verheiratet und Familienvater sein solle, hatte ihn schon 1915/16 im Argonnenwald beschäftigt. Im Oktober 1915 schrieb er von dort: *»Ich habe schon oft gesagt, daß ein guter Soldat nicht verheiratet sein dürfte. Es stirbt sich doch leichter, wenn man keine geliebte Menschenseele zurücklassen braucht, deren Schicksal man an das eigene gefesselt hat.«* Hoepner selbst aber war verheiratet, und daher wurde alles für ihn soviel schwerer.

Vom »Armeeoberkommando Heimatschutz Ost«, welches am 15. November 1918 durch das preußische Kriegsministerium zum Schutz des deutschen Ostens gegen revolutionäre sowjetische Verbände aufgestellt worden war, kam eine Aufforderung, dem »Grenzschutz Ost« als Ia der 36. Infanteriedivision beizutreten, welche in Westpreußen versammelt wurde. Hoepner stand im 33. Lebensjahr; er hätte den Militärdienst endgültig quittieren und – dem Wunsche der Schwiegereltern folgend – eine Stellung in der Berliner Industrie antreten können. Aber ein Mann wie er konnte Armee und Vaterland in einer so schwierigen Lage nicht im Stich lassen. Wieder verließ er die Familie, welche sich

schon im Jahre 1917 um die Tochter Ingrid vergrößert hatte, und fuhr erstmals als Soldat nach dem Osten, der fortan seine weitere Laufbahn bestimmen sollte.
Von größter Bedeutung für diese Lebensgeschichte, wie überhaupt für *alle* Deutschen des 20. Jahrhunderts, wurde jenes Dokument, welches als »Vertrag von Versailles« die Beziehungen der jungen Republik zur Außenwelt regelte. »Der Friedensvertrag war ein Unglück; zu verstehen . . . nur dadurch, daß aus Unglück meist neues Unglück kommt, daß die Männer, welche den Krieg geführt hatten und *so* geführt hatten, sich nicht jetzt in Männer eines guten Friedens verwandeln konnten.«[1] Die Geister, welche man geweckt hatte, die Leidenschaften, die mobilisierten Massen, die Gewinnhoffnungen, ließen sich jetzt nicht so schnell wieder schlafen legen. Auch ein siegreiches Deutschland wäre 1918/19 unfähig gewesen, Europa einen Frieden der Vernunft und Versöhnung zu geben. Metternich war dies 1815 in Wien noch halbwegs geglückt. Aber schon Bismarcks Frankfurter Frieden vom 10. Mai 1871 hatte wegen Elsaß-Lothringen keine Versöhnung zwischen Frankreich und Deutschland mehr aufkommen lassen. Und Versailles schlug dem deutschen Volk noch mehr und tiefere Wunden.
Unmittelbare Auswirkungen für Hoepner hatte jener Artikel des Versailler Vertrags vom 28. Juli 1919, der die künftige Bewaffnung Deutschlands regelte. In dem Berufsheer von 100 000 Mann, einschließlich der 4 000 Offiziere, waren alle schweren und modernen Waffen verboten. Der Generalstab wurde aufgelöst, seine Wiederherstellung untersagt. Kavallerie wurde in unverhältnismäßig großer Menge zugestanden; dabei mag die Absicht eine Rolle gespielt haben, »mit dieser unzeitgemäßen – wie man glaubte – und relativ kostspieligen Waffe die deutsche Führung zu belasten. Wie es oft kommt, verkehrte sich die böse Absicht in ihren Auswirkungen ins Gegenteil. Die neuen deutschen Kavallerie-Regimenter wurden, wie einst unter dem großen Seydlitz, zu einer Elitetruppe par excellence, und der deutsche Reitergeist feierte eine großartige Auferstehung.«[2]
Mit Befehl des neuen Reichswehrministeriums vom 16. Oktober 1919 gliederte sich die in Versailles genehmigte Kavallerie in drei Kavallerie-Divisionen mit 72 Eskadrons, 18 Ergänzungs-Eskadrons und 7 Eskadrons Divisions-Kavallerie, zusammen 97 Eskadrons. Davon wurden 18 Reiter-Regimenter gebildet. Die Regimenter Nr. 1 bis 11, 13 und 15 waren preußische Truppenteile. Der 1. Kavallerie-Division in Frankfurt/Oder unterstanden die Regimenter Nr. 1–6, der 2. Kavallerie-Division in Breslau die Regimenter Nr. 7–12, der 3. Kavallerie-Division in Kassel die Regimenter Nr. 13–16 und 18[3]. Das Zusammenschweißen der Divisionen wie der Regimenter nach einem verlorenen Krieg und dazu mit beschränktesten Mitteln war eine sehr schwierige Aufgabe. Am schwersten hatte es wohl die 1. Kavallerie-Division mit ihren Regimentern Nr. 1 und 2 in der abgetrennten Provinz Ostpreußen.
Zu Beginn des Jahres 1920 wurde Hoepner vom »Grenzschutz Ost« als Rittmeister in die Reichswehr übernommen. Wegen des großen Anteils der Kavallerie mußten in diese auch bewährte Offiziere aufgenommen werden, die keine »gewachsenen« Kavalleristen waren, sondern aus anderen Waffengattungen kamen. Hoepner hatte das Kavallerie-Handwerk von der Pike auf gelernt; er konnte als Erzieher und Ausbilder aus dem vollen schöpfen. Die Personalführung der Reichswehr machte ihn zum Eskadronschef im exponierten Reiter-Regiment 2 in Allenstein, der Hauptstadt jenes südlichen Regierungsbezirks von Ostpreußen, der an Polen grenzte. Es war die erste einer ganzen Reihe militäri-

scher Dienststellungen, die ihn immer wieder nach Ostpreußen führten, in eine Provinz, der er sich bald tiefinnerlich verbunden fühlte. Für den Chef der 3. Eskadron wurde es eine Zeit intensiver Arbeit, wie sie eine Neuaufstellung mit sich bringt. Die Ausbildung von Mann und Pferd stand im Vordergrund. In den Kriegsjahren war vieles verwischt worden, was in der Friedensausbildung wieder beachtet werden mußte. Der Chef mußte überall sein, mit seiner Allgegenwart alles beleben und in Schwung bringen. Wieder kamen Hoepner dabei seine guten Anlagen zur Menschenführung zustatten.

Seine Erinnerungen an das Jahr 1920 hat Hoepner einmal seinem Stabschef Chales de Beaulieu mitgeteilt, vermutlich im Frühjahr 1941, als große Teile des deutschen Heeres wieder einmal in Ostpreußen versammelt waren. Sie finden sich in Beaulieus unveröffentlichten Papieren wie folgt:

»Das Jahr 1920 zeitigte einen herrlichen Sommer, der so recht für die reiterliche Ausbildung im Gelände und die eigene Reitpassion geeignet war. Morgens um 6 Uhr ging's hinaus ins Gelände, auf den ca. 4 km entfernt gelegenen Deuthener Exerzierplatz, zur Gefechtsausbildung, auf Ausbildungsritte mit den Unteroffizieren oder auch alleine, auf eigenem Pferd, hinein in den schönen, ausgedehnten Stadtwald, den man so bequem von der unmittelbar an ihm gelegenen Kaserne aus erreichen konnte. Man brauchte nur durch den Alle-Fluß, die steilen Ufer bildeten gleichzeitig eine gute Kletterübung für das junge Pferd! Schon war man im herrlichsten Hochwald und konnte galoppieren.«

In seinen Aufzeichnungen berichtet Beaulieu weiter, daß Hoepner, obwohl er als Kavallerist ein passionierter Reiter war und es immer blieb, sich damals nicht abhalten ließ, im Pferd »nur mehr noch das Transportmittel, . . . nicht aber das Kampfmittel zu sehen, wie es im schwärmerischen Gedenken an vergangene Kavallerie-Attacken damals noch von der Mehrheit der Kavalleristen angesehen wurde. Die 3. Eskadron war daher viel draußen im Gelände, und dies auch im Winter. Die anderen Esk. Chefs waren weniger hierfür, dieweil das Haar der Pferde durch Winterkälte länger, rauher und weniger ansehnlich wirkte. Das konnte bei den Winter-Abschlußbesichtigungen der Reitabteilungen äußerliche Nachteile haben . . . Als bei der Übergabe der Eskadron durch den Regimentskommandeur an Hoepners Nachfolger der Kommandeur die Worte fallen ließ, der neue Rittmeister werde es in der Reitausbildung zunächst etwas schwer haben, waren die gesamten anwesenden Leutnants des Regiments verblüfft über diese Äußerung. Der sonst geschätzte Kommandeur war ein Vertreter der traditionellen Einstellung; überzeugt hatte sie aber der fortschrittliche Rittmeister Hoepner.«

In der Kavallerie der Reichswehr hatte es auch offenbar so etwas wie eine Auseinandersetzung zwischen *Traditionalisten* und *Reformern* gegeben. Äußere Kennzeichen der ersteren waren in der ganzen ersten Hälfte der 20er Jahre die Lanzen, welche bei Vorbeimärschen in Eskadronsformation mit ihren im Wind flatternden Lanzenflaggen zwar schön und malerisch, für die Reformer aber zugleich museumsreif wirkten. Hoepner hatte viel für Traditionen übrig und war ein guter Kenner der Psyche der Soldaten. Er zeigte sich aber unnachgiebig, wenn er zu der Überzeugung gelangte, daß in Bewaffnung und Ausbildung etwas mitgeschleppt wurde, was den Erfordernissen des modernen Kriegsbildes nicht mehr entsprach und im Ernstfall das Blut der Truppe kosten würde. Man erinnert sich, wie unerschrocken gegenüber Wilhelm II. Graf Haeseler in Metz den Parademarsch abgeschafft hatte; so zeigte sich Hoepner als echter Haeseler-Nachfolger, in-

dem er sich in der Kavallerie der Reichswehr für Modernisierungen einsetzte, gleichgültig, ob es Anerkennung oder Mißbilligung von Vorgesetzten einbrachte.
Die schöne Chef-Zeit hatte gerade 1½ Jahre gedauert, da hielt das Reichswehrministerium für den »fortschrittlichen Rittmeister Hoepner« wieder eine neue Aufgabe bereit. Der Abschied von Allenstein, der schönen ostpreußischen Landschaft und dem Heim in der Schillerstraße, wo man sich wohl gefühlt hatte, fiel der ganzen Familie nicht leicht. Da war es ein Trost, daß es nicht in eine unbekannte Gegend, sondern in das vertraute Berlin zurückging. Zudem war die neue Dienststellung als Hauptmann i. G. in der Inspektion der Kavallerie (In 3) interessant und anregend. Dafür fehlte allerdings der enge Kontakt mit der Truppe, an dem Hoepner immer sehr viel gelegen war. Die Waffeninspektion erarbeitete die Richtlinien für die Ausbildung, Bewaffnung und Führung der Kavallerie. Wenn auch die Umsetzung in die Truppenpraxis nicht mehr in ihrer Kompetenz lag, so nahm Hoepner nun eine Tätigkeit wahr, die sich in die ganze Kavallerie auswirkte. Wieweit die Inspektion der Kavallerie in den Jahren 1921 bis 1923 direkt oder indirekt konfrontiert wurde mit dem Problem der Stellung der Reichswehr zur Weimarer Demokratie, ist nicht ersichtlich. Die beiden Jahre waren im ganzen gekennzeichnet »durch eine zwangsläufige, wenngleich schwankende Zusammenarbeit mit dem neuen Staat«[4].
Die zentrale Gestalt der Reichswehr war Hans v. Seeckt. Man hat später Seeckt immer wieder und nicht zu Unrecht den »Schöpfer« der Reichswehr genannt. Auch ist Seeckt mit Scharnhorst verglichen worden. Diese Analogie hat einiges für sich, sofern man die Lage Deutschlands 1918/19 mit derjenigen Preußens von 1806/07 vergleichen kann. In den militärischen Persönlichkeiten Seeckts und Scharnhorsts jedenfalls gibt es Übereinstimmendes: so vor allem die Weite ihrer geistigen Interessen, die Betonung des Bildungsauftrags der Armee, die Überzeugung, daß Geist und Charakter in erster Linie den militärischen Führer ausmachen. Einblicke in das diesbezügliche Denken Seeckts gibt ein Brief an sein Karlsruher Gymnasium zur Feier von dessen 350jährigem Bestehen: »Die humanistische Schule ist mit ihren hohen Anforderungen eines der hervorragendsten Mittel zur Auswahl der Besten, zur Führerauswahl. Es ist nicht Zufall, daß, je mehr sich das Kriegsheer zur Volkserziehungsstätte wandelte, es um so höhere Anforderungen an die Bildung seiner Führer stellte . . . Die Frage, was das Gymnasium denn dem werdenden Soldaten an praktisch brauchbarer Vorbildung für den erwählten Beruf mitzugeben habe, ist töricht. Der Frager weiß nicht, daß das Wissen an sich und mehr noch das Ringen um das Wissen den Charakter entwickelt und daß es der Charakter ist, der den Führer macht.«[5] Diese Sätze mögen an Schriften Scharnhorsts über die »Allgemeine Kriegsschule« oder das »Militair-Studium« erinnern. In *einem* jedoch unterschied sich der Aristokrat und Chef der Heeresleitung vom Bauernsohn und Chef der »Militair-Reorganisationskommission« grundlegend: in seinem *elitären* Bewußtsein, mit welchem er die Heranbildung eines hochqualifizierten Kaders betrieb[6], während dem *volksnahen* Scharnhorst die Verankerung der Armee im Ganzen der Nation am Herzen lag. Scharnhorst billigte auch nicht wie Seeckt schon dem »Wissen an sich« den erzieherischen Wert zu, sondern nur denjenigen Wissensstoffen, »die auf das Herz wirken«[7]. Man wird die Kühle, welche den Chef der Heeresleitung umgab, auf eine Dominanz des Intellekts in seiner Persönlichkeitsstruktur zurückführen dürfen; diese hatte ihn als Generalstäbler im Krieg

und als Planer der Reichswehr zu großen Leistungen befähigt, zugleich aber die Vollendung seiner Persönlichkeit, jene Harmonie von Geist und Herz verhindert, wie sie in Scharnhorst vorhanden war. Das Geschichtsbild Seeckts ist, im Unterschied zu demjenigen Scharnhorsts, schwankend und wird es bleiben.

Hoepners Nachlaß enthält mehrere Hinweise auf seine Seeckt-Lektüre, vor allem in der Studie über den »Generalstab« sowie in den Aufzeichnungen über »Disziplin, Verantwortung«. Bei der starken Einwirkung Seeckts auf das Offizierkorps der Reichswehr muß man davon ausgehen, daß schon der noch relativ junge Hauptmann i. G. im Reichswehrministerium unter dem Eindruck der Persönlichkeit Seeckts gestanden hat. Auch gab es, trotz des Generationsunterschieds, eine gewisse geistige Verwandtschaft zwischen beiden: Sie hatten ihre Schulbildung nicht vom Kadettenkorps, sondern vom humanistischen Gymnasium bezogen. Die vollkommenste Verkörperung geistigen Soldatentums sahen sie nicht wie die meisten ihrer Zeitgenossen in Schlieffen, sondern in Moltke. Ziemlich übereinstimmend waren sie auch in ihrer Distanz zu Ludendorff. Man hat später die Fernwirkung Seeckts auf das deutsche Offizierkorps vor allem in der Heranbildung eines fachlich hochqualifizierten, aber »unpolitischen« Typs gesehen. Dieser Typ endete mit Masse in der »Anpassung« an den Diktator. Nur Ausnahmen fanden den Weg zum Widerstand. Die Wirkung Seeckts auf Hoepner wird uns weiter zu beschäftigen haben[8].

Im Krisenjahr 1923 hatte Hoepner den Tod seines jüngeren Bruders Kurt zu betrauern, dessen erfolgreiche Laufbahn als Jurist durch ein angeborenes Herzleiden früh beendet wurde. Dann, als die Stelle des 1. Generalstabsoffiziers der 1. Kavallerie-Division neu besetzt werden mußte, ging er nicht ungern nach Frankfurt/Oder. Seine Geburtsstadt konnte sich an kulturellem Glanz mit der Reichshauptstadt nicht messen; jedoch war die Entfernung so, daß die Verbindung mit Berlin nicht abriß. Vor allem bekam er in der neuen Dienststellung wieder engere Verbindung mit der Truppe. Die Garnisonen der 1. Kavallerie-Division lagen weit verstreut über Brandenburg und Pommern bis nach Ostpreußen. Am nächsten lagen noch die Regimenter 4 (Potsdam) und 3 (Rathenow/Stendal) sowie das Regiment 6 in Pasewalk.

Ein Besuch beim Regiment 5 in Stolp bedeutete eine größere Dienstreise. Am weitesten entfernt lagen die Regimenter in der vom Reich abgetrennten Provinz Ostpreußen: das Regiment 1 in Insterburg und 2 im vertrauten Allenstein. Um dorthin zu gelangen, mußte man durch den polnischen »Korridor« – es sei denn, man wählte den umständlichen und zeitraubenden Seeweg über Swinemünde/Stettin nach Pillau. Hoepner war zur Überwachung der Ausbildung, zur Überprüfung der Ausrüstung und der lokalen Standortverhältnisse viel bei den Regimentern, allein oder in Begleitung des Divisionskommandeurs. Das brachte viele Reisen mit sich, war aber auch ein Dienst, der befriedigte und ausfüllte. Da ist es wahrscheinlich, daß er über seiner fachlichen Tätigkeit wenig Zeit übrig hatte für eine Nachricht aus dem fernen München, wo am 9. November 1923 ein gewisser Adolf Hitler, unterstützt von General Ludendorff, einen Putsch versucht hatte und damit vor der Feldherrnhalle kläglich gescheitert war. Dieser Mißerfolg sollte jedoch für Europa, für Deutschland wie für Hoepner persönlich die fatale Wirkung haben, daß man den Urheber fast über ein Jahrzehnt als »Narren« in gefährlichster Weise unterschätzte.

Wie schon als Eskadronschef in Allenstein, so wurde Hoepner auch als Generalstabsoffizier in Frankfurt/Oder mit dem deutsch-polnischen Verhältnis konfrontiert, wie es sich durch den Versailler Vertrag entwickelt hatte. Unter den Mängeln von Versailles hat Polen, obwohl es dem Vertrag seine neue nationale Existenz verdankte, insgesamt wohl auch am meisten gelitten[9]. Erich Eyck, Geschichtsschreiber der Weimarer Republik, hat in seinem großen Werk auf die Schwierigkeiten wie auf die Künstlichkeiten bei Lösung derselben treffend hingewiesen: »Der polnische Korridor zwischen Ostpreußen und dem Reich war in der Tat ein höchst seltsames Gebilde, für das es in der Geschichte kaum ein Vorbild gibt. Die Entente (Lloyd George) stützte sich darauf, daß die Bevölkerung des Korridors nun einmal vorwiegend polnisch war . . . Auch bei der Errichtung des Freistaates Danzig lag wieder eine tragische Situation vor. Geographisch war Danzig der natürliche Meereshafen Polens, aber es war eine rein deutsche Stadt. Wie war es möglich, diese beiden Dinge miteinander zu verbinden? Die Großen Drei von Versailles glaubten, die Lösung in der Errichtung eines besonderen Freistaates unter Aufsicht des Völkerbundes zu finden. Das war vermutlich die gerechteste Lösung – aber es war gleichzeitig eine sehr künstliche Lösung. So wurde sie ein Element der internationalen Unruhe.«[10] Kennzeichnend für die unnatürliche Lage in diesem Teil Europas war die Beurteilung durch einen militärischen Fachmann wie Marschall Foch, der schon in den 20er Jahren prophetisch auf den Korridor hinwies mit den Worten: »Hier wird der nächste Krieg beginnen!« Wie aus den Papieren Beaulieus hervorgeht, »neigte Hoepner einer politisch liberalen, als Grundlage das Volkstum berücksichtigenden Auffassung zu, hielt die Selbständigkeit der nach dem 1. Weltkrieg wiedergeschaffenen baltischen Staaten und Polens für politisch zweckmäßig. Die Korridor-Frage bedurfte einer die deutschen Bedürfnisse besser berücksichtigenden Regelung, die politisch anzustreben war. Den Grund zu einer Auseinandersetzung mit Polen durfte das nicht geben, da auch polnische Kreise diese Bestrebungen anerkannten.« Wir werden später von Beaulieu hören, wie schwer Hoepner in der Nacht zum 1. September 1939 der Angriff auf Polen geworden ist; Haßgefühle gegenüber dem polnischen Volk kannte er nicht. Eher waren in ihm noch Reste jener Polen-Begeisterung lebendig, welche im 19. Jahrhundert große Teile des liberalen deutschen Bildungs-Bürgertums erfaßt hatte. Vielleicht mehr unbewußt als bewußt mag Hoepner, der Kavallerist, auch die große militärische Tradition Polens bewundert haben, die ja vor allem eine Kavallerie-Tradition gewesen war. Die Ulanen, eine Gattung der Kavallerietruppe, hatten ihre Heimat in Polen. Sie waren dort im 16. Jahrhundert entwickelt worden, zur gleichen Zeit, als in Ungarn die Husaren und in Frankreich die Dragoner aufkamen. Ihre Hauptwaffe war die Lanze, ihre militärgeschichtliche Bedeutung eine europäische. Sie hatten 1683 auf dem Kahlenberg unter König Johann Sobieski zur Befreiung Wiens und des Abendlandes von den Türken beigetragen. Ihrem Schutzherrn Napoleon I. waren die treuen polnischen Lanzenreiter bis Elba und Waterloo gefolgt.
Auch das gesellschaftliche Leben in Frankfurt/Oder war für die Familie Hoepner, die in der Sophienstraße 33 Wohnung bezogen hatte, sehr zufriedenstellend. Die Stadt bildete den Mittelpunkt der ganzen Neumark. Den kriegsgeschichtlichen Interessen Hoepners bot die nähere Umgebung besonders viel, vor allem Erinnerungsstätten aus der friderizianischen Epoche. Das Schlachtfeld von Kunersdorf, die Festung Küstrin und auch Friedersdorf mit dem Grab des »Hubertusburg-Marwitz« waren schnell erreichbar. Daneben

wurde außer dem Reiten auch das Jagen eine bevorzugte Beschäftigung in den Mußestunden. »Hoepner wurde ein fast leidenschaftlicher Jäger, der eine ihm gebotene Gelegenheit auf Bock oder Hirsch nur ungern ausließ, ohne etwa zum ›Schießer‹ zu werden. Das verhinderte seine Freude an der Natur und seine Liebe zur Kreatur«, heißt es bei Beaulieu. Die in privater wie dienstlicher Hinsicht guten Jahre in der Geburtsstadt Frankfurt/Oder wurden nur 1925 durch den Tod des Vaters getrübt. Dr. Kurt Hoepner war zu Beginn des Weltkrieges reaktiviert und bis zum Generaloberarzt befördert worden. In den Weltkriegsjahren hatte er das Reservelazarett Motivhaus in Berlin-Charlottenburg geleitet. Bei seinem ausgeprägten Pflichtgefühl als Arzt und der Hingabe, mit welcher er sich allen Patienten gewidmet hatte, war diese Aufgabe keine leichte gewesen, zumal Kurt Hoepner schon auf die Sechzig zuging und bereits 1906 eine schwere Erkrankung durchzustehen hatte. Als Militärarzt war Kurt Hoepner viele Jahre im Dienste der Gesundheit und des Lebens deutscher Soldaten gestanden. Dem Sohn wurde es eine Verpflichtung, seinerseits als Generalstabs- und Truppenoffizier in den Pflichtenkreis des Vaters zu treten.
Im Februar 1925 war Paul v. Hindenburg nach dem Tode Friedrich Eberts zum zweiten Reichspräsidenten gewählt worden. Hoepner hatte diese Wahl begrüßt in dem Wunsche, geschichtliche Überlieferung und neue Zeit so zu vereinigen, daß die Verbindung mit der Vergangenheit gewahrt blieb. Hindenburg war als alter Soldat unlösbar mit den Traditionen der preußisch-deutschen Armee verbunden; gerade als Feldherr des Weltkrieges 1914–1918 durfte er auf die unbedingte Ergebenheit der Reichswehr rechnen.

Das Jahr 1926 brachte nach elf Rittmeister- bzw. Hauptmannsjahren für Hoepner die Beförderung zum Major. Dann, noch in Frankfurt/Oder, erlebte er die sogenannte »Seeckt-Krise«, die mit der Entlassung des Chefs der Heeresleitung endete. Hoepner muß diese Entwicklung bedauert haben, obzwar ein Teil dessen, was Seeckt für die Reichswehr bisher dargestellt hatte, inzwischen an den Reichspräsidenten v. Hindenburg übergegangen war. Leider gab es für die profilierteste Gestalt der Reichswehr keinen Nachfolger, der sie ersetzen konnte. Aus Hoepners schriftlichem Nachlaß ist ersichtlich, daß nach den Schriften Moltkes ihn diejenigen Seeckts am meisten angezogen haben. Seine Studie »Generalstab« wird mit Seeckts viel zitiertem Satz eingeleitet: »Generalstabsoffiziere haben keinen Namen.« Und in seiner Abhandlung »Disziplin/Verantwortung« finden sich die für ihn, Hoepner selbst, so kennzeichnenden Sätze des Schöpfers der Reichswehr: »Schließlich ist es vielleicht nicht so schwer, das eigene Leben hinzugeben; aber von Berufs wegen das Leben anderer einsetzen zu sollen, lastet schwer auf dem Gewissen . . . Bestehen können vor dem Richter muß der Soldat. Vielleicht ist dieser Richter nur der strenge, aber gerechte Vorgesetzte und Führer, vielleicht ist es das Urteil der Geschichte; unnachsichtiger als beide spricht der Richter in der eigenen Brust: denn der Mann ist der letzte, höchste Richter der eigenen Ehre.«

Abgesehen von seiner militärischen Jugend in Metz wurden die Frankfurter Jahre die längste Zeit, welche Hoepner ohne Unterbrechung an *einem* Standort verbracht hat. Vier Jahre war er bei seiner Stammwaffe noch einmal das gewesen, was er in den letzten Monaten des Weltkrieges bei der Infanterie war: Ia einer Division. Dann ging 1927 auch diese Zeit zu Ende. Im gleichen Jahr 1927 stand der Kavallerie der Reichswehr ein Abschied ins Haus, der viele alte Kavalleristen schmerzlicher berührte als Hoepner derjenige von seiner Geburtsstadt: der Abschied von der *Lanze*.

Die Veränderung des Jahres 1927 brachte noch keine »Frontverwendung«, sondern weitere Betätigung im Generalstabsdienst: Hoepner wurde 1. Generalstabsoffizier im Wehrkreiskommando I in Königsberg. Zum zweitenmal ging es nach Ostpreußen, jetzt in die Hauptstadt dieser alten preußischen Provinz, die geschichtlich als Krönungsstätte der preußischen Könige dem Major der Reichswehr viel bedeutete. Darüber hinaus war Ostpreußen dem Pferdeliebhaber ein gelobtes Land durch Trakehnen, wo der Soldatenkönig Friedrich Wilhelm I. im Jahre 1732 das »Königliche Stutamt« gegründet hatte. Das Hofgestüt war später zum Landgestüt, Ostpreußen zum Hauptrekrutierungsgebiet der Kavalleriepferde geworden. Für Hoepner blieb das Trakehner Pferd, so berichtet Beaulieu, »stets das Ideal des vielseitigen Kavalleriepferdes. Ihm sagte die Zucht für Ausbildung und Gebrauch besonders zu; seine meisten eigenen Pferde entstammten ihr.«

Dienstlich wurde die Organisation der territorialen Verteidigung Ostpreußens seine Hauptaufgabe. Die vom »Reich« durch den Korridor abgetrennte Provinz unterlag speziellen militärischen Verhältnissen. Im Westen, Süden und Südosten grenzte sie an Polen, im Norden an den neu geschaffenen Freistaat Litauen. Für den Verteidigungsfall mußte das Wehrkreiskommando I davon ausgehen, daß man vom »Feind« umgeben und zunächst ganz auf sich allein gestellt war. Zudem enthielt der Versailler Vertrag auch für die reine Landesverteidigung einschränkende Bestimmungen, indem er den Bau von Befestigungsanlagen nur in bestimmten, von der Grenze recht weiten Entfernungen zuließ. Kern dieser Anlagen war die Mitte Ostpreußens, das sogenannte »Heilsberger Dreieck«, eine Art Reduit. Diese räumlich begrenzten Verteidigungsmöglichkeiten galt es zu nutzen und mit den übrigen, geländemäßig günstigen Abwehrlinien, die nicht ausgebaut werden durften, in Übereinstimmung zu bringen. »Er hat in dieser Zeit das Land durchreist, durchforscht, erkundet und eingeplant, wie es eingehender kaum geschehen konnte. Es war eine ihn voll in Anspruch nehmende, aber auch zufriedenstellende Arbeit . . . Er kannte Ostpreußen wie seine Westentasche«, schreibt Beaulieu.

Wie in den letzten vier Weltkriegsmonaten dem Ia der 105. Infanterie-Division, war nun noch einmal, obwohl unter anderen Bedingungen, dem 1. Generalstabsoffizier des Wehrkreiskommando I die Verteidigung bzw. der hinhaltende Widerstand zur militärischen Denkaufgabe gemacht. Man wird dies im Gedächtnis behalten müssen, weil Hoepner von September 1939 bis Herbst 1941 ausschließlich als Mann des Angriffs und der großen Raids in Erscheinung getreten ist. Durch seinen ganzen Werdegang war er auch auf die Abwehr gedanklich gut vorbereitet. Bei Betrachtung der Ereignisse um die »Wende« vor Moskau wird darauf zurückzukommen sein.

In seiner dienstlichen Tätigkeit und der mehr außerdienstlichen Beschäftigung mit der Kriegs- und Landesgeschichte Ostpreußens begegnete Hoepner auf Schritt und Tritt der wuchtigen Soldatengestalt Hindenburgs. Im gleichen Jahr, in dem Hoepner den Generalstabsdienst in Königsberg antrat, 1927, schenkte das Deutsche Reich seinem alten Feldmarschall und Reichspräsidenten das im ostpreußischen Kreis Rosenberg gelegene Landgut Neudeck, welches ab 1755 mehrfach der Familie Hindenburg gehört hatte. In vieler Hinsicht trat der 1. Generalstabsoffizier des Wehrkreiskommandos I damals in die Spuren jenes Hindenburg, der von 1881–1884, noch als Hauptmann, 1. Generalstabsoffizier der 1. Division unter General Verdy in Königsberg gewesen war. »Ostpreußen mit seinen Seen und Sümpfen war sein strategisches Lieblingsfeld geworden«, schrieb Erich Marcks in seinem knappen Abriß, der noch immer zum besten zählt, was zum Hindenburg-Bild beigetragen worden ist[11]. Hierzu gehören vor allem auch die folgenden Sätze von Marcks: »Er [Hindenburg] war der Typus der vornehmen Sachlichkeit, die sich nie darstellen, die, nach der obersten Lehre seines Standes, immer sein und nie scheinen wollte . . . Er kam von den Höhen der militärischen Bildung und wollte erziehen, nicht für große Theorien und nicht für große Worte. Er betonte den ewigen Wert der selbständigen und praktischen, handlungsfreudigen Persönlichkeit, des Menschen, der die Maschine erst beseelt, den Wert des unverbildet gesunden Verstandes und der kühnen Tat. Dafür erzog er. So waren bei ihm Sprache und Ausdruck, lebenslang, in Rede und Schrift . . . ein Stil aus der Schule Wilhelms I. So war sein Auftreten als Haupt seines Kreises: menschlich schlicht, streng und gütig, in Scherz und Ernst frei und rein.«[12] Als Menschenführer war Hindenburg ein fürsorglicher Mann mit metaphysischen Bindungen, dem jeder Machtmißbrauch gegenüber Untergebenen oder Anbefohlenen fernlag. Selbst der kritisch analysierende Emil Ludwig, der in Hindenburgs Werdegang den Schlüssel zum verhängnisvollen Versagen in den Jahren 1933/34 sieht, muß über den Menschenführer Hindenburg feststellen, daß er »seine Leute weder auf dem väterlichen Gut noch in der Kompanie oder in der Division geschunden hat«[13].

Aus allem erhellt, daß Hindenburg als Soldat und Mensch, ebenso wie zuvor Graf Haeseler, auf Hoepner eine große Anziehungskraft ausüben konnte. Die ersten Königsberger Generalstabsjahre brachten Hoepner zum zweitenmal eine gedankliche Beschäftigung mit dem Feldherrn Hindenburg; die erste muß schon 1916–1918 an der Westfront stattgefunden haben. Tannenberg und die masurischen Seen, die beiden Schlachtfelder der berühmtesten Siege Hindenburgs, lagen jetzt vor seiner Haustür, gehörten als »Verteidigungsräume« zu seiner täglichen Planungsarbeit. Als nach drei Jahren, im üblichen Versetzungsrhythmus, die nächste Veränderung fällig war, schieden Hoepner und seine Familie recht ungern von Königsberg, wo man im alten Gebäude des Wehrkreiskommandos am Hinterroßgarten gewohnt hatte. Man sollte Königsberg indes bald wiedersehen.

Abgesehen vom Ersten Weltkrieg hatte Hoepner bisher ausschließlich bei seiner Stammwaffe, der Kavallerie, sowie im Generalstab Dienst getan. Obwohl er passionierter Kavallerist und der Kavallerietradition zutiefst verbunden war, hatte sein Interesse stets auch den anderen Waffengattungen, insbesondere der Infanterie, gegolten. Soweit ersichtlich, ist die Interessennahme Hoepners an einer Verbindung kavalleristischer und infanteristischer Einsatzgrundsätze, von Beweglichkeit und Feuer, wie sie in der alten Konzeption der Dragoner als »schnelle Infanterie« schon einmal vorhanden war, bereits durch Oberst Dumrath, seinen ersten Kommandeur im Dragoner-Regiment 13, geweckt worden; sie blieb in ihm erhalten, solange er Uniform trug. Hoepner war als »moderner Kavallerist« und Reformer seiner Waffengattung damals bereits bekannt. Man wollte ihm Gelegenheit geben, seine Gedanken durch ein Truppenkommando bei der anderen Waffengattung, der Infanterie, die er schon im Weltkrieg kennengelernt hatte, weiterzuentwickeln. Es ist für ihn kennzeichnend, daß er dem Vorschlag der Personalführung, ein Infanteriebataillon zu übernehmen, sofort zustimmte. Leichter wäre das Verbleiben bei der eigenen Waffe gewesen; denn jetzt galt es, sich in die Führungs- und Ausbildungsgrundsätze der

Infanterie um 1930 einzuarbeiten, um vor der Truppe, dem Offizierkorps und den Vorgesetzten bestehen zu können.

Am 1. März 1930 war Hoepner Oberstleutnant geworden. Einen Monat später, zum 1. April 1930, übernahm er als Kommandeur das I. Bataillon im Infanterie-Regiment 17 in Braunschweig. Kommandeur dieses Regiments war damals der als Fachmann der Infanterieausbildung geltende strenge Oberst Hermann Geyer, ein Württemberger; er setzte die Schwerpunkte der infanteristischen Ausbildung. Trotzdem gingen von Hoepner neue Impulse aus, durch welche er sich einmal mehr als echter Schüler Haeselers erwies: Reitausbildung, Schnelligkeit im Herstellen der Einsatzbereitschaft, Nachtausbildung und vor allem Erziehung *aller* Soldaten zu selbständig denkenden und handelnden Unterführern waren ihm besonders wichtig. Das Bataillonsmusikkorps wurde zu Pferde gesetzt; als Paukenpferd ging eines seiner sechs mitgebrachten Privatpferde. Dieses berittene Infanterie-Musikkorps war damals einmalig in der Reichswehr. Den Soldaten seines Bataillons verkörperte Hoepner den Begriff des »alten Haudegens«[14], der viel von ihnen verlangte, selbst aber auch alles vormachte. Es gab sehr, sehr viele Alarmübungen, »fast immer nach feuchten Kasinoabenden«[14]. Bei jeder Ausbildung stellte er Entschlußaufgaben an Offiziere, Unteroffiziere und Mannschaften.

Über Hoepners Art der Menschenführung berichteten damalige Soldaten seines Bataillons – Offiziere, Unteroffiziere und Mannschaften, die heute der Braunschweiger »Regimentskameradschaft Infanterieregiment 17« angehören – übereinstimmend Gutes. Gegenüber Offizieren war Hoepner als Vorgesetzter »sehr persönlich und großzügig«[14]. Von Unteroffizieren und Mannschaften wurde »er wegen seiner väterlichen Art sehr geschätzt, gern gesehen und nicht gefürchtet, wie es bei anderen Vorgesetzten manchmal der Fall war«[14]. Er war »Papa Hoepner«[14], ein »volkstümlicher Offizier, zu dem jeder Unteroffizier und die Mannschaften hingehen konnten, *ohne* den Dienstweg einzuhalten«[14]. Nach dem Urteil eines Soldaten war er »in keiner Form kommissig. Nur grob als Reitlehrer«[14]. Ein anderer faßte seine Erinnerung an den Bataillonskommandeur Hoepner in dem Satz zusammen: »Er war ein Soldat mit Herz!«[14]

Feldwebel Fritz Hahn, ein besonders qualifizierter Ausbilder der 3. Kompanie, hatte sich im August 1930 für die alten Obergefreiten seines Zuges, die mangels Unteroffizier-Planstellen unter einem Beförderungsstau litten, mit einem Bericht an Reichswehrminister General Gröner gewandt. Es war legal, aber äußerst ungewöhnlich, daß ein Feldwebel auf dem Dienstwege an den Reichswehrminister persönlich schrieb. Der Bataillonsadjutant wollte den Feldwebel einschüchtern und zur Rücknahme des Berichts bewegen. Oberstleutnant Hoepner dagegen fand in dem Bericht »manche brauchbare Anregung«. Er gab dem Feldwebel den Rat, das Schreiben nicht an den Minister, sondern an das Reichswehrministerium zu richten, dazu einen Durchschlag zu fertigen, welchen er als Bataillonskommandeur an einen ihm vertrauten Herrn im Ministerium weiterleiten werde. Bald darauf zeigte sich, wie richtig Hoepner die »Lage« beurteilt hatte. Der Vorgang ging auf dem Dienstwege nur bis zum Regiment. Der Regimentskommandeur entschied:

»Solange ich Kommandeur dieses Regiments bin, wird dieser Brief nie weitergegeben!«

Neben den dienstlichen Aufgaben widmete Hoepner sich auch dem kulturellen und gesellschaftlichen Leben der alten Welfenstadt. Auf die herzogliche Familie hat seine soldatische Persönlichkeit damals großen Eindruck gemacht. Die Herzogin Viktoria Luise

schrieb kurz nach dem Zweiten Weltkrieg der Witwe Hoepners, sie sei dem Schicksalsweg ihres Mannes bis zum Ende mit innerer Teilnahme gefolgt. Soweit ersichtlich, ist Hoepner in seiner Braunschweiger Zeit auch mit der »Bewegung« des Nationalsozialismus erstmals konfrontiert worden. Später hat die SS die Stadt Heinrichs des Löwen zum Hauptort für ihren Mummenschanz gemacht; damals war es noch die SA, welche durch die Straßen marschierte und versuchte, mit der Reichswehr zu fraternisieren. Hoepner blieb solchen Versuchen gegenüber ganz auf der Linie Seeckts, der jenen Offizieranwärtern, die sich 1923 am Hitler-Putsch beteiligten, eine scharfe Standpauke gehalten und es im übrigen den Vorgesetzten zur Pflicht gemacht hatte, die militärische Jugend durch Dienstaufsicht vor politischen Entgleisungen zu bewahren[15]. Diese Haltung nahm er auch als Vater gegenüber dem heranwachsenden Sohn ein. Als beide eines Tages vom Balkon der Wohnung in der Friedensallee 35 den Aufmarsch der SA gegen die »Rotfront« verfolgten und der siebzehnjährige Sohn Lust verspürte, der sich anbahnenden Straßenschlacht beizuwohnen, wurde er vom Vater angewiesen: »Du bleibst hier! Das sind Radaubrüder; die gehen dich nichts an!« Das Wort von den »braunen Radaubrüdern« kam Hoepner in den bald anbrechenden zwölf Jahren häufig auf die Lippen, wenn er sich im vertrauten Kreis wähnte. Nicht immer war er dann auch wirklich in einem ganz »vertrauten« Kreis.
Als im September 1932, nach 2½ Jahren, für Hoepner die Zeit als Infanteriekommandeur zu Ende ging, bewiesen die Herbstmanöver, daß er ausbilderisch gute Arbeit geleistet hatte. Die Abschiedsparade in der Kaserne und die Abschiedsfeier mit dem Offizierkorps zeigten, wie beliebt er bei Truppe und Offizieren geworden war. »Er hatte nicht nur ihre Achtung, er hatte ihre Herzen gewonnen . . . Erst bei grauendem Morgen wurde der Kommandeur vom geschlossenen Offizierkorps entlassen und ebenso geschlossen im Ehrengeleit zu seiner Wohnung gebracht«, wurde später von Beaulieu aufgezeichnet. Bei der Abschiedsansprache gab Hoepner seine Ernennung zum Kommandeur des Reiterregiments 4 in Potsdam bekannt und fügte hinzu: »Mit dieser Ernennung geht ein alter Jugendtraum in Erfüllung, und ich bin stolz darauf, an der Pflanzstätte der alten preußischen Armee wirken zu dürfen.«
In der Kavallerie der Reichswehr gab es kaum einen begehrteren, zugleich aber auch anspruchsvolleren Dienstposten als den des Kommandeurs des Reiterregiments 4 in Potsdam. Er stellte nicht nur allgemein militärisch hohe Anforderungen, sondern auch an das reiterliche und organisatorische Können des betreffenden Kommandeurs, der »Jagdherr« des mit vielen vorzüglichen Reitern und Reiterinnen besetzten Jagdfeldes der Garnison Potsdam war. Ein Zitat aus Beaulieus Aufzeichnungen mag dies veranschaulichen: »Die herbstlichen Reitjagden bildeten für das an allem Militärischen interessierte Potsdam zugleich ein gesellschaftliches Ereignis. Zahlreiche zivile Teilnehmer, meist im roten Rock, ritten mit, darunter öfter Prinzessin Friedrich Sigismund. Größer war die Zahl der Zuschauer, denen einen guten Überblick vom Jagdverlauf zu vermitteln wichtige Aufgabe des Veranstalters war. Höhepunkt und Abschluß war die Hubertusjagd, die auf dem Gelände von Döberitz geritten wurde.« Zur besseren Darstellung ein Auszug aus einer Potsdamer Zeitung: »Hubertusjagd des Potsdamer Reitervereins im ›Gebirge‹ des Döberitzer Platzes. Stelldichein nördlich Krampnitz, Halali auf dem Ferbitzer Feld. Um 11 Uhr Abritt von der Husarenkaserne mit dem Trompeterkorps, durch die Straßen um

den Heiligen See, über Nedlitz, wo sich die Artillerie anschloß. Jagd hinter der Meute. Jagdherr der neue Kommandeur des Reiterregiments 4, Oberstleutnant Hoepner, auf dem eleganten Trakehner Rappwallach ›Hohenasperg‹. Die Jagd wurde bei dem großen Andrang an Reitern in vier Feldern geritten. Am Halali wurde den Reitern und Reiterinnen vom Jagdherrn Eichenbrüche überreicht.«

Es ist schon erwähnt worden, daß Seeckt als militärischer Führer und Autor aussagestarker Bücher starken Einfluß auf Hoepner ausgeübt hat. Besonders den 1927 vom verabschiedeten Chef der Heeresleitung geschriebenen Aufsatz »Neuzeitliche Kavallerie« muß Hoepner dankbar begrüßt haben. Seeckt kritisierte darin die Schlagworte von der »Entbehrlichkeit der Kavallerie« und vom »Zeitalter der Mechanisierung« und nannte sie »tödlich«. Man befinde sich damit »auf dem Wege zur Abschaffung einer Waffe, deren Entwicklung im neuzeitlichen Sinn erfolgen muß«. Wie später der Krieg im Osten zeigte, war man tatsächlich gezwungen, die inzwischen aufgelöste oder in die Panzertruppe überführte Kavallerie als Ad-hoc-Formation wieder ins Leben zurückzurufen. Einige Kernsätze von Seeckts Aufsatz mögen seine Gedanken über die Ausbildung und Verwendung, die aus der Zeit – 1927 – zu verstehen sind, verdeutlichen:

»Wer aber glaubt, daß der Stellungskrieg das Gegenteil des wahren Krieges ist, . . . wer also im Bewegungskrieg Zukunftssieg sucht, der wird nicht auf die Waffe verzichten, deren Eigenart Beweglichkeit ist. Der Flieger ist an die Seite, nicht an die Stelle der Kavallerie getreten . . . Die Kampfwagen wachsen sich zu einer besonderen Truppe neben Infanterie, Kavallerie und Artillerie aus, ohne eine von diesen zu ersetzen. Die Transportwagen können und sollen . . . den Kavallerie-Divisionen einen wesentlichen Kraftzuwachs geben.

Des Rätsels Lösung ist hiernach, die Ergebnisse der Technik zur Ausgestaltung und Modernisierung des Vorhandenen auszunutzen, aber nicht Totes an die Stelle von Lebendigem zu setzen. Das Lebendige, das ist unsere Kavallerie, sollte im neuzeitlichen Geist unter voller Wahrung ihrer Eigenart zu höchster Vollkommenheit entwickelt werden . . . der Kavallerist (muß) am meisten können und leisten . . . von allen Soldaten, weil er neben dem ihm eigenen reiterlichen Können den an die Angehörigen der anderen Waffen gestellten Anforderungen gleichzeitig entsprechen soll. Ein hohes Ziel; aber der Soldatenberuf verlangt Ideale . . . Da aber die Motorisierung wesentlich der Steigerung der Beweglichkeit dient, so berührt sie die Kavallerie in erster Linie.« In seiner schönen Sprache versicherte Seeckt abschließend den Kavalleristen, »daß die Tage neuzeitlich ausgebildeter, ausgerüsteter und geführter Reiterei nicht gezählt sind und daß sie noch immer zuversichtlich die Fähnlein ihrer Lanzen im Wind der Zukunft flattern lassen darf«[16].

Aus diesem Aufsatz Seeckts hat Hoepner sich vor allem die Forderung zu eigen gemacht, die Kavallerie »in neuzeitlichem Geist unter voller Wahrung ihrer Eigenart zu höchster Vollkommenheit zu entwickeln«. Dies ist ihm, vor allem zwischen den Kriegen, eine Lebensaufgabe gewesen, der er sich mit aller Hingabe gewidmet hat. Seine Stellung als Kommandeur eines renommierten Reiterregiments bot ihm erstmals Gelegenheit, diesbezüglich Theorie und Praxis, Gedanke und Tat miteinander zu verbinden. Als Hoepner am 1. Oktober 1932 in Potsdam die Winterausbildung seines Regiments mit dem Ziel der Weiterentwicklung begann, wurde an anderer Stelle, bei der Inspektion der Verkehrstruppen (In 6), schon seit Jahren mit ähnlicher Zielsetzung gearbeitet. Oberst Oswald

Lutz, ab 1928 Chef des Stabes und seit April 1931 Generalmajor und Inspekteur der Verkehrstruppen, widmete sich der Aufgabe der Heeresmotorisierung mit hervorragendem Organisationstalent und Sachverstand. Als Stabschef hatte General Lutz im Oktober 1931 sich Oberstleutnant Heinz Guderian, bald darauf als 1. Generalstabsoffizier Major Walther Nehring und als 2. Generalstabsoffizier Hptm. Walter Chales de Beaulieu in die Inspektion geholt. Diese Arbeitsgruppe wurde in ihrer bahnbrechenden Arbeit gleichfalls bestätigt und angeregt durch den weitblickenden Hans v. Seeckt[17]. In *einem* jedoch folgte dieser Stab, der wenig später sich »Inspektion der Kraftfahrkampftruppen« nannte, nicht in dem Maße den Gedanken Seeckts, wie es Hoepner tat: In der Frage der »Entbehrlichkeit der Kavallerie«. Hierin näherte sich In 6 jener »Abneigung breiter Schichten gegen die Reiterei«, vor welcher Seeckt gewarnt hatte. Hoepner hingegen wurde zum Verfechter der »neuzeitlichen Kavallerie« im Sinne des Schöpfers der Reichswehr.
Auf die Entwicklungsgeschichte der Panzerwaffe, insbesondere ihre in England von J. C. F. Fuller durch konsequente Gedankenarbeit und Auswertung der Weltkriegserfahrungen geschaffenen geistigen Grundlagen, kann hier im einzelnen nicht eingegangen werden. Erwähnt werden muß jedoch, daß zur gleichen Zeit, in welcher Hoepner sich mit der Weiterentwicklung seines Potsdamer Reiterregiments zur »Schnellen Truppe« beschäftigte, in Frankreich durch Umbildung aus Kavallerieregimentern die ersten beiden mot./mech. Divisionen geschaffen und diese zu einem mot./mech. Kavalleriekorps zusammengefaßt wurden. Dieses Korps sollte acht Jahre später, am 13./14. Mai 1940 bei Hannut in Belgien, Hoepners Gegner in der ersten großen Panzerschlacht des Zweiten Weltkriegs werden. Ebenfalls 1932 machte sich der französische Infanterieoffizier Charles de Gaulle – er war vier Jahre jünger als Hoepner – erste Gedanken über eine gepanzerte Berufsarmee und deren zweckmäßige Gliederung in Panzerdivisionen[18].
Das besondere Interesse Hoepners galt in diesen letzten Monaten des Jahres 1932 der seit einiger Zeit einem Truppenversuch dienenden 3. Eskadron. Seit 1929 war die »motorisierte Eskadron« von ihren Pferden abgesessen und mit einem handelsüblichen Pkw des Fabrikats »Dixie« ausgerüstet worden. Im Soldatenjargon hieß das Gefährt wegen seines Aussehens scherzhaft »der mot. Puppenwagen«. Vorerst konnte dieser Pkw nur Transportmittel sein; zum Kampf mußte abgesessen werden. Trotzdem war »Dixie« nicht nur auf Straßen, sondern z. T. auch im Gelände dem Pferd überlegen. Schon gab es auch eine leichte Panzerung für die Spähfahrzeuge. Vorerst scheiterte diese noch an der begrenzten Leistungsfähigkeit des Motors, jedoch war man zuversichtlich, daß auch diese Schwierigkeit bald überwunden werden könne. Im Urteil Hoepners verlief der Versuch erfolgversprechend. Er sah darin eine Möglichkeit, seiner Waffengattung zu größerer Schnelligkeit und Verwendungsfähigkeit zu verhelfen, allerdings neben den berittenen Einheiten. Schon um den weiteren Verlauf des Truppenversuchs zum Nutzen der Kavallerie überwachen zu können, wäre Hoepner gern möglichst lange im schönen Potsdam geblieben. Dienstaltersmäßig stand er gerade zur Beförderung zum Oberst heran, so daß er hoffen konnte, die Erfüllung seines Jugendtraumes, »an der Pflanzstätte der alten preußischen Armee wirken zu dürfen«, werde einige Jahre dauern. Aber die politische Entwicklung des Deutschen Reiches machte diese Hoffnung zunichte.
Es ist nicht mehr genau ersichtlich, wann und wo Hoepner dem »Mann aus Braunau« erstmals begegnet ist. In den Potsdamer Monaten, Oktober 1932 bis Januar 1933, könnte

es gewesen sein; Hoepner kam in dieser Zeit dienstlich und privat häufig in das nahe Berlin. Fest steht aber, daß vom ersten Augenblick an, da Adolf Hitler in seinen Gesichtskreis getreten ist, Hoepner eine tiefe innere Abneigung gegen den Führer der NSDAP erfaßt hat. Die lärmenden, mit Theatereffekten reich ausgestatteten Massenauftritte der Nationalsozialisten waren für ihn ein Greuel.

Das pseudo-militärische Auftreten der »Bewegung« war ihm besonders verhaßt, ebenso die Frontkämpfer-Ideologie, zu welcher das »innere Erlebnis« des großen Krieges in Hitlers Weltanschauung herabgesunken war. Ideologien sind »entartete Ideen«[19]. Im Anfang vielleicht mehr unbewußt als bewußt mag Hoepner gespürt haben, daß mit dem Nationalsozialismus eine Entartung und Entwertung bisheriger Werte einherging, vor allem der soldatischen Werte. Die SA-Kolonnen mit ihren Standarten, Tornistern und phraseologie-geladenen Liedern auf den Lippen waren und blieben für ihn »Radaubrüder«. Den Urheber des ganzen Spektakels aber bezeichnete Hoepner schlicht als »Narren«. Über dessen Gefährlichkeit allerdings, darüber, zu welcher »Entfesselung gewaltiger Energien«[20] dieser »Narr« fähig war, hat Hoepner sich lange, sehr lange getäuscht. Überall auf der Welt ging es den besten Köpfen damals nicht anders. Golo Mann hat es treffend formuliert: »Die Massen, die seiner Faszination erlagen, waren für die Vernunft verloren und gaben das Nachdenken auf. Jene aber, die ihr nicht erlagen, waren mehr über den Schwindel empört, als daß sie die Gefährlichkeit des Mannes durchschauten. Sie hielten ihn für einen Narren, was er ja auch war, seinen Erfolg für Spuk, der bald in Nichts zerrinnen mußte. Daß ein solcher Narr Weltgeschichte machen würde, kam ihnen nicht in den Sinn.«[21]

So ist am 30. Januar 1933, dem Tag, an welchem der greise Reichspräsident und Feldmarschall von Hindenburg in Berlin die Führung des Deutschen Reiches dem »böhmischen Gefreiten« übergeben hat, Hoepner auch mehr verärgert als beunruhigt gewesen. Die unmittelbarste Auswirkung der »Machtübernahme«, die sofortige Umbesetzung hoher Reichswehrstellen, veränderte ihn innerhalb vierundzwanzig Stunden von Potsdam nach Königsberg und war ihm, weil sie die Laufbahn-Kontinuität störte, unwillkommen, obwohl die Versetzung mit der gleichzeitigen Beförderung zum Oberst verbunden war. Daß der 30. Januar in seiner Nahwirkung »die Gleichberechtigung und die Integration der bewaffneten Macht in neue Zuordnungen«[22] bringen werde, war bereits am Abend vorauszusehen. Daß dieser Tag in seiner Fernwirkung aber die geschichtliche Kontinuität von Völkern, ja Erdteilen, stören und zerstören werde, lag völlig im Dunkel. Und niemand unter den vielen Millionen Opfern der Fernwirkung dieses Tages konnte die furchtbare Entwicklung der Dinge vorausahnen, auch Hoepner nicht, als er am 31. Januar 1933 in Potsdam die Koffer packte, um wieder nach Königsberg zu fahren.

---

1 Vgl. Golo Mann: »Deutsche Geschichte des neunzehnten und zwanzigsten Jahrhunderts«. Frankfurt/M. (1960). S. 652.

2 Vgl. Wilhelm Volrad v. Rauchhaupt: »Die deutsche Kavallerie zwischen den beiden Weltkriegen«. S. 11. Selbstverlag. Wendlingen a. N. Enthalten auch in dem Dokumentarwerk: »Das deutsche Pferd in der Welt«. (1957).

3 Ibid. S. 12/13.

4 Vgl. Karl Dietrich Bracher: »Die deutsche Armee zwischen Republik und Diktatur. (1918–1945)«. In: »Schicksalsfragen der Gegenwart«. Bd. 3. S. 97. Tübingen (1958).

5 Vgl. Edgar v. Schmidt-Pauli: »General v. Seeckt«. S. 18 ff. Berlin (1937). Auszugsweise abgedruckt auch in: Hans Meier-Welcker: »Seeckt«. Kap. I: »Jugend«. Frankfurt/M. (1967).

6 Dabei sollte stets bedacht werden, daß die Bestimmungen des Versailler Vertrags Seeckt gar keine andere Möglichkeit ließen.

7 Vgl. Brief Scharnhorsts an Prof. Stützer (1809): »Zum Aufbau der Allgemeinen Kriegsschule«. Abgedruckt in: Schriftenreihe Innere Führung; Reihe Bildung, Heft 5: »Die Bildung des Offiziers«. S. 167. Herausgegeben vom Bundesminister für Verteidigung (1969).

8 Vgl. über die ganze Problematik des Verhältnisses der zivilen und militärischen Gewalt vor allem: Karl Dietrich Bracher: »Die deutsche Armee zwischen Republik und Diktatur. (1918–1945)«. Abgedr. in: »Schicksalsfragen der Gegenwart«. 3. Bd. S. 95–120. Herausgegeben v. Bundesmin. f. Verteid. Tübingen (1958).

9 Vgl. hierüber vor allem: Harald Laeuen: »Polnische Tragödie«. Stuttgart (1956).

10 Vgl. Erich Eyck: »Geschichte der Weimarer Republik«. Bd. I. S. 148 f. Zürich (1951).

11 Vgl. Erich Marcks: »Hindenburg. Feldmarschall und Reichspräsident«. S. 14. Musterschmidt-Verlag, Göttingen (1963).

12 Ibid., S. 15 f.

13 Emil Ludwig: »Hindenburg. Legende und Wirklichkeit«. Heyne-Sachbuch 35, S. 41. München (1962).

14 Schreiben von Herrn Ernst Mund, Vorsitzender der »Regimentskameradschaft Infanterie-Regiment 17«, an den Verfasser vom 25. November 1977.

15 Vgl. Friedrich Wilhelm Hauck: »Generaloberst Hans v. Seeckt«. In: »Studien zur Militärgeschichte, Militärwissenschaft und Konfliktforschung«. Bd. 15. Festschrift Werner Hahlweg. Osnabrück (1977). S. 151.

16 Vgl. Hans von Seeckt: »Neuzeitliche Kavallerie. Einige Gedanken über ihre Ausbildung und Verwendung«. In: »Gedanken eines Soldaten«. Leipzig (1935). S. 99–116.

17 Vgl. Karl J. Walde: »Guderian«. S. 36 f.

18 Diese Gedanken hat de Gaulle 1934 in seinem Buch »Vers l' armée de métier« niedergelegt. Vgl. hierüber: Siegbert Kreuter: »De Gaulle zwischen den Weltkriegen«. In: »Österreichische Militärische Zeitschrift«, Heft 4 (1975). S. 299.

19 So Max Horkheimer im Wintersemester 1951/52 während eines Seminars an der Universität Frankfurt/M., dem der Verfasser beiwohnte.

20 Vgl. Joachim C. Fest: »Hitler«. Frankfurt/M. – Berlin – Wien (1973).

21 Vgl. Golo Mann: »Deutsche Geschichte des neunzehnten und zwanzigsten Jahrhunderts«. Frankfurt/M. (1958), S. 743.

22 Vgl. Carl Hans Hermann: »Deutsche Militärgeschichte«. Frankfurt/M. (^{2}1968). S. 415.

III. Der neue Staat und die neue Waffe (1933–1939)

»Die wirklich Vornehmen gehorchen nicht einem Machthaber, sondern dem Gefühl ihrer Pflicht.«
(Theodor Fontane)

Nach Ansicht von Hans Herzfeld hätte die Reichswehr, dank des strengen Gehorsams- und Disziplinbegriffs, der ihr von Seeckt eingepflanzt worden war, einer energisch und kompetent geführten Aktion gegen die Nationalsozialisten bis zum 30. Januar 1933 »Gefolgschaft geleistet«[1]. Hitler, mit seiner feinen Witterung für innenpolitische Gegner und Gefahren, ging dann sehr behutsam daran, dieses gefährliche Machtinstrument sich gefügig zu machen. Auf die Besetzung der führenden Positionen im Reichswehrministerium nach Schleichers Abgang hat er sehr vorsichtig Einfluß genommen. Neuer Reichswehrminister wurde auf seinen Vorschlag Generalleutnant v. Blomberg, der seit 1929 Befehlshaber des Wehrkreises I Königsberg, zum Zeitpunkt der »Machtübernahme« zugleich Delegierter bei der Abrüstungskonferenz in Genf gewesen war. Mit Blomberg wechselte dessen bisheriger Chef des Stabes, Oberst v. Reichenau, ins Ministerium. Die Stelle des Befehlshabers im Wehrkreis I wurde mit dem bisherigen Inspekteur der Artillerie, Generalmajor v. Brauchitsch, besetzt. Chef des Stabes bei Brauchitsch wurde Hoepner. Die beiden Stellen im Ministerium waren mehr politischer Art und wurden letztlich, nach Rücksprache mit dem Reichspräsidenten, aber unter Umgehung des Chefs der Heeresleitung, mit Offizieren besetzt, welche für Politik und Weltanschauung des Nationalsozialismus aufgeschlossen waren[2]. Die Befehlshaberstelle in Königsberg und diejenige seines Stabschefs wurden dagegen nach überwiegend militärischen Kriterien und nach Dienstalter besetzt.

An den Chef des exponierten Wehrkreises I wurden spezielle Anforderungen gestellt; insbesondere mußte er mit den militärischen Gegebenheiten der abgetrennten Provinz Ostpreußen gut vertraut sein. Hoepner war Experte in allem, was mit der Landesverteidigung Ostpreußens zusammenhing. Seine Wahl bedeutete eine besondere Anerkennung, kam er doch verhältnismäßig jung in die angesehenste der sieben Wehrkreis-Chefstellen. Jedoch erklärt Hoepners besondere Eignung für die Aufgabe in Ostpreußen nicht völlig seine abrupte Loslösung von der kaum begonnenen Tätigkeit als »moderner Kavallerist« in Potsdam, wo er mit der Weiterentwicklung der Kavallerie ja auch einer gewichtigen Sache diente. Weitere Überlegungen einer bestimmten Autorität, die man nur ahnen kann, müssen bei seiner plötzlichen Versetzung nach Königsberg noch eine Rolle gespielt haben. Chales de Beaulieu, selbst Ostpreuße, bemerkte hierzu: »Wir gehen wohl nicht fehl in der Annahme, daß man dorthin eine starke Persönlichkeit setzen wollte, die dem als besonders rücksichtslos bekannten Gauleiter Ostpreußens, Erich Koch, den entsprechenden Widerpart bieten konnte. Der Hoepner gut bekannte damalige Chef des Heerespersonalamtes[3], der ihn erst vor wenigen Monaten nach Potsdam versetzt hatte, würde diese neue Anordnung kaum ohne zwingende Gründe getroffen haben.« So ist Hoepner, wohl ohne es selbst ganz zu erkennen, vom ersten Tag des »Dritten Reiches« an in die Auseinandersetzung zwischen der alten Armee und dem neuen Staat, preußischem Geist und NS-Ideologie, mitten hineingestellt worden.

Die beiden ersten Monate, Februar und März 1933, waren hauptsächlich mit Truppenbesuchen des neuen Befehlshabers in den Garnisonen des Wehrkreises ausgefüllt. Hoepner, der von seiner Ia-Tätigkeit her die Verhältnisse gut kannte, begleitete Generalleutnant v. Brauchitsch auf diesen Fahrten. In der zweiten Märzhälfte führte dann eine Dienstreise noch einmal nach Potsdam, wo die Nationalsozialisten die Eröffnung der neuen Reichstagsperiode mit einer Weiheveranstaltung voll wagnerianischer Theatralik einleiteten, um die Republik mit ihrem Geist von Weimar symbolisch zu negieren und für den Staat den »Geist von Potsdam« zu beschwören. Alles war auf Glorifizierung der soldatischen Traditionen Preußen-Deutschlands und des ältesten Repräsentanten, des 86jährigen Feldmarschalls und Reichspräsidenten, abgestellt. Die schwarz-weiß-roten Fahnen des alten Reiches beherrschten wieder die Straßen Potsdams und den ehrwürdigen Bau der Garnisonskirche; verschwunden war das Schwarz-Rot-Gold der verblichenen Weimarer Republik. Auch den Zeitpunkt für die Inszenierung hatte man sorgfältig gewählt: Es war Frühlingsanfang, zugleich fünfzehnter Jahrestag des Beginns der Michael-Offensive 1918, für welche Hindenburg seinerzeit das neugestiftete »Eiserne Kreuz mit Goldenen Strahlen« verliehen wurde, welches nicht einmal der alte Moltke für Königgrätz, Metz oder Sedan erhalten hatte, sondern dessen bisher einziger Träger der Marschall Blücher für die Niederwerfung Napoleons 1815 bei Waterloo gewesen war. In Uniform und im Schmuck seiner großen Orden, den Marschallstab in der Rechten, saß der »alte Herr« auf einem erhöhten Sessel wie ein Monarch, stieg, als die Orgel verrauschte, allein hinab in die Gruft zu den Särgen der beiden Soldatenkönige. Vor fast siebzig Jahren hatte Hindenburg als Gardeleutnant seine Kompanie einmal an diese Stätte geführt, bevor er in den Krieg von 1866 gezogen war. »Aus dieser kalten Gruft stiegen in schwankenden Gebilden die Geister jener Könige auf, deren Legende ihn ein Leben lang stolz auf sein Vaterland gemacht hatte. War er nicht heut ihr Nachfahre, der eben vom Thron aufgestanden, vor allem Volk allein die steinernen hallenden Treppen hinunterschritt, um seinen Vätern ein Gebet zu bringen? Der Ring der Illusionen war geschlossen.«[4] Dann übergab der greise Feldmarschall-Reichspräsident das Vermächtnis der Preußenkönige, die große militärische Tradition des Hauses Brandenburg, ganz symbolisch dem in Schwarz gekleideten Mann aus Braunau. So vermutlich sollte der Händedruck zwischen Hindenburg und Hitler auf die Versammelten wirken, vor allem auf das anwesende höhere Offizierskorps der Reichswehr.

Im schriftlichen Nachlaß findet sich kein Hinweis darauf, wie Hoepner über die Staatsfeier in der Garnisonskirche, der er mit seiner Frau beiwohnte, gedacht hat. Trotz der gemeinsamen Liebe zur Heimat Berlin aber fuhr anschließend das Ehepaar nicht ungern aus der Reichshauptstadt, die immer mehr vom Lärm der NS-Propaganda erfüllt wurde, in das stillere Königsberg zurück. Dort hatte man Wohnung im neuen Gebäude des Wehrkreiskommandos, Cranzer Allee 46, bezogen. Dienstlich kam jetzt, nach Abschluß der

Winterausbildung, die Zeit der Frühjahrsbesichtigungen bei den Truppenteilen. Sie wurden überwiegend vom Befehlshaber selbst durchgeführt; der »Chef« brauchte nur am Rande teilzunehmen. Dafür fesselten ihn aber Administration, Verwaltungs- und Territorialangelegenheiten mehr an den Schreibtisch, als ihm lieb war. Seine rasche Auffassungsgabe, die Fähigkeit, zum Kern einer Sache schnell vorzudringen, sowie ein flotter Schreibstil ließen ihn mit Aktenbergen verhältnismäßig leicht fertig werden. Die Zusammenarbeit mit den zivilen Dienststellen in Ostpreußen, welche er aus seiner Ia-Zeit schon kannte, war eine überaus gute. Störend allerdings traten allmählich Streitigkeiten mit der NSDAP, ihren Kreisleitungen in der Provinz, vor allem aber mit der Gauleitung in Königsberg selbst in Erscheinung. In ihrem Bemühen, auch in Ostpreußen langsam in die Kompetenzen der Streitkräfte einzudringen, stießen die »Nazis« bei Hoepner auf Granit. Kennzeichnend hierfür sind einige Fotos von den Herbstmanövern 1933 der ostpreußischen Truppenteile. Hoepner hatte diese Übung angelegt und auch die erfreuende Aufgabe, als Chef des Stabes und Stellvertreter des »Leitenden« dem anwesenden Reichspräsidenten v. Hindenburg sowie dem Chef der Heeresleitung, General Frhr. v. Hammerstein-Equord, die »Lage« im Gelände vortragen zu dürfen. Die Bilder vom 12. September 1933 zeigen die Führer der Reichswehr ganz unter sich. Hoepner war es noch einmal gelungen, die »Radaubrüder« der NSDAP von den Besprechungen der obersten militärischen Führung fernzuhalten.
In anderen Arbeitsbereichen wurde es für ihn bald schwieriger, vor allem auf dem Gebiet der wirtschaftlichen Vorbereitung der Landesverteidigung. Im abgetrennten Ostpreußen hatte das Wehrkreiskommando neben seinen militärischen Aufgaben auch die wirtschaftliche Mobilmachung vorzubereiten. Hier sah Gauleiter Erich Koch die Gelegenheit, auch auf militärische Dinge Einfluß zu nehmen. Die von ihm ins Leben gerufene »Erich Koch-Stiftung« sollte – in der Erkenntnis, daß Wirtschaft Macht bedeutet – zur Dachorganisation eines großen ostpreußischen Wirtschaftskonzerns gemacht und möglichst alles von Bedeutung hineingezwungen werden. Ein wirtschaftlicher Dirigismus lag weder im Interesse der Betriebe noch der Landesverteidigung Ostpreußens. Jetzt aber spielte der Gauleiter in einem bestimmten Fall seine Macht aus. Es handelte sich um die Großwerft Schichau in Elbing, einem Hauptlieferanten der Kriegsmarine für den Schiffbau. Gauleiter Koch wollte den ungemein tüchtigen und im Betrieb beliebten Generaldirektor Noél entfernen, weil er nicht Mitglied der NSDAP war, und durch einen »alten Kämpfer« aus dem Finanzamt Elbing ersetzen. Als alle Bespitzelungen Noéls in und außer Dienst zu keinem belastenden Material führten, griff Koch zu dem bewährten Druckmittel, Noél der Steuerhinterziehung zu bezichtigen. Während eines geschäftlichen Aufenthaltes Noéls in Moskau wurden auf Befehl des Gauleiters durch Staatsanwaltschaft und Finanzamt zu mitternächtlicher Stunde seine Büroräume untersucht. Als auch dies zu keinem Ergebnis führte, ließ der untersuchende Staatsanwalt Noéls Sekretärin wecken und sich die Schlüssel zum Geheimtresor des Generaldirektors geben. Die darin enthaltenen Akten wurden beschlagnahmt, gleichzeitig Haftbefehl gegen Noél erlassen. Noch in derselben Nacht benachrichtigten Angehörige der Werft das Wehrkreiskommando in Königsberg über den Vorfall. Hoepner handelte schnell und überlegt. Solche Methoden durften keinen Erfolg haben! Er benutzte den nächsten Schnellzug nach Berlin, machte im Reichswehrministerium seinen Einfluß geltend und erreichte die sofortige Aufhebung

des Haftbefehls und die Herausgabe der beschlagnahmten Akten. Der Königsberger Oberstaatsanwalt wurde veranlaßt, sich bei Noél für die angeordneten Maßnahmen zu entschuldigen.
In Chales de Beaulieus Aufzeichnungen, denen die Begebenheiten aus der frühen NS-Zeit der Stadt Immanuel Kants entnommen sind, findet sich die Feststellung: »Das persönliche Verhältnis Hoepners zum Gauleiter wurde immer schlechter.« Wir dürfen davon ausgehen, daß Hoepner schon um die Jahreswende 1933/34 nicht nur bei der NSDAP in Ostpreußen, sondern auch bei den NS-Dienststellen in Berlin als hartnäckiger Gegner bekannt und verhaßt gewesen ist. Er selbst wurde sich der amoralischen und im Grunde destruktiven Natur des Nationalsozialismus, die er zunächst mehr instinktiv gespürt hat, jetzt zunehmend bewußt. Wo es möglich war, trat Hoepner, wie im Falle Noél, furchtlos und oft erfolgreich den kleineren Rechtsbrüchen des NS-Regimes entgegen. Mehr zu tun lag nicht in der Macht des Stabschefs eines Wehrkreiskommandos, der nur erster Führungsgehilfe seines Befehlshabers war.
Im Jahre 1934 zeigte sich der Januskopf des Nationalsozialismus den wenigen, welche schon den *Blick* dafür hatten, besonders deutlich. In einer Hinsicht hatte das Regime die katastrophale wirtschaftspolitische Lage des Reiches, vor allem die Arbeitslosennot, entscheidend gebessert. Die schon im Oktober 1933 begonnene Aufrüstung wurde systematisch vorangetrieben und von allen deutschen Soldaten begrüßt. Andererseits hätte der Rücktritt des Chefs der Heeresleitung am 1. Februar 1934, nach vierjähriger Amtszeit, den älteren Soldaten Anlaß zum Nachdenken sein können. Kurt v. Hammerstein-Equord war ein General bester preußischer Schule, von überragender Intelligenz und mit starken Nerven, wenn auch nicht sehr tätig[5]. Seine Gegnerschaft zum Nationalsozialismus hatte er in allen grundsätzlichen Fragen offen gezeigt, jedoch vom Reichswehrminister nicht die nötige Rückendeckung erhalten. Auf die weitere Rolle Hammerstein-Equords im militärischen Widerstand wird später einzugehen sein.
In der Jahresmitte 1934 führte Hitler, um die ihm gefährlich werdende Spannung zwischen SA und Reichswehr zu lösen, einen Schlag gegen seine eigene Gefolgschaft. Am 30. Juni überrumpelte er den Stabschef Röhm in Bad Wiessee und ließ ihn, zusammen mit zahlreichen anderen SA-Chargen, ohne Rechtsverfahren erschießen. »Das *schien* ein Sieg der Armee zu sein, sie stand in diesen Tagen in Alarmbereitschaft. Aber es sollte ihr Sieg nicht sein und war es auch nicht. Denn sie handelte nicht.«[6] Zugleich nämlich hatte Hitler die Gelegenheit benutzt, um durch Göring in Berlin, im ganzen Reich durch Himmler führende Oppositionelle des Systems jeder politischen Richtung, darunter die Generale v. Schleicher und v. Bredow, liquidieren zu lassen. Das Blutbad des 30. Juni 1934, dem einige hundert Deutsche zum Opfer fielen, wurde von Göring nachträglich mit dem zynischen Satz gerechtfertigt:
»Das Recht ist der Wille des Staates.«
Auch Ostpreußen war von der Mordwelle erfaßt worden. Ein mit dem Wehrkreiskommando zusammenarbeitender Gutsbesitzer aus der Gegend südostwärts von Königsberg, Herr von Hohberg, gehörte zu den Opfern. Hoepner attackierte die NS-Dienststellen mit Beschwerden und drängte auch seinen Befehlshaber zum Handeln. General v. Brauchitsch wartete auf Weisungen aus Berlin. Aber die Reichswehrführung unter Blomberg verharrte in Passivität. So wurden der 30. Juni und die folgenden Juliwochen 1934

zu einer schweren Niederlage der deutschen Armee im Kampf um die Behauptung ihrer geistig-moralischen Integrität und Unabhängigkeit. Zehn Jahre lang, bis in den Juli 1944 hinein, sollte fortan die Armee diesen Kampf aus der Defensive führen, mit den bekannten Folgen für das ganze Jahrhundert; und Golo Mann, der Historiker dieses Jahrhunderts, sollte später dafür die ebenso lakonische wie überzeugende Erklärung finden: *»Denn sie handelte nicht.«*

In den ersten Augusttagen 1934 traf die Reichswehr ein neuer schwerer Schlag: Auf seinem Gut Neudeck in Ostpreußen verschied im 87. Lebensjahr der greise Reichspräsident und Feldmarschall von Hindenburg. Nicht nur Hoepner, sondern viele Millionen Deutsche hatten, gerade nach den erschreckenden Ereignissen des Frühsommers, in Hindenburg den Bewahrer des Reiches, der preußischen Tradition und der christlichen Religion gesehen. Nun war er zur Großen Armee abberufen.

»Dem Chef des WKK. I fiel die Aufgabe zu, die gesamten Trauerfeierlichkeiten im ostpreußischen Raum, in Neudeck, dem Stammgut der Hindenburgs im südwestlichen Ostpreußen, die Überführung nach Hohenstein und die Beisetzung im Tannenberg-Denkmal vorzubereiten und verantwortlich zu leiten. Hoepner war stolz auf die ihm anvertraute Aufgabe, die ein schnell zusammengestellter Arbeitsstab in kurzer Zeit zu bewältigen hatte. Er widmete sich ihr in den vom Wetter begünstigten Augusttagen mit ganzer Hingabe. Hier konnte sich sein Organisationstalent entfalten; alles in Ostpreußen half mit und wollte dabei sein. So ergaben sich die eindrucksvollen Feiern in Neudeck, die Fahrt des toten Feldmarschalls durch die ihm leuchtende ostpreußische Nacht und das feierliche Begräbnis im Tannenberg-Denkmal. Hoepner selbst trug als dienstältester aktiver Generalstabsoffizier des Wehrkreises den Marschallstab Hindenburgs vor dem Sarge her. Er war stolz darauf, dem verehrten Feldmarschall diesen letzten Ehrendienst leisten zu dürfen.«

Eine Ansichtskarte Hoepners, an die Mutter in Berlin gerichtet, vermittelt, über obige Schilderung Chales de Beaulieus hinaus, einen Eindruck von dem arbeitsreichen und zugleich erhebenden Tag der Hindenburg-Beisetzung am 7. August 1934. Hoepner teilte darin mit, er habe bei der Überführung 110 km zu Fuß und mit Auto in 7 Stunden zurückgelegt. *»Es geht mir aber gut. L. war nicht dabei, ist auch sicherlich nicht eingeladen worden.«* Mit »L.« war Ludendorff gemeint. Die Beisetzung Hindenburgs war zum Höhepunkt in Hoepners Königsberger Chefzeit geworden, eine Meisterleistung der Organisation und der Darstellung Ostpreußens. Die Ereignisse des Jahres 1934 hatten den Ärger über die Machtergreifung der NSDAP inzwischen zur Besorgnis werden lassen. Da er zur Meditation durchaus fähig, zugleich aber ein lebensfroher und optimistischer Mann war, suchte er trübe Gedanken durch dienstliche Aktivität und sportliche Betätigung zu verscheuchen. In seinem Lieblingssport, dem Reiten, errang Hoepner im Sommer 1934 einen seiner größten Turniererfolge. Beim »Ostpreußenturnier« auf dem Georgenhorster Platz in Insterburg gewann er beim »Dassel-Preis«, einer Materialprüfung 4jähriger Pferde, auf seinem Rappwallach »Hohenasperg« den Siegespreis. Das waren erfreuende Stunden. Aber die Sorge um Deutschland wurde Hoepner jetzt nicht mehr los; sie sollte die ständige Begleiterin durch das letzte Jahrzehnt seines Lebens werden.

In vielen Jahren der Generalstabstätigkeit hatte Hoepner sich den Ruf eines besonders tüchtigen Generalstabsoffiziers erworben. Hierfür kennzeichnend ist eine Beurteilungs-

notiz, die vermutlich vom späteren Oberbefehlshaber des Heeres, v. Brauchitsch, stammt: »Sicher in der Beurteilung, mit klaren, verständigen Ansichten und richtiger Bewertung der Tatsachen. Energisch in der Durchführung seiner Absichten. Bescheiden und aufmerksam in seinem Wissen; ein Charakter, auf den man sich verlassen kann.«[7] Die überwiegende Generalstabstätigkeit seit 1915 war gar nicht in Hoepners Sinn; sein Herz gehörte dem Truppendienst. Nun folgte auf die Königsberger Chefzeit wiederum eine Verwendung im Generalstab. Im Spätjahr 1935 wurde er Chef des Stabes Gruppenkommando 1 in Berlin. Es war dies einer der angesehensten Dienstposten, welchen der offiziell am 1. Juli 1935 wiedergeschaffene deutsche Generalstab zu vergeben hatte. Das Gruppenkommando hatte keinerlei territoriale Befugnisse, was Hoepner nach den Erfahrungen mit der NSDAP in Königsberg auf diesem Gebiet nur lieb sein konnte. Die »Gruppe« war vielmehr die verantwortliche Heeres-Kommandobehörde für die unterstellten Verbände, deren Ausbildung, Ausrüstung und Organisation von ihr überwacht wurden. Bis zum Aufgehen der Reichswehr in der Wehrmacht bestanden nur das Gruppenkommando 1 in Berlin und das Gruppenkommando 2 in Kassel. Oberbefehlshaber des Gruppenkommandos 1 war 1935 mit General v. Rundstedt einer der renommiertesten Soldaten des deutschen Heeres.
Hoepner wurde in diese ebenso verantwortungsvolle wie einflußreiche Stelle zu einem Zeitpunkt berufen, da der Wiederaufbau der deutschen Streitkräfte in ein entscheidendes Stadium getreten war. Am 9. März 1935 hatte Hitler den Wiederaufbau der Luftwaffe und am 16. März – zunächst für ein Jahr – die Wiederherstellung der allgemeinen Wehrpflicht öffentlich angekündigt. Damit durchbrach er nun offen die Schranken des Versailler Vertrages. Daß die Westmächte nur Proteste, aber keine Taten folgen ließen, lieferte Hitler den ersten großen außenpolitischen Erfolg, der ihn ermunterte, auf diesem Wege weiter zu gehen. Im Oktober 1935 schloß das Heer die Phase seiner Vermehrung ab, die etwa eine Verdreifachung der bisher bestehenden Verbände brachte; so wurden z. B. aus sieben jetzt vierundzwanzig Infanteriedivisionen geschaffen, aus insgesamt zehn RW-Divisionen waren einunddreißig formiert worden.
Einen für die Geschichte des deutschen Heeres wie für seine eigene Lebensgeschichte denkwürdigen Tag erlebte Hoepner zwei Wochen nach seinem Dienstantritt in Berlin. Am 15. Oktober 1935 hielt General der Artillerie Ludwig Beck, seit 1. Juli 1935 Chef des deutschen Generalstabs, eine Gedenkrede zum 125jährigen Bestehen der Kriegsakademie. Dabei sagte Beck: »Wir brauchen Offiziere, die den Weg logischer Schlußfolgerungen in geistiger Selbstzucht systematisch bis zu Ende gehen, deren Charakter und Nerven stark genug sind, das zu tun, was der Verstand diktiert.«[8] Hoepner kannte Beck schon länger. Spätestens jetzt erkannte er auch die geistige Verwandtschaft Becks mit dem Vorbild Moltke. Eine eindrucksvolle Charakteristik Becks gibt Fabian v. Schlabrendorff. Aus ihr wird deutlich, daß Beck als Soldat und Mensch fortan eine große Anziehungskraft auf Hoepner ausüben *mußte*. »Beck war nicht sofort als Offizier und Generalstäbler zu erkennen. Er machte in erster Linie den Eindruck eines Weisen . . . Seine ganze Persönlichkeit strahlte eine Lauterkeit aus, so daß eine Unehrerbietigkeit in seiner Gegenwart unmöglich war . . . Er war ein wirklicher Herr, der Güte und unbedingte Autorität in sich vereinigte. Freilich war auch der Generalstäbler in ihm lebendig. In diesem Punkte war er eine tragische Figur. Er glich einem Michelangelo ohne Arme. Alles in ihm

fieberte nach operativer Betätigung . . . Man hatte den Eindruck, einem Feldherrn der Weltgeschichte gegenüber zu sitzen.«[9]

Dieses Charakterbild Becks kann, nach der dienstlichen Seite hin, ergänzt werden aus Erinnerungen von General Adolf Heusinger, der 1937/38 als Oberstleutnant und Ia der Operationsabteilung einer der engsten Mitarbeiter des Chefs des Generalstabs gewesen war: »Einmal hatten Beck und ich wieder bis nach 22.00 Uhr gearbeitet. Als wir unsere Dienstzimmer verließen, hatten gerade auch die Putzfrauen ihr Werk auf den Korridoren und Treppen des Bendlerblocks beendet. Da sagte Beck zu mir: ›Sehen Sie, das ist das Los des deutschen Generalstabschefs: Er hat erst Feierabend nach der letzten Putzfrau.‹ . . . Mit Beck war schwer zu arbeiten. Er war unerhört fleißig, gründlich, pingelig. Eine Sache wurde oft zehnmal überarbeitet. Nach einer solchen zehnten Umarbeitung sagte ich einmal zu ihm: ›Herr General, jetzt sieht es aber wieder wie am Anfang aus.‹ Darauf antwortete er: ›Sie haben recht. Dafür ist die Sache jetzt auch *nach allen Richtungen durchdacht!*‹«[10]

Am gleichen Tage, 15. Oktober 1935, an dem Beck seine Rede zum Jubiläum der Kriegsakademie hielt, in welcher er auch – bei Anwesenheit Hitlers – vor »Wunschgedanken« warnte, wurde die Aufstellung der ersten drei Panzerdivisionen des deutschen Heeres durchgeführt[11]. Die 1. Panzerdivision (Generalleutnant Frhr. v. Weichs) lag mit ihrem Stab in Weimar, die 2. Panzerdivision (Oberst Guderian) in Würzburg, die 3. Panzerdivision (Generalmajor Fessmann) in Berlin. Die Kommandeure der 1. und 3. Panzerdivision kamen aus der Kavallerie. Guderian, ursprünglich Infanterist, war in der Reichswehr zum Promotor der Entwicklung der Panzerwaffe geworden. Er ist dienstlich lange Zeit den beschwerlichen Weg eines von seiner Mission durchdrungenen Einzelgängers gegangen, der vom vorgesetzten Bereich weit mehr Unverständnis als Ermunterung und Förderung erfahren mußte. In der deutschen Militärgeschichte ist es eine gesicherte Erkenntnis: »Die geistigen Vorarbeiten, die Erfassung von Grundlinien und die technische Entwicklung (der Panzerwaffe) waren von Fachleuten *als Außenseitern* vorangetrieben worden.«[12] Insbesondere zwei der auf operativem Gebiet bedeutendsten Soldaten der Wehrmacht hatten Guderian ihre Hilfe weitgehend versagt. Der eine war Manstein, der schon um die Mitte der dreißiger Jahre als »hervorragender operativer Kopf«[13] galt und dessen förderndes Interesse der jungen Panzerwaffe besonders hilfreich hätte sein können. Statt dessen wissen wir aus den nachgelassenen Papieren Chales de Beaulieus, der 1935/36 Guderians Ia in Würzburg war, daß Manstein »noch 1936 die Existenzberechtigung der Panzerdivisionen anzweifelte, obwohl bereits drei bestanden«.

Der zweite angesehene Generalstabler, der Guderians Panzerwaffe gegenüber eine reservierte, wenn nicht retardierende Haltung eingenommen hat, war der Chef des Generalstabs selbst, Ludwig Beck. Die ursprüngliche Aversion Mansteins gegenüber der Schöpfung Guderians ist, aus welchen Gründen auch immer, später kaum bekanntgeworden. Hingegen hat es um die zögernde Haltung des Generalstabschefs gegenüber der Entstehung einer operativen Panzerwaffe in der Literatur des Zweiten Weltkriegs und des militärischen Widerstands eine längere Diskussion gegeben. In deren Mittelpunkt stand die Frage, ob Beck aus politisch-ethischer Weitsicht, um Hitler mit dieser Offensivwaffe nicht förmlich zu einem Angriffskrieg zu ermuntern, den Aufbau der Panzertruppe gebremst habe. *Für* diese Ansicht haben sich u. a. die Historiker Wolfgang

Foerster, Gerhard Ritter, Gert Buchheit und Wilhelm Ritter von Schramm ausgesprochen.

Hubertus Senff bezeichnete in seiner Studie[14] diese These als »Legende« mit dem Hinweis, daß die grundlegende Entscheidung für die Errichtung der ersten drei Panzerdivisionen bereits in der Aufstellungsanweisung für das Jahr 1935 gefallen ist. Damals war Beck noch Chef des Truppenamts; Chef des Generalstabs ist er formell erst am 1. Juli 1935 geworden. Aber auch wenn diese These der Historiker von der Chronologie her falsch ist, bleibt die Frage, ob Beck irgendwann *überhaupt* in dieser Richtung gedacht hat. Hier nun stützt sich Senff vor allem auf die Äußerung Mansteins: »Die Ansicht, Beck habe aus politischer Weitsicht den Aufbau der Panzerwaffe gebremst, ist völlig abwegig. Diesen Gedanken hat er nie geäußert, darauf wäre er auch nie gekommen.«[15]

Warum sollte aber Beck, »der von Natur aus zur Abkapselung neigte«[16] und seinem Vorbild Moltke auch im Schweigen nacheiferte, *allen* Gedanken Manstein gegenüber Ausdruck gegeben haben? In dem abwertenden Nachsatz: ». . . darauf wäre er auch nie gekommen« zeigt sich leider eine bei Manstein häufig anzutreffende Eigenart, Verdienste anderer geringzuschätzen. Beck war ein Grübler; er pflegte die Probleme »nach allen Richtungen« zu durchdenken. General Heusinger sieht als enger Mitarbeiter des Generalstabschefs nichts Abwegiges in der Ansicht, Beck habe die Waffe Guderians »aus politisch-ethischer Weitsicht« nur wenig gefördert: »Ich halte es durchaus für möglich, daß Beck so gedacht hat.«[17] Eine abschließende Antwort auf diese schwierige Frage kann indes nur aus Dokumenten gewonnen werden.

Für unsere Darstellung ist der Standort Hoepners im Kräftefeld Truppenamt / Generalstab (Beck/Manstein) einerseits und Inspektion der Kraftfahrtruppen / Kommando der Panzertruppe (Lutz/Guderian) andererseits von Bedeutung. Vielleicht ohne daß es Hoepner bewußt geworden ist, hat er eine Position eingenommen, welche dazu dienen konnte, die zögernde Haltung Becks mit dem kämpferischen Elan Guderians zu verbinden. Es war ja nicht das Ziel, worin die Kontrahenten divergierten, sondern die Wege, die Mittel und das Tempo dorthin. Der Alptraum der Abnutzungsschlachten in den Stellungen des Ersten Weltkriegs lag auf ihnen allen. Daher hatten sie als denkende Soldaten *ein* Ziel gemeinsam: Ausbruch aus den Schützengräben durch Erhöhung der Angriffskraft. Der Engländer Reynolds, der seine Biographie auf die Darstellung des Soldaten Beck konzentriert, ist der Ansicht, daß Beck als Generalstabschef sehr wohl zur Entwicklung der Panzerwaffe beigetragen hat. »Da Beck ein Empiriker war, hätte er sich wahrscheinlich auch ohne den Druck Guderians dazu entschlossen, Panzerdivisionen aufzustellen, nur hätte es dann länger gedauert.«[18] Reynolds zählt einige Fragen auf, die Beck erst beantwortet haben wollte. »Wie konnte man die Panzer versorgen, wenn sie auf eigene Faust operierten? Wie stand es um ihre Verwundbarkeit aus der Luft? Konnten sie die Artillerie überwinden? Waren sie beweglich genug? Konnte die Industrie genug Panzer herstellen? Wie waren die Bedürfnisse der Panzertruppen mit denen der anderen Waffengattungen auszubalancieren? Um Antwort auf diese Fragen zu erhalten, beschloß Beck zu experimentieren.«[19]

Nur wer den Blick ausschließlich auf die Jahre der Panzerraids 1939–1941 richtet, kann der Ansicht sein, daß die Bedenken Becks unbegründet oder die Probleme 1939 ganz gelöst waren. Aber schon im Winter 1941/42 vor Moskau zeigte sich die Schwierigkeit der Versorgung weit voraus operierender Panzerkräfte. Rommel erlebte 1943 in Afrika, 1944 in Frankreich, wie verwundbar aus der Luft die Panzer waren. Dieses Problem, um 1935 von Beck bereits erkannt, beschäftigt die Experten noch heute. Schließlich hat das deutsche Heer den Zweiten Weltkrieg 1939 zwar mit einer taktisch weit überlegenen Panzerwaffe siegreich begonnen, ihn aber 1945 auf deutschem Boden überwiegend infanteristisch beendet. Daraus erhellt, wie berechtigt Becks Zweifel waren, ob die von Übersee abgeschnittene deutsche Rüstungs- und Energiewirtschaft in einem langen Krieg starke Panzer- und Luftstreitkräfte zureichend versorgen könne. Aber wie in der Außenpolitik, so wurde es im eigenen militärischen Bereich das Unglück Becks, daß die Entwicklung der Dinge seine Befürchtungen kurzfristig widerlegte, daß aber langfristig fast alle Voraussagen dieser wahrhaft tragischen Gestalt unserer Militärgeschichte auf eine für Deutschland furchtbare Weise eingetroffen sind.

Als Chef des Stabes der Heeresgruppe 1 hatte Hoepner, der am 1. Januar 1936 zum Generalmajor befördert worden war, mit dem in Berlin liegenden Stab der 3. PzDiv unmittelbar zu tun. »Die 3. Panzerdivision umfaßte die ältesten Aufstellungen der Panzertruppe, da ihr Stab aus dem lange bestehenden ›Kraftfahrlehrstab‹ gebildet worden war. Ebenso war ihr Panzerregiment 5 der älteste geschlossene Verband der neuen deutschen Panzerwaffe, da es aus dem erstaufgestellten Kraftfahrlehrkommando für Kampfwagen in Zossen . . . aufgestellt worden war.«[20] Hoepner beschäftigte sich intensiv mit dieser neuen Truppe. Dem Element der *Bewegung* wieder Vorrang zu verschaffen vor dem im Ersten Weltkrieg dominierenden *Feuer* war eine ihn seit zwanzig Jahren bewegende Denkaufgabe. In Braunschweig hatte er als Infanterie-, in Potsdam als Kavalleriekommandeur in dieser Richtung experimentiert. Jetzt verlangte auch der Chef des Generalstabs von den Kommandostäben, sich mit diesem Thema zu befassen.

Auf den zwei Seiten seines Buches, welche General Nehring der »Rolle der Kavallerie« in der Geschichte der deutschen Panzerwaffe widmet, schreibt dieser enge Mitarbeiter Guderians, es hätte damals die Möglichkeit für die Kavallerie bestanden, »die Zeichen der Zeit zu erkennen und sie im Sinne des Scharnhorst-Wortes: Tradition ist es, an der Spitze des Fortschritts zu bleiben, rechtzeitig zu deuten.«[21] Weiter führt Nehring aus, daß »die jüngeren Offiziere der Kavallerie bereit waren, jetzt ›umzusitzen‹; aus ihren Reihen sind später viele hochbewährte Panzerführer hervorgegangen. Die psychologischen Hemmungen einer in Jahrhunderten bewährten Kavallerie, die ihre Stellung als eine der drei Hauptwaffen gefährdet sah, waren für die ältere Reitergeneration offenbar so lange unüberwindlich, bis sie durch die Weisung der obersten militärischen Führungsstellen dann ausgeschaltet wurden.«[22] Wir wissen nicht, wieso Nehring eine Grenze zwischen der »jüngeren« und der »älteren Reitergeneration« gezogen hat. Zu denjenigen, denen im Sinne Scharnhorsts Tradition bedeutete, »an der Spitze des Fortschritts zu bleiben«, gehörten jedenfalls drei Kavalleristen, die 1936 das fünfzigste Lebensjahr erreicht oder erheblich überschritten hatten. Neben Hoepner vor allem der spätere Generalfeldmarschall Ewald v. Kleist, der zweite aus der Quadriga jener Panzerführer (die anderen waren Guderian und Hoth), welche 1939–1942 Träger der großen Raids geworden sind. Aus der Kavallerie kam auch Frhr. von Weichs, später wie Kleist Generalfeldmarschall und bis gegen Kriegsende Oberbefehlshaber von Panzerarmeen und Heeresgruppen. Hoepner,

v. Kleist und v. Weichs wurden dann aber auch Traditionalisten in dem Sinne, daß sie die überlieferten soldatischen Wertvorstellungen gegenüber dem Totalitätsanspruch der NS-Weltanschauung auf das mutigste verteidigten.

Guderian wie Hoepner wurden zur Konzeption einer stärkeren Angriffswaffe gedrängt durch die Lehren des Ersten Weltkrieges. Während Guderian die weiteren Anregungen vor allem von den Siegermächten bezog, insbesondere von den Engländern J. F. C. Fuller, E. W. Sheppard sowie B. H. Liddell Hart, und das in Frankreich bereits 1932 aufgestellte mot./mech. Kavalleriekorps als Modell seiner Panzerdivision benutzte, blieb Hoepner »im Lande« und folgte den Gedanken Seeckts. Der Schöpfer der Reichswehr hatte die Gründe für das Verschwinden der Kavallerie an der Westfront nach wenigen Kriegswochen in ihrer für den modernen Krieg unzulänglichen Ausrüstung und vor allem Führung gesehen. Wo hingegen die Kavallerie gut geführt an geeigneten Schwerpunkten eingesetzt worden war, wie unter Mackensen an den Fronten Rußlands und des Balkans, hatte sie sich wie eh und je hervorragend bewährt. Im Unterschied zu Guderian wollte Hoepner also keine eigentlich »neue« Waffe schaffen, sondern die Angriffskraft des Heeres erhöhen durch geistige und organisatorische Weiterentwicklung des Bestehenden. Seine Erwägungen fußten auf den drei bereits vorhandenen, nach seiner Auffassung aber für den modernen Kampf nicht geeigneten »schnellen« Verbänden, den drei Kavalleriedivisionen des Reichsheeres. Diese mußten schneller, kampfkräftiger und erheblich modernisiert werden, um eine operativ wertvolle »moderne Heereskavallerie« darzustellen. Nun bot die Gliederung der neuen Panzerdivision die Grundlage für weitere Studien und Erwägungen. Hoepner beschäftigte sich gedanklich lebhaft mit einer selbständigen, der Infanterie weit voraus operierenden Heereskavallerie, da ihm die Panzerdivision für weiträumige Aufträge in der infanteristischen Gefechtskraft zu schwach erschien. Die Panzerdivision verfügte neben den Unterstützungswaffen anfänglich zwar über vier Panzerabteilungen, aber nur über drei Bataillone motorisierter Schützen, wovon eines ein Kradschützenbataillon war. Auch waren die Panzer, verglichen mit dem heutigen Stand der Technik, noch recht langsam und im Fahrbereich begrenzt. Ihre Höchstgeschwindigkeit lag zwischen 30 und 40 Stundenkilometern; die Haltbarkeit einer Panzerkette hatte bei ca. 200 km ihre Grenzen[23]. Diese mangelhafte Kettenleistung stellte ein noch größeres Handicap dar als die geringe Motorleistung.

Der Generalstab des Heeres unter Beck beschäftigte sich intensiv mit diesen Fragen, aus eigenem Antrieb und auch gedrängt durch Anregungen aus der Truppe. Vom Tirpitzufer gab es einen lebhaften Meinungsaustausch mit dem Gruppenkommando 1 am Hohenzollerndamm, dessen Chef Hoepner als »moderner Kavallerist« auf diesem Gebiet ein kompetenter Fachmann war. Beck und Hoepner kannten sich schon länger; dienstlich nähergekommen sind sie sich wohl in dieser Zeit der Erarbeitung von Grundlagen für die moderne »schnelle« Truppe. Folgerichtig war dann Hoepners nächste Verwendung ein Truppenkommando, bei welchem er Theorie und Praxis, Gedanke und Experiment miteinander verbinden konnte. Im Herbst 1937 wurden die 1.–3. leichte Division aufgestellt; es waren dies ausgesprochene Versuchsverbände mit allen Schwächen ihrer forcierten Aufstellung. Kommandeur der 1. leichten Division, mit Divisionsstab in Wuppertal, wurde ab 1. Oktober 1937 Generalmajor Hoepner. Er übernahm gerne diese Aufgabe, weil er sich dafür prädestiniert fühlte, er nach längerer Generalstabstätigkeit wieder den

Hauch der Truppe verspüren und dabei auch das ihm noch weitgehend unbekannte rheinisch-westfälische Industrierevier kennenlernen konnte.
Die drei »Leichten Divisionen« waren an gepanzerten Kräften wesentlich schwächer als die Panzerdivisionen; sie besaßen nur eine Panzerabteilung, dafür aber vier Panzergrenadierbataillone. Bedeutend verstärkt waren ihre Aufklärungskräfte. Obwohl Hoepner mit dieser Gliederung keineswegs voll einverstanden war, machte er sich daran, die zunächst nur gedanklich konzipierten Einsatzgrundsätze der »leichten Waffe« in die Ausbildungswirklichkeit zu übertragen. Hierfür bestanden damals bewährte Vorschriften nur für die Einzelwaffe und die Gruppe; für den Zug waren bereits Ergänzungen erforderlich. Die Grundsätze für die Kampfausbildung der Kompanien und mehr noch die der Truppenteile mußte auf die vielseitigere Verwendung der »leichten Truppe« umgestellt werden. Richtlinien zu geben für das kampftaktische Zusammenwirken und Operieren der Verbände und ihre diesbezügliche Ausbildung war Hauptaufgabe des Divisionskommandeurs. Da Hoepner sich darauf in jahrzehntelanger Gedankenarbeit vorbereitet hatte, konnte er bei Truppenbesuchen seinen Kommandeuren für die Fragen der Ausbildungspraxis, die oft viele Lösungen zuließen, kompetente und einheitliche Richtlinien geben.
Die Truppenteile der »1. Leichten« lagen mit Masse im Ruhrgebiet und zum Teil in Standorten, in welchen es bisher nie Militär gegeben hatte. Die Hauptgarnisonen waren Wuppertal und Iserlohn; aber auch in Köln, Höxter und auf dem Truppenübungsplatz Senne garnisonierten Teile der Division. Wuppertal selbst war am 16. März 1936 durch die Panzerabwehrabteilung 34 erstmals Garnison geworden. Am 12. Oktober 1937 hielt der Stab der 1. Leichten Division Einzug und bezog sein Stabsquartier in der Villa »Waldesruh« am Boltenberg. In der Beilage des »Generalanzeigers der Stadt Wuppertal« vom 21. Oktober 1937 wurde Hoepners militärischer Werdegang geschildert und dabei erwähnt, daß »dem Dragonerregiment 13 in Metz . . . eine ganze Reihe von Wuppertalern als Offiziere des Beurlaubtenstandes angehört haben«. Aber nicht nur von diesen alten Soldaten, aus allen Teilen der Bürgerschaft kam Hoepner und seiner Division damals Sympathie entgegen. Der erwähnte Beitrag des Wuppertaler Generalanzeigers schließt wie folgt:

»Wuppertals Bürgerschaft ist stolz darauf, daß in den Mauern unserer Stadt diese Kommandostelle geschaffen worden ist und entbietet den Vertretern der Wehrmacht den herzlichsten Willkommensgruß.«

Neben seinen vielfältigen Aufgaben als Divisionskommandeur hatte Hoepner noch den unterschiedlichsten Pflichten als Standortältester von Wuppertal nachzukommen. Wie fünf Jahre zuvor in Potsdam, war er im November 1937 auch in Wuppertal wieder Veranstalter der Hubertusjagd; ein Zeitungsausschnitt zeigt ihn am 12. November bei einer Geländebesprechung mit der Arbeitsgemeinschaft bergischer Reitervereine.
Schwerer mag für Hoepner, nachdem ihn der »Führer und Reichskanzler« mit Wirkung vom 1. Februar 1938 zum Generalleutnant befördert hatte, das Konzept der Gedenkrede für die Heldengedenkfeier am Sonntagvormittag, 13. März 1938, im Bergischen Stadion geworden sein. An dieser Feier der Garnison Wuppertal nahmen nicht nur die Einheiten und Verbände der Wehrmacht, sondern auch die Zivilbevölkerung, die Angehörigen des

Reichskriegerbundes Kyffhäuser sowie die verschiedenen Gliederungen der »Bewegung« teil. Der Tag stand im Zeichen des gleichzeitigen Einmarsches deutscher Truppen in Österreich. Vom Balkon der Hofburg in Wien verkündete der Mann aus Braunau »vor der Geschichte« die Heimkehr seiner Heimat in das Deutsche Reich. Berücksichtigt man diesen örtlichen und zeitlichen Rahmen, sind die obligaten Huldigungen an den »Führer« in Hoepners Gedenkrede spärlich ausgefallen. Dafür schilderte er eingehend die Ereignisse des Ersten Weltkrieges, ging besonders auf die Wende nach der Großen Schlacht in Frankreich ein: »Der deutsche Soldat kämpft auch, nachdem die Angriffswaffen stumpf geworden sind, in der Verteidigung; in zäher Verbissenheit wird das Heer an die Grenzen zurückgeführt.«[24]

In diesen Wochen und Monaten 1938, in welchen Hitler den Anschluß Österreichs vorbereitete, womit er um die Iden des März, nach Wiedereinführung der Wehrpflicht und Rheinlandbesetzung, den dritten großen innen- und außenpolitischen Scheinerfolg errang, erlitt gleichzeitig das deutsche Heer im Kampf um seine Selbstbehauptung gegenüber der »Bewegung« eine neue Niederlage. Bereits im Januar hatte Reichskriegsminister GFM von Blomberg durch eine mit dem Ehrenkodex des Offizierskorps unvereinbare Heirat dem Diktator Gelegenheit gegeben, seinen Einfluß auf das noch immer »christliche« Heer zu verstärken. »Christliches« Heer war damals, neben »kaiserlicher« Marine und »nationalsozialistischer« Luftwaffe, eine ironisch gebrauchte, jedoch nicht ganz unzutreffende Kennzeichnung der drei Wehrmachtteile. Dieses Heer wurde nunmehr, schwerer als durch den Abgang Blombergs, durch eine Verleumdungskampagne gegen seinen Oberbefehlshaber, Generaloberst Frhr. v. Fritsch, und seine Entlassung am 4. Februar 1938 vor der Klärung der zu Unrecht erhobenen Beschuldigung getroffen.

Die Verleumdungskampagne ist von Göring und Himmler aus durchsichtigen Motiven inszeniert worden. Wieder, wie nach der Ermordung Schleichers und Bredows, verharrte die Heeresgeneralität auch nach dem Rufmord an ihrem Oberbefehlshaber in Passivität, gab sich mit einer belanglosen Genugtuung zufrieden, nachdem Fritschs Unschuld auch kriegsgerichtlich erwiesen war. Wieder kann Golo Manns knappe Formulierung der Gründe für die neuerliche Niederlage der noch in preußischen Traditionen wurzelnden älteren Generalität benutzt werden: »Sie handelte nicht!« In den Konsequenzen, darüber sind sich die Kenner des Vorganges einig, war die Niederlage des deutschen Heeres im Gefolge der Fritsch-Krise schwerer als diejenige nach dem Mord an Schleicher und Bredow. Graf Kielmansegg vertritt die Ansicht, »daß faktisch in jenem Februar 1938 die letzte und größte Gelegenheit des deutschen Heeres versäumt wurde. Nachdem es diese Demütigung hingenommen hatte, wußte Hitler, was er der Armee bieten konnte. Noch mehr, es ging die weltgeschichtliche Stunde vorüber, in der die Beseitigung Hitlers möglich und nötig war.«[25] Und Hermann Foertsch schreibt über die Fernwirkung des Frühjahrs 1938: »Der Diktator hatte freie Bahn . . . Beginn, Verlauf und Ende eines Weltkrieges lagen in dieser einen Hand. Furchtbarere Auswirkungen einer Krise hat es in der Geschichte Deutschlands nicht gegeben.«[26]

Als alle diese Ereignisse – Abgang Blombergs, Neugliederung der Wehrmachtführung, Fritsch-Krise, Vorbereitung und Durchführung der Annektion Österreichs – sich in Berlin überstürzten, war Hoepner in Wuppertal mit der Ausbildung seiner Division und den Pflichten als Standortältester ausgelastet. Sein Interesse für industrielle Zusammenhänge hatte über das Übliche hinaus zu einem derart großen Bekanntenkreis aus der rheinisch-westfälischen Wirtschaft geführt, daß, wie Chales de Beaulieu berichtet, »bei ihm sich persönliche Einladungen so häuften, daß er ihnen bei weitem nicht gerecht werden konnte. Das Ehepaar Hoepner hatte sich innerhalb eines Jahres einen so umfangreichen, so herzlichen und auch späterhin anhaltenden Verkehr geschaffen, wie es ihn sonst nirgends, auch nicht nach längeren Jahren, erlebt hat.« Des weiteren heißt es in den Aufzeichnungen des Stabschefs, daß Hoepner dort eine verhältnismäßig geringe Begeisterung für den Nationalsozialismus registriert habe. »Er hatte sehr bald den Eindruck, daß, besonders in Wirtschaftskreisen, eine mehr oder weniger ausgesprochene Ablehnung überwog.«

Trotz starker dienstlicher wie außerdienstlicher Beanspruchung muß Hoepner die Vorgänge in Berlin aufmerksam und mit wachsender Sorge verfolgt haben. Weit mehr als der Abgang des Reichskriegsministers beunruhigte ihn die Verdrängung des Oberbefehlshabers auf so infame Weise und insbesondere die schweigende Duldung durch die führende Generalität. Frhr. v. Fritsch war nach dem Tode Hindenburgs für Hoepner – und nicht nur für ihn – der Garant für die Wahrung preußischer militärischer Tradition vor »Radaubrüdern« und NS-Ideologen geworden; in seinen Schriften und Briefen ist Fritsch immer mit großer Hochachtung erwähnt. Hoepner hätte Fritsch gerne als Nachfolger Blombergs gesehen. Er konnte damals jene schicksalhafte Verbindung noch nicht erkennen, welche sich zwischen der neuen Waffe und dem neuen Staat anbahnte. Erst Jahre nach dem Kriege ist durch Hermann Foertsch, der es aus Hitlers unmittelbarer militärischer Umgebung wußte, bekanntgeworden, daß die Panzerwaffe bei der Ablehnung Fritschs als Nachfolger Blombergs durch den Diktator eine indirekte Rolle gespielt hat. »Danach hat Hitler im vertrauten Kreise erklärt, daß seine ersten Gedanken bei der Suche nach einem Nachfolger für Blomberg auf Fritsch gestoßen seien. Bedenken gegen diese Nachfolge habe er zunächst nur aus sachlichen Gründen gehabt, weil er Fritschs ablehnende Haltung gegen die operative Verwendung der neuen Panzerwaffe fühlte.«[27] Dieser erstaunliche Satz steht in direktem Widerspruch zur Feststellung des Schweizer Historikers Walde, der in seinem Guderian-Buch im Zusammenhang mit der Lehr- und Versuchsübung 1935 schreibt, daß »General von Fritsch . . . von der Notwendigkeit der operativen Panzerwaffe überzeugt war«. Walde kann weiter einen Bericht des späteren Generalobersten Reinhardt zitieren, wonach Guderian im Anschluß an die Lehr- und Versuchsübung »endgültig im Generaloberst Freiherr von Fritsch einen ausschlaggebenden Gönner und Förderer der jungen Panzerwaffe anerkannte«[28]

Reinhardt und Walde wie auch Hermann Foertsch sind verläßliche Quellen. Wie läßt sich dieser Wandel in Fritschs Einstellung zur »operativen« Panzerwaffe zwischen 1935 und 1938 erklären? Man sollte auf die Reichswehr und ihre Zentralgestalt Hans v. Seeckt zurückblicken, es sich noch einmal, obwohl man es schon weiß, bestätigen lassen: »Für den Panzergedanken war die von Anfang an von der Reichswehrführung gegebene Orientierung auf den Bewegungskrieg besonders günstig. General v. Seeckt, der erste Chef der Heeresleitung, predigte geradezu das Evangelium des Bewegungskrieges.«[29] Frhr. v. Fritsch hat dieses Vermächtnis seines Vorvorgängers weiterentwickelt, zugleich sich bemüht, im Sinne Seeckts die Wehrmacht »aus der Politik herauszuhalten«. Hitler nun betrachtete die Wehrmacht zunehmend als *seine* Schöpfung, insbesondere die beiden

»neuen Waffen«, welche sichtbar nach der Machtübernahme gewachsen waren: die Luftwaffe und die Panzerwaffe. Daß, jedenfalls was die Panzerwaffe angeht, deren geistige Grundlinien auch auf den Schöpfer der Reichswehr zurückgingen, kümmerte Hitler dabei nicht. Er sah in der jungen Panzerwaffe *sein* Werkzeug, das er nach seiner Weltanschauung formen und für die Verbreitung dieser Weltanschauung, also für den Krieg, einsetzen wollte. Hierin fand er im Oberbefehlshaber des Heeres nun nicht den gefügigen Gefolgsmann, den er gewünscht hätte. Vor allem bei Hitlers gefährlichen Gedankenspielen, in welchen er mit der Panzerwaffe als Instrument des Angriffskrieges operierte, wurde durch Fritsch auf Mäßigung und Vorsicht plädiert. Offensichtlich hat Hitler von der »ablehnenden Haltung Fritschs gegen die operative Verwendung der Panzerwaffe« gesprochen, den Widerstand des Oberbefehlshabers gegen ihre, wenn auch vorerst nur gedankliche, Verwendung im politischen Hasardspiel aber gemeint.
Im Sommer 1938, als die Angelegenheit Fritsch für Hitler abgeschlossen war, er aber gegen »Denkschriften von Herrn Beck« allergisch wurde, meldete sich bei Hoepner in Wuppertal der Rittmeister Claus Schenk Graf Stauffenberg als Ib der 1. Leichten Division. Die beiden sind sich damals wohl zum erstenmal begegnet. Für Stauffenberg war es die erste Verwendung im Generalstab nach dem Besuch der Kriegsakademie. Sein Aufgabengebiet als Ib war nicht nur die Versorgung der Truppe mit den »klassischen« Versorgungsgütern Munition, Verpflegung, Futter und Bekleidung, sondern, da die Division jetzt ein motorisierter Großverband war, auch mit Betriebsstoff und Kraftfahrzeug-Ersatzteilen. Die Truppenversorgung oder Logistik hat im deutschen Heer neben ihrer angeseheneren Schwester, der Taktik, lange ein zweitrangiges Dasein geführt. Noch in der Bundeswehr wurden Soldaten der blauen Waffenfarbe von den Taktikern nicht selten einer »Gewerkschaft Öle und Fette« zugerechnet. Es ist kennzeichnend für Stauffenberg, daß er diesem arbeitsreichen Gebiet, auf dem es wenig Lorbeer zu holen gab, sich mit Hingabe gewidmet hat. In Hoepner unterstand er einem Divisionskommandeur, welcher der Truppenversorgung stets die ihr gebührende Bedeutung beimessen ließ. Wir erinnern uns, wie sehr Hoepner als Kompanieführer 1916 über die unzureichende Verpflegung seiner Soldaten geklagt hatte. Während damals der deutsche Landser seinen Koppelriemen immer enger schnallen mußte, wurde Verdun durch Pétain nicht zuletzt dank kluger logistischer Maßnahmen gerettet. Der 11. November 1918 ist ein Beweis dafür, daß die Logistik im modernen Krieg ebenso entscheidet wie Strategie und Taktik. In dieser Erkenntnis stimmten Hoepner und Stauffenberg damals bereits mit Generalstabschef Beck überein. In Wuppertal war es dem Divisionskommandeur Hoepner, wie sein Ia berichtet, allerdings möglich, sich ganz den taktischen Belangen der neuen Waffe zuzuwenden, »da er sich in Fragen der Truppenversorgung auf seinen Ib (Stauffenberg) verlassen konnte«[30].
Trotz der Unterschiede ihres Herkommens, der eine aus preußisch-protestantischem, der andere aus süddeutsch-katholischem Raum, muß die Affinität ihrer Denkart von beiden früh konstatiert worden sein. In einem Brief an den Sohn Franz Ludwig erinnerte sich Gräfin Stauffenberg: »Hoepner wurde in Wuppertal von Allen geradezu adoriert! Dein Vater verehrte ihn sehr.«[31] Wiederum muß Hoepner, bei seinem ausgeprägten Sinn für Geschichtliches, bewußt gewesen sein, daß er in dem neuen Ib einen Ur-Urenkel jenes Gneisenau vor sich hatte, welchen er nebst Moltke als operativ bedeutendsten Kopf

des alten preußischen Heeres und Überwinder Napoleons verehrte. Wohl ohne daß es ihnen ganz bewußt war, verband Hoepner und Stauffenberg schon damals jene Pflichtethik bester preußischer Tradition, welche im Sinne Scharnhorsts dem höheren militärischen Führer auferlegt, sich immer über das »Ganze« Rechenschaft zu geben.
Ob Stauffenberg im Herbst 1938 geahnt hat, zu welchen Konsequenzen Hoepner bei seiner Rechenschaftsablage über das »Ganze« dieses Jahres schon gelangt war, ist nicht eruierbar. Oberst i. G. Schöne, dem Ia, ist aus dieser Zeit über ein besonderes Verhältnis Hoepners zu Stauffenberg nichts in Erinnerung, »das über das Dienstliche hinausgegangen wäre und auf Späteres hingedeutet hätte«[32]. Der Stauffenberg-Biograph Christian Müller kann aber darauf verweisen, daß Stauffenberg Anfang 1939 gegenüber einem Freund zum erstenmal offen von Umsturzplänen und -möglichkeiten gesprochen hat und dabei »Hoepner als einen Mann, mit dem man rechnen könne, erwähnte . . .«[33]. Solche Kenntnis der Persönlichkeitsstruktur Hoepners kann Stauffenberg aber nur in den Sommer- und Herbstmonaten 1938 erworben haben, als er am Standort Wuppertal oder beim Sudetenunternehmen täglich mit dem Divisionskommandeur zusammen war.
Im erwähnten Brief von Gräfin Stauffenberg an ihren Sohn heißt es weiter: »Rückblikkend, als ich nach dem Krieg von dem Halder-Hoepner-Komplott erfuhr, schien es mir die Lösung für manches, seinerzeit nicht recht Verstandenes zu sein. Aber ein Beweis, daß Dein Vater eingeweiht war, ist es nicht.« – Ähnlich schwierig ist es, *Genaueres* über Hoepners Mitwirkung an jenem Plan festzustellen, der als »Aktionsplan Halder-Witzleben-Oster« in die Geschichte der Widerstandsbewegung eingegangen ist. »Es war ein ungeheuerlicher Plan – ein unerhörtes, nie zuvor gesehenes Vorhaben in der Geschichte des deutschen Heeres. Der Chef des Generalstabes des Heeres hatte einen Staatsstreich geplant und bis zur Durchführung vorbereitet, weil das Staatsoberhaupt das Volk in einen Krieg zu führen bereit war.«[34] Man muß Hermann Foertsch beipflichten: Die preußisch-deutsche Militärgeschichte kennt in der Tat zu diesem Plan keinen ähnlichen Vorgang. Die österreichisch-deutsche Geschichte hingegen hat ihre »Wallensteinische Verschwörung«, zu der, trotz aller Diskrepanz der Zeiten und Verhältnisse, sich Parallelen finden ließen. Aber obwohl die größten deutschen Dichter, Schriftsteller und Historiker, von Friedrich Schiller über Ricarda Huch bis Golo Mann, dieses Thema in Werken behandelt haben, die der Weltliteratur angehören, ist der Friedländer noch immer ein Rätsel unserer Geschichte. Und wie jene Verschwörung von 1633/34, so liegt auch die vom September 1938 wegen der fast völlig fehlenden Dokumente weitgehend im Dunkel. »Die Einzelheiten des Aktionsplans lassen sich auf Grund der vorhandenen Quellen nur mehr annähernd skizzieren«, stellte Helmut Krausnick schon 1960 fest[35]. Fast völlig zum Scheitern ist verurteilt, wer den *inneren Weg* des Soldaten Hoepner in den Widerstand zwischen 1933 und 1938 genauer erkunden will; es gibt darüber nichts Schriftliches.
Über die im »Aktionsplan« dem Kommandeur der 1. Leichten Division und seiner Truppe zugedachte Rolle hat die gesamte Widerstandsliteratur die folgende Version übernommen: »Griff die in Süddeutschland befindliche Leibstandarte zugunsten Hitlers ein, so sollte ihr die Division des mit den Verschwörern sympathisierenden Generals Hoepner mit ihren Panzern im thüringischen Raum entgegentreten.«[36] Diese geheime Einsatzplanung haben alte Soldaten der Wuppertaler Division schon früh in Zweifel gezogen, als sie in der Nachkriegsliteratur auftauchte. Nach Aufzeichnungen und Erinnerungen des da-

maligen ersten Generalstabsoffiziers »marschierte am 9. 9. 1938 die 1. Leichte Division während der Sudetenkrise zu Herbstübungen aus dem Ruhrgebiet in den Raum Greiz«[37]. Das Divisionsstabsquartier wurde im Vereinshaus »Bürgererholung« dieser Kreisstadt eingerichtet. In der dortigen räumlichen Isolierung, so berichtet der Stauffenberg-Biograph Christian Müller, »wurde während der Mittagspausen . . . manch scharfe Kritik an der Partei geübt«. Es war nie Hoepners Art, freie Meinungsäußerungen zu unterbinden; eher wird er sich an solchen Diskussionen beteiligt haben. Ebenso war es stets sein Bemühen, Untergebene, so lange es irgend ging, aus Gefahren herauszuhalten. Die Durchführung des Auftrags, eine im Marsch von München auf Berlin befindliche Leibstandarte im Vogtland oder Thüringer Wald abzufangen, hätte, bei dem durch die gleichzeitige Vorbereitung des Nürnberger Reichsparteitages bedingten starken Kolonnenverkehr in beiden Richtungen, zumindest einer weit südlich angesetzten Aufklärung bedurft. Eine solche wäre ohne konkrete Aufträge an die Generalstabsoffiziere und den Führer des Kavallerieschützenregiments, Freiherr v. Loeper, nicht sicherzustellen gewesen. Nach Mitteilung des ersten Generalstabsoffiziers aber »deutete nichts darauf hin, daß Hoepner als Mitverschworener in die erst später bekannt gewordenen Pläne Halders und Witzlebens eingeweiht gewesen wäre«[38].

Ein der Geschichtsschreibung bislang nicht zugänglich gewordener Brief Halders aus dem Jahre 1954 an einen früheren Angehörigen der Wuppertaler Division, Dipl. Ing. Strack, erhellt, daß Hoepner in der Tat einen Auftrag im Putschplan übernommen hatte, dieser aber seine Aufmerksamkeit nicht in Richtung München oder Nürnberg, sondern auf Berlin lenkte. Durch diesen Brief ist die in der Widerstandsliteratur über Jahrzehnte wiedergegebene Version überholt. Halder schreibt:

»Es ist richtig, daß der Division Hoepner in dem Plan für die Durchführung eines militärischen Putsches in Berlin eine besondere Rolle zugedacht war. General v. Witzleben, der die Vorbereitung dieser militärischen Aktion verantwortlich übernommen hatte, forderte im Falle der Durchführung die Verfügung über die Division Hoepner, weil für die Besetzung wichtiger Teile Berlins und für die Überwindung unvorhergesehenen Widerstandes ihm Panzer notwendig erschienen. Die Division Hoepner wurde daher nicht in den Aufmarsch gegen die Tschechei einbezogen, sondern zur Verfügung des OKH zurückgehalten. Ob sie dem Befehl des Wehrkreisbefehlshabers v. Witzleben offiziell unterstellt wurde oder ob diese Unterstellung erst im Falle des Abrufes für den Einsatz in Berlin erfolgen sollte, kann ich nicht mehr feststellen. Alle mit dem möglichen Einsatz zusammenhängenden Verabredungen wurden zwischen General v. Witzleben und General Hoepner unmittelbar getroffen.

Daß weder der Stab noch die Division über diese Möglichkeiten von General Hoepner unterrichtet worden sind, wundert mich keineswegs. Hoepner wollte offensichtlich im Falle des Einsatzes in Berlin seine Division vor eine vollendete Tatsache stellen. Das bot auch wohl die einzige Gewähr, daß über die Planung nichts durchsickerte. Ich erinnere mich, von Witzleben damals gefragt zu haben, ob Hoepner seiner Truppe wirklich sicher sei. Von Witzleben scheint Hoepner diese Frage vorgelegt zu haben; Hoepner ist anscheinend einer direkten Antwort ausgewichen und hat von Witzleben erklärt, er könne sich darauf verlassen, daß seine Truppe seine Befehle ausführen würde. Alles Weitere möge man ihm überlassen.

Die Version der Nachkriegsliteratur, die Division Hoepner sei bestimmt gewesen, einen eventuellen Marsch der Leibstandarte Adolf Hitler von München nach Berlin abzufangen, habe ich erstmals nach Kriegsende gehört. Sie war mir überraschend. Denn der Leibstandarte zu Liebe eine Panzerdivision festzulegen, wäre militärisch nicht zu verantworten gewesen bei einer Aktion, bei der die Panzer in der Stadt Berlin eine ausschlaggebende Rolle spielen mußten. Ich weiß zwar nicht, was von Witzleben im einzelnen mit Hoepner besprochen hat, halte aber diese Version für um so unwahrscheinlicher, als von Witzleben mir gegenüber wiederholt die Bedeutung des Panzereinsatzes in Berlin hervorgehoben hat und andere Panzerverbände nicht zur Verfügung standen.«[39]

Dieser Brief des Chefplaners der *ersten* Staatsstreichidee bedarf keines weiteren Kommentars. Jedoch sei festgestellt, daß für die Beseitigung des NS-Regimes außer den Wochen der Röhmaffäre 1934 niemals günstigere Voraussetzungen gegeben waren als im September 1938. Die Ausschaltung Hitlers und seines Anhangs wäre damals noch eine rein innerdeutsche Angelegenheit gewesen. Die Sorgfalt Halders und die Tatkraft Witzlebens hatten in Berlin optimale Ausgangspositionen für die handstreichartige Besetzung des Rundfunks, der Reichskanzlei und für die Ergreifung Hitlers geschaffen. Neben der 1. Leichten Division in Thüringen standen in Potsdam die 23. Infanteriedivision unter Graf Brockdorff-Ahlefeld und in Landsberg/Warthe das Infanterieregiment Nr. 50 unter Oberst v. Hase bereit, auf ein Startzeichen von Halder oder Witzleben den Marsch auf die Reichshauptstadt anzutreten und das Regime niederzukämpfen. – Es ist bekannt, weshalb dieses »Startzeichen« dann nie gegeben wurde. Das Eingreifen Mussolinis und die verhängnisvolle Geduld der Westmächte ermöglichten noch einmal eine friedliche Lösung des Konflikts, entzogen aber gleichzeitig dem »Aktionsplan« seine politische Basis. Als die Staatsmänner zur Münchner Konferenz anreisten, war auch die 1. Leichte Division unterwegs: Aber nicht nach Berlin zur Niederwerfung der Nationalsozialisten, sondern in den Raum ostwärts Weiden/Oberpfalz, um sich nun doch für das Sudetenunternehmen bereitzustellen.

Von dort erreichte die Division in den ersten Oktobertagen den Raum um Pilsen – während gleichzeitig Hitler der Welt erklärte, daß es nunmehr für ihn keine territorialen Probleme in Europa mehr gebe. In der zweiten Oktoberhälfte kehrte die »1. Leichte« in ihre Standorte im Ruhrgebiet zurück, unwissend, daß sie im Vormonat eine entscheidende Rolle im Plan des deutschen Generalstabschefs zur Beseitigung des »Führers und Reichskanzlers« gespielt hatte. Hoepners Zeit als Divisionskommandeur in Wuppertal, welche dienstlich wie persönlich befriedigend und mit geschichtlichen Ereignissen ausgefüllt war, ging nach knapp vierzehn Monaten zu Ende. Am 24. November 1938 wurde er zum Kommandierenden General des XVI. Armeekorps (mot.) ernannt und zum viertenmal in seiner Soldatenlaufbahn wieder nach Berlin versetzt. Die 1. Leichte Division übergab er an den bisherigen Kommandeur des Kavallerieschützenregiments, Frhr. v. Loeper. Als Kommandierender General in Berlin wurde Hoepner Nachfolger von Heinz Guderian, der mit der neugeschaffenen Inspizienten-Stellung eines »Chefs der Schnellen Truppen« im Oberkommando des Heeres betraut worden war. Zu diesem Zeitpunkt waren unter dem Heeresgruppenkommando 4 die vier motorisierten Infanteriedivisionen im XIV., drei leichte Divisionen im XV. und vier Panzerdivisionen im XVI. Armeekorps zusammengefaßt[40].

Das XVI. Armeekorps führen zu dürfen, welches in der Tradition des alten Haeselerschen Korps von Metz stand, in dem er seine militärische Jugend und zwei Leutnantsjahre verbracht hatte, war für Hoepner eine besondere Freude, vergleichbar jener, die er empfunden hatte, als er Kommandeur des Potsdamer Reiterregiments wurde. Wie zuvor in Wuppertal auf die Leichte Waffe, so konnte er jetzt den »Seydlitz-Geist« in Berlin auf die »Schnelle Truppe« übertragen. Es war dies zugleich der Geist des alten Haeseler, der im Friedensdienst von seinem Korps unerhört viel gefordert hatte, sich aber, ähnlich Seydlitz auf dem Schlachtfeld, seinem König widersetzte, wenn dieser Sinnloses verlangte.

Dem Kommandierenden General des XVI. Armeekorps (mot.), eines Panzerkorps, unterstanden im November 1938 die 1., 3., 4. und 5. Panzerdivision. Nach den Aufzeichnungen von Chales de Beaulieu nahmen Hoepners Überlegungen nach Versetzung von der Leichten Waffe zur Panzerwaffe »immer mehr die Tendenz zur Vereinheitlichung dieser Schöpfungen. In den Grundfragen der taktischen Verwendung und Ausbildung waren die Unteschiede sowieso gering. Aber auch operative Forderungen durften nicht einseitig spezialisierte Gliederungen bedingen, welche die Gesamtverwendung der ›Schnellen Waffe‹ beeinträchtigen konnten.« Das entsprach der von Guderian vertretenen Konzeption.

In der ganzen Art seiner Truppenführung stets ein echter Schüler Haeselers, nutzte Hoepner auch als Kommandierender General jede Gelegenheit, den einfachen Soldaten bei seiner Dienstverrichtung zu sehen und seine äußeren Lebensumstände kennenzulernen. Bezeichnend hierfür ist ein Bericht des »Fränkischen Volksblatts« vom Besuch der Bamberger Truppenteile. Unter der Überschrift: »Generalleutnant Hoepner besichtigte das Panzerregiment und die Artillerieabteilung« heißt es dort: »Auf einer Inspektionsreise traf der Kommandierende General des XVI. Armeekorps, Generalleutnant Hoepner, in Bamberg ein zu einer Besichtigung der beiden Bamberger Truppenteile. Es handelte sich dabei um eine Besichtigung während des vollen Dienstbetriebs. Generalleutnant Hoepner . . . wurde in der Panzerkaserne vom Regimentskommandeur, Oberstleutnant Eberbach, begrüßt und ließ sich dann die Offiziere des Regiments vorstellen . . . Der Kommandierende General besichtigte das Stabsquartier, einen Kompanieblock und überzeugte sich von der Unterbringung der Mannschaften und dem Lehrmittelbetrieb, wohnte der Rekrutenausbildung bei und verweilte einige Zeit beim Übungsschießen am Rüttelstand. Er sprach seine Befriedigung aus über das Gesehene und begab sich dann zur Kaserne der Abt. II. AR 103. Major Sermersheim führte den hohen Besuch durch den Dienstbetrieb der Kaserne. Generalleutnant Hoepner wohnte auch hier dem Fuß- und Geschützdienst der Mannschaften bei, besichtigte die Werkstätten usw. und begab sich dann zum neuen Standortschießplatz, um hier eine Besichtigung des Geländes vorzunehmen. Anschließend fuhr er nach Schweinfurt, um die dort garnisonierenden Truppenteile zu besichtigen.«

Obwohl die neue Dienststellung mit ihren Truppenbesuchen und Inspektionen viel Abwesenheit vom Standort mit sich brachte, konnte Hoepner bald feststellen, daß sich in Berlin im Jahre 1938 sehr viel verändert hatte. Außer dem Wechsel im Amt des Generalstabschefs von Beck auf Halder hatte auch der Wehrkreisbefehlshaber in Berlin gewechselt. General v. Witzleben hatte im Herbst die Heeresgruppe West in Frankfurt/Main

übernommen, nachdem Generaloberst Adam wegen pessimistischer Äußerungen bei Hitler in Ungnade gefallen war. Adams Schicksal teilte mit anderen oppositionell gesinnten Generalen auch v. Kleist, der wie Hoepner der Kavallerie entstammte. Nach den Blomberg- und Fritsch-Krisen war der Ausgang des Sudetenunternehmens auch innenpolitisch ein neuer Triumph Hitlers, der Tag von München aber ein »dies ater« für die Widerstandsbewegung geworden[41]. Vor allem der militärischen Opposition war der Wind aus den Segeln genommen, ihre Warnung vor der Kriegsbereitschaft der Westmächte völlig widerlegt worden. Vor dem »beinahe untrüglichen Instinkt des Führers« mußten die Frondeure als Kleingläubige, Schwarzseher und Miesmacher dastehen. Ihre Zahl wurde, wie Halder feststellte, damals stark »dezimiert«.
Es besteht kein Zweifel, daß Hoepner auch in den Monaten zwischen Sudetenkrise und Besetzung der Rest-Tschechei als Kommandierender General sich einem militärisch kompetent geführten Staatsstreich gegen Hitler zur Verfügung gestellt hätte. Aber »kompetent« konnte eine solche Aktion gegen das Staatsoberhaupt nur auf einwandfreier ethischer Grundlage und vom Oberbefehlshaber des Heeres, allenfalls vom Chef des Generalstabs geführt werden. General v. Brauchitsch hielt diese ethische Grundlage im Winter 1938/39 ebensowenig für gegeben wie ein oder zwei Jahre später. Und Generalstabschef Halder, als Planer der Fronde, besaß im Februar/März 1939 offenbar nicht mehr die Energie vom September 1938. Die geringere Widerstands-Aktivität Halders zu einer Zeit, in der sehr viel auf dem Spiel stand, in welcher Hitler sein der Welt in München feierlich gegebenes Wort zu brechen, den Rubikon zu überschreiten im Begriff war, hat viel Kritik hervorgerufen. Jedoch sollten die Kritiker Halders auch die unerhörte Arbeits- und Nervenbelastung bedenken, welche die Doppelrolle als Generalstabschef Hitlers *und* als Chefplaner der Fronde mit sich gebracht haben muß. *Alle* Soldaten, die in den Kreis der Verschwörung traten, wurden, physisch und psychisch, dieser Belastung ausgesetzt. Zwei Fotos von Hoepner, innerhalb zweier Jahre aufgenommen, machen deutlich, wie diese Belastung sich ausgewirkt hat: Das Foto aus dem Wuppertaler Winter 1937/38 zeigt den Generalmajor froh und optimistisch; das zweite vom Herbst 1939 den General der Kavallerie und Ritterkreuzträger tiefernst und sorgenvoll.
Dazwischen lag zunächst die Besetzung der Tschechoslowakei. Es war ein Unternehmen am Rande des Krieges, vor dem von militärischer Seite gewarnt worden war. Hoepner gehörte zu den aktivsten Warnern. Nach einer kurzfristig befohlenen Bereitstellung unzulänglicher Kräfte erfolgte der kriegsmäßige Einmarsch, bei dem es durchaus nicht sicher war, ob es nicht zum bewaffneten Konflikt kommen würde. Dem Kommandierenden General des XVI. Armeekorps fiel die entscheidende Aufgabe zu, mit seinen »schnellen« Truppen am 15. März 1939, 6 Uhr früh, südlich Zittau in der Lausitz die Grenze überschreitend, die Hauptstadt Prag schnellstens zu besetzen. Der Marschverlauf bewies die Güte der Marschplanung, welche von Hoepner und seinem Stabschef, Oberst Friedrich Paulus, unter Zeitdruck geleistet worden war. Der »Wuppertaler Generalanzeiger« schilderte den Marsch der Truppen Hoepners auf Prag wie folgt:
»Am 15. März früh erreichten die Truppen, die General Hoepner führt, nach über zehnstündigem, zum Teil in Dunkelheit durchgeführtem Marsch die Landesgrenze südlich Zittau. Die Straßen sind glatt, trotz Sandstreuens. In den Grenzgebirgen liegt Schnee, schwere Fahrzeuge rutschen in Gräben, Anhänger quer, Krafträder drehen sich in Ab-

fahrt um 360 Grad. An der Grenze nur zwei Stunden Rast im Freien bei Schneetreiben. 70 Prozent der Fahrer sind Rekruten, dabei kein nennenswerter Unfall. Eine ungeheure Leistung der Truppe schon vor Überschreiten der Grenze.
Um 6 Uhr früh wird die Grenze überschritten. Voraus Generalleutnant Hoepner am Anfang einer motorisierten Aufklärungsabteilung. Die Spannung in Führung und Truppe ist groß. Werden alle tschechischen Truppenkommandeure nach Dr. Hachas Weisung, die Waffen niederzulegen, handeln? General Hoepners Truppen sind auf Prag angesetzt. Das Wetter setzt der schnellen Durchführung des Auftrags große Schwierigkeiten entgegen. Schneetreiben, Glatteis, südlich der Elbe Matsch, von 10 Uhr an zum Sturm anwachsender Wind. Panzerwagen werden vom Wind auf glatter Straße in den Seitengraben geschoben, Menschen meterweit fortgetragen. Flieger sollen die Truppe beim Einmarsch unterstützen. Der Führer einer Fliegerkampfgruppe meldet sich an der Landesgrenze bei General Hoepner. Mitleidiges Lächeln und Blick zum Himmel. Bei *diesem* Wetter ist Fliegen ausgeschlossen. So wies der Herrgott dem Heere die Aufgabe zu, am 15. März die Besetzung Böhmens ohne Hilfe der Schwesterwaffe der Lüfte durchzuführen . . . Es kommt General Hoepner zunächst darauf an, das Ziel Prag schnell zu gewinnen. Gegen 9 Uhr ist es erreicht. Am Burgtor meldet der tschechische Burgkommandant General Hoepner die Wache, die ohne Waffen am Tor steht. Auf Verlangen, einen Minister zu sprechen, da Dr. Hacha noch nicht aus Berlin zurück ist, wird der General mit seinem Stab von tschechischen Offizieren in die Burg geleitet.«[42]
Es wäre, so schreibt Golo Mann, während der Sudeten- und Tschechei-Krise »für die freie, christliche Großmacht England« leichter gewesen, mit dem Tyrannen zu brechen, als es für deutsche Offiziere war, gegen ihren Oberbefehlshaber zu revoltieren.[43]
Dies gilt ebenso für die Krise des Sommers 1939, welche dem Zweiten Weltkrieg unmittelbar vorausging. Wie damals viele deutsche Offiziere setzte auch Hoepner, der am 1. April 1939 nach Rückkehr aus Böhmen zum General der Kavallerie befördert worden war, große Hoffnung auf England. *»Vielleicht wird noch eine diplomatische Aktion in London versucht. Am Montag war alles recht gespannt«*, schrieb er aus dem Bereitstellungsraum am 23. August 1939 bei Bunzlau in Schlesien. In die Sorge um Deutschland mischte sich aber auch Stolz darüber, daß, sollte es zum Waffengang kommen, ihm als Soldat eine große Aufgabe gestellt war. *»Heute meldete sich Fliegergeneral v. Richthofen mir unterstellt. Mehrere sind eifersüchtig auf mich, weil ich Hauptaufgabe habe. Hoffentlich löse ich sie.«* Drei Tage später berichtete er aus dem neuen Gefechtsstand Schoffschütz bei Rosenberg, *»daß es abgeblasen ist. Hoffentlich geht es zum guten Ende.«*
In der Morgenfrühe des 1. Septembers 1939, um 03.45 Uhr, schrieb Hoepner dort den letzten Brief an seine Frau vor Ausbruch des Zweiten Weltkrieges. *»In einer Stunde beginnt der Angriff . . . Wir wollen hoffen, daß wir uns alle gesund wiedersehen, daß aber das Ganze für Deutschland gut ausgeht. Die Polenfrage* muß *ja einmal gelöst werden.«* – Mit diesem letzten Satz stimmte Hoepner, wohl ohne es zu wissen, mit jener Lagerbeurteilung überein, die ein militärischer Fachmann wie Marschall Foch schon vor zwanzig Jahren abgegeben hatte.

1 Vgl. Hans Herzfeld: »Das Problem des deutschen Heeres 1919–1945«. Laupheim (1951). S. 12.
2 Vgl. Friedrich Foertsch: »Schuld und Verhängnis«. DVA Stuttgart (1951). S. 29–33.

3 Generalleutnant von dem Bussche-Ippenburg (d. Verf.).
4 Vgl. Emil Ludwig: »Hindenburg. Legende und Wirklichkeit«. Heyne-Sachbuch 35. S. 278.
5 Vgl. Curt Siewert: »Schuldig? Die Generale unter Hitler«. Bad Nauheim (1968). S. 52–55.
6 Vgl. Golo Mann: »Deutsche Geschichte des neunzehnten und zwanzigsten Jahrhunderts«. A.a.O. S. 812.
7 Diese Beurteilungsnotiz ist in Maschinenschrift im Militärarchiv Freiburg i. Br. vorhanden. Hoepners Personalakte ist vermutlich im Spätsommer 1944 in Berlin vernichtet worden.
8 Vgl. »Wissen und Wehr«. 11 (1935). S. 747.
9 Vgl. Fabian von Schlabrendorff: »Offiziere gegen Hitler«. Zürich, Wien, Konstanz (1951). S. 90 f.
10 General a. D. Adolf Heusinger im Gespräch mit dem Verfasser am 5. Februar 1977 in Köln-Marienburg.
11 Vgl. Walther K. Nehring: »Die Geschichte der deutschen Panzerwaffe 1916–1945«. Berlin (1969). S. 90 f.
12 Vgl. Carl Hans Hermann: »Deutsche Militärgeschichte«. Frankfurt (1968). S. 422.
13 Die Generale a. D. Kurt Brennecke und Adolf Heusinger stimmten bei getrennten Gesprächen mit ihrer Ansicht hierin völlig überein.
14 Vgl. Hubertus Senff: »Die Entwicklung der Panzerwaffe im deutschen Heer zwischen den beiden Weltkriegen«. Frankfurt/M. (1969). S. 18, 20 f, 23 f., 27–29.
15 Ibid., S. 28.
16 Vgl. Nicholas Reynolds: »Beck. Gehorsam und Widerstand. Das Leben des deutschen Generalstabschefs 1935–1938«. Wiesbaden und München (1977). S. 17.
17 Im Gespräch mit dem Verfasser am 5. Februar 1977.
18 Vgl. Reynolds: »Beck . . .«. S. 92.
19 Ibid. S. 91 f. Siehe hierüber auch: Siegfried Westphal: »Erinnerungen«. Mainz (1975). S. 82.
20 Vgl. Walther K. Nehring: »Geschichte der deutschen Panzerwaffe 1916 bis 1945«. Berlin (1969). S. 90.
21 Ibid. S. 65.
22 Ibid.
23 Alle Bezeichnungen, technischen Daten usw. nach unveröffentlichten Aufzeichnungen von General Chales de Beaulieu. Siehe hierüber auch: Walther K. Nehring, a.a.O., sowie: Ferdinand M. v. Senger u. Etterlin: »Die deutschen Panzer 1926–1945«. München (⁴1973).
24 Vgl. Beilage zum Generalanzeiger der Stadt Wuppertal; Montag, 14. März 1938.
25 Vgl. Graf Kielmansegg: »Der Fritschprozeß. Ablauf und Hintergründe«. Hamburg (1949). S. 128.
26 Vgl. Hermann Foertsch: »Schuld und Verhängnis. Die Fritsch-Krise im Frühjahr 1938 als Wendepunkt in der Geschichte der nationalsozialistischen Zeit«. Stuttgart (1951).
27 Ibid., S. 141.
28 Vgl. Karl J. Walde: »Guderian«. Ullstein (1976). S. 50.
29 Vgl. Gerhard Förster / Nikolaus Paulus: »Abriß der Geschichte der Panzerwaffe«. Militärverlag der Deutschen Demokratischen Republik. Berlin (1977). S. 123.
30 Oberst i. G. a. D. Volkmar Schöne im Brief an den Verfasser vom 9. Oktober 1977.
31 Durchschlag dieses Briefes vom 7. März 1977 im Besitz des Verfassers.
32 Im Brief vom 9. Oktober 1977 an den Verfasser.
33 Vgl. Christian Müller: »Oberst i. G. Stauffenberg. Eine Biographie«. Düsseldorf (1971). S. 146.
34 Vgl. Hermann Foertsch: »Schuld und Verhängnis«. Stuttgart (1951). S. 179 f.
35 Vgl. »Vollmacht des Gewissens«. Frankfurt/M.–Berlin (1960). S. 346.
36 Ibid.
37 Oberst i. G. a. D. Volkmar Schöne im Brief an den Verfasser v. 9. Oktoker 1977.
38 Ibid.
39 Brief von Generaloberst a. D. Franz Halder an Dipl.-Ing. Gustav Strack vom 3. November 1954. Von Oberst i. G. Schöne beglaubigte Abschrift im Besitz des Verfassers. Teile dieses Briefes sind abgedruckt in: Heidemarie Gräfin Schall-Riaucour: »Aufstand und Gehorsam«. Wiesbaden (1972). S. 250.
40 2. Panzerdivision und 4. Leichte Division unterstanden dem Heeresgruppenkommando 5 in Wien. 4. und 6. Panzerbrigde dem Heeresgruppenkommando 2, 1. Kavalleriebrigade dem Heeresgruppenkommando 1.
41 Vgl. »Vollmacht des Gewissens«. Frankfurt/M.–Berlin (1960). S. 368 ff.
42 Vgl. »Generalanzeiger der Stadt Wuppertal«, 2. Märzhälfte 1939.
43 Vgl. Golo Mann: »Deutsche Geschichte des neunzehnten und zwanzigsten Jahrhunderts«. Frankfurt/M. (1960). S. 863.

IV. Der Panzerführer (1939–1942)

»Des Heeres Rettung ist des Feldherrn Pflicht.«
(Ferdinand Lassalle: Franz v. Sickingen; IV. 10)

1. Im Polenfeldzug und im »drôle de guerre«

Der Kommandierende General sei in den allerersten, schicksalhaften Stunden des September 1939 mit sich beschäftigt und kaum ansprechbar gewesen, vermerkte der damalige Ia des XVI. Armeekorps (mot.), Chales de Beaulieu, in seinen Aufzeichnungen. Es gibt Augenblicke, in denen der Vorhang, welcher sonst die Zukunft verbirgt, plötzlich wie weggezogen ist und der Mensch kassandrahaft Blicke werfen kann auf die kommenden Dinge. Daraus mag Fatalismus, Verzweiflung und Resignation entspringen; aber starke Naturen nehmen den Kampf mit dem Schicksal auf, selbst wenn sie keine Aussicht auf Erfolg mehr haben.
Seine Gedankenversunkenheit in den Stunden vor Angriffsbeginn, als alle Befehle ergangen waren und die angestauten Energien unaufhaltsam zur Entladung drängten, zeigt, daß Hoepner sich der Schicksalsschwere dieses Tages bewußt war, wenn er auch noch an die Möglichkeit der Verhinderung eines neuen Weltkrieges geglaubt haben mag. Selbstverständlich war auch die Tatsache, daß er im unmittelbar bevorstehenden Feldzug die »Hauptaufgabe« zu lösen hatte, für ihn neben Anlaß zum Stolz auch ein Gewicht, welches schwer auf seine Schultern drückte. General der Panzertruppen v. Vormann, Historiograph dieses Feldzuges, hat mit Recht darauf hingewiesen, »daß der Polenfeldzug kriegsgeschichtlich revolutionär eine neue Epoche einleitete. Darüber hinaus war der Plan sehr kühn. Die 10. Armee sollte mit der Masse der gepanzerten und der motorisierten Kräfte Deutschlands mitten durch den Feind, ohne Rücksicht auf Bedrohung von Flanken und Rücken, 300 km bis Warschau durchstoßen und die Front aufreißen. Selbst wenn der erste Einbruch glückte, wenn sich die noch völlig unerprobte Gliederung und Verwendung großer Panzerverbände bewähren sollte, lag keinerlei Erfahrung vor, ob die Führung und Versorgung von so vielen tausend zusammengeballten Fahrzeugen auf polnischen Straßen überhaupt möglich, technisch darzustellen war.«[1] Es sei hier an die Bedenken Becks erinnert, vor allem an dessen Sorge, ob ein weit voraus operierender starker Panzerverband zureichend versorgt werden könne.
Das XVI. Armeekorps (mot.), welches Hoepner bei Kriegsausbruch gerade neun Monate führte, bestand aus der 1. Panzerdivision (Generalleutnant Rudolf Schmidt; Ia: Major i. G. Wenck) und der 4. Panzerdivision (Generalleutnant Hans Reinhard; Ia: Major i. G. Frhr. v. Schleinitz). An infanteristischen Kräften waren die 14. und die 31. Infanteriedivision unterstellt. Chef des Stabes unter Hoepner wurde bei Bereitstellung zum Polen-

feldzug der damalige Oberst i. G. Ferdinand Heim, Ia Oberstleutnant i. G. Chales de Beaulieu. Das XVI. Korps bildete – zusammen mit dem XV. (General der Infanterie Hoth) und dem XIV. Armeekorps (mot.) unter General der Infanterie v. Wietersheim sowie mit zwei Infanteriekorps die 10. Armee, welche General v. Reichenau führte. Chef des Stabes dieser Armee war Generalmajor Paulus, der bis August 1939 diese Stellung bei Hoepner innegehabt hatte. Im Operationsplan der Heeresgruppe Süd (Generaloberst v. Rundstedt; Chef: Generalleutnant v. Manstein) hatte die 10. Armee, aus dem Raum ostwärts Oppeln in Oberschlesien antretend, mit den in ihr zusammengefaßten starken Panzerkräften den Hauptstoß auf Warschau zu führen[2]. Die 10. Armee trat in der Kriegsgeschichte somit als erste im operativen Rahmen angesetzte Panzerarmee in Erscheinung und ist, obzwar inoffiziell, auch als »Panzerarmee Reichenau« bezeichnet worden.

Für den entscheidungsuchenden Panzerstoß in nordostwärtiger Richtung auf das Operationsziel Warschau bildete das Korps Hoepner mit seinen beiden Panzerdivisionen die Spitze eines später, je nach Lage, zu verbreiternden Keiles. Stoßlinie war im allgemeinen die ausgebaute Straße Tschenstochau–Petrikau–Tomaszow–Rawa–Warschau. Die 1. Panzerdivision war rechts, die 4. links eingesetzt, während die beiden Infanteriedivisionen, rückwärts gestaffelt, so lange wie möglich die Flankensicherung zu übernehmen hatten. Vom Chef des Generalstabes Halder war, vor allem in Hinsicht auf die unzureichenden Kräfte der Westfront, die Forderung gestellt: »In 8 bis 14 Tagen muß der Welt klar sein, daß Polen in Gefahr ist, zusammenzubrechen.«[3] Das bedeutete, daß für das Gewinnen des Zieles Warschau und Gelingen der entscheidenden Operation das Korps Hoepner täglich im Schnitt über 30 km vorstoßen mußte. Niemand konnte vor Angriffsbeginn sagen, ob dies taktisch, technisch und logistisch möglich sein werde. Über Hoepners Führungsstil, der in unserem Zusammenhang besonders interessiert, liegen Äußerungen seiner engsten Führungsgehilfen aus verschiedenen Verwendungen bzw. Feldzügen vor. Oberst i. G. Schöne, Ia der Wuppertaler Division, der ihn im Friedensdienst und beim Sudetenunternehmen erlebte, berichtete darüber: »Hoepner war großzügig, weitschauend und wendig in der Führung, immer bereit, Verantwortung zu tragen, besaß viel Humor und ein warmes Herz für seine Untergebenen, die er trotzdem am kurzen Zügel führte.«[4] Und der Chef des Stabes Heim erinnerte sich in einem Brief letzter Hand an die Zusammenarbeit mit Hoepner in der ersten Septemberhälfte 1939: »Als Kommandierender General des XVI. Pz. Korps hat er es verstanden, die schnellen Truppen in Richtung Warschau rasch bis zur Bzura vorwärtszutreiben, so daß starke Teile der zurückgehenden polnischen Armeen dicht vor Warschau im Rücken gefaßt werden konnten. Es wäre ihm wohl nicht in so überraschender Weise gelungen, wenn er sich nicht den größten Teil des Tages bei der kämpfenden Truppe aufgehalten hätte. Dabei hielt er mit dem Funkgerät ständige Verbindung mit dem Korpsstab und den Nachbarn.«[5] – Dem heutigen Panzersoldaten sind dies selbstverständliche Grundsätze der Truppenführung; damals war es militärisches Neuland, das zu betreten viel Wagemut erforderte.

An den beiden ersten Kriegstagen war das Vorgehen des Korps durch unwegsames, teilweise sumpfiges Gelände, die Sprengung sämtlicher Brücken, dadurch bedingte Massierungen und Verzögerungen der Betriebsstoffversorgung gepanzerter Fahrzeuge stark erschwert.

Trotz der Strapazen und Gefahren der ersten 48 Stunden schrieb Hoepner am späten Abend des zweiten Kriegstages einen langen Brief an seine Frau:
»Heute war ich wieder von 8^{00} bis 15^{00} vorn . . . Zuerst saßen wir zweimal im Sumpf. Dann ereilte uns ein Fliegerangriff und schließlich ein Feuerüberfall von Freischärlern. Meine 1. Pz. Div. erreichte die Warta bei Plawno – ausgezeichnete Leistung. Morgen wird Tschenstochau, am 4. 9. hoffentlich Radomsko fallen. Ich habe nach den kümmerlichen Radio-Nachrichten den Eindruck, daß doch eine diplomatische Beendigung bald eintritt.«
Hoepners Hoffnungen, soweit sie sich auf den Kampfverlauf bezogen, wurden am 3. September nicht nur erfüllt, sondern weit übertroffen. Das in Richtung Petrikau liegende Radomsko wurde schon am frühen Vormittag des 3. September von vorausgeworfenen schwachen Kräften der 1. Panzerdivision besetzt. Über den Korpsbefehl hinausgehend, stieß diese Division stürmisch weiter vor und nahm in den Nachmittagsstunden noch das brennende Kamiensk[6]. Auf dem Südflügel besetzte die 14. Infanteriedivision, wie vorausberechnet, den berühmten Wallfahrtsort Polens, Tschenstochau.
Die Hoffnung auf »diplomatische Beendigung« des Krieges hingegen mußte der Kommandierende General an diesem ersten Septembersonntag 1939 vorerst begraben. Auf seinem Gefechtsstand waren Funk- und Radiogeräte Tag und Nacht auf Empfang. So erfuhr Hoepner umgehend, daß England und Frankreich dem Deutschen Reich den Krieg erklärt, Hitler sein politisches Hasardspiel schon am 3. Kriegstag verloren hatte.
Zu eingehenderen Erwägungen der nun entstandenen militärpolitischen Lage blieb indes keine Zeit. Die unaufhaltsame Dynamik des Kriegsgeschehens forderte vom Führer des im Schwerpunkt eingesetzten Korps ständig neue Entschlüsse. Zudem blieb der 4. September an Erfolgen hinter dem Vortag zurück. Für die weit auseinandergezogenen Kampftruppen mußte wieder eine geschlossene Angriffsgliederung hergestellt, das Problem der Betriebsstoffversorgung immer wieder neu gelöst werden. Bei beiden Panzerdivisionen wirkte sich jetzt auch der Mangel an Panzergrenadieren aus. Es ist ein Kennzeichen starker Führernaturen, daß sie sich durch Sorgen und Schwierigkeiten nicht niederdrücken, sondern zu noch größerer Aktivität herausfordern lassen. Hoepner verstand es in hohem Maße, in kritischen Lagen Ruhe und Zuversicht auszustrahlen. Und was schon im Ersten Weltkrieg am Ia der 105. Infanteriedivision gerühmt worden war, seine Fähigkeit zur kurzen, klaren Befehlsgebung, zeichnete nun auch den Kommandierenden General der schnellen Truppen aus. Sein Korpsbefehl für den 5. September an die 1. Panzerdivision ist ein Musterbeispiel nahezu klassischer Befehlsgebung: *»Division vernichtet Feind vor ihr und gewinnt Petrikau.«*
Dieser Führungsstil ist nicht nur vom Korpsstab, sondern auch von den Generalstabsoffizieren im unterstellten Bereich gerühmt worden. General Wenck, der Hoepner im Frieden und Kriege als Vorgesetzten eingehend erlebt hat, urteilte darüber wie folgt: »Hoepner war menschlich und charakterlich ein hochwertiger, prachtvoller Soldat und Vorgesetzter, der von uns allen hoch verehrt wurde. Er war außerdem ein ganz hervorragender Truppenführer, zu dem alle ein großes Vertrauen hatten. Er führte nicht nur, wie es bei uns Panzerleuten üblich war, weit vorne, um sofort eingreifen zu können, er war auch in seiner operativen Führung stets von uns anerkannt und bewundert. Stets besaß er den

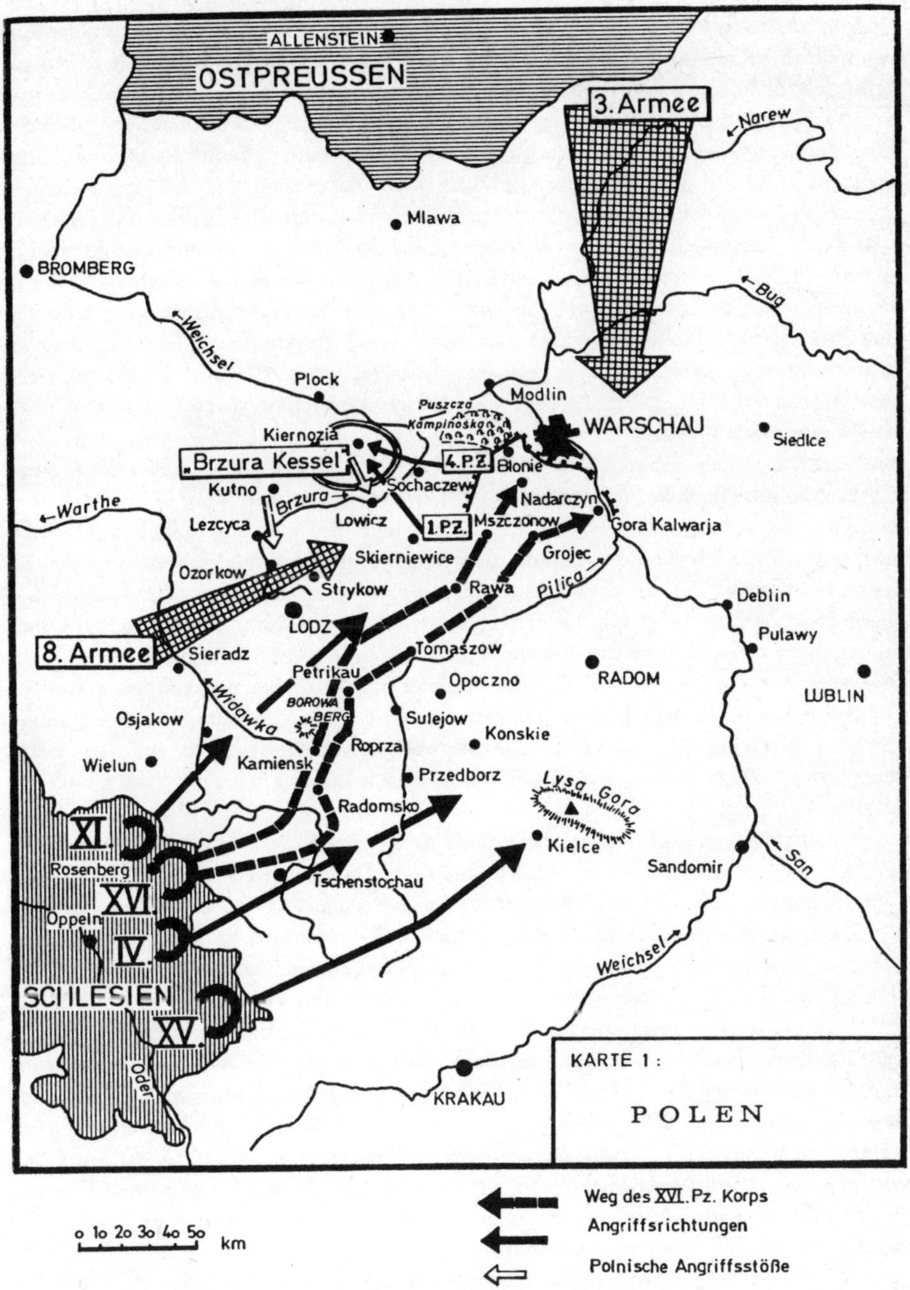
ALLENSTEIN
OSTPREUSSEN
3. Armee
Narew
Mlawa
BROMBERG
Bug
Weichsel
Plock
Modlin
Puszcza Kampinoska
WARSCHAU
Siedlce
Kiernozia
„Brzura Kessel"
4. P.Z.
Blonie
Kutno
Sochaczew
Nadarczyn
Warthe
Brzura
Lezcyca
Lowicz
1. P.Z.
Mszczonow
Gora Kalwarja
Skierniewice
Grojec
Ozorkow
Strykow
Rawa
Pilica
Deblin
LODZ
Pulawy
8. Armee
Sieradz
Tomaszow
Petrikau
Opoczno
RADOM
LUBLIN
Widawka
BOROWA BERG
Sulejow
Osjakow
Konskie
Ropvza
Wielun
Kamiensk
Przedborz
Lysa Gora
Radomsko
XI.
Kielce
Rosenberg
Sandomir
San
Tschenstochau
XVI.
Oppeln
IV.
Weichsel
SCHLESIEN
XV.
Oder
KARTE 1:
POLEN
KRAKAU
Weg des XVI. Pz. Korps
Angriffsrichtungen
Polnische Angriffsstöße
0 10 20 30 40 50 km

erforderlichen Mut, um an Ort und Stelle das zu entscheiden, was für die kämpfende Truppe im Angriff oder in der Verteidigung notwendig und richtig war.«[7]
Hoepners humorvolle, stets zu Späßen in poetischer Form aufgelegte Wesensart übertrug sich wohltuend auch auf die Stäbe. Im Zusammenhang mit der Einnahme Petrikaus berichtet hierüber die Divisionsgeschichte der 1. Panzerdivision: »In den Stäben bürgerte sich die Methode ein, in Reimen zu melden. Als beim Div.-Stab Ungewißheit über den Stand der Dinge bei Petrikau herrschte, funkte der Ia, Major i. G. Wenck, an den Adjutanten der 1. Schtz. Brig.: ›Lieber Gersdorff, sag's genau, seid Ihr schon in Petrikau?‹[8] Sie waren es! Von diesem Zeitpunkt an wurde laufend so gefunkt. Es gab weniger Fehler, trotz der Verschlüsselung. Die Funker, denen das Spaß machte, suchten den Reim. Für den Feind dagegen war es noch schwieriger geworden, zu entschlüsseln.« – Bei den schweren Kämpfen um Petrikau geriet die 1. Panzerdivision erstmals in ernste Krisenlagen. Ihre ungeschützten Flanken wurden von polnischen Angriffen, die z. T. mit Panzerunterstützung geführt wurden, getroffen. Es kennzeichnet das Können und den Geist dieser großartigen Truppe, daß sie aus allen Krisen siegreich hervorging und dabei »stets ihre Stimmung behielt«.
Während die 1. Panzerdivision am 6. September sich bei Petrikau als Spitze der Heeresgruppe Süd auszeichnete, erfreute Hitler bei der Heeresgruppe Nord am gleichen Tag den Kommandierenden General des durch die Tucheler Heide vorstoßenden XIX. Armeekorps (mot.), Heinz Guderian, mit dem Satz: »Mein Vertrauen zur Panzerwaffe war immer *unbegrenzt*.«[9] Kritische Weisheit kann rückblickend leicht sagen, daß dieses »unbegrenzte Vertrauen« des Obersten Kriegsherrn nicht nur Begeisterung, sondern auch Besorgnis hätte auslösen müssen – weil ja jeder Weg ins Verderben führt, auf dem die »Grenzen der Menschheit« nicht mehr beachtet werden. Aber nur von ganz wenigen Deutschen wurde im September 1939 bereits erkannt, daß Hitler auf dem Wege Napoleons war. Durch Hoepner allerdings wurde an eben diesem 6. September auf die »Grenze der Leistungsfähigkeit« hingewiesen, in einem Brief an seine Frau, der in vieler Hinsicht aufschlußreich ist:
». . . Man muß sich doch erst wieder an den Krieg gewöhnen. Wir Älteren haben nicht gedacht, daß wir noch einmal antreten müßten . . . Das Schönste ist, daß alle gern unter meiner Führung sind, daß sie noch mehr tun, als ich erwarte. Es gibt oft Lagen, die man als Krisen bezeichnen kann. Dann heißt der innere Befehl immer nur: Ruhe! Bisher ging selbst die schauderhaft scheinende Lage immer glücklich aus. Ich bin fast vermessen zu glauben, daß das Glück mich und mein Korps begleitet. Erst heute früh kam in dem Augenblick, als ich nach vorn fahren wollte, eine Meldung der 1. Pz. Div., daß die Lage sehr ernst sei. Ruhe! Nach 1½ Stunden kam die Meldung von einer glänzenden Abwehr poln. Angriffs. Inzwischen hatte Reichenau mich schon angerufen und Abdrehen anderer Divisionen angeboten, was ich ablehnte . . . Nun bin ich 100 km vor Warschau. Ohne Feindwiderstand könnte ich in 2 Stunden dort sein. Es kommt jetzt darauf an, die aus Posen und Westpolen zurückgehenden Kräfte westl. der Weichsel festzuhalten und zu vernichten. Leider haben die Maschinen ebenso wie die Menschen eine Grenze ihrer Leistungsfähigkeit, an der sie halten trotz aller Befehle und auch eigener Erkenntnis . . . Nach 6 Tagen und Nächten ununterbrochenen Marsches mit Gefechten wären 24 Stunden Ruhe nötig, um das Gerät instandzusetzen. Leider kann ich es nicht gewähren, weil wir möglichst

starke poln. Kräfte diesseits der Weichsel fassen wollen. Wenn es wahr ist, daß Rußland und Italien an Polen, Japan, Italien und Spanien an England ein Ultimatum zur Einstellung der Feindseligkeiten gerichtet haben, dann kann der Krieg nicht mehr lange dauern. Es ist hier recht interessant, aber nicht immer nett.«

Immer wieder taucht in den Briefen dieser Tage die Hoffnung auf diplomatische Beendigung des Krieges auf. Hierfür konnte es nur günstig sein, wenn Warschau schnell gewonnen, das polnische Heer mit Masse westlich der Weichsel vernichtet wurde. Dem Ziel *Warschau* galt Hoepners Streben jetzt bei Tag und Nacht. In den frühen Morgenstunden des 7. September aber kam ein schriftlicher Armeebefehl, wonach das Korps nicht mehr auf Warschau, sondern südlich davon über die Weichsel vorstoßen sollte. Ursächlich für diese plötzliche Änderung des Auftrags der Schwerpunktarmee Reichenau war wohl eine »Reibung« zwischen dem Oberkommando des Heeres und der Heeresgruppe Süd, insbesondere zwischen dem Chef des Generalstabes Halder und dem Chef der Heeresgruppe Süd, v. Manstein[10]. Die Führung der Operationen wurde erschwert durch den Mangel an strategischen Aufklärungsergebnissen. »Die Polen verstanden es vorzüglich, nur bei Nacht zu marschieren. Brauchitsch und Halder wußten selten genau, wo die Masse der polnischen Armee sich befand.«[11] Der rasche Ablauf der Operationen tat ein übriges, daß die genauen Frontlinien oft nur der kämpfenden Truppe und den bei ihr befindlichen Führern, aber nicht immer den Stäben der oberen und obersten Führung bekannt waren. Da Hoepner sich täglich bei den Angriffsspitzen aufhielt, kannte er die Feindlage besser als die gesamte übergeordnete Führung. Mit der ihm eigenen Hartnäckigkeit gelang es ihm, der übergeordneten Führung seinen Willen aufzuzwingen und die Änderung des Auftrags zu verhindern. Durch den Ia ist überliefert, *wie* Hoepner am Vormittag des 7. September am Fernsprecher mit dem Armeechef Paulus gesprochen hat: »Ihr könnt machen, was Ihr wollt: Ich gehe auf Warschau, wenn ich durchkomme!«[12] – Generalmajor Paulus war noch vor wenigen Monaten Hoepners Stabschef in Berlin gewesen; zwischen beiden bestand ein Vertrauensverhältnis, das ihnen die Gesprächsführung erleichterte. Disziplinfanatiker könnten trotzdem erklären, daß hier von Hoepner die Grenze der Insubordination tangiert oder überschritten worden sei. Es ist dann aber eine Insubordination gewesen, wie sie der größte Kavallerieführer der deutschen Wehrgeschichte, wie sie Seydlitz bei Roßbach gezeigt hat.

Diese Beharrlichkeit nach »oben« zahlte sich aus. Am gleichen Tage, 7. September, nachdem Hoepner gegenüber Armee und Heeresgruppe die Beibehaltung des alten Auftrags durchgesetzt hatte, gewann die 1. Panzerdivision nordostwärts Petrikau die große, gut ausgebaute Straße nach Warschau und damit das Sprungbrett zu raumgreifender Operation. General Reinhardt berichtet hierüber:

»Am zurückgehenden Feinde bleibend, am 8. 9. frühzeitig in seinen neuen Rückzug hineinfahrend, wobei viele Gefangene und große Beute eingebracht wurden, stieß nunmehr die 4. Pz. Division, angetrieben auch durch den an der großen Straße vorgefundenen Wegweiser ›Nach Warschau 125 km‹, mehrfachen leichten Widerstand überrollend, in großem Raid bis zum Nachmittag bis wenige km vor die feindliche Hauptstadt . . . Am 8. 9., 17 Uhr, trat die Division erneut an, um auf Befehl der Armee von Reichenau das ›als offene Stadt erklärte‹ Warschau noch am Abend zu besetzen. Wider Erwarten wurden die Truppen, die siegesfroh in die Stadt einfahren wollten, am Stadtrand von starkem Feindfeuer empfangen. Das Vorgehen in die Stadt wurde daraufhin angehalten, um die Truppe bei der aufkommenden Dunkelheit nicht einem gewiß schwierigen Häuserkampf auszusetzen. Auch der am 9. 9. früh nach kurzer Feuervorbereitung . . . angesetzte Angriff führte zu keinem Erfolg. Nach verlustreichem schwierigem Vordringen in die besetzte Stadt, das Teile des Pz. Regiments 35 und des Schützen-Regiments 12 über mehrfache Barrikaden hinweg bis fast zum Hauptbahnhof in Warschau vorstoßen ließ, mußte am Vormittag der Kampf abgebrochen und die Truppe wieder an den Stadtrand zurückgenommen werden. Die Kräfte der Division reichten zur Einnahme der großen Stadt gegen den unerwarteten Widerstand nicht aus. Ein sehr bitterer Entschluß, dem der Kommandierende General des XVI. A.K. seine Zustimmung nicht versagen konnte.«[13]

In den folgenden schweren Tagen vor Warschau und an der Bzura begann das gute Führungs-Zusammenspiel zwischen Hoepner und General Reinhardt, das 1941 in Rußland eine Fortsetzung erfahren sollte. In Briefen nach Hause rühmt Hoepner immer wieder die Leistungen seiner Truppe und ihrer Kommandeure; gleichzeitig informiert er Frau und Tochter über das militärische Geschehen. So am 9. September aus Nadarzin vor Warschau:

»Wenn Du diesen Brief erhältst, weißt Du schon von meinem Sprung auf Warschau; d. h. mein Name ist in der Öffentlichkeit nicht genannt worden. Das ist gleichgültig. Die Truppe hat Hervorragendes geleistet. Meine Divisionskommandeure haben ausgezeichnet geführt. Es gab häufig Krisen, die nur durch uns gemeistert werden konnten. Die Polen sind zum größten Teil schon demoralisiert . . . Ihre größte Schwäche liegt in ihrer Führung. Einzelne Leute haben gut gekämpft. Im übrigen ist dieser Krieg nicht schön . . . Die beiden letzten Tage waren besonders gespannt. Der Weg nach Warschau war am letzten Tage 80 km. Ich war natürlich vorn, als wir in W. einrücken wollten. Die Sache ging aber nicht so glatt. Ich mußte den Angriff auf heute verschieben, da es gestern schon dunkel wurde. Ich habe heute mittag überhaupt abgeblasen, weil der Straßenkampf unnütze Opfer fordert . . . Es ist sehr ärgerlich, daß ich nicht nach Warschau hinein kann, nachdem ich vorher abgelehnt hatte, drumherumzugehen. Nun habe ich auch noch mehrere poln. Divisionen in Flanke und Rücken. Hoffentlich werfen sie freiwillig die Waffen fort. Das A.O.K. ist 200 km hinter mir. Der Verkehr nach rückwärts ist stark gefährdet. Einzelne Offiziere sind heute nacht in den Wald geflüchtet, weil sie auf dem Wege zu mir polnischen Truppen begegneten.«

Schon vor und in Warschau zeigte sich, daß Hoepner nicht bereit war, der Truppe hohe Blutopfer abzuverlangen, wenn das Operationsziel anderweitig erreichbar war; schon gar nicht verlangte er Opfer, die mehr dem eigenen Prestige als der Lage dienten. Dem Vorschlag General Reinhardts, die Einnahme Warschaus zurückzustellen, bis mehr Artillerie- und Pioniertruppen zur Verfügung stünden, stimmte Hoepner sofort zu. Wichtiger als der Besitz der Hauptstadt war jetzt, den von Westen auf Warschau und die Weichsel zurückgehenden starken Feindkräften den Rückzug zu verlegen.

Am 14. September beging Hoepner vor Warschau seinen 53. Geburtstag, worüber er am 15. September nach Hause berichtete:

»Mein Geburtstag verlief recht abwechslungsreich. Erst einmal wurde ich morgens der 8. Armee unterstellt, die die Einkreisung der poln. Divisionen um Kutno leitet. Wir haben

gestern bereits an heftigen Kämpfen gegen gute Truppen an der Bzura teilgenommen. Ich habe dabei die Leibstandarte A. H., die mir unterstellt ist, eingesetzt. Um 9 Uhr war der ganze Stab versammelt. Heim hielt eine sehr nette Rede von begnadetem Führer, unerschrockenem Soldaten, wohlwollendem Vorgesetzten, blinder Gefolgschaft usw. Dazu spielte draußen ein Musikkorps Kavalleriemärsche . . . Am Tage war ich natürlich draußen bei den Divisionen. Sie gratulierten sehr nett. Auch Reichenau funkte Glückwunsch. Man kommt sich fast beliebt vor. Jeder Tag aber bringt neue Spannungen. Man muß immer nach Aushilfen suchen. Z. Zeit muß ich Warschau im Westen absperren, einen Brükkenkopf bei Gora Kalwaria über die Weichsel halten und dann noch gegen Kutno den Feind dort miteinkreisen. Am 13. 9. nachm. war ich mit Beaulieu wieder dicht vor Warschau, glaubte schon, daß man kapitulieren wolle, weil in den Vororten einzelne weiße Fahnen wehten und sonst Todesruhe herrschte. Als ich aber über unsere Posten hinaus gefahren war, schossen die Polen doch wieder.«

Ein Bericht über den bei seinen vordersten Stoßtrupps auftauchenden Panzergeneral ging damals aus einer Frontzeitung durch die Presse: »Das beste Urteil über ihren General fällt die Truppe selbst.« Es gibt kaum eine bessere Darstellung vom Menschen und Soldaten Hoepner als ein Aufsatz, der unter dem Knattern der Panzer vor Warschau geschrieben und wenige Stunden danach in einer Frontzeitung veröffentlicht wurde: »Über uns orgeln Geschosse, die Einschläge der polnischen Granaten werden merklich dünner. Ungebrochen aber bleibt das MG-Feuer und die schießende Pak aus den Laubenkolonien Warschaus. Da höre ich einen Schützen neben mir rufen: ›Ich werde verrückt, der Alte!‹ Gemeint ist General Hoepner, der plötzlich im heftigsten Feuer bei seinen Truppen auftaucht. Rollt im Wagen vor, springt heraus, ruft Befehle, und ist bald hinter einer Dunstwolke von Rauch und Staub veschwunden. So was macht auf unsere Panzerleute und Schützen einen wunderbaren Eindruck. Es ist jener Reitergeist, der in unseren Schnellen Truppen steckt.«

Trotz der neuen Unterstellung unter die 8. Armee (General der Infanterie Blaskowitz) blieb die gute Verbindung mit dem Oberfehlshaber der 10. Armee, General v. Reichenau, weiter bestehen, wie aus einem Brief vom 19. September aus Guzow südlich Sochaczew hervorgeht:

»Abends war hier großer Kriegsrat. Reichenau hatte schon am 15. abds. seinen Gef. Stand zu dem meinen gelegt . . . In dem Kriegsrat, in dem R. immer sehr temperamentvoll . . ., schließt man sich zuletzt immer meiner Auffassung an. Gottlob habe ich die entsprechenden Maßnahmen immer schon vorher befohlen.« –

An operativer Erfahrung und wohl auch Begabung konnte Reichenau sich mit Bock, Rundstedt und Manstein nicht messen. Dafür hat er aber in entscheidenden Situationen des Polenfeldzuges als Oberbefehlshaber der Schwerpunktarmee ohne persönliche Eitelkeit seinem Panzerführer Hoepner die Möglichkeit zur freien Entfaltung geschaffen und dessen Entschlüsse, die z. T. der vorgesetzten Führung entgegenliefen, vor Heeresgruppe, OKH, vermutlich auch vor Hitler wirkungsvoll vertreten. Mit Reichenau/Paulus in der vorgesetzten Armeeführung, seinen Divisionskommandeuren Schmidt/Reinhardt und dem Chef des Stabes Heim hatte Hoepner im Polenfeldzug nach oben und unten eine ideale Führungszusammensetzung, wie sie in keinem der späteren Feldzüge mehr bestanden hat.

Mit der großen Schlacht im Weichselbogen, zu welcher durch die 4. Panzerdivision an der Bzura der Schlußstein gesetzt worden war, beendete am 20. September 1939 das XVI. Armeekorps (mot.) nach knapp drei Wochen den polnischen Feldzug. Tags darauf berichtete Hoepner seiner Frau über die letzten Tage und das Ergebnis der Bzura-Schlacht:

»Seit gestern bin ich hier in Ruhe, im Schloß des Fürsten Radziwill. Der Heeresbefehl von Brauchitsch bezeichnet den Krieg als beendet. So ganz stimmt das nicht. Heute waren noch lebhafte Kämpfe bei der 1. Leichten nordw. Warschau. Diese hat wohl stark gelitten. Das A.O.K. hatte gestern wieder Nerven und nahm mir die SS-Leibstandarte fort, die dringend der Ruhe bedarf. Sie hat sich gut geschlagen, insbesondere das I. Batl. Die Kämpfe meiner Divisionen waren an der Bzura sehr hart. Wir hatten gute polnische Divisionen gegenüber, die noch nicht im Gefecht gewesen waren, und die gute Führer hatten. In der Nacht 18./19. 9. ist es an mehreren Stellen zu blutigsten Nahkämpfen gekommen. General Reinhardt war auch mit 1 Batl. umzingelt und abgeschnitten. Er und andere Kommandeure haben durch persönlichen Einsatz und energische Führung Ausgezeichnetes geleistet. Leider sind die Verluste auch hoch. Mein Anteil an der Schlacht an der Bzura beträgt etwa 50 000 Gefangene, das ist ein guter Prozentsatz bei der Beteiligung von 2 Armeen mit 6 Korps. Ich hoffe, daß man uns nun bald herausnimmt und in die Heimatstandorte schickt . . . Es bleibt dann noch zu hoffen, daß der Krieg im Westen ganz abgeblasen wird . . .«

In den stürmisch-bewegten Wochen des Polenfeldzuges hatte Hoepners Aufmerksamkeit auch immer wieder der Westfront gegolten, wo eine französisch-englische Offensive und damit die endgültige Eröffnung des Zweifrontenkrieges im europäischen Waffengang zu befürchten war. Den Vater beschäftigte zudem das Befinden des Sohnes Joachim, der am Losheimer Graben eingesetzt war. In den Briefen wird der Haupturheber dieser Entwicklung nie als »Führer« bezeichnet. Nur selten erscheint der Name »Hitler«. Kennzeichnend bleibt die Abkürzung »A. H.« oder einfach der Vorname »Adolf«, wie im Brief aus Nieborow vom 26. September:

»Gestern war Adolf hier, ließ sich aber nur über den bevorstehenden Angriff auf Warschau Vortrag halten, das bis 3. 10. genommen sein soll, weil dann die Russen dort sind . . . Brauchitsch sprach mir ganz besondere Anerkennung aus . . . Er hat mir auf meinen Vortrag zugesichert, daß wir bald ins Reich verlegt werden sollen . . . Dann werden wir nach dem Westen kommen. Nach den letzten Reden Daladiers und Chamberlains glaube ich nicht an baldigen Frieden . . .«

Vier Wochen später kam es erneut zu einer Begegnung. Am Freitag, 27. Oktober 1939, gab Hitler in der Neuen Reichskanzlei zu Berlin einen feierlichen Empfang, bei welchem er an vierzehn Offiziere, »die durch ihren persönlichen Einsatz auf den Ausgang einer Kampfhandlung entscheidend eingewirkt haben«, das Ritterkreuz zum Eisernen Kreuz verlieh. Nach dem Chef des Oberkommandos der Wehrmacht sowie den Chefs des Generalstabes des Heeres und der Luftwaffe, Halder und Jeschonnek, wurden vier Kommandierende Generale ausgezeichnet: General der Panzertruppen Guderian, die Generale der Infanterie Hoth und Strauss, General der Kavallerie Hoepner. Unter den vier gleichfalls dekorierten Divisionskommandeuren waren die Generalleutnante Hans Reinhardt und Friedrich Olbricht; letzterer hatte sich als Kommandeur der 24. Infanteriedivi-

sion ganz besonders hervorgetan. General Reinhardt werden wir im Rußlandfeldzug, General Olbricht am 20. Juli 1944 als Schicksalsgefährten Hoepners wieder begegnen. Im »Völkischen Beobachter«, danach in allen anderen großen deutschen Zeitungen, wurden die Leistungen der ersten Ritterkreuzträger ausführlich gewürdigt. Über Hoepner wurde wie folgt geschrieben:
»Mit Charakter und Intelligenz das Beste aus Truppe und Technik zu machen, ist Voraussetzung und zugleich Garant des Sieges. Überzeugendes Beispiel dafür schuf General der Kavallerie Hoepner vor Warschau; denn er war es, der am 8. September, also kaum eine Woche nach Kriegsbeginn, mit seinem Panzerkorps in Warschau eindrang. Er brachte mit seinem kühnen Herzstoß auf die polnische Hauptstadt die gesamte polnische Front ins Wanken und leitete so das dramatische Ende des polnischen Heeres und Staates ein . . . Im Morgengrauen des 1. 9. 1939 rollten die deutschen Panzer unter Führung des Generals Hoepner über die Reichsgrenze ostwärts. Schon weit gesteckte Ziele wurden bereits in den ersten Tagen durch weite Strecken überboten. Die Stellungen der Polen wurden überrannt, ganz gleich wie sie gesichert und befestigt waren. Die ruhelose Fahrt unserer Panzer ging durch die Wälder, Sümpfe und Ortschaften Polens. Bis Warschau gab es kein Halt . . . In seinem soldatischen Draufgängertum, in seinem Siegeswillen und Mut war General Hoepner stets ein aufmunterndes Vorbild für seine Truppen. Im richtigen Augenblick immer in vorderster Linie, war er den schnellen Truppen der ideale Führer, schnell und sicher im Entschluß; persönlich schneidig meisterte er die vielfach außerordentlich schwierigen Lagen seines Korps und trug damit ganz wesentlich zum Gesamterfolg der Armee bei.« – Diese Laudatio im »VB-Deutsch« sollte man in Erinnerung behalten, um sie später mit dem zu vergleichen, was am 9. August 1944 im gleichen »Völkischen Beobachter« über den »ehemaligen« Panzergeneral Hoepner geschrieben worden ist. – Über den Polenfeldzug als Hoepners bedeutendster Erfolgshandlung aber hat sein damaliger Ia später sehr zu Recht festgestellt: »Warschau war sein größter militärischer Erfolg, noch nicht jedoch der Höhepunkt seiner Persönlichkeitsentfaltung.«[14]
Die in Hoepners Briefen vom September 1939 wiederholt ausgedrückte Hoffnung auf »diplomatische Beendigung des Krieges« war im Abnehmen, aber nicht völlig geschwunden, als das Generalkommando XVI. Armeekorps (mot.) Anfang November nach Düsseldorf verlegt wurde. Damit kam Hoepner wieder in eine altvertraute Gegend. Auch der alte Auftrag, die junge schnelle Truppe ebenso wie die traditionsreiche Infanterie und Artillerie auf die Wirklichkeit des Krieges hin auszubilden, war geblieben; die Erfahrungen des Polenfeldzuges mußten dabei genutzt werden. Vor allem die älteren Offiziere, welche wie Hoepner noch die Westfront 1914–1918 erlebt hatten, waren in Polen zu der Erkenntnis gekommen, daß in der militärischen Grundausbildung nach den hektischen Aufstellungsjahren 1933–1938 noch viel zu tun übrig blieb. So teilte Generaloberst v. Bock, der die Heeresgruppe Nord geführt hatte, dem OKH mit, daß die Infanterie von 1914 auch nicht annähernd erreicht sei. General v. Sodenstern, Stabschef bei Generaloberst Leeb, vertrat demgegenüber die Ansicht, die eigene Infanterie sei zwar besser als die französische, dafür aber die eigene Artillerie bedeutend schlechter[15]. Sogleich nach der Ankunft in Düsseldorf galt Hoepners primäre Sorge diesbezüglich wieder seiner Truppe. »Die kämpfende Truppe durfte nicht im geringsten darunter leiden, daß sie . . . von Anfang an mißbraucht worden war.« Sie hat nicht darunter gelitten. Sie hatte gar

keine Kenntnis, nicht einmal eine Ahnung davon, daß ein Teil der höchsten Führer im Banne der Sorge stand: »Ob Glück, ob Unglück, lehrt das Ende.«[16]

Die Sorge um Deutschlands Zukunft begleitete Hoepner nun länger als sechs Jahre. Schon wenige Wochen nach der »Machtergreifung« hatte seine Tochter Ingrid, als sie in Königsberg gemeinsam einen SA-Aufmarsch beobachteten, ihn leise sagen hören: *»Das nimmt kein gutes Ende!«* Damals, Frühjahr 1933, stand Hoepner unter seinen Kameraden mit dieser Sorge noch ziemlich allein. Jetzt, im Winter 1939, wurde sie von vielen Vertretern der Wehrmachtsgeneralität geteilt, wie aus dem folgenden wichtigen Brief vom 7. November 1939 aus Düsseldorf an seine Frau hervorgeht:

»Du willst wissen, was ich hier tue? Zunächst bin ich in einiger Spannung, die mein Besuch in Berlin bei Halder und jetzt die Aussprache am 2. 11. bestimmt haben. Bei meiner Fahrt hierher war Reichenau im Schlafwagen 2 Stunden bei mir, nachdem er 3 Stunden mit A. H. gesprochen. Wenn nicht ein anderer wahnsinnig ist, möchte man es selbst werden. Man soll mit größtem Optimismus an eine an sich schon sehr schwere Aufgabe herangehen, obwohl überall die Kräfte fehlen. Ich schwitze nachts vor Zorn und Sorge und soll der Truppe Mut machen. Die letzte Hoffnung ist die, daß vielleicht doch noch die Vernunft siegt. Alle Soldaten sind meiner Ansicht: Rundstedt, den ich in Koblenz traf, und Bock, der heute bei mir war, wie Reichenau, Halder, Stülpnagel usw. Ich hatte gehofft, vielleicht auf 36 Stunden noch einmal kommen zu können, wage mich aber nicht fort, weil irgendeine Änderung der Befehle oder Besuche höherer Vorgesetzter möglich sind. Nach bisherigen rücke ich am 11. 11. nachmittags hier ab!«

Dieser Brief ist in vieler Hinsicht aufschlußreich. Es hat also bald nach dem polnischen Feldzug einen Besuch Hoepners bei Halder in Berlin gegeben. Aus Halders Kriegstagebuch[17] ist bekannt, daß dieser Besuch am 20. Oktober 1939 stattgefunden hat. Er wird zwar nur mit drei Worten erwähnt: »Hoepner bei mir.« Aber vielleicht ist diese knappe, lakonische Erwähnung um so vielsagender. Was besprochen wurde, ist genau nicht mehr eruierbar. Doch waren seit dem »Aktionsplan« erst dreizehn Monate vergangen. Damals hatte Halder den Startschuß zum Staatsstreich nicht gegeben, in der trügerischen Hoffnung, daß der bewaffnete Konflikt sich vermeiden lasse. Jetzt aber befand man sich mitten im Krieg, der, wenn nicht noch die Vernunft siegte, zu einem zweiten Weltkrieg werden mußte. Es war die sittliche Pflicht der Vernunftbegabten, vor allem des Generalstabs, dem Wahnsinn entgegenzutreten. Der Oberbefehlshaber des Heeres und der Chef des Generalstabs mußten dabei die Führung übernehmen. – So etwa dürfte Hoepner zu Halder gesprochen haben. Die im Brief erwähnte »Aussprache am 2. November« könnte Ergebnis des Hoepner-Besuches bei Halder gewesen sein, denn am 2. und 3. November hatten Brauchitsch und Halder die Westfront bereist, um bei den Heeresgruppen B in Düsseldorf (Generaloberst v. Bock) und A in Koblenz (Generaloberst v. Rundstedt) Lagebesprechungen durchzuführen. Beim Stab der inzwischen in »6. Armee« umbenannten Armee Reichenau fand diese Besprechung am Vormittag des 2. November statt[18]. Obwohl über das vorausgegangene zweistündige Gespräch Hoepners mit Reichenau im Schlafwagen Berlin–Düsseldorf keine Einzelheiten überliefert sind, darf angenommen werden, daß Hoepner sein gutes Verhältnis zu diesem Armee-Oberbefehlshaber genutzt hat, um ihn auf die Lagebesprechung mit der Heeresführung einzustimmen. Zur Charakterisierung von Reichenaus umstrittener Gestalt sei hier eine verläßliche deutsche Quelle gesprochen. Wenn nicht ein anderer wahnsinnig ist, möchte man es selbst werden. Man soll mit größtem Optimismus an eine an sich schon sehr schwere Aufgabe herangehen, obwohl überall die Kräfte fehlen. Ich schwitze nachts vor Zorn und Sorge und soll der Truppe Mut machen. Die letzte Hoffnung ist die, daß vielleicht doch noch die Vernunft fingt. Alle Soldaten sind meiner Ansicht: Rundstedt, den ich in Koblenz traf, und Bock, der heute bei mir war, wie Reichenau, Halder, Stülpnagel usw. Ich hatte gehofft, vielleicht auf 36 Stunden noch einmal herkommen zu können, wage mich aber nicht fort, weil jederzeit eine Änderung der Befehle oder Beschlüsse höherer Vorgesetzter möglich sind. Nach bisherigem würde ich am 11.11. machen. Hier ab! Ich schreibe bald wieder. Gr. u. K.! Manni zitiert: ». . . er war der politischste Soldat, den die Reichswehr außer Schleicher je in ihren Reihen hatte . . . Reichenau war ein sehr moderner Soldat, technisch begabt und interessiert, mit großem sozialem Verständnis – der einstige Gardeleutnant hatte durch den Fußballsport früh mit der Arbeiterschaft Fühlung gewonnen . . . Ein kluger, weitgebildeter, sprachkundiger Mann, der schnell, fast leichtfertig scheinend Entscheidungen traf, ehrgeizig und nicht ohne Eitelkeit . . . Bei Hitler und seinen ›Paladinen‹ war er wechselnd in Gunst oder Ungnade. Die Partei fürchtete in ihm einen überlegenen Mann vom anderen Fach, wenn sie ihn auch zu den wenigen Nazis im Heere rechnete, und sah seinen vertrauten Umgang mit Hitler nicht gern. Er hat später oft mit Sorge Hitlers Entwicklung beobachtet. Die ihn näher kannten, sind heute der Meinung, daß er wahrscheinlich aus der Erkenntnis der politischen und militärischen Irrwege ein Mann der Widerstandsbewegung geworden wäre. Kompromisse waren gegen seine Natur.«[19]

Die »Aussprache« zwischen Brauchitsch/Halder einerseits und Reichenau/Hoepner andererseits, der vermutlich auch Generaloberst v. Bock beiwohnte, sollte der Heeresführung Argumente liefern, um bei Hitler eine Verschiebung der von ihm auf den 12. November terminierten Westoffensive durchzusetzen. Reichenau hatte diesbezüglich schon am 25. Oktober bei Hitler vorgearbeitet[20]. Die Themen waren also rein militärisch. Trotzdem gehört die Besprechung vom 2. November, ebenso wie diese ganze Frontreise von Brauchitsch/Halder, »in den Zusammenhang des Widerstandes mit den Mitteln des Ressorts«[21]. Daß am Ort der Lagebesprechung, in Düsseldorf, eine verzweigte Widerstandsgruppe gegen den Nationalsozialismus existent war, dürfte von den versammelten Herren des militärischen »Ressorts« damals nur Hoepner richtig bekanntgewesen sein. Es gab dort einen politisch und religiös motivierten »rheinischen Widerstandskreis«, der sich vor allem um den früheren Oberbürgermeister Dr. Lehr sammelte[22]. Ob Hoepner mit diesem Kreis Berührung hatte, ist nicht ersichtlich. Hingegen steht fest, daß er über Jahre hinweg mit entschiedenen Hitler-Gegnern aus der rheinischen Regierung und Wirtschaft engen Kontakt hielt. Wir wissen es von Staatssekretär a. D. Carl Schmid, der als Zeuge in Nürnberg über Hoepners Einsatz im Widerstand ausgesagt hat. Von Schmid ist außerdem ein Brief an Frau Irma Hoepner vom Februar 1947 erhalten, worin er schreibt:

»Ihr Gatte machte mir bald nach Antritt seines Kommandos als Divisionskommandeur in Wuppertal, etwa in der zweiten Hälfte des Jahres 1937, seinen Antrittsbesuch auf der Düsseldorfer Regierung u. äußerte sich über die gesamten damaligen Verhältnisse mit solchem Freimut, daß unsere vollständige Übereinstimmung von vornherein auf der Hand lag. Er berichtete mir eingehend von seinen Erlebnissen mit dem Gauleiter Koch in Ostpreußen und bekannte sich ganz entschieden zu der Meinung, daß das nationalsozialistische Regierungssystem unter Anwendung jeden geeigneten Mittels möglichst bald zu Fall gebracht werden müßte, weil es durch Größenwahn und Korruption völlig entartet sei und zu einer unabsehbaren Katastrophe führen müsse. Bei weiteren gelegentlichen Zusammenkünften im Jahre 1938 konnte ich in noch schärferem Maße immer die gleiche Haltung Ihres Gatten feststellen. Im Gegensatz zu anderen mir bekannten höchsten Vertretern der Wehrmacht, die zwar auch im vertraulichen Kreis scharf kritisierten, aber wenig Aktionsbereitschaft zeigten, war Ihr Gatte immer vollgeladen von Energie und ohne Zögern bereit, sich persönlich in die praktische Aktion einzuschalten. Dieser Umstand führte uns in den ersten Monaten des Krieges noch enger als bisher zusammen. Ihr Herr Gemahl, der inzwischen zum Kommandierenden General eines Panzerkorps aufgerückt war und in Düsseldorf in Quartier lag, siedelte auf meinen Rat in das hiesige Hotel Monopol der Familie Zeutzschel über und wohnte dadurch mit mir unter einem Dach. Hier hatten wir vom Oktober 1939 ab häufig vertrauliche Beratungen, die gelegentlich auch im Haus des mir befreundeten Barons Schlotheim, Schloß Roland bei Düsseldorf, stattfanden, in das ich Ihren Gatten eingeführt hatte. Wir waren uns völlig klar darüber, daß ein militärisches Vorgehen notwendig war, bevor mit der geplanten Westoffensive der Krieg sich zu einem neuen Weltkrieg ausweitete. Ihr Gatte fand sich dann Anfang März 1940 bereit, mit Herrn Dr. Schacht und mir in meiner Zehlendorfer Wohnung zusammenzutreffen. Diese Besprechung nahm einen vollen Vormittag in Anspruch und fand zeitweise unter 4 Augen zwischen Ihrem Gatten und Herrn Dr. Schacht, im wesentlichen aber in meiner Gegenwart, statt. Ihr Gatte teilte durchaus die Ansicht von Herrn Dr. Schacht und mir, daß man sich nicht auf den schwer durchführbaren Plan einer Aktion gegen das gesamte Führerhauptquartier beschränken, sondern notfalls auch vor einem Attentat auf die oberste Stelle nicht zurückschrecken solle. Entscheidend sei, daß überhaupt ohne Verzug gehandelt werde und daß man sich nicht mit allzu komplizierten Überlegungen der Modalitäten im einzelnen belaste. Ihr Herr Gemahl erklärte allerdings, daß es nicht zu machen sei, wenn nicht Brauchitsch und Halder zum mindesten ihr volles Einverständnis aussprächen. Dr. Schacht und ich gewannen nach der mehrstündigen Beratung die Überzeugung, daß Ihr Gatte absolut entschlossen sei, das Regime zu liquidieren und daß er seine ganze Person hierfür einsetzen werde. Er ließ keinerlei Zweifel darüber, daß er sich nicht mehr durch die Aussicht auf billige militärische Lorbeeren von dem politisch richtigem Wege abdrängen ließe und daß er gegen eine Verzögerungstaktik der obersten militärischen Führung alles erdenkliche aufbieten wolle. Einige Tage danach hörten wir dann allerdings von Ihrem Herrn Gemahl, daß Brauchitsch und Halder die Aktion für verfrüht hielten und mit größtem Nachdruck auf einem weiteren Zuwarten beständen. Ihr Gatte hat aber bestimmt seine äußerste Kraft eingesetzt, um den Krieg vor seiner entscheidenden Wende noch aufzufangen . . .

Ihr Herr Gemahl war ein Repräsentant des alten ehr- und pflichtbewußten deutschen Offiziers. Er hat weit eher als die meisten anderen militärischen Führer den kriminellen und pathologischen Kernpunkt des nationalsozialistischen Regimes erkannt und für seinen Teil die klaren Konsequenzen bis zur persönlichen Aufopferung gezogen. Wäre es nach ihm gegangen, so hätten wir die furchtbare Katastrophe noch eben rechtzeitig aufgefangen . . . Von den vielen militärischen Persönlichkeiten, die ich im Laufe der letzten Jahre kennengelernt habe, stelle ich neben den Generalobersten Beck Ihren Gatten wegen seines klaren Blickes und seiner hervorragenden charakterlichen Zuverlässigkeit in die erste Reihe.«

Wenn angesichts dieser Zeugenaussage es eines Beweises bedarf, wie problematisch die These vom »unpolitischen Offizier« Seecktscher Prägung ist, dann ist er hier gegeben: Die klare Forderung, sich parteipolitisch nicht festzulegen, mußte nicht zwangsläufig zur Indifferenz in politischen Fragen führen. Die Ungebundenheit in der Parteienlandschaft zum vollen Einsatz für den Staat kann auch heute noch ein höchst erstrebenswertes Ziel sein. Von 1919–1932 war die Reichswehr die »Klammer des Reiches«, das eine parlamentarische Demokratie war, gewesen. Alle Aktionen, die der bewaffneten Macht von der Republik übertragen wurden, sind in ihrem Staatsinteresse gelöst worden. Insofern stand der Soldat in einer hochpolitischen Funktion, weshalb bei der Machtergreifung auch sofort von der NSDAP die Forderung nach der »Entpolitisierung« der Waffenträger erhoben wurde[23]. Während nicht wenige Offiziere die unter Seeckt geforderte Abstinenz mißverstanden und diesen Denkfehler im »Dritten Reich« in noch viel verhängnisvollerer Weise zur Grundlage für ihr Verhalten machten, muß festgehalten werden: Erich Hoepner stand schon in sehr früher Stunde energiegeladen zur Tat bereit, wenn er von dem verantwortlichen Oberbefehlshaber gerufen werden würde; dies im Reichsinteresse in einem Kreis von wenigen zu einem Zeitpunkt, in dem eine Aktion Erfolg versprach. Das wird man beachten müssen, schreitet man zur Bewertung desselben Mannes, der – in die Situation des 20. Juli 1944 gestellt – nur noch, wie Tresckow, das unwiderrufliche, lähmende »Zu spät« zu registrieren vermochte und sich selbst dann nicht versagte.

Das Einwirken der Heeresgeneralität auf Brauchitsch und Halder, wobei Hoepner sich am meisten exponierte, hatte jedenfalls zunächst das Ergebnis, daß Brauchitsch am 5. November, begleitet von Halder, in die Reichskanzlei ging, um Hitler alle Argumente gegen den Angriffsbeginn am 12. November vorzutragen. Während aber Halder im Vorzimmer verbleiben mußte, wurde Keitel von Hitler zugezogen. Als Brauchitsch darauf hinwies, daß der Kampfgeist der deutschen Infanterie im Polenfeldzug weit hinter dem von 1914 zurückgeblieben sei, daß sogar Disziplinwidrigkeiten wie 1918 vorgekommen seien, bekam Hitler einen seiner Wutanfälle, entriß Brauchitsch sein handgeschriebenes Konzept, verlangte Beweise, Einzelheiten über ergriffene Maßnahmen, Todesurteile usw. Der sensible Oberbefehlshaber des Heeres war außerstande, im gleichen Ton mit genauen Angaben zu kontern. Hitler beendete in verletzender Art die Unterredung und stieß noch die Drohung aus, er habe den »Geist von Zossen« erkannt und werde ihn »ausrotten«[24]. Als Halder auf dem Heimweg von dem erregten Brauchitsch über die gegen den »Geist von Zossen« ausgestoßene Drohung unterrichtet wurde, erschrak er zutiefst. Alles deutete darauf hin, daß die Staatsstreichplanungen Hitler bekanntgeworden waren und dieser zum Schlag gegen die Fronde ausholte. In Zossen angekommen, gab Halder Befehl zur sofortigen Vernichtung der diesbezüglichen Unterlagen.

Obwohl die Unterredung zur weiteren Verschiebung der Westoffensive beigetragen haben mag, muß man den 5. November 1939 doch zu den zahlreichen »schwarzen Tagen« der deutschen Heeresgeschichte des 20. Jahrhunderts rechnen. Dem Oberbefehlshaber des Heeres war in der Konfrontation mit dem Diktator endgültig der Schneid abgekauft. Hoepners Ringen um den ihm seit der gemeinsamen Königsberger Zeit nahestehenden Brauchitsch hatte von da an etwas Unrealistisches, war »verlorene Liebesmüh«. Offenbar hat er auch nie erfahren, was sich am 5. November in der Reichskanzlei abgespielt hatte. Und was Franz Halder betrifft, so ging die Zeit, in welcher der amtierende Chef des Generalstabes des deutschen Heeres zugleich der Kopf einer gegen den Kanzler des Deutschen Reiches gerichteten Verschwörung war, in den Monaten des »Krieges im Zwielicht« zwischen Polen- und Frankreichfeldzug im eigentlichen Sinne zu Ende. Nach Ansicht von Golo Mann hat »der deutsche Widerstand gegen H. im August und September 1938 seine höchste Dichtigkeit erreicht«[25]. Das erste Novemberdrittel 1939 mit seinen zahlreichen Lagebesprechungen, Dienstreisen und Memoranden der Heeresgeneralität dürfte an »Dichtigkeit« dem September 1938 kaum nachgestanden haben. Aber nichts kennzeichnet besser Halders Stärke als *Planer* und Schwäche als *Täter* der Widerstandsbewegung als der Umstand, daß, während die Entschlossenen wie Hoepner wieder einmal den »Startschuß« von ihm erwarteten, am 8. November im Münchner Bürgerbräukeller zwar eine Bombe detonierte, das Attentat aber mit der gesamten Militäropposition überhaupt nichts zu tun hatte. Es war das Werk eines *einzelnen,* eines schwäbischen Bibellesers und Tüftlers, der in Planung, Vorbereitung *und* Durchführung beinahe alles erreicht hätte, was die vielen militärischen und zivilen Widerstandsgruppen erstrebten. – Jedoch sollte jede Kritik an Halder stets bedenken: »In einer solchen Situation hatte sich noch kein Offizier in der Stellung des preußischen und deutschen Chefs des Generalstabes befunden.«[26]

Daß Hoepner, wie aus dem Brief des Staatssekretärs a. D. Schmid hervorgeht, sich bis März/April 1940 bemüht hat, von Brauchitsch und Halder wenn nicht das Startzeichen, so doch »mindestens das volle Einverständnis« zum Staatsstreich zu bekommen, war wohlbegründet. Nur wenn es gelang, Hitler auszuschalten *vor* Beginn des Westfeldzuges, konnte eine Ausweitung des Krieges vermieden werden. In Paris und London amtierten noch die Friedenskabinette Daladier und Chamberlain, noch nicht die Kriegskabinette Reynaud und Churchill, was die Konfliktbeendigung nach Entmachtung Hitlers erleichtern mußte. Mit London hatte die Gruppe um Beck und Oster über den Vatikan bereits Verbindung aufgenommen.

Warum aber war es nur »zu machen« *mit* und nicht *ohne* oder gar *gegen* Brauchitsch und Halder? War ein Kommandierender General vom Ansehen Hoepners in diesen Monaten nicht Manns und Macht genug zum Putschen? – Wer so denkt, zeigt damit nur, daß er nichts weiß von preußisch-deutscher Wehrgeschichte und Offiziersethik, vor allem aber nichts weiß vom Wesen des totalitären Staates, seiner ideologischen Beeinflussung und Beherrschung der breiten Massen, seinem Funktionärs- und Spitzelapparat, der bis in die Streitkräfte hineinreichte. Nun gab es im Heer aber noch andere hohe Offiziere von gleicher Reputation und beinahe gleichem Einfluß wie der Oberbefehlshaber und der Chef des Generalstabes. Es waren dies die drei Heeresgruppenführer v. Rundstedt, v. Bock und v. Leeb. Sie waren wie Hoepner der Ansicht, daß ein neuer Weltkrieg, wie er durch die Westoffensive eröffnet würde, zu einem schlimmeren Ende als 1918 führen müsse. Generaloberst v. Rundstedt, dienstältester Offizier des Heeres, war Hoepner als unmittelbarer Vorgesetzter beim Gruppenkommando in Berlin gut bekannt. Er war ein überragender Könner, genoß sehr hohes Ansehen, war, nach Ansicht Liddell Harts, »ein weit fähigerer Soldat als Hindenburg, fähiger sogar als die Zweiheit Hindenburg-Ludendorff zusammen«[27]. Daß Rundstedt nie eine wirkliche Hoffnung der Militäropposition werden konnte, erhellt aber aus folgendem Urteil Hitlers: »Rundstedt schätze ich sehr. Er ist ein gerader Soldat, der sich um Politik nicht kümmert.«[28] Ähnlich verhielt es sich mit Fedor v. Bock, für den, wie für Schlieffen, nur Aufmarschpläne, Truppengliederungen, Operationsziele usw. existierten. Demgegenüber war Generaloberst Ritter v. Leeb, der gleich Halder dem katholischen Bayern und seinem Generalstab entstammte, durchaus bereit, dem Amokläufer Hitler entgegenzutreten. Aber auch Leeb, obwohl dienstälter als Halder und sogar als Brauchitsch, ging den Weg der Denkschriften und erwartete vom Oberbefehlshaber und vom Chef des Generalstabs das Signal für den Staats-

streich[29], der in solchen Lagen – auch wegen der metaphysischen Verantwortung – nur vom verantwortlichen obersten Soldaten kommen durfte.
Ein Armeeführer im Westen allerdings war im Herbst 1939 fest entschlossen, Hitler zu stürzen: der frühere Chef der Heeresleitung, Generaloberst v. Hammerstein-Equord, ein alter Gegner der Nationalsozialisten, von Reichskanzler Brüning damals charakterisiert als »Mann ohne Nerven«, von Fachleuten geschätzt als »militärisch hochbegabt, ungewöhnlich klug und kritisch veranlagt, politisch sehr interessiert und von klarem, nüchternem Urteil«[30]. Bei Kriegsbeginn war v. Hammerstein reaktiviert und mit dem Oberbefehl über die Armee-Abteilung A im Norden der Westfront betraut worden. Dort wollte er den Diktator bei einem Besuch seines Armeestabes festnehmen und entmachten. Aber Hitler erschien nicht, sondern enthob den ihm seit langem mißliebigen v. Hammerstein nach wenigen Wochen wieder seines Kommandos[31]. Als Hoepner an die Westfront kam, war v. Hammerstein bereits endgültig im Ruhestand; sein Name ist in Hoepners Briefen aus diesem Zeitraum auch nicht erwähnt.
Im Sammelwerk über den Widerstand gegen Hitler ist festgehalten, daß zu den Staatsstreichplänen im Herbst 1939 »sich militärisch namentlich der General Hoepner, politisch die Gruppe Goerdeler-Beck zur Verfügung gestellt hatte«[32]. Es bleibt charakteristisch für den Soldaten Hoepner, daß er nach einem Feldzug, der seine Laufbahn als Truppenführer gekrönt, ihm Auszeichnung, Ruhm und Ehre gebracht hatte, er nicht wie andere darüber das »große Ganze« vergessen konnte. In den Briefen vom Herbst und Winter 1939/40 werden viel Einladungen erwähnt zu Gesellschaften, Jagden, Opernaufführungen usw., welche dem erfolgreichen Panzergeneral damals zugingen. Seine Grundstimmung in diesem Düsseldorfer Halbjahr gibt aber doch am besten jener Satz aus dem Brief vom 7. November wieder: »Ich schwitze nachts vor Zorn und Sorge . . .«

---

1 Vgl. Nikolaus v. Vormann: »Der Feldzug 1939 in Polen«. Weißenburg (1958). S. 61 f.
2 Dabei fällt auf, daß im Rückblick auf die Gegebenheiten des Ersten Weltkrieges noch der Durchbruchsgedanke, nicht die Umfassung dominierte.
3 Vgl. Generaloberst Halder: »Kriegstagebuch«. Bd. I., S. 14. 14. August 1939. Stuttgart (1962).
4 Im Brief an den Verfasser vom 9. Oktober 1977.
5 Generalleutnant a. D. Ferdinand Heim im Brief an den Verfasser vom 10. September 1975.
6 Vgl. über den Gesamteinsatz der 1. Panzerdivision: »1. Panzerdivision 1935–1945«. Aufgezeichnet und bearbeitet von Rolf O. G. Stoves. Bad Nauheim (1961).
7 General der Panzertruppe a. D. Walther Wenck im Brief an den Verfasser vom 22. Oktober 1977.
8 Anmerkung 6. S. 60.
9 Vgl. Karl J. Walde: »Guderian«. Frankfurt/Main–Berlin–Wien (1976). S. 70.
10 Vgl. hierüber: »Halderbrief über die Operationsführung im Polenfeldzug«. Auszugsweise abgedruckt in: Rolf Elble: »Die Schlacht an der Bzura 1939«. Freiburg (1975). S. 233–235.
11 General a. D. Heusinger im Gespräch mit dem Verfasser am 5. Februar 1977 in Köln-Marienburg.
12 Vgl. Chales de Beaulieu: »Generaloberst Erich Hoepner«. S. 32.
13 Vgl. Hans Reinhard: »Die 4. Panzer-Division vor Warschau und an der Bzura vom 9.–20. September 1939«. In: »Wehrkunde« 7 (1958), Heft 5. S. 237 ff.
14 Vgl. Chales de Beaulieu: »Generaloberst Erich Hoepner . . .«. S. 69.
15 Vgl. Generaloberst Halder: »Kriegstagebuch«. Bd. I. 24. September und 3. Oktober 1939. »Vom Polenfeldzug bis zum Ende der Westoffensive«. Stuttgart (1962). S. 84 und 96. (Im folgenden immer: Halder: »Kriegstagebuch«.)
16 Vgl. »Vollmacht des Gewissens«. Frankfurt/Main–Berlin (1960). S. 391.
17 Vgl. Halder: »Kriegstagebuch«. Bd. I. S. 109.
18 Vgl. Halder: »Kriegstagebuch«. Bd. I vom 3. November 1939. S. 117.

19 Vgl. Hermann Foertsch: »Schuld und Verhängnis«. Stuttgart (1951). S. 31 f.
20 Vgl. über das spannungsgeladene erste Novemberdrittel 1939 insbesondere: Erich Kosthorst: »Die deutsche Opposition gegen Hitler zwischen Polen- und Frankreichfeldzug«. Bonn (^{3}1957). S. 93–114.
21 Erich Kosthorst: »Die deutsche Opposition gegen Hitler zwischen Polen- und Frankreichfeldzug«. Bonn (^{3}1957). S. 94.
22 Ibid., S. 18, Anmerkung 7a.
23 Vgl. Carl Hans Hermann: »Deutsche Militärgeschichte«. Frankfurt/Main (^{2}1968). S. 345–414.
24 Vgl. Erich Kosthorst, a.a.O. S. 98–101.
25 Vgl. Golo Mann: »Deutsche Geschichte des neunzehnten und zwanzigsten Jahrhunderts (1960). S. 861.
26 Vgl. Erich Korsthorst: »Die deutsche Opposition gegen Hitler zwischen Polen- und Frankreichfeldzug«. Bonn (1957). S. 93.
27 Vgl. Liddell Hart: »Deutsche Generale des Zweiten Weltkriegs«. Heyne Sachbuch Nr. 32. München (1965). S. 65 und 69.
28 Vgl. Adolf Heusinger: »Befehl im Widerstreit«.
29 Vgl. Erich Kosthorst: »Die deutsche Opposition gegen Hitler . . .«. Bonn (^{3}1957). S. 43–47 und 167 f.
30 Vgl. Hermann Foertsch: »Schuld und Verhängnis«. Stuttgart (1951). S. 32.
31 Vgl. Fabian v. Schlabrendorff: »Offiziere gegen Hitler«. Zürich (1951). S. 56 f.
32 Vgl. »Vollmacht des Gewissens«. Frankfurt/Main–Berlin (1960). Bd. I. S. 412.

2. Im Westfeldzug

Über Wert und Unwert kriegsgeschichtlicher Erkenntnis und persönlicher Kriegserfahrung läßt sich bei Betrachtung der Weltkriege des zwanzigsten Jahrhunderts trefflich streiten[1]. In den zwei Dezennien zwischen dem Waffenstillstand von Compiègne 1918 und dem ersten Schuß des Polenfeldzugs 1939 wurde von der Frontgeneration hüben wie drüben engagiert kriegshistorische Forschung betrieben. Wie groß war auf beiden Seiten der effektive Nutzen dieses Bemühens? Leicht ist man geneigt zu glauben, der Nutzen der Historie sei nicht groß gewesen, jedenfalls nicht in Deutschland. Wurden die globalen außen- und militärpolitischen Irrtümer der Mittelmächte von 1914-1918, insbesondere ihre falsche Einschätzung der Faktoren Kräfte, Zeit und Raum, durch die Achsenmächte von 1940–1945 vermieden? Standen die Kräfte zu den später gesteckten Operationszielen 1941/42 in einem richtigeren Verhältnis als bei den Offensiven Ludendorffs vom Frühjahr und Sommer 1918? Konnten die militärischen Fachleute, gestützt auf ihre Erfahrung und Ausbildung, zu der ja kriegsgeschichtliche Studien gehörten, sich als Sachwalter der Ratio durchsetzen gegenüber Dilettanten und Phantasten? Wie war, unter anderem, der unmittelbare oder der »innere« Nutzwert der Kriegsgeschichte in jener Phase des Zweiten Weltkrieges, welche die Franzosen »drôle de guerre« nennen? Wurden die Fachleute, welche die Geschichte des Krieges 1914–1918 ernsthaft studiert und daraus ihre tiefe Besorgnis vor einem neuen Waffengang mit der großen Landmacht Frankreich und Seemacht England bezogen hatten, nicht bald darauf widerlegt durch den Laien Hitler, der die Kriegsgeschichte nicht »vom Fach«, sondern vordergründig als Dilettant betrieben und letztlich nur als »Rezept« verstanden hatte? Zeigte sich nicht die Intuition allen aus Studien gewonnenen Fachkenntnissen überlegen, der Willensmensch in der Staatsführung sich stärker und weitsichtiger als der Geistmensch an der Spitze des Generalstabs? – Wir stellen diese Fragen zurück; sie sind, wie so vieles in der Geschichte des Zweiten Weltkrieges und der Militäropposition gegen Hitler, ein Problem der Sicht und des Datums.

Hoepners Düsseldorfer Brief vom 7. November 1939 macht deutlich, wie pessimistisch die Heeresgeneralität an die Vorbereitung der Westoffensive herangegangen ist. Nicht nur die Exponenten der Fronde im Oberkommando, Halder und v. Stülpnagel, hatten schwere Bedenken, sondern auch die Generalobersten v. Bock und v. Rundstedt, welche als angesehene operative Talente mit ihren Heeresgruppen den Sieg im Westen erringen sollten. Auch war der Pessimismus offenbar nicht nur bei der älteren Generation verbreitet, welche noch die Stellungskriegs-Schlachten des Ersten Weltkriegs erlebt hatte. Obwohl zutreffen mag, daß die jüngere Soldatengeneration durch den Polenfeldzug stark in Siegesfreude versetzt und, nach Ansicht Halders, besoffen gemacht worden war, muß es doch auch unter den jungen Soldaten viele Nachdenkliche gegeben haben. Man kann dies einem Brief entnehmen, den Hoepner am 14. November 1939 aus Düsseldorf an seine Frau geschrieben hat: *»Wir haben noch keinen endgültigen Befehl. Vielleicht ist das doch ein günstiges Zeichen.* Alle *hoffen es. Sie klammern sich an die kleinsten Strohhalme.«*
Die pessimistische Lagebeurteilung führte aber nicht zur Lähmung, eher zur Steigerung der Aktivität, vor allem was die Vorbereitung der Truppe auf weitere Belastungsproben betrifft. Durch den Erfolg in Polen war Hoepner auch in seiner Tätigkeit als Ausbilder

glänzend bestätigt worden. Seine Vorgesetzten, v. Reichenau und v. Bock, erteilten ihm diesbezüglich immer neue Aufträge. Anfang Dezember litt die Ausbildung unter der Witterung, wie aus einem Brief vom 4. Dezember 1939 hervorgeht: *»Wir haben noch keinen Befehl für Beginn einer Aktion. Ich möchte annehmen, daß diese nicht vor Mitte Januar steigt. Das Wetter ist trostlos. Die Altmark, Hannover, Lippe, hier alles unter Wasser. Der Rhein überspült hier die Ufer-Straßen. Die Truppe übt nun. Man hat mir jetzt 8 Divisionen unterstellt zur Ausbildung. Ich werde ein Flugzeug für mich beantragen. Hinter den 3 Inf.-Divisionen vorn habe ich 5 Pz.-Divisionen im Raum ostwärts des Rheins von Osnabrück bis Siegburg. Jetzt fahre ich zum Artillerie-Schießen nach Wahn.«* Drei Tage später teilte er mit: *»Gestern und heute war ich zu Übungen bei Krefeld und Wesel, werde in den nächsten Tagen viel herumfahren: Osnabrück, Teutoburger Wald, Senne, Warburg, Lüdenscheid, Olpe. Am 12. abends will ich aber hier sein, um nach Befehlen zu fragen.«*

Am Sonntag, 28. Januar 1940, hat eine weitere Besprechung zwischen Hoepner und Halder stattgefunden. Halders erster Eintrag ins Tagebuch an diesem Tag lautete: »Hoepner: 10.30–12.00 Aussprache über Lage.«[2] Anderthalb Stunden sind viel Zeit, wenn man bedenkt, welcher Beanspruchung der Chef des Generalstabs damals ausgesetzt war. Was »dienstlich« besprochen worden ist, läßt sich erahnen. Knapp zwei Wochen später, am 10. Februar 1940, berichtete Hoepner seiner Frau: *»Ich habe Dir noch gar nicht geschrieben, daß mein Chef gewechselt hat. Heim ist als Abt. Chef in den Gen. Stb. des Heeres versetzt worden. Sehr schade um ihn! Chales de Beaulieu ist Nachfolger. Nun sind auch die Kommandeure meiner 1., 3. und 4. Pz.Div. Kommandierende Generale geworden. Geyr erhielt das XXIV. Korps bei Kaiserslautern.«* – Höhere Stellenbesetzungen wurden von Halder besonders sorgfältig vorgenommen; wir dürfen davon ausgehen, daß er die das XVI. Armeekorps betreffenden Veränderungen mit Hoepner beraten hat. Es muß aber auch einen »außerdienstlichen« Gesprächsteil gegeben haben, den wir nach allem, was wir über Hoepner und Halder schon wissen, ebenfalls ahnen können. Darin wird Hoepner erneut betont haben, daß man baldigst handeln müsse, wenn die Westoffensive, die mit einer Hand vorbereitet wurde, mit der anderen noch rechtzeitig vermieden werden sollte. – Beweise hierfür gibt es nicht.

In dieser Hinsicht war am 16. Januar 1940 auch durch Beck wieder auf Halder eingewirkt worden. Im Tagebuch verzeichnete Halder an diesem Tag u. a. eine »Besprechung mit Beck«[3]. Sie fand nach einem Besuch Halders beim erkrankten v. Brauchitsch im Villenviertel Berlin-Dahlem statt. Dort wanderten der amtierende und der entlassene Generalstabschef durch die winterlich-kalten, menschenleeren Straßen und besprachen die »Lage«. Auf Drängen Becks, daß endlich etwas geschehen müsse, den Amoklauf Hitlers zu beenden, reagierte Halder gereizt. Vor zwei Jahren, bei der Fritsch-Krise, hatte er, Halder, seinen damaligen Vorgesetzten Beck gedrängt, gegen das Regime aktiv zu werden. Damals hatte Beck sich verweigert, obwohl die Voraussetzungen zum Staatsstreich weit günstiger waren als jetzt. Insgesamt hat dieses Dahlemer Gespräch wohl mehr zur Entfremdung als zur Zusammenarbeit zwischen den beiden Köpfen der Militäropposition beigetragen. Über das Gespräch mit Hoepner indessen hat Halder zwei Tage später dem Oberbefehlshaber des Heeres berichtet, wie aus der Tagebucheintragung am 30. Januar 1940 ersichtlich ist: »Vormerkung ObdH . . . 10. Gespräch mit Hoepner. Stimmung! – Reisen!«[4]

Daß Hoepner auch in den folgenden Monaten des »Krieges im Zwielicht« neben seinen vielfältigen Aufgaben als Truppenführer und -ausbilder die militärische Gesamtlage immer wieder kritisch analysiert hat, beweist einer der letzten Düsseldorfer Briefe, datiert vom 16. April 1940, besonders deutlich:

»Ich bin hier ziemlich beschäftigt. Fedi Bock, der ja auch jetzt in D. liegt, hat mir noch die Aufsicht über Divisionen der Nachbar-Armee übertragen. Dazu muß ich morgen wieder nach der Senne; komme am 19. abends zurück. Am 22. soll ich ein großes Planspiel leiten, an dem etwa 100 Leute von 2 Armeen teilnehmen. Alles wird gehetzt, weil fast schon für jeden Tag auch für uns der Befehl zum Angriff erwartet wird. Emil *muß sich doch irgendwie Luft machen. Die Engländer schnüren uns allmählich alles ab. Wir sitzen mitten drin und können an den Fingern ausrechnen, wie lange wir noch leben können. Daraus ergibt sich die Notwendigkeit, in diesem Jahr den Schluß des Krieges herbeizuführen. Ich sehe in der dänisch-norwegischen Expedition für uns eine schwere Belastung. Ganz abgesehen von der politischen Auswirkung auf die Welt ist die militärische Lage recht unglücklich. Wir haben den Kriegsschauplatz erweitert und damit unseren schon nicht übermäßig starken Kräften mehr Aufgaben geschaffen. Die Versorgung ist auch sehr schwierig und fordert vermehrt Material und Betriebsstoff. Dazu kommt die notwendige Ernährung von neuen 7 Millionen Zivilisten. Bekommen wir dafür wirklich das Erz nunmehr in größerer Menge herein? M. A. ist das jetzt ungünstiger als vorher. Narwik fällt doch aus! Dafür die Riesenverluste unserer Marine? Hat diese überhaupt noch eine Bedeutung? Die Luftwaffe verpufft ihre Überlegenheit in weiten Anflügen zu Nebenplätzen.«*

Vermutlich ist dieser Brief nicht über Feldpost, sondern durch Kurier zu Frau Irma Hoepner nach Berlin gelangt. Trotzdem – einem Kurier kann viel zustoßen. Wie würde die Gestapo über diese Gesamtlage-Beurteilung des Kommandierenden Generals in Düsseldorf gedacht haben? Hätte sie lange gerätselt, wer wohl mit »Emil« gemeint war? Realismus bei Beurteilung der Kriegslage galt zunehmend als Defaitismus. Aber das würde Hoepner nie davon abhalten, seine Sorgen um Deutschland sich von der Seele zu schreiben und mit vertrauten Menschen darüber zu sprechen.

Im Ringen mit Hitler um Verschiebung der Westoffensive hatten Brauchitsch/Halder stets auch den Hintergedanken, Zeit zu gewinnen für eine außen- und innenpolitische Aktion, welche die Offensive überflüssig machen und den Krieg beenden würde. Um dieses Ziel zu erreichen, hätten sie aber als erste das Herz über die Hürde werfen müssen. Sie konnten es nicht. Allerdings wurde ein Aufschub von November 1939 bis Mai 1940 durchgesetzt und damit die Voraussetzung für einen siegreichen Feldzug *entscheidend* verbessert. Auf die in diesen Monaten allmählich sich vollziehende Wandlung des Operationsplans kann hier nicht näher eingegangen werden[5]. Jedoch ist von Interesse, wie Hoepner über einen starken, die Entscheidung bringenden Nordflügel im Sinne des alten Schlieffenplans gedacht hat. Dieser wurde vor allem vom Oberbefehlshaber der Heeresgruppe B befürwortet, Generaloberst v. Bock, dem Hoepner unterstellt war. Wir kennen Hoepners Art, seine Meinung auch dann mit Nachdruck zu vertreten, wenn sie von derjenigen der Vorgesetzten abwich. Er hat es auch in Düsseldorf beim Meinungsstreit pro und contra »Neuauflage des Schlieffenplans« getan – und sich damit wieder als echter Schüler Graf Haeselers erwiesen, der bekanntlich Schlieffens Operationsplan wegen der außenpolitischen wie auch militärisch-führungsmäßigen Problematik reserviert gegenübergestanden war. Chales de Beaulieu hat in seinen Aufzeichnungen im Düsseldorfer Winter 1939/40 festgehalten: »Ich begleitete Hoepner zum Ständehaus, wo die Armee Reichenau untergebracht war. Hoepner wurde von Reichenau und Paulus eingewiesen; als die beiden (Hoepner und Paulus) aus Reichenaus Zimmer kamen – ich, damals noch Ia, hatte solange außerhalb gewartet –, äußerte Hoepner zu Paulus: ›Na, etwas Besseres als das mit dem *rechten Flügel* konnte Euch wohl auch nicht einfallen!‹ Darauf Paulus: ›Es steht ja noch gar nicht fest, ob's auch so durchgeführt wird.‹«

Den Verantwortlichen *war* inzwischen Besseres eingefallen als die Neuauflage des Schlieffenplans – nämlich der »Sichelschnitt«, diese letzte große, überzeugende Gemeinschaftsarbeit des deutschen Generalstabs. Zu diesem oft auch »Manstein-Plan« genannten Werk hatten der Chef der Heeresgruppe A, v. Manstein, den operativen Grundgedanken, der Chef des Generalstabs Halder und sein Stab sowie niedrigere Führungsebenen die Arbeitskraft für die gründliche Detailbearbeitung, aber auch die Nervenstärke gegenüber aufkommenden Bedenken und Friktionen gestellt. Unter dieser Verantwortung und Arbeitslast, deren Bewältigung Franz Halder nach Ansicht mancher Offiziere zum bedeutendsten deutschen Generalstabschef nach Moltke macht, mußte er seine gleichzeitige Funktion als Kopf des militärischen Widerstands nahezu zwangsläufig aufgeben. Er hatte darin als Planer im September 1938 und dann noch einmal am 4./5. November 1939 seine Höhepunkte erreicht, ohne aber zur *Tat* zu gelangen. Mit dem Ende des Winterhalbjahres 1939/40 ging die Führung der Militäropposition endgültig von Halder an Beck über. Fortan sollten sich auf die Fronde Becks ganz andere Mentalitäten, aber auch die geringere Wirkungsmöglichkeit des verabschiedeten gegenüber dem amtierenden Generalstabschef auswirken. Auch für Hoepner ging die Zeit seiner Zusammenarbeit in der Fronde mit Generalstabschef Halder bei Beginn der Westoffensive zu Ende. Zweimal hatte er sich den Staatsstreichplänen als Truppenführer zur Verfügung gestellt; das zweitemal, im Halbjahr 1939/40, war er der eigentliche Motor der Militäropposition gewesen[6]. Zweimal war der »Startschuß« nicht gegeben worden. – Das drittemal, wenn die *Tat* gewagt werden wird, wird Hoepner wieder zur Stelle sein, dann aber als Führer ohne Truppe.

Durch die Wandlung des Operationsplans hin zum »Sichelschnitt« lag der Angriffsschwerpunkt nicht mehr bei der Heeresgruppe B, was den ehrgeizigen Oberbefehlshaber, Generaloberst v. Bock, besonders schmerzte. Auch die Armee Reichenau und das unterstellte Korps Hoepner bildeten nun nicht mehr, wie in Polen, den entscheidenden Stoßkeil; trotzdem war der Auftrag noch immer wichtig und schwierig genug.

Vor allem auf das XVI. Korps warteten große Aufgaben, denn es war nach Verlegung des XIX. Korps zur Heeresgruppe A das einzige bei der Heeresgruppe B eingesetzte Panzerkorps. Ihm waren zunächst die 3. und 4. Panzerdivision sowie die 20. Infanteriedivision (mot.) unterstellt. Von denjenigen Divisionen, die in Polen unter Hoepners Führung so hervorragend gekämpft hatten, war nur die 4. Panzerdivision verblieben; jedoch hatte ihr Kommandeur gewechselt, da der hochbewährte General Reinhardt inzwischen ein Korps übernommen hatte. Der Wechsel sämtlicher Divisionskommandeure und auch des Stabschefs erleichterte Hoepner die Führungsaufgabe nicht.

Im Rahmen der Armee Reichenau durch den holländischen Maastricht-Zipfel angreifend,

sollte das XVI. Korps, der 6. Armee voraus, »nördlich der Maas und Sambre frühzeitig dem voraussichtlich nach Belgien vorstoßenden linken Feindflügel entgegengehen. Für den Einsatz des Panzerkorps war jedoch Voraussetzung, daß es der 6. Armee gelingen würde, die Brücken über die Maas bei Maastricht und weitere über den Albert-Kanal bei Veldwezelt (westl. Maastricht), Vroenhoven (südwestl. Maastricht) und bei Canne (südl. Maastricht), sowie das Fort Eben Emael im überraschenden Handstreich zu nehmen.«[7]
Während die Unternehmung der Fallschirmjäger und Lastensegler gegen die Kanalbrükken und das Fort Eben Emael erfolgreich verlief, scheiterte die Wegnahme der Maas-Brücken bei Maastricht. Sie wurden vor den Augen der gegen sie angesetzten Voraus-Kampfgruppen gesprengt; jedoch konnte schon in der Nacht zum 11. Mai eine Kriegsbrücke über die Maas in Maastricht hergestellt werden. In den Morgenstunden dieses Tages schrieb Hoepner den ersten Brief aus diesem Feldzug an seine Frau:
»Der erste Tag des folgenschweren Unternehmens ist vorüber. Mit Rücksicht darauf, daß alle Brücken gesprengt sind, ist der Erfolg gut. Das Schwerste kommt noch. Ich habe gestern zugesehen, habe soeben den Befehl für meinen Einsatz erhalten. Man hat mir wieder 4 Divisionen mit allerlei anderen Truppen unterstellt. Ich soll von Maastricht aus in die Masse der französisch-englischen Kräfte, die in letzter Nacht gegen die Linie Namur–Brüssel anmarschierten, hineinstoßen – großer Auftrag! Der liebe Gott möge uns Sieg geben!«
Am 12. Mai jedoch hatte Hoepner sich als Truppenführer weniger vor dem Feind als vor seinem Vorgesetzten, dem Oberbefehlshaber der Heeresgruppe B, zu bewähren. Dies wird deutlich aus den Kriegstagebüchern des Generalobersten v. Bock, in denen am 12. Mai sich folgende Eintragung findet: »Fahrt zur 3. Panzerdivision und zum XVI. Armeekorps in die Gegend von Tongern . . . Die 4. Panzerdivision steht in Gefechtsberührung mit französischen Panzern; da sie Betriebsstoffmangel hat und die 3. Panzerdivision noch nicht heran ist, will Hoepner abwarten. Durch die immer noch sehr schwierigen Brückenverhältnisse bei Maastricht werden Aufmarsch und Nachschub des Panzerkorps außerordentlich verzögert und erschwert . . . Trotzdem dränge ich immer wieder und betone Hoepner gegenüber, daß *schnelles* Durchstoßen des Panzerkorps auf und über Gembloux von größter Bedeutung ist. Ich weiß, daß ich mich nicht beliebt mache – und Hoepner empfängt mich schon mit den Worten: ›Mich brauchen Sie nicht zu drängen!‹ Ich muß aber das Äußerste verlangen . . . Abends eingehendes Gespräch mit Reichenau . . . ›Was jetzt an Engländern und Franzosen vor uns steht, sind vorgeworfene Teile. Bei schärfstem Zufassen besteht vielleicht die Möglichkeit, diese Teile zu schlagen und in die Dyle-Stellung einzubrechen, *bevor* die Masse des französischen Heeres da ist. Das muß unter allen Umständen versucht werden! Alle kleinen Widrigkeiten, die beim Panzerkorps zweifellos bestehen, müssen diesem Ziel gegenüber überwunden werden.‹ Hoffentlich habe ich Reichenau überzeugt!«[8]
Generaloberst v. Bock hatte den Armeeführer v. Reichenau *nicht* überzeugt. Wie aus weiteren Hoepner-Briefen ersichtlich, entstand zwischen beiden Generalobersten bald ein gespanntes Verhältnis, vor allem wegen des Einsatzes des Panzerkorps. Operativ war v. Bock, an taktisch-technischem Sachverstand v. Reichenau überlegen. Für Hoepner war v. Reichenau, wie sich schon im Polenfeldzug gezeigt hatte, ein nahezu idealer Vorgesetzter, weil er den Panzerführer am langen Zügel führte und ihn gleichzeitig gegen

übertriebene Forderungen der obersten Führung abschirmte. Allerdings besaß Hoepner selbst auch im hohen Maße die Kraft, sich nach oben durchzusetzen.

Sie hat ihn auch am 12. Mai bei der Begegnung mit dem Oberbefehlshaber der Heeresgruppe nahe Tongern nicht verlassen, wie aus dem Brief vom 13. Mai deutlich wird: *»Wir sind bisher wohl allein in wirklichen Kampf gekommen. Reichenau ist mit mir in allem einig. Bock drängelt, war gestern bei mir, wurde belehrt und war dann auch zufrieden.«*

Es hat also der Kommandierende General den Oberbefehlshaber der Heeresgruppe darüber *»belehrt«*, daß im Panzerkrieg Betriebsstoffmangel keineswegs nur eine »kleine Widrigkeit« ist; daß mit leeren Tanks liegengebliebene Panzer ihren Angriffsauftrag nicht erfüllen können und zur leichten Beute der feindlichen Waffen werden. Auch wohl darüber, daß beim Einsatz gepanzerter Kräfte der Grundsatz gilt: »Nicht kleckern, sondern klotzen«; daß man mit dem französischen Kavalleriekorps (mot.) rechnen müsse, dem die 4. Panzerdivision allein mit ihrer noch schwachen Ausstattung an Panzern III und IV nicht gewachsen war. – Etwa zur selben Zeit, am Pfingstsonntag, dem 12. Mai, als Hoepner gegenüber Generaloberst v. Bock sich mit dem Entschluß durchsetzte, den Kampf gegen das zu erwartende französische Kavalleriekorps und den Angriff auf die starke Dyle-Stellung nur mit beiden Panzerdivisionen geschlossen zu führen, zeichnete sich auf dem Höhengelände im Zuge der Straße Tirlemont–Huy bereits ab, wie richtig der Kommandierende General die Lage beurteilte. An dem wichtigen Straßenknotenpunkt Hannut war das Panzerregiment 35, geführt von seinem schon bei Warschau und an der Bzura hochbewährten Kommandeur, Heinrich Eberbach, auf die Panzer des Kavalleriekorps gestoßen. Aus diesem ersten Gefecht Panzer gegen Panzer entwickelte sich in den nächsten 48 Stunden die erste Panzerschlacht des Zweiten Weltkriegs und die größte des Westfeldzugs[9].

Eine noch am Abend des 12. Mai von Oberstleutnant Eberbach geführte gewaltsame Aufklärung über Thismes auf Perwez war bei hereinbrechender Dunkelheit unter heftigem Abwehrfeuer liegengeblieben. Die Kampfgruppe war, ohne es zu wissen, gegen die Verteidigungsstellung der 3. leichten mechanisierten Division angerannt. In dem kurzen Feuerkampf hatte sich etwas gezeigt, was die deutschen Panzermänner beunruhigte: Die Geschosse aus den Maschinengewehren und Bordkanonen der Panzer I, II und III waren gegen die schweren Somua-Panzer ohne Wirkung geblieben. »Die Erkenntnis, daß etwa 70 % der eigenen Panzerwaffe den schweren Feind-Panzern nicht gewachsen war, drückte die vorher vorhandene Siegesstimmung merklich herab. So sah man bei der 4. Pz. Div. dem nächsten Kampftag mit einiger Sorge entgegen . . .«[10] – Für Hoepner, der die Entwicklung des französischen Kavalleriekorps (mot.) jahrelang aufmerksam verfolgt und der genaue Kenntnis seiner Ausstattung hatte, kann die Sorge nicht geringer gewesen sein. Trat ihm dieser Feind *geschlossen* entgegen, so mußte er mit 260 Somua-Panzern rechnen, denen er nur 80 Panzer IV als gleichwertige Gegner entgegenzustellen hatte.

Am nächsten Tag, 13. Mai, zeigte sich jedoch, daß, im Gegensatz zu Hoepner, der französische Führer eine zentrale Clausewitzsche Lehre nicht berücksichtigt hatte: ». . . seine Kräfte zusammenzuhalten!« Um die Mittagszeit des Pfingstmontags traf der Stoß der nunmehr vereinigten beiden Panzerdivisionen mit der vollen Wucht ihrer vier Panzerregimenter die westlich Hannut linear aufgestellte 3. mot./mech. Division. Anstatt in beweglicher Kampfführung dem schwer bedrängten linken Nachbarn zu Hilfe zu eilen,

verblieb die 2. mot./mech. Division starr in ihren Stellungen. Die 3. mot./mech. Division, weit aufgestellt, unternahm mit ihren Panzer-Eskadrons zwar tapfere, aber zersplitterte Gegenstöße; ihre Stellung wurde von Süden her aufgerollt. Im ritterlichen Kampf Panzer gegen Panzer entschied die durch den Funk gewährleistete höhere Beweglichkeit der Führung, aber auch die des Einzelpanzers an sich, immer mehr zugunsten der deutschen Besatzungen. Dank dieser überlegenen Beweglichkeit gelang es auch, die schwachen Stellen der dicken Somua-Panzer zu entdecken und auszunutzen. Schwer angeschlagen mußte schließlich die französische Division sich hinter das Panzerhindernis von Cointet – »le barage Cointet«[11] – zurückziehen.
Sie hatte an die 80 Panzer, davon 30 vom Typ Somua, verloren. Die drei Bataillone des Dragonerregiments mußten in ein Bataillon zusammengefaßt und in Reserve genommen werden.
Die schweren Kämpfe an den Pfingstfeiertagen 1940 sind als »Panzerschlacht von Hannut« in die Kriegsgeschichte eingegangen[12]. Auf beiden Seiten ist mit großer Tapferkeit gekämpft worden. Grundlage für den deutschen Sieg war die wendigere Führung von den Regimentskommandeuren bis zu den Panzerkommandanten. Daß diese sich auswirken konnte, war das Verdienst des Kommandierenden Generals, der den Oberbefehlshaber der Heeresgruppe B »belehrt« hatte, daß panzermäßig geführt werden müsse. Der gegnerische Führer, General Prioux, war wie Hoepner Kavallerist und sogar letzter Generalinspekteur der französischen Kavallerie gewesen. Dessen Unglück war es, daß er

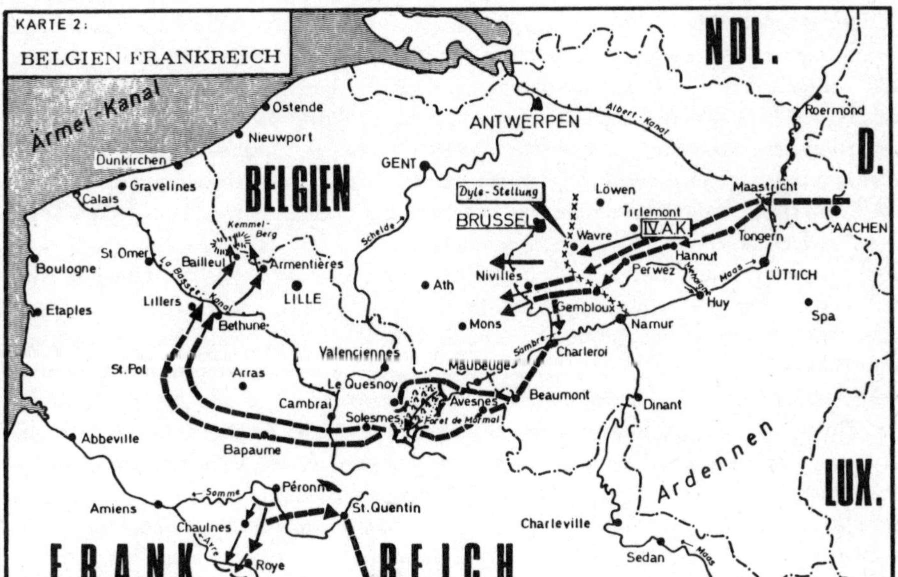

sich nicht wie Hoepner gegenüber dem Oberbefehlshaber seiner Heeresgruppe 1, General Billotte, durchsetzen konnte, sondern zum Verzicht auf bewegliche Kampfführung und zur Durchführung des »Plan Dyle« in einer einzigen Sicherungslinie festgelegt wurde. Im umgekehrten Falle hätte es, nach Ansicht einer Autorität wie Generaloberst Hoth, bei Hannut durchaus zu einer »schweren Niederlage des XVI. Armeekorps« kommen können[13]. Dies bestätigte auch der Kommandeur des Panzerregiments 35, der an beiden Tagen ganz vorne war. Der damalige Oberstleutnant Eberbach schreibt: »Der Kampf war von Anfang an schwer. Ohne Heranziehen der 3. Panzerdivision mit ihrer besseren Ausstattung an Panzern III und IV wäre er nicht siegreich zu bestehen gewesen.«[14] Das Pfingstfest 1940 würde für die deutsche Armee dann mit einer verlorenen Panzerschlacht und einer verbluteten 4. Panzerdivision geendet haben.
In Ausnutzung des Erfolges am 13. Mai befahl Hoepner für den folgenden Tag beiden Panzerdivisionen das rücksichtslose Nachstoßen in südwestlicher Richtung, um möglichst gleichzeitig mit dem ausweichenden Feind das Panzerhindernis zu durchstoßen. Auch darin waren die Divisionen so erfolgreich, daß bei ihnen die Meinung aufkam, der Schwung des Angriffs müsse zum sofortigen Weiterstoßen auf die Dyle-Hauptstellung genutzt werden. Auf dieses stark ausgebaute Hindernis sollte eigentlich »planmäßig« angegriffen werden. Mit seinem Gespür für die Psyche der Truppe und das von ihr Machbare führte Hoepner jetzt die Panzerdivisionen am langen Zügel, so daß der Kampf um die Dyle-Stellung bereits am 15. Mai in voller Heftigkeit entbrannte. Schon hatte die Armeeführung wegen des heftigen Widerstands die Einstellung des Angriffs befohlen, als sich am frühen Morgen des 16. Mai zur größten Überraschung der deutschen Aufklärung herausstellte, daß die Stellung geräumt und der Feind im Schutze der Nacht weiter ausgewichen war. Hierüber schrieb Hoepner am gleichen Tage aus Boneffe nördlich Namur an seine Frau: *»Wir hatten gestern sehr schweren Kampf an der Dyle-Stellung nordwestlich Namur mit erheblichen Verlusten. Stever*[15] *und Sohn Guderian leicht verwundet. Armee befahl Einstellen des Angriffs. Heute früh kam Befehl, XVI. A. K. zu anderer Verwendung herauszuziehen. Inzwischen hatten Divisionen selbständig aufgrund meiner Weisung neu angegriffen u. Erfolg. Feind räumte u. zieht auf ganzer Front ab. Alle Befehle nun rückgängig,* Verfolgung! *Ich gehe nun auf Nivelles, später Tournai los. Wenn das so weiter geht, kommen wir vielleicht doch noch zu einem Siege . . .«*
Mit dem Durchbruch durch die Dyle-Stellung hatte das Korps Hoepner seinen operativen Auftrag bei der Heeresgruppe B erfüllt. Da der Schwerpunktangriff der Heeresgruppe A ebenfalls erfolgreich war und der Durchstoß nach Nordwestfrankreich in Richtung Kanalküste sich abzuzeichnen begann, sah der Operationsplan jetzt die Zusammenfassung aller Panzerkräfte vor. Für das XVI. Armeekorps bedeutete dies den Abschied von der Armee Reichenau, mit der es in Polen und jetzt in Belgien so gut zusammengearbeitet hatte. In Hautin le Val machte Hoepner am 15. Mai über die bevorstehende Verschiebung nach Hause Mitteilung: *»Soeben kommt Befehl zum Abmarsch zur Armee von Kluge in Richtung Avesnes. Nachdem ich hier immer an der schwierigsten Stelle mit Kampf vorwärts kam, während die anderen größtenteils nur marschierten, komme ich jetzt dorthin, wo wieder der größte Widerstand erwartet werden muß, wahrscheinlich Valenciennes, Denain, Douai, Lens . . .«*
Mit Überschreiten der Sambre im Raum Charleroi trat das Korps Hoepner erstmals unter

Befehl der 4. Armee und des Generalobersten v. Kluge. Noch am gleichen Tage abends erhielt es einen Auftrag, für den ein Panzerkorps sich nur sehr bedingt eignet: Es mußte den Fôret de Mormal säubern, ein größeres Waldgebiet westlich Maubeuge, in dem starke Feindteile, vor allem Nordafrikaner, sich festgesetzt hatten. Dieser artfremde Auftrag band starke Teile des Korps nahezu drei Tage und gab Hoepner einen Vorgeschmack auf bevorstehende schwierigere Führungsverhältnisse. In einem Brief vom 22. Mai aus Caudry bei Cambrai heißt es bereits diesbezüglich: *»Kluge, dem ich z. Zt. unterstellt bin, greift, durch örtliche Eindrücke leicht beeinflußt, vielfach in die untere Führung ein. Ich habe meine Not, meine Divisionen fest an der Strippe zu halten. Nach allem, was ich bisher gesehen und gehört habe, ist mein Korps trotz starker Verluste noch am besten in Organisation, Stärke und Versorgung. Ich muß allerdings auf alles achten . . .«*

Wenige Tage später sollte es damit noch schwieriger werden. Das Korps wurde in den Abstand eingeschoben, der durch Guderians Raid auf Abbéville, Boulogne und Calais entstanden war. In Gewaltmärschen erreichte es über Bapaume den Raum nordwestlich Arras und machte Front nach Norden in Richtung Armentières, um, zusammen mit den Korps Reinhardt und v. Wietersheim der Panzergruppe v. Kleist, den im »Brückenkopf von Dünkirchen« so gut wie eingeschlossenen alliierten Kräften den Gnadenstoß zu geben. Für den Angriff wurde dem Korps ein etwa 20 km breiter Streifen westlich Béthune zugewiesen. Das Gelände war schwierig. Die dort bereits eingesetzte SS-Totenkopf-Division wurde Hoepner unterstellt. Es war das zweitemal, daß er einen SS-Großverband in seinem Befehlsbereich hatte. Während er aber mit der »Leibstandarte« unter Sepp Dietrich vor Warschau und an der Bzura gute Erfahrungen gemacht, ihre kämpferischen Leistungen anerkannt und sie nur gebremst hatte, um ihr unnötige Verluste zu ersparen, beurteilte er die Totenkopf-Division bald mit vernichtender Schärfe. So in einem Brief vom 29. Mai aus Château l'Abbaye bei Béthune: *»Wir haben nun die Nachhuten der Engländer am La Bassée-Kanal gefaßt. Sie kämpfen zähe. Das Gelände ist für die Kampfführung recht schwierig, sehr unübersichtlich, viele Hecken und vereinzelte Gehöfte, lang gestreckte Ortschaften, in denen sich der Gegner festsetzt und auf kurze Entfernungen unsere Leute abschießt. Daneben erscheinen plötzlich einzelne Panzer oder stehen hinter Hecken und Häusern. Man muß immer schwere Waffen und Panzer-Abwehr-Geschütze vorn haben, um den Widerstand zu brechen. Ich habe z. Zt. eine SS-Division unter meinem Befehl, die leider unter solchen Verhältnissen noch weniger fechten kann als sonst schon. Es sind die Leute, die im Frieden die Konzentrationslager bewachen, organisierte Raubmörder, die aber fortlaufen, wenn der Gegner schießt. Bürker und Riederer*[16] *haben seit zwei Tagen diesen Haufen zu überwachen. Ich war gestern vormittags bei den vordersten Teilen der 4. Pz. Div. schon zwischen Lille und Armentières. Heute ist der Angriff auf Bailleul im Gange. Bisher haben wir den Führer der franz. 1. Armee, General Prioux*[17] *mit Adjutant und zwei Divisionskommandeuren gefangen . . . Hoffentlich fassen wir um Poperinghe noch viele Engländer. Mein Korps wird aber schon morgen herausgezogen und kommt zunächst in die Gegend von St. Pol.«*

Mit dem Kommandeur des »Haufens«, SS-Gruppenführer Theodor Eicke, hatte der Kommandierende General in diesen Tagen einen Zusammenstoß, worüber Einzelheiten vom damaligen Ordonnanzoffizier Hoepners, Hauptmann Dr. Werner Bothe, überliefert sind:

»Ende Mai 1940. Besprechung der Divisionskommandeure beim Kommandierenden General des XVI. Armeekorps, General der Kavallerie Hoepner. Die Richtlinien für die Fortsetzung des Angriffes über den La Bassée-Kanal bei Béthune sind herausgegeben. General Hoepner faßt noch einmal zusammen und betont abschließend, sich an den Kommandeur der kampfungeübten und mangels ausgebildeter Offiziere schlecht geführten SS-Verfügungsdivision wendend, daß entscheidend für den Ausgang des Angriffes das Halten der kleinen Brückenköpfe über den La Bassée-Kanal sei. SS-Gruppenführer Eicke fährt zusammen und meldet: ›Herr General, die SS wird halten, Menschen spielen dabei gar keine Rolle.‹ – Die Wirkung dieser Meldung auf den General war für alle Anwesenden unvergeßlich. Zunächst entstand ein sekundenlanges, empörtes Schweigen, während der General mit tiefgerötetem Kopf auf den SS-Führer zuging und erst mit leiser, geradezu zischender Stimme, dann immer lauter werdend, sagte: ›*Herr Eicke, Menschen spielen bei Ihrer SS gar keine Rolle? Demgegenüber sage ich Ihnen, für uns Soldaten gibt es kein höheres Gut als den Menschen. Aber, was wissen Sie und Ihresgleichen von den Gesetzen des Krieges! Ein Schlächter sind Sie und kein Offizier! Ein militärischer Erfolg hat nur dann Wert, wenn er mit sparsamsten Verlusten an Menschen erzielt wird, sonst kann man jeden Ignoranten an militärische Führerstellen setzen!*‹ Allein die Tatsache, daß die SS-Division einige Tage später unter anderen Befehl trat und der Frankreichfeldzug seinem Ende zuging, bewahrte General Hoepner damals vor der sonst in solchen Fällen auf dem Fuße folgenden Revanche des Herrn Himmler.«[18]

Am 27. Mai, frühmorgens, begann der konzentrische Angriff aller Panzerverbände, verstärkt durch die Infanterie der 4. und 6. Armee, auf den noch großen Kessel von Dünkirchen. Die Angriffsrichtung des Korps Hoepner zielte nordostwärts auf Armentières. Gegen zähen englischen Widerstand gewann der Angriff langsam an Boden, am besten bei der 4. Panzerdivision, die an diesem Tag 14 Kilometer vorankam. Am Abend hatten die Spitzen des Panzerregiments 35 die Straße La Bassée–Estaires erreicht. Über den nun folgenden Nachtangriff auf Armentières berichtete der damalige Oberstleutnant Eberbach: »Der Rgts. Kommandeur hat den Eindruck gewonnen, daß er mit einem Nachtangriff erhebliche Erfolge erzielen, möglicherweise die Stadt Armentières nehmen könnte. Er weiß nicht, daß ostwärts von ihm Rommel mit seiner 7. P. D. aus gleichem Empfinden heraus in der Nacht auf Lille stößt. Der Rgts. Kdeur findet seinen Div. Kdeur nicht, wohl aber den Kommandierenden, General Hoepner, der wie immer vorne führt, und läßt sich von ihm Befehl geben, als Verfolgungsabteilung in der Nacht den Gegner zu durchstoßen und die Straße Lille–Armentières zu gewinnen . . . In erfolgreichen Kämpfen wird in der Nacht Touquet genommen. 6^{45} stehen die Panzer des Regiments an der Straße Lille– Armentières. Armentières ist unverteidigt. Gegen 12^{00} trifft General Hoepner ein, der dem Olt. Berger, der sich beim Nachtangriff besonders hervorgetan hat, das EK I überreicht.«[19]

Am 29. Mai ging die erste große Phase des Westfeldzuges, welche das XVI. Armeekorps durch Südholland und Belgien nach Französisch-Flandern geführt hatte, nördlich Armentières, unweit des im Ersten Weltkrieg blutgetränkten Kemmelbergs, zu Ende. Auch an diesem Tage war Hoepner wieder ganz vorne beim Führer seiner Panzerspitze, Oberstleutnant Eberbach: »Es war wohl am 29. Ich hatte Aufklärung vorgetrieben und beobachtete durchs Glas fluchtartig zurückgehende englische Kolonnen auf den Straßen

nördlich Armentières Richtung Dünkirchen. Da ich keinen Befehl erhielt, wohl aber die Lage gemeldet hatte, stellte ich mein Regiment in breiter Front zum Angriff in die zurückgehenden englischen Massen bereit. Aber ehe ich den Befehl zum Antreten geben konnte, fuhr General Hoepner im PKW auf mich zu. Ich meldete Bereitstellung und Absicht. Sofort verbot mir General Hoepner – nicht unfreundlich, aber bestimmt – mein Vorhaben und fuhr wieder weg. Ich war fassungslos, denn noch immer sah ich durchs Glas auf den Straßen von Ost nach West die Engländer in zwei Kolonnen nebeneinander sich zurückziehen.
General Hoepner hatte meine Unzufriedenheit wohl bemerkt. Er kannte mich. Plötzlich stand sein Wagen ein zweites Mal neben meinem Befehlspanzer. Ich meldete ihm meine Beobachtung. Er erwiderte: ›*Eberbach, hier gibt es kein* selbständiges Handeln. *Alle Panzerkorps sind auf höchsten Befehl angehalten. Das wird seine Gründe haben. Angriff bedeutet Kriegsgericht. Verstanden?*‹ . . . Das Regiment fuhr in seine Quartiere . . . Es war zum Weinen!« – Zusammenfassend schrieb der spätere Oberbefehlshaber der 5. Panzerarmee und Eichenlaubträger, Heinrich Eberbach, über seinen Kommandierenden General im Polen- und Frankreichfeldzug: »General Hoepner galt in seinem Korps als wagemutiger, aber nicht leichtsinniger Draufgänger, unter dem man gern kämpfte, weil er, wo dies richtig war, von vorn führte und die Kommandeure und Truppen ihn immer wieder persönlich erlebten . . .«[20]
Die Befehlstreue gegenüber Hitlers umstrittenem Halt-Befehl vom 24. Mai 1940 an die schnellen Verbände vor Dünkirchen gibt indes einige Rätsel auf. Hoepner hat also die Befolgung *dieses* Halt-Befehls persönlich bei seiner Panzerspitze überwacht. Was soll man schließen aus seiner Bemerkung: »Das wird seine Gründe haben«? Hat er diese Gründe gekannt und gebilligt? Die militärischen wohl kaum. Sollte aber die These, daß Hitler den Engländern bei Dünkirchen kein Cannae bereiten, sondern »Goldene Brükken« zur politischen Verständigung bauen wollte, statt Nachkriegslegende wirkliche Intention des Diktators gewesen sein, so würde ihn Hoepner als Soldat *darin* unterstützt haben[21].
Die frühe Unterrichtung über die neue, größere Aufgabe an der Somme-Front, verbunden mit der Notwendigkeit einer Pause für Mensch und Material nach fast drei Wochen ununterbrochener Kämpfe und Märsche, mögen dazu beigetragen haben, daß auch das XVI. Armeekorps die Operation auf Dünkirchen nicht mehr mit letzter Kraft durchgekämpft hat. Die Aussicht, an der Somme wieder im Rahmen der vertrauten 6. Armee antreten zu können, war wohl ein weiterer Grund, dorthin möglichst kampfstark zu kommen. Und die Wieder-Unterstellung unter v. Reichenau kam Hoepner entgegen, wie aus dem Brief vom 30. Mai ersichtlich ist:
»Heute ist nun mein Korps hier zur Ruhe übergegangen und wird Reserve der Armee Reichenau, die nach Bereinigung in Belgien an die Somme-Front kommt. Die Arbeit mit Kluge war unruhig. Die Führung hat mir nicht gefallen. Ich habe schon den Vorschlag gemacht, das Telefonkabel zu zerschneiden, damit das dauernde Hineinreden und Umbefehlen unterbleiben. Die Verluste waren z. T. recht hoch, bei dem Schützen-Rgtm. 27 % Offiziere. Ich habe die Freude, daß alle Divisionen gern unter mir sind, weil ich überflüssige Verluste spare und nach oben hin meinen Willen durchsetze.« Die letzte briefliche Mitteilung von der Flandernfront, geschrieben am 1. Juni bei Béthune, unterscheidet sich

durch ihre Zuversicht schon sehr vom Pessimismus der Düsseldorfer Briefe des Winterhalbjahrs: *»Ich gehe am 3. 6. morgens nach Combles zu neuer Aufgabe, die am 4. oder 5. 6. beginnt in Richtung Paris. Man ist voller Hoffnung auf einen großen Schlag.«*
Am 2. Juni früh verlegte das Stabsquartier nach Combles, einem kleinen Städtchen nordwestlich Péronne. Gleichzeitig begann die Verlegung der 3. und 4. Panzerdivision aus ihren Räumen um Lille und Armentières in kleinen Marschgruppen in den neuen Bereitstellungsraum nördlich Péronne. Das römische »Petrona«, später Hauptort der Grafschaft Vermandois, hatte schon im Herbst des Mittelalters in der Auseinandersetzung zwischen Frankreich und Burgund eine Rolle gespielt. König Ludwig XI. von Frankreich war hier 1468 von Karl dem Kühnen gefangengenommen und erst nach einem demütigenden Vertrag wieder freigelassen worden. Im Juli/August 1916 war die Somme-Niederung um Péronne ein Brennpunkt der neben Verdun größten Materialschlacht gewesen.
Nun erschien Péronne wieder auf den Lagekarten der Kriegsgegner. Neben Abbéville und Amiens war es der dritte Somme-Brückenkopf, den das deutsche Heer zum Sprung auf die Hauptstadt und ins Innere Frankreichs schon in Besitz hatte. Für Paris waren die Brückenköpfe Amiens und Péronne besonders gefährlich, denn sie lagen an gut ausgebauten Straßen, welche von Norden in die große Seine-Metropole führten. Der neue Generalissimus Weygand, der aus dem Orient zur Rettung Frankreichs herbeibeorderte einstige Stabschef Marschall Fochs, erkannte die von hier drohende Gefahr sogleich. Die nach ihm benannte »Weygand-Linie«, in der nach seinen Weisungen der Abwehrkampf unter Ausnutzung von Ortschaften und Gelände beweglich geführt werden sollte, wurde vor diesen Brückenköpfen besonders stark gemacht. Die schwer dezimierte französische Luftwaffe wurde zu einem Angriff auf die Bereitstellung im Brückenkopf Péronne eingesetzt[22]. Da in Hoepners Briefen dieser Luftangriff nicht erwähnt ist, kann die Wirkung nicht groß gewesen sein.
Vor dem Brückenkopf Péronne hatte die aus der Maginot-Linie abgezogene 19. franz. Infanteriedivision geschickt ausgebaute, tiefgegliederte Widerstandsnester bezogen. Sie verteidigte sich darin gut gegen den am 5. Juni, 5.15 Uhr, beginnenden Angriff. Dieser wurde zunächst mit der 3. Panzerdivision rechts und der 33. Infanteriedivision links vorgetragen; die 4. Panzerdivision blieb vorerst in Reserve. Während die französische Abwehr nach Weisung Weygands die deutschen Panzer von der Infanterie zu trennen suchte, hatte die angreifende 3. Panzerdivision von Hoepner den Auftrag, mit Schwerpunkt die französische Artillerie niederzukämpfen; die Infanterie sollte die Dörfer nehmen. Auf beiden Seiten wurden diesbezüglich am ersten Angriffstag Erfolge erzielt. Bei der 3. Panzerdivision war am Abend von den eigenen Schützen nichts mehr zu sehen. Dafür hatte sie mit ihren Panzern insgesamt 17 französische Batterien niedergekämpft, was sich am 6. Juni bezahlt machte. Der französischen Infanterie fehlte jetzt die Unterstützung ihrer tüchtigen Schwester, der Artillerie.
Gegen ihren nachlassenden Widerstand konnten jetzt die deutschen Schützen ebenfalls Boden gewinnen und Verbindung mit den Panzern herstellen. Auch die am 5. Juni nachmittags antretende 4. Panzerdivision bekam Auftrag, vorrangig die französische Artillerie auszuschalten; sie tat es im Streifen der 33. Infanteriedivision mit solchem Erfolg, daß auch der Angriff links in Fluß kam.
Den Angriff aus dem Somme-Brückenkopf Péronne hatte Hoepner am langen Zügel der

Der Gymnasiast im Kaiserin Augusta-Gymnasium mit den Geschwistern Kurt, Horst und Margarete, um 1900

Fahnenjunker im Dragonerregiment Nr. 13 in Metz, 1905

Hochzeit mit Irma Gebauer aus Wannsee, 10. Juni 1910

Rittmeister und Führer einer Infanteriekompanie in den Argonnen, 1916

Oberleutnant und Ordonnanzoffizier (sitzend links) beim 79. Geburtstag von Generalfeldmarschall Graf v. Haeseler (unter Ulanenhelm) in Schloß Corney, Lothringen, am 19. 1. 1915

Appell beim I. Batl. Inf. Rgt. 17 in Braunschweig, um 1930

Oberst, Chef des Stabes Wehrkreis I Königsberg und Leitender des Ostpreußen-Manövers im Sepember 1933. Von rechts: General v. Rundstedt, Hauptmann Frhr. v. Funck, General Frhr. v. Hammerstein-Equord, General v. Brauchitsch. Reichspräsident Generalfeldmarschall v. Hindenburg im Gespräch mit Oberst Hoepner

Beisetzung Hindenburgs am 7. 8. 1934 in Tannenberg/Ostpreußen. Vorn: Oberst Hoepner, den Marschallstab Hindenburgs tragend

General der Kavallerie und Kommandierender General des XVI. Armeekorps (mot.) in Berlin 1938/39

Der Kommandierende General im Polenfeldzug 1939; auf dem Gefechtsstand waren Funk- und Radiogeräte stets auf Empfang

Ritterkreuzträger nach dem Polenfeldzug

Abfahrt von Düsseldorf zum Westfeldzug, 10. Mai 1940

Generaloberst v. Brauchitsch (links), Generaloberst v. Reichenau (Mitte) und General Hoepner beim Kriegsrat in Punchy/Frankreich am 7. 6. 1940: »Es wurde große Strategie gemacht.«

Bei einer Besprechung mit dem damaligen Generalmajor Model, 1940

Als Generaloberst und Befehlshaber der Panzergruppe 4 mit General Reinhardt beim Vorstoß auf Leningrad

Inspizierung eines abgeschossenen Russenpanzers am 25. 6. 1941. Rechts: Oberst v. d. Schulenburg, IIa. Links: Oberleutnant Ernst-August, Prinz v. Braunschweig-Lüneburg

Lagebesprechung mit dem Oberbefehlshaber der Heeresgruppe Nord, Generalfeldmarschall Ritter v. Leeb, am 30. 6. 1941 in Utena, Baltikum

Besuch einer Beobachtungsstelle auf der Duderhofer Höhe bei Leningrad am 14. 9. 1941, Hoepners 55. Geburtstag. Hinten: General der Panzertruppen Krüger

Lagebesprechung mit Kommandeur und Ia der 6. Panzerdivision, Generalmajor Landgraf (vorn rechts) und Major i. G. Graf v. Kielmannsegg (vorn links) auf dem Gefechtsstand Schakizy im Luga-Brückenkopf.

Beginn der Herbstoperation »Taifun« auf Moskau am 2. 10. 1941. Mitte: Generalfeldmarschall v. Kluge, Oberbefehlshaber der 4. Armee. Rechts: Generalfeldmarschall v. Bock, Oberbefehlshaber der Heeresgruppe Mitte

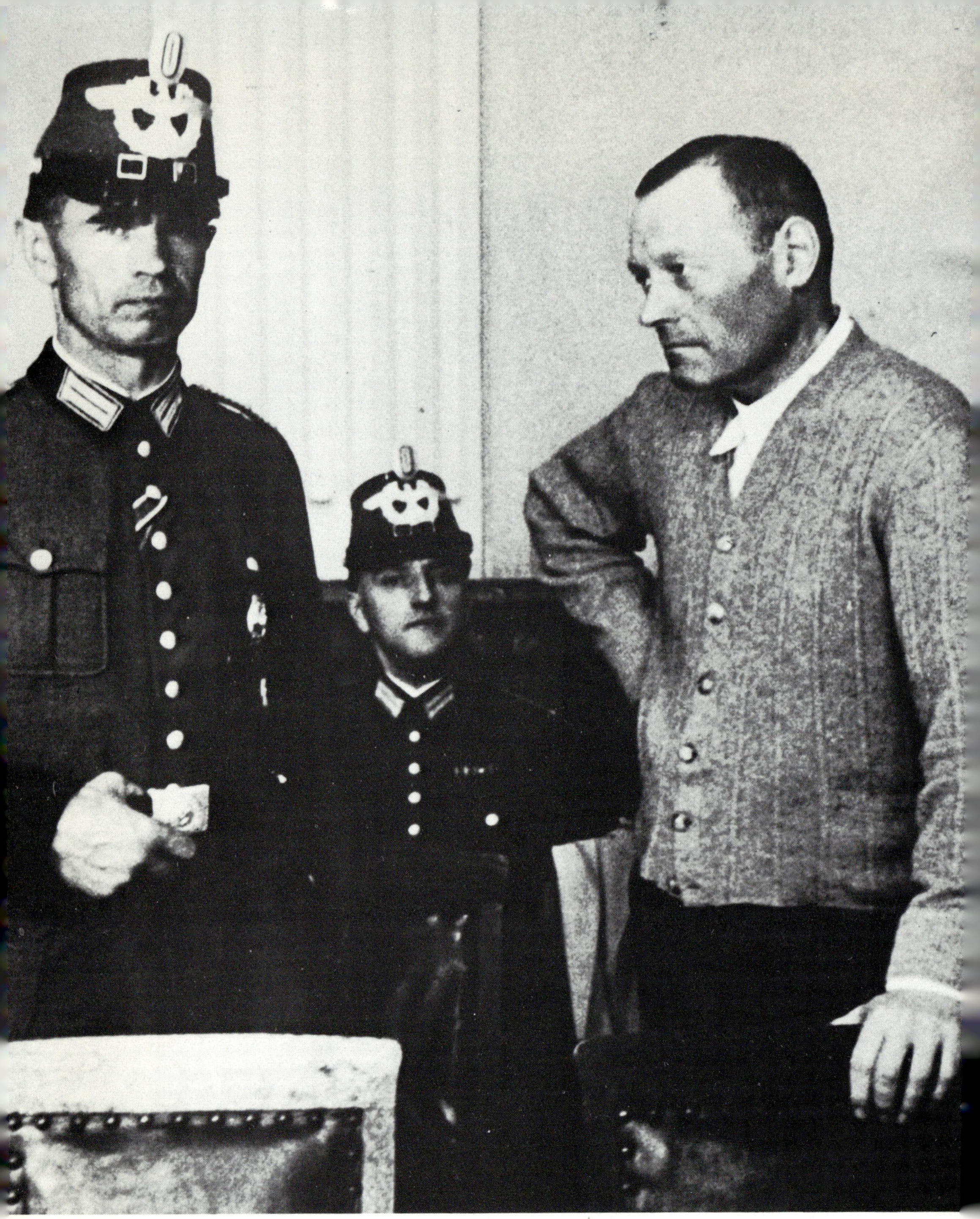

Angeklagter . . . vor dem »Volksgerichtshof«, 7. 8. 1944

6. Armee führen können. Zufrieden über die beiden ersten Angriffstage schrieb er in der Nacht des 6./7. Juni nach Hause:
»Zur Zeit sind einige Kriegsberichter bei mir, weil ich zunächst als Einziger einen wirklichen Erfolg im Einbruch in die sogenannte Weygand-Linie erzielt habe. Jetzt kommen alle schnellen Divisionen hierher, um den großen Durchbruch ostw. Paris vorbei in den Rücken der Maginot-Linie einzuleiten. Ich bin mit meinem Korps von Péronne über Chaulnes heute bis Roye gekommen. Der Franzose kämpft zäh in stark ausgebauten Dörfern. Dort haben wir starke Verluste. Immerhin habe ich die 19. frz. Division zerschlagen, 3 000 Gefangene gemacht und ca. 70 Geschütze erbeutet. Nun sind mir schon 5½ Divisionen unterstellt, um den Erfolg auszubauen. Morgen kommt Kleist mit weiteren Divisionen des Korps Wietersheim. Dann wird leider meine Selbständigkeit beschnitten. Weitere Ziele voraussichtlich Verberie, Méaux (Marne).«[23]
Am 8. Juni führte das Korps Hoepner im Avre-Abschnitt noch einige erfolgreiche Panzergefechte, wurde aber jetzt durch nachkommende Infanteriekorps entlastet.
Es war nun der Zeitpunkt für den Hauptstoß mit der Heeresgruppe A gekommen, der nach Süden und Südosten das ganze Gefüge der französischen Armee zersprengen sollte. Am 7. Juni hatte Hoepner auf seinem vorgeschobenen Gefechtsstand bei Roye wieder Besuch vom Oberbefehlshaber des Heeres, worüber er am 8. Juni nach Hause berichtete:
»Gestern war Brauchitsch wieder bei mir, sehr *nett. Ich war vorn, als er in La Maisonette*[24] *eintraf. Dort aß er mit Beaulieu, kam aber doch noch zu mir auf den neuen Gef. Stand . . . Dann kam noch Reichenau. Es wurde große Strategie gemacht. Ich war ihre Hoffnung. Beim Abschied filmte uns ein Berichterstatter, weil ich ›ein so populärer General‹ wäre. Nachmittags blieb der Angriff meiner Divisionen liegen. Die Franzosen haben neue Kräfte zum Schutz von Paris hergeworfen. Reichenau verbot mir für heute Fortsetzung des Angriffs gegen Ansicht von Bock. Die beiden verstehen sich nicht, ich bin das Karnickel . . .«*
Für den entscheidungssuchenden Großangriff über die Marne und Seine ostwärts Paris in Richtung Rhône zur Einkesselung der gesamten französischen Heeresgruppe 2 war auf dem Westflügel der Einsatz der Panzergruppe Kleist vorgesehen, die noch bis einschließlich 14. Juni der Heeresgruppe Bock unterstellt blieb. Zur Bereitstellung für diese vierte Aufgabe im Westfeldzug erreichte das Korps Hoepner bis 11. Juni früh den Raum südlich Soissons. Infanteriedivisionen hatten an diesem Tag schon den Übergang über die Marne erkämpft. Die 4. Panzerdivision sollte eine Pontonbrücke 10 km oberhalb, die 3. Panzerdivision eine solche unmittelbar bei Château-Thierry zum Übergang über den Schicksalsfluß von 1914 benutzen. Der Übergang verzögerte sich durch Mängel der Verkehrsführung. Ein für die Operation ziemlich überflüssiges Flak-Korps wollte gleichzeitig mit dem Panzerkorps die Brücken passieren, was Hoepner zu energischem Einschreiten, später zu einem Bericht an den Chef des Generalstabs veranlaßte. Trotz der Verzögerung gewannen die Panzerdivisionen das gesteckte Tagesziel, den Petit Morin bei Montmirail. Auch der Grand Morin[25] war am 13. Juni kein wesentliches Hindernis. Als den Vorausabteilungen in der Abenddämmerung noch drei Seine-Brücken unzerstört in die Hände fielen, konnte der schwer erschütterte Gegner dem Stoß des Korps Hoepner auf Burgund kaum noch organisierten Widerstand entgegensetzen.
Am 15. Juni nahm das Korps die Hauptorte Westburgunds, Auxonne und Chablis, in

Besitz. An diesem Tage wurde auch die Unterstellung der Panzergruppe v. Kleist unter die Heeresgruppe A wirksam. Der Angriff ging in Verfolgung über. Zu seinem größten Erstaunen beobachtete Hoepner jetzt beim Gegner Auflösungserscheinungen in einem Ausmaß, wie sie am Tiefpunkt der französischen Ersten-Weltkriegs-Armee, nach den blutig gescheiterten Nivelle-Offensiven im Frühjahr 1917, nicht festzustellen waren. Die Panzergruppe drehte jetzt nach Südosten ein und nahm Richtung auf die Côte d'Or. Das Korps Hoepner stürmte ins Zentrum von Burgund. Am 17. Juni nahm die 4. Panzerdivision Dijon, die geschichtsträchtige Hauptstadt des alten Burgund, während die 3. Panzerdivision den zentralen Weinort Beaune besetzte. Der Korpsstab bezog das westlich Dijon gelegene Schloß La Chassagne, in welchem kurz zuvor noch der Oberbefehlshaber der französischen Heeresgruppe 2, General Prételat, sein Hauptquartier hatte[26]. Auf Briefbogen des Generals Prételat, die in dessen Arbeitszimmer vorgefunden wurden, schrieb Hoepner am 18. Juni einen der letzten Briefe aus dem Westfeldzug:

»Es gibt schon merkwürdige Bilder im Kriege. Nach unserem Durchbruch über die Marne ist die französische Armee in voller Auflösung. Die Straßen bieten ein tolles Bild durch liegengebliebene Fahrzeuge und Geschütze aller Art, waffenlos daherkommende Soldaten in Stärke von 2 Mann bis zu tausend und unendliche Kolonnen von Flüchtlingen. Gerade diese zeigen das Elend des Krieges. Die Franzosen haben die Flüchtlinge in ihre Marschkolonnen hinein genommen. So wurden auch Zivilisten von Fliegern und Artillerie beschossen . . . Ja, es ist noch garnicht zu verstehen, daß diese Armee mit einer großen Tradition so versagen konnte . . . Mein Korps hat seit 10. 6. etwa 100 000 Gefangene gemacht. Unsere Verluste sind im Verhältnis zum Erfolg nicht besondes groß, immerhin aber fühlbar. Die Panzerdivisionen haben seit 10. 5. etwa 150 Offiziere (40 Gefallene) und 1 500 Mann (300 Gefallene) bei einer Stärke von 13 000 verloren. Vorgestern ist hier in der Nähe der Ritter v. Speck als Kdr. General gefallen . . .«

In diesen wie in zahllosen anderen Kriegsbriefen ist für Hoepner charakteristisch, daß er nie seine Erfolge erwähnt, ohne auch der Verluste zu gedenken, mit denen sie erkämpft werden mußten. Nur wenn die Verluste niedrig waren, konnte er sich über die Erfolge freuen.

In der Präfektur von Dijon hatte Hoepner am Nachmittag des 17. Juni im Radio Marschall Pétains Ankündigung gehört, daß Frankreich kapitulieren müsse. Dieses Geständnis des großen alten Soldaten, der 1916 und 1917 der Retter seines Vaterlandes gewesen war, bewegte Hoepner und die älteren Offiziere des Korpsstabes. Stabschef Chales de Beaulieu erinnerte sich: »Trotz des erhebenden Augenblicks herrschte bei den meisten ein Gefühl der Wehmut, des Mitempfindens mit dem tapferen, geschlagenen Gegner vor.«[27] Am 18. und 19. Juni erreichte der deutsche Angriff die schweizerische Grenze. Damit war in gewaltiger Umfassungsoperation die gesamte französische Heeresgruppe Ost eingeschlossen und ging der Gefangenschaft entgegen. Während am 20. Juni der Stab der Panzergruppe v. Kleist zu anderer Verwendung herausgelöst wurde, erhielt das nunmehr der 12. Armee (Generaloberst List) unterstellte Korps Hoepner den Auftrag, auf Lyon vorzustoßen, um dann, nach Osten eindrehend, an der Alpenfront dem italienischen Bundesgenossen das Vorwärtskommen zu erleichtern. Es wurde noch durch das Infanterieregiment (mot.) »Großdeutschland« und die »Leibstandarte« verstärkt. Bereits am 21. Juni konnte Lyon gewonnen werden, wo der Korpsstab sein Quartier einrich-

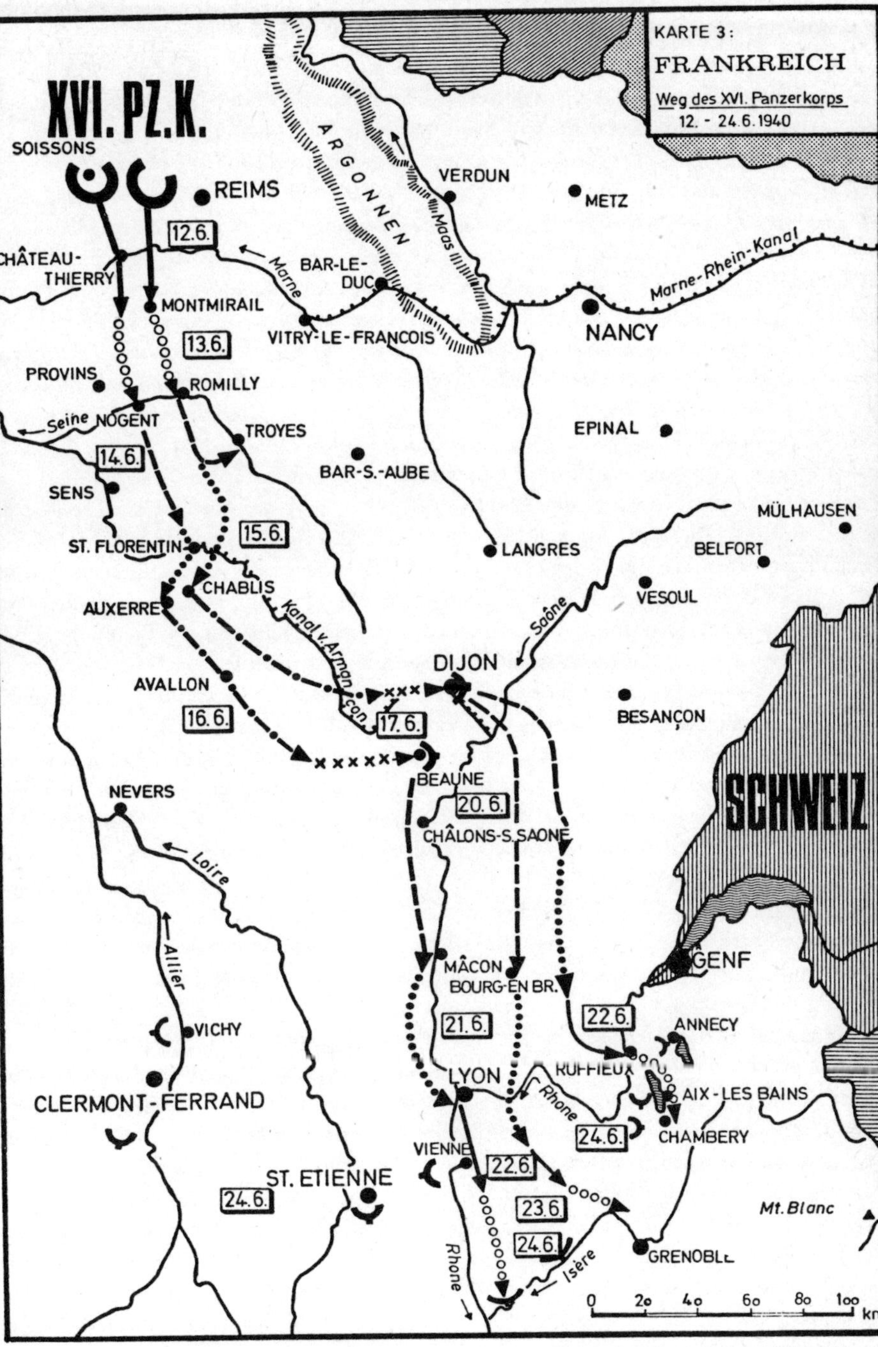
KARTE 3:
FRANKREICH
Weg des XVI. Panzerkorps
12. - 24.6.1940
XVI. PZ.K.
SOISSONS
REIMS
VERDUN
METZ
ARGONNEN
Maas
12.6.
CHÂTEAU-THIERRY
Marne
BAR-LE-DUC
Marne-Rhein-Kanal
MONTMIRAIL
NANCY
13.6.
VITRY-LE-FRANCOIS
PROVINS
ROMILLY
Seine
NOGENT
TROYES
EPINAL
14.6.
BAR-S.-AUBE
SENS
15.6.
MÜLHAUSEN
ST. FLORENTIN
LANGRES
BELFORT
CHABLIS
VESOUL
AUXERRE
Kanal v. Arman çon
Saône
DIJON
AVALLON
BESANÇON
16.6.
17.6.
BEAUNE
SCHWEIZ
NEVERS
20.6.
CHÂLONS-S. SAONE
Loire
Allier
MÂCON
GENF
BOURG-EN BR.
22.6.
ANNECY
VICHY
21.6.
RUFFIEUX
LYON
AIX-LES BAINS
CLERMONT-FERRAND
Rhone
24.6.
CHAMBERY
VIENNE
22.6.
ST. ETIENNE
24.6.
23.6.
Mt. Blanc
24.6.
GRENOBLE
Rhone
Isère
0
20
40
60
80
100
km

tete. Die 4. Panzerdivision stieß in südlicher Richtung über Vienne weiter vor. Die 3. Panzer- und die 13. Infanteriedivision, verstärkt durch eine Kampfgruppe der 1. Gebirgsdivision unter General Kübler, bedrohten aus der Linie Grenoble–Chambéry–Aix les Bains die französische Alpenfront im Rücken. Nach Westen erreichte die »Leibstandarte« die große Industriestadt St. Etienne. Im Grand Nouvel-Hotel, an der Rhône in Lyon gelegen, schrieb Hoepner am 21. Juni seinen letzten Brief aus diesem Feldzug: *»Jetzt habe ich einen besonderen Auftrag: Ich soll den Italienern helfen, über die Alpen zu kommen. Dazu soll ich den Franzosen, die dort kämpfen, in den Rücken gehen, d. h. Mt. Genève, Mt. Cenis und Kleinen St. Bernhard von Westen angreifen. Daneben kommt ein Vorstoß im Rhône-Tal über Avignon auf Marseille in Frage. Es ist schon allerhand, was verlangt wird. Ich erhalte noch verschiedene Abteilungen von 4 anderen Korps und Teile einer Gebirgsdivision. Damit wächst der Heerhaufen erheblich. Das Führen macht mir aber Freude. Ich habe bisher noch immer eine glückliche Hand gehabt und ich bin mit mir selbst zufrieden . . . Heute abend wollen wir in einem kleinen Restaurant essen. Vielleicht hat die Sache hier nun ein Ende.«*

Sollte Hoepner mit der »Sache« nur den Westfeldzug gemeint haben, so ging dieser vier Tage später tatsächlich zu Ende. Am 25. Juni, um 0.35 Uhr, trat an allen Fronten der Waffenstillstand in Kraft. Auch an der Alpenfront war der Sieg erfochten. Die Italiener dankten dem Kommandierenden General des XVI. Armeekorps (mot.) für seine Waffenhilfe mit einem prächtigen Orden. Da Hoepner aber stets nur preußische Orden trug, nahm er ihn in seine Sammlung. Korps und Korpsstab verblieben noch knapp zwei Wochen im Lyonnais und in der Dauphiné, diesen beiden in den letzten Feldzugstagen eroberten herrlichen Provinzen Frankreichs. Es herrschte Hochstimmung; der deutsche Soldat hatte einen Sieg erfochten, wie er zuletzt den Großvätern vor siebzig Jahren geglückt war. Wie wenig sich sonst die Lage vom Sommer 1940 mit derjenigen von 1870 vergleichen ließ, trat nicht in das allgemeine Bewußtsein. Am 5. Juli beendete das Generalkommando seinen Einsatz im Westen für immer und kehrte über Dijon, Verdun, Metz, Frankfurt nach Berlin zurück. Der Marschweg über Lothringen und Metz dürfte Hoepner erfreut haben. Dort war im Jahre 1890 das XVI. Armeekorps aufgestellt worden. Die nun 50jährige Geschichte dieses Korps war ein Stück deutscher Heeresgeschichte und ein Stück Lebensgeschichte seines letzten Kommandierenden Generals. Wie anders war die Heimkehr nach Berlin am 10. Juli 1940, verglichen mit derjenigen im Spätherbst 1918!

Ob Hoepner in der Tiefe seines Wesens an den Siegesfeiern des Regimes teilnehmen konnte, ist nicht mehr ersichtlich. Die Briefe an seine Frau, jene gültigsten Dokumente seines Denkens und Fühlens, hören ein Jahr lang auf; er war von Juli 1940 bis Frühjahr 1941 überwiegend an seinem Wohnsitz Berlin. Hoepner war zu ehrlich, um nicht einzugestehen, daß von jenem Mann, den er im vertrauten Kreis einen »Narren«, brieflich meist nur »Adolf« oder »Emil« genannt hatte, die Überlegenheit der modernen deutschen Waffen über die Westmächte richtiger erkannt worden war als von ihm selbst und allen anderen Fachleuten. Wie glänzend hatte der große Hasardeur in seinem kühnen Wagen triumphiert über den unüberwindlichen Gegner von 1914–1918, auch über das vorsichtige Wägen der eigenen Generalität im Herbst 1939; zweifellos ist dieser Sieg im Westen eine große Stunde in Hitlers Leben gewesen.

In unbändigem Stolz auf seine Leistung ließ Hitler sich jetzt als »größten Feldherrn aller Zeiten« feiern, erhob sich selbst, in der Reichstagssitzung vom 19. Juli 1940, in eine Superrolle, indem er sich als »Friedenskanzler« nicht nur an Europa, sondern an die Welt wandte. Auf derselben Reichstagssitzung ernannte Hitler zwölf Generalobersten des Heeres und der Luftwaffe zu Generalfeldmarschällen. Zahlreiche Generale wurden zu Generalobersten befördert, unter ihnen Generalstabschef Halder und General der Kavallerie Hoepner. Ein Pressefoto zeigt das »soldatische Führerkorps des Großdeutschen Reiches« während der Sitzung auf dem ersten Rang im großen Saal des Reichstags. In vorderster Reihe die Oberbefehlshaber der Heeresgruppen, v. Bock, v. Rundstedt, Ritter v. Leeb, zwischen anderen neuernannten Feldmarschällen. In der zweiten Reihe: Generaloberst Halder, tief nachdenklich, das Kinn in die rechte Hand gestützt. Als Chef des Generalstabs hatte Halder soeben einen Erfolg errungen, der sich mit den großen Siegen Moltkes vergleichen ließ. Als Chef der Fronde war er dabei, endgültig zu resignieren. Sein aus diesen Wochen überlieferter Ausspruch kennzeichnet das ganze Dilemma der Militäropposition nach dem Sieg Hitlers über Frankreich: »Was sollen wir noch machen? Es gelingt *ihm* ja alles!«

Halders Vorgänger, Generaloberst a. D. Beck, ist auf dem Foto nicht zu entdecken; er hat an der Reichstagssitzung sicher nicht teilgenommen. Den Seherblick des entlassenen Generalstabschefs konnte der Diktator auch mit seinem größten Triumph nicht beirren. Um Ludwig Beck sammelte sich jetzt die neue Militäropposition, welche vier Jahre nach der berühmten Reichstagssitzung, fast auf den Tag genau, zur Tat schreiten wird. – Der neuernannte Generaloberst Erich Hoepner wird zu dieser Stunde unter den führenden Männern zu finden sein, nachdem der verständliche Stolz auf die eigene soldatische Tat selbst in allem frenetischen Jubel des Sommers 1940 eingebettet blieb in die unerschütterbare Skepsis des von den politischen Fragen umgetriebenen Mannes.

---

1 Vgl. über diese Thematik: Hans Meier-Welcker: »Soldat und Geschichte«. Bundesministerium der Verteidigung, Bonn. »Information für die Truppe«, Heft 1 (1977). S. 95–104.
2 Vgl. Generaloberst Halder: »Kriegstagebuch«, Bd. I. S. 175.
3 Ibid. S. 159.
4 Ibid. S. 176.
5 Siehe hierüber vor allem: Hans-Adolf Jacobsen: »Fall Gelb«. Wiesbaden (1957).
6 Auch ein Besuch Hoepners am 11. März 1940 bei Generaloberst v. Witzleben, damals Oberbefehlshaber der 1. Armee, in dessen Stabsquartier im Saargebiet, dürfte der Besprechung der »Lage« und Möglichkeiten für den Staatsstreich gedient haben. Beweise hierfür gibt es nicht. (Kopie von Hoepners Eintragung ins Gästebuch der 1. Armee wurde dem Verfasser durch Herrn Job v. Witzleben zugeleitet.)
7 Vgl. Hermann Zimmermann: »Der Griff ins Ungewisse«. Neckargemünd (1964). S. 18 f.
8 Vgl. »Dokumente zum Westfeldzug 1940«. Herausgegeben von Hans-Adolf Jacobsen. Göttingen (1960). S. 19 f.
9 Über die damalige Kriegsgliederung der 3. und 4. Panzerdivision siehe: Hermann Zimmermann: »Der Griff ins Ungewisse«. Neckargemünd (1964). S. 19–22.
10 Ibid. S. 61 f.
11 In: Hans Schäufler: »So lebten und so starben sie – Das Buch vom Panzerregiment 35« wird dieses Panzerhindernis »das Panzerhindernis von Perwez« genannt (S. 27).
12 Die eingehendste deutsche Schilderung ebenfalls bei: Hermann Zimmermann: »Griff ins Ungewisse«. S. 11–91. Siehe hierzu auch: Chales de Beaulieu: »Die Panzerschlacht bei Hannut am 12./13. Mai 1940«. In: »Wehrkunde«, Heft 5 (1960).
13 Vgl. Hermann Hoth: »Das Schicksal der französischen Panzerwaffe im 1. Teil des Westfeldzuges 1940«. »Wehrkunde«, Heft 7 (1958). S. 371.

14 General der Panzertruppen a. D. Heinrich Eberbach im Brief an den Verfasser vom 8. Januar 1978.
15 Als Divisionskommandeur der 4. Panzerdivision Nachfolger von General Reinhardt.
16 Zwei bewährte Offiziere des Korpsstabs. Über diesen Überwachungsauftrag, sowie über Hoepners Bemühen, die Not der französischen Flüchtlinge zu lindern, siehe neuerdings: »Die Kriegstagebücher des Hans Riederer v. Paar. Ergänzt durch Briefe, Dokumente und Erläuterungen.« Hrsg. von Johannes Riederer v. Paar. Polting/Ndb. (1979). S. 300–356.
17 Hier irrte sich Hoepner. General Prioux führte das Kavalleriekorps.
18 Das Original dieser Aufzeichnung von Dr. Werner Bothe befindet sich im Besitz der Familie Hoepner. Statt »SS-Verfügungsdivision« muß es heißen: »SS-Totenkopfdivision«.
19 General der Panzertruppen a. D. Heinrich Eberbach im Brief an den Verfasser vom 8. Januar 1978.
20 Ibid.
21 Vgl. Hans-Adolf Jacobsen: »Dünkirchen«. Neckargemünd (1958). S. 201–210. – Im Gegensatz zu Jacobsen vertritt General Heusinger die Ansicht, daß politische Erwägungen bezüglich England im Fall Dünkirchen bei Hitler durchaus eine Rolle gespielt haben können.
22 Vgl. Kurt v. Tippelskirch: »Geschichte des Zweiten Weltkriegs«. Bonn (1959). S. 86.
23 Vgl. Halder: »Kriegstagebuch«. Bd. I. Eintragung vom 6. Juni 1940, S. 337: »Der Erfolg des XVI. AK. stellt nach Ansicht der HGr. einen großen Sieg dar. Der vor Front XVI. AK. stehende Feind ist zerschlagen. Hier Loch!«
24 Ein südwestlich Péronne oberhalb der Ortschaft Biaches über der Somme-Niederung gelegenes, im Sommer 1916 hart umkämpftes Gehöft.
25 Diese schöne Landschaft im Osten der Ile de France hat bei der Entscheidungsschlacht im September 1914 an der Marne eine große Rolle gespielt.
26 Siehe hierüber: Ulrich Liss: »Westfront 1939/40«. Neckargemünd (1959). S. 247.
27 Vgl. Chales de Beaulieu: »Generaloberst Erich Hoepner . . .«. S. 125.

3. Beim Vorstoß auf Leningrad

Als am 19. Juli 1940 Erich Hoepner von der Reichstagssitzung, auf welcher er zum Generaloberst befördert worden war, nach Hause kam, sagte er zu Frau und Tochter: »Jetzt werde ich ein Staatsbegräbnis erhalten! Und meinen schönsten Dienstgrad – General der Kavallerie – bin ich auch los!« Dies klingt ironisch, etwas nach schwarzem Humor und insgesamt wenig freudig aus dem Munde eines Mannes, der nach einer 35jährigen Soldatenlaufbahn und zwei siegreichen Feldzügen gerade den zweithöchsten Dienstgrad erreicht hatte, den es im deutschen Heer gab. In den nächsten Wochen verfolgte er gespannt die Luftschlacht um England; deren Verlauf und Ergebnis konnten seine Sorgen um Deutschland nicht verringern. Die dienstliche Tätigkeit brachte Ablenkung, aber für die düsteren Stunden, in denen er die Gesamtlage Deutschlands beurteilte, keinen Trost.

In den Sommer- und Herbstmonaten 1940 widmete Hoepner sich intensiv der Auswertung seiner in den bisherigen Feldzügen gewonnenen Erfahrungen. Hierzu ging Ende Juli ein Bericht vom Generalkommando in der Kurfürstenstraße 87 an den Chef des Generalstabes Halder am Tirpitzufer. Die Abschrift einer Seite des Berichts, die Kavallerie betreffend, ist erhalten. Darin stellt Hoepner fest, daß in Polen Kavalleriedivisionen »als Bindeglied« zwischen den Panzer- und den Infanteriedivisionen gefehlt hätten. Sie würden vermutlich vor der 8. Armee die polnische Kutno-Gruppe gefunden haben, welche in den Wäldern und bei Nacht von den Fliegern nicht entdeckt werden konnte. Kavallerie wäre auch geeignet gewesen, hinter den Panzerdivisionen seitwärts der wenigen großen Straßen die Waldgebiete ostwärts der Pilica und westlich der Weichsel zu säubern. Man werde nicht immer so günstiges Wetter wie im September 1939 haben. Die polnische Kavallerie habe sich sehr geschickt und schnell bewegt in dem für ungangbar gehaltenen Gelände. Gegenüber der starken russischen Kavallerie, die sich unabhängig von Straßen bewegen kann, benötige man gleichfalls Kavallerie. Im Osten müsse man vier in sich möglichst homogene Kavalleriedivisionen haben mit verlasteten schweren Waffen samt Troß. – Diese Feststellungen bleiben deshalb interessant, weil der vorübergehende Verzicht des OKH auf berittene Truppen 1943/44 die Frontverbände im Osten zwang, sich selbst zu helfen und aus eigener Initiative wieder Reiterformationen aufzustellen.

Man darf aus dem Hinweis auf die starke russische Kavallerie nun nicht die Folgerung ziehen, daß Hoepner dem Entschluß Hitlers, Sowjetrußland zu überfallen, innerlich beigestimmt hätte. Der Hinweis resultierte aus einem Kräftevergleich, wie ihn Generale aller Länder beim Blick auf »Fremde Heere« anzustellen haben. Aus Dokumenten ist nicht ersichtlich, wie er Hitlers Plan eines Feldzuges gegen Sowjetrußland, der in den Anfängen bis in den Juli 1940 zurückreicht, damals beurteilt hat. Mündliche und briefliche Äußerungen aus dem Frühjahr 1941 werden aber deutlich machen, daß Hoepner, ähnlich wie der ihm menschlich nahestehende v. Brauchitsch und der aus der gemeinsamen Opposition gegen Hitler vertraute Halder, der Ansicht war, »daß man besser mit Rußland Freundschaft hält«[1]. Die Lehren der Kriegsgeschichte, das Schicksal Karls XII. und Napoleons I., wie auch die Erfahrungen aus dem Mehrfrontenkrieg 1914/18 dürften hierfür bestimmend gewesen sein.

Während vom Oberkommando des Heeres ab Monat August bis zur »Führerweisung Nr. 21« vom 18. Dezember 1940 die Führungsgrundlagen für den Ostfeldzug erarbeitet wurden, widmete Hoepner sich seiner alten Aufgabe, Beweglichkeit und Stoßkraft der »Schnellen Truppen« durch geeignete Gliederung zu optimieren. In diesem Zusammenhang ist auch die Umgliederung und Verstärkung der vier motorisierten Armeekorps in »Panzergruppen« zu sehen. Entsprechend wurden die vier Generalkommandos in »Kommandos der Panzergruppen« umgewandelt. Das Generalkommando XVI. Armeekorps wurde mit Wirkung vom 15. Februar 1941 »Kommando der Panzergruppe 4«. Damit endete nach einem halben Jahrhundert die ruhmreiche Geschichte des XVI. Armeekorps: Feldmarschall Graf Haeseler war erster, Generaloberst Hoepner letzter Kommandierender General gewesen. Auch in der neuen Dienststellung als »Befehlshaber der Panzergruppe 4«, die ihn häufig wieder nach Ostpreußen führte, bemühte sich Hoepner unermüdlich um weitere Erhöhung der Schlagkraft seiner Truppe. Die Unterstellung starker Infanterieverbände unter die Panzergruppen lehnte er ab. Generaloberst Hoth berichtet: »Er [der Oberbefehlshaber des Heeres] drängte darauf, daß den Panzerkorps Infanterie unterstellt würde, die . . . ›auf Nebenwegen vorgehen‹ könnte. Der Befehlshaber der Pz. Gr. 4 hatte dieses Verfahren in seiner geraden Art als ›höchst unzweckmäßig‹ bezeichnet.«[2]

Auf Verlauf und Wandlungen der »Barbarossa«-Planung kann hier nur insoweit eingegangen werden, als sie Hoepner und seine Panzergruppe 4 unmittelbar berühren. Allen militärischen Planern, Generaloberst Halder an der Spitze, war bewußt, daß ein Feldzug gegen Sowjetrußland sich mit keinem der bisherigen Feldzüge der neuen deutschen Wehrmacht vergleichen ließ. Der russische *Raum* war für das deutsche Heer ein unlösbares Problem. Es war zugleich das Problem des Verhältnisses Europas zu Rußland, über das schon 1805 der sterbende Friedrich Schiller in seinem »Demetrius«-Fragment nachgedacht hatte:

»Doch ists ein kleiner Anfang nur, o Herr,
Des großen Russenreichs, denn unabsehbar
Streckt es der Morgensonne sich entgegen,
Und keine Grenzen hat es nach dem Nord
Als die lebendge Zeugungskraft der Erde.«

Der *Raum* regierte auch die beiden anderen klassischen Faktoren der Kriegskunst, die *Kräfte* und die *Zeit*. Was den Ansatz der Kräfte betrifft, so wurde die günstigste Schwerpunktbildung von den mit der Feldzugsplanung befaßten militärischen Persönlichkeiten und Stäben gründlich erwogen. Aber das Ergebnis, jener Operationsplan, der auf Hitlers Weisung nach dem Stauferkaiser »Barbarossa« benannt wurde, um den Kreuzzugsgedanken gegen den Bolschewismus zu betonen, und von ihm stark beeinflußt wurde, war der Versuch einer Quadratur des Zirkels: Von dem ans Geniale heranreichenden großen Wurf des »Sichelschnitt«-Plans 1940 findet sich in »Barbarossa« nichts. Über der Grenzenlosigkeit des russischen Raumes schien auch der deutsche Generalstab an die Grenze seines planerischen Leistungsvermögens gestoßen, ein oder zwei Jahre bevor dann die gesamte deutsche Wehrmacht an diese Grenze stieß. An *Zeit* wiederum standen für die Niederwerfung des Riesenreiches allenfalls die fünf Monate von Mitte Mai bis Mitte Oktober zur Verfügung, sollte nicht der russische Winter die Entscheidung verzögern und über Deutschland endgültig das Schicksal des Zweifrontenkrieges verhängen. Generaloberst Halder hatte Hitler am 3. Februar 1941 sechs Stunden lang über die »Aufmarschanweisung Barbarossa« Vortrag gehalten und auf alle Unberechenbarkeiten und Risiken eines solchen Feldzuges hingewiesen. Es war alles vergebens. Hitler versteifte sich auf die Ansicht, daß weder der Raum noch die Zeit gegen Deutschland arbeiten würden, da mit Gewinnen der gesteckten Operationsziele in Sowjetrußland »alles in Scherben liegen« und das Sowjetsystem liquidiert sein werde. Daß Halder in diesen Auseinandersetzungen vor allem deshalb einen schweren Stand gegen Hitler hatte, weil in den bisherigen Unternehmungen die Sorgen des Generalstabs sich stets als unberechtigt, die Siegesgewißheit Hitlers aber als wohlbegründet erwiesen hatte, braucht kaum noch erwähnt zu werden.

Auch bei der operativen Entscheidungsfindung kündigten sich gravierendste Meinungsverschiedenheiten zwischen dem Chef des Generalstabs und dem Obersten Befehlshaber der Wehrmacht an. Generaloberst Halder ebenso wie der mit der Erarbeitung einer Studie über die Angriffsoperation beauftragte Generalmajor Marcks hatten sich für eine Schwerpunktbildung auf Moskau entschieden in der Überzeugung, daß sich der Gegner auf dem Wege zu seiner Hauptstadt mit der Masse stellen und schlagen müsse[3]. Dabei konnten Halder und Marcks sich auf eine Erfahrung Napoleons stützen: Dem Franzosenkaiser hatte sich, unter dem Druck der russischen Öffentlichkeit, die Zarenarmee vor den Toren Moskaus tatsächlich zum Kampf gestellt, am 6. September 1812 bei Borodino an der Moskwa. Das weitere Schicksal der Grande Armée war allerdings keine Bestätigung mehr für diesen Schwerpunktgedanken. Napoleon hatte die Russen bei Borodino zwar geworfen, aber nicht vernichtet. Und auch nach dem Verlust ihrer heiligen Stadt Moskau waren die Russen gegenüber den Invasoren aus Westeuropa unbeugsam geblieben. In den letzten Tagen seines Aufenthaltes im Kreml, Anfang Oktober 1812, hatte Napoleon noch den Gedanken erwogen, von Moskau auf Petersburg zu marschieren, um dem Zaren in seiner Residenz den Frieden zu diktieren; aber vom Marschall Davout mußte sich der Kaiser belehren lassen, daß dieser Operationsplan von den Kräften und der Jahreszeit her undurchführbar war.

Außer durch seine gewaltige Ausdehnung unterschied sich Sowjetrußland von Hitlers bisherigen Kriegsgegnern auch darin, daß es geographisch und geschichtlich nicht *eine*, sondern *drei* Hauptstädte besaß. Neben Moskau, welches als Ersatz für seine alte religiöse Bedeutung von der Sowjetregierung zum modernen politischen, verkehrsmäßigen und industriellen Zentrum erhoben worden war, spielten auch Leningrad und Kiew eine große Rolle. Leningrad, das alte Petersburg, war die kulturelle und maritime Hauptstadt geblieben, das »Tor des Westens«, von Peter dem Großen geöffnet für europäisches Denken, für Fortschritt und Zivilisation. Und Kiew, einst Residenz des Fürstengeschlechts der Ruriks, war noch immer die große Handelsmetropole Südrußlands und seiner Kornkammer, der Ukraine. Verallgemeinernd, aber zutreffend wurden Leningrad als »Kopf«, Moskau als »Herz« und Kiew als »Fuß« Rußlands bezeichnet. Auf Hitlers schweifende Phantasie übten alle drei Städte starke Anziehung aus. Operativ war aber die Schwierigkeit die, daß diese Städte, ebenso wie das Baltikum, Weißrußland und die Ukraine, von der deutschen Ostgrenze aus gesehen fächerförmig auseinander lagen. Jede eigentliche Schwerpunktbildung wurde illusorisch, sobald der deutsche Oberste Befehlshaber nicht der Weisheit Goethes folgte: »In der Beschränkung zeigt sich erst der Meister«. Das hätte zudem Clausewitzschem Denken entsprochen. Das Schicksal des Deutschen Reiches und Heeres war somit abhängig vom Charakter eines einzelnen, davon, ob »Hitler als

Feldherr« sich wirklich als *Herr* oder als Getriebener seiner Machtgelüste erweisen werde.
Von den drei Heeresgruppen Süd, Mitte und Nord, die zur Durchführung des Unternehmens »Barbarossa« gebildet wurden, erhielt die Heeresgruppe *Mitte* unter Feldmarschall Fedor v. Bock die stärksten Kräfte zugewiesen. Hier, im Schwerpunkt des gesamten Feldzuges, sollte nach Halders Planung »die Entscheidung im geraden Stoß auf Moskau« gesucht werden. Diese Schwerpunktbildung war aber schon in der Anlage dadurch problematisch, daß auch die beiden anderen Heeresgruppen eigene weitgesteckte Ziele erhielten, welche in dem sich trichterförmig ausweitenden Operationsraum vom Hauptschwerpunkt in der Mitte, der entscheidenden Operationslinie, wegführten. Die Heeresgruppe Süd unter Feldmarschall v. Rundstedt sollte ursprünglich zunächst ihren Schwerpunkt auf Kiew richten, die Dnjepr-Übergänge bei und südlich Kiew nehmen, um so die Voraussetzung für die Fortführung der Operation ostwärts des Dnjepr zu schaffen. Die Heeresgruppe Nord unter Feldmarschall Ritter v. Leeb war am 22. Juni 1941 mit 28 Divisionen am schwächsten, gegenüber Süd mit 48 und Mitte mit 57 Angriffsdivisionen. Mit diesen Kräften sollte die Heeresgruppe Nord den Feind im Baltikum vernichten, durch Besetzung der Ostseehäfen einschließlich Leningrads und Kronstadts der Roten Flotte ihre Stützpunkte wegnehmen und die linke Flanke von *Mitte* sichern.
Die Heeresgruppe Nord bestand aus der 16. Armee (Generaloberst Busch), der 18. Armee (Generaloberst v. Küchler) und der Panzergruppe 4 unter Generaloberst Hoepner. Unter den neugebildeten Panzergruppen war die Panzergruppe 4 die schwächste; sie verfügte nur über das XLI. und das LVI. Panzerkorps sowie über die SS-Totenkopf-Division als Reserve. Zur eigentlichen Schwerpunktbildung fehlte ihr von vornherein ein drittes Panzerkorps, was sich auf den Verlauf der Operation auswirken mußte. Die Oberbefehlshaber der Heeresgruppen und ihre Stabschefs sowie die Armee- und Panzergruppenführer wurden am 30. März 1941 in der Reichskanzlei in ihre Aufträge eingewiesen. Hierbei, wie auch wohl schon in früheren Besprechungen, wies Hoepner darauf hin, daß seine Panzergruppe für die ihr gestellten Aufgaben zu schwach sei. Die Tochter Ingrid erinnert sich, daß ihr Vater damals wütend nach Hause kam und zu ihrer Mutter sagte: »Jetzt haben sich wieder *alle* vom Adolf faszinieren lassen!« Insbesondere mit Detailkenntnissen, wie den Reichweiten der einzelnen Waffen, habe »Adolf« auch kritische Generale beeindruckt. An diesem Abend berichtete Hoepner seiner Frau und Tochter auch von einem Zusammenstoß, den er in der Reichskanzlei mit Göring hatte. Hoepner war mit der in den bisherigen Feldzügen erreichten Zusammenarbeit zwischen Heer und Luftwaffe nicht zufrieden; insbesondere hielt er die strategische Luftaufklärung für unzureichend und verlangte von ihr eine höhere Effektivität. Darüber hatte er einen heftigen Wortwechsel mit dem »Reichsmarschall«, in den Hitler sich einmischte und, sich an den Panzergruppenführer wendend, sagte: »Hoepner, Sie machen das schon!«
Im Familienkreis äußerte Hoepner am Abend des 30. März 1941 die Hoffnung, daß dieser neue Feldzug vermieden werden könne. Auch in einem kurzen Brief an seine Mutter vom 26. Mai 1941 klingt diese Hoffnung, obzwar schwächer werdend, noch einmal an: *»Vor dem 20. 6. geht hier nichts los. Die Frage, ob das überhaupt eintritt, wird hier auch dauernd gestellt. Man spricht sogar von 99 Jahren Verpachtung der Ukraine. Einerseits kann ich mir aber nicht denken, daß die UdSSR diesen Prestige-Verlust wagen. Anderer-*

seits wären unsere Ansprüche damit noch nicht befriedigt . . .« Schließlich berichtet sein Ordonnanzoffizier 03 und Bearbeiter der Feindnachrichten, der drei Jahre lang zu seinen engsten Vertrauten gehörte: »Hoepner hielt einen Krieg gegen die Sowjetunion für ausgeschlossen und den ganzen Aufmarsch für Bluff . . . Es ist völlig ausgeschlossen, daß Hoepner jemals den Krieg gegen die UdSSR als unvermeidlich und als aufgezwungenen Kampf ums Überleben bezeichnet haben kann. Mir sagte er noch drei oder vier Tage vor dem Angriff auf die Sowjetunion: ›Das darf nicht wahr werden, das ist unser Harakiri!‹«[4]
Je länger Hoepner den Auftrag analysierte, um so deutlicher wurde ihm, daß wegen des gravierenden Mißverhältnisses seiner Kräfte zum Operationsraum, verbunden mit den Geländeschwierigkeiten, die seiner Panzergruppe jetzt gestellte Aufgabe sich mit denen im Polen- und Westfeldzug nicht vergleichen ließ. Leningrad lag von Ostpreußen dreimal so weit entfernt wie Warschau von Oberschlesien. Die Straßen- und Wegeverhältnisse waren in dem stark bewaldeten, teils versumpften Baltikum noch schlechter als in Polen und mit denjenigen Belgiens und Frankreichs überhaupt nicht zu vergleichen. Hinzu kam, daß der Feind mit der Masse seiner Kräfte nicht an der ostpreußischen Grenze aufmarschiert war, sondern tiefgegliedert in den ehemaligen Ländern Litauen, Lettland und Estland stand, so daß schnelle Siege durch Umfassungsoperationen wie in Frankreich nicht zu erwarten waren. Der Erfolg mußte im schnellen Stoß der Panzerkräfte in die Tiefe des baltischen Raumes gesucht werden.
Nicht nur die Panzergruppe 4, auch die vorgesetzte Heeresgruppe Nord war von vornherein der Ansicht, daß ihre Kräfte für *alle* gestellten Aufträge nicht reichten. Ihr Stabschef sagte rückschauend: »Es wurde unser Schicksal, daß wir, wie Napoleon, nie richtig begriffen haben, was der Faktor *Raum* in Rußland bedeutet.«[5] In der Problematik ihrer Schwerpunktbildung wurde die Heeresgruppe Nord ein getreues Spiegelbild des Schwerpunktproblems der gesamten Ostfront. Sie hatte ebenfalls *drei* Schwerpunkte, die in verschiedene Richtungen führten: *Nord* sollte die Feindkräfte im Baltikum vernichten, sodann Kronstadt und Leningrad erobern, schließlich mit starkem rechten Flügel über Opotschka in nordostwärtiger Richtung weiter vorstoßen, um den sowjetischen Abmarsch aus dem Baltikum zu verhindern und zur Flankensicherung der Heeresgruppe Mitte beizutragen. Im Stab der Heeresgruppe Nord ging selbstironisierend der Spruch um: »Wenn ein Fähnrich auf der Kriegsschule in der Taktikarbeit eine Schwerpunktbildung vornehmen würde, wie bei *Nord* geschehen, so könnte er nicht Offizier werden.«[6]
Auch die Angriffsgliederung der in der Mitte des Angriffsstreifens der Heeresgruppe eingesetzten Panzergruppe 4 spiegelte dieses Schwerpunktproblem wider. Obwohl vom Oberkommando des Heeres (OKH) »Schwerpunkt rechts« angeordnet worden war, machte die Heeresgruppe das links eingesetzte XLI. Korps des Generals Reinhardt stärker als das rechte LVI. Korps des Generals v. Manstein. Dem XLI. Korps wurden die 1. und 6. Panzerdivision, die 36. Infanteriedivision (mot.) und die 269. Infanteriedivision zugeteilt, dem LVI. Korps die 8. Panzerdivision, die 3. Infanteriedivision (mot.) und die 290. Infanteriedivision. Entgegen der OKH-Weisung war also das rechte Korps um eine Panzerdivision schwächer als das linke. Der Chef der Operationsabteilung erinnert sich: »Als ich die Angriffsgliederung der Panzergruppe 4 eingesehen hatte, bin ich, bei Abwesenheit Halders, zu Brauchitsch gegangen und habe gesagt: ›Da stimmt doch etwas nicht! Wir haben Schwerpunkt *rechts* angeordnet; die Panzergruppe 4 hat aber ihre meisten und

stärksten Panzerdivisionen nach links, zu Reinhardt, gegeben!‹ Darauf erwiderte Brauchitsch: ›Ja, ich weiß. Aber Halder und Leeb sind Landsleute und verstehen sich gut. Lassen wir sie machen!‹«[7]
Diese vertrauensvolle Haltung des Heeres-Oberbefehlshabers v. Brauchitsch verdient mehr Lob als Tadel. Da aber die Frage des Schwerpunkts bei der Panzergruppe 4, wie überhaupt bei der Heeresgruppe Nord, den ganzen Sommer 1941 über problematisch geblieben ist und nach dem Krieg einen hochangesehenen, scharfen Kritiker gefunden hat, muß in dieser Lebensbeschreibung näher darauf eingegangen werden. Die Heeresgruppe Nord hatte sich die Panzergruppe unmittelbar unterstellt und damit die Führung ihrer wichtigsten Angriffswaffe, der »schnellen Kräfte«, optimaler geregelt als die anderen Heeresgruppen, wo sie noch den Infanterie-Armeen unterstellt waren. Der Oberbefehlshaber Nord hat aber die Angriffsgliederung seiner Panzergruppe sicher in Absprache mit deren Befehlshaber vorgenommen, zumal aus Ritter v. Leebs Tagebüchern ersichtlich ist, wie sehr er den Panzerführer Hoepner als »sehr tatkräftige und tatfreudige, lebhafte und impulsive Persönlichkeit«[8] geschätzt hat.
Welche Gründe hatte Hoepner, seinem Oberbefehlshaber vorzuschlagen, entgegen der Weisung des OKH, wenn auch vorerst mit stillschweigender Duldung Halders, das linke Panzerkorps stärker als das rechte zu machen? Stabschef Chales de Beaulieu schreibt: »Für den ersten Ansatz der Kräfte waren die voraussichtliche Feindeinwirkung, die Geländegestaltung, die Aufmarsch- und die Bewegungsmöglichkeiten maßgebend.«[9] Der Kampfschwerpunkt für die Grenzgefechte lag im linken Teil des Angriffsstreifens. »Im übrigen hatte der Befehlshaber der PzGr. es sich in seiner Anweisung für die Angriffsführung ausdrücklich vorbehalten, dem nach der Lageentwicklung am schnellsten vorkommenden Korps den Schwerpunktstoß auf Dünaburg zuzuweisen.«[10] – Hoepner muß aber noch andere Gründe für den »Kampfschwerpunkt links« gehabt haben, die man ahnen, aber aus Dokumenten nicht belegen kann. Der Führer des linken Korps, General Reinhardt, war ein bereits in Polen und Frankreich hochbewährter Panzerführer und Hoepner schon aus der Vorkriegszeit, besonders aber aus den kritischen Tagen vor Warschau und an der Bzura bestens vertraut. Die praktische Erfahrung in der Panzerführung hatte Reinhardt dem Führer des rechten Korps, v. Manstein, voraus. Auch v. Manstein war ein alter Bekannter Hoepners; beide müßten sich schon 1913/14 an der Kriegsakademie in Berlin begegnet sein. Es steht jedoch fest, daß Hoepner und v. Manstein nicht gut miteinander »konnten«. Die Gründe, welche v. Manstein 1940 in Gegensatz zu v. Brauchitsch und Halder gebracht hatten, mögen teilweise auch für den Gegensatz zu Hoepner ursächlich sein. In den Briefen Hoepners wird v. Manstein auffälligerweise *nie* erwähnt. Jedoch dürften für die Angriffsgliederung und den Schwerpunkt *links*, außer Feindlage und Gelände, nicht der persönliche Gegensatz zu v. Manstein, sondern der Wille maßgebend gewesen sein, die ohnehin schwachen Panzerkräfte mit Masse in die Hand des in zwei Feldzügen erfahreneren Panzerführers zu geben; das war jedenfalls General Reinhardt.
Der Erfolg bestätigte Hoepners Maßnahmen. Im Morgengrauen des 22. Juni 1941 trat die Panzergruppe 4 über die ostpreußisch-litauische Grenze zum Angriff an. Unweit von Tauroggen, das in der Geschichte zum Symbol preußisch-russischer Freundschaft geworden war, welcher Adolf Hitler jetzt den Todesstoß versetzte, überwachte Hoepner

den Angriff des XLI. Korps. Tags darauf berichtete er darüber in seinem ersten Brief aus dem Ostfeldzug nach Hause:

»Heute ist nun schon der zweite Operationstag. Der gestrige ist nicht ganz nach Wunsch verlaufen. Die Kämpfe um Tauroggen waren recht schwer. Trotzdem wir ein Riesen-Feuerwerk aufgezogen hatten, das ich mir persönlich aus der Nähe ansah, leistete der Russe zähen Widerstand. Es waren Kaukasier, die als Gefangene einen wilden Eindruck machten, gelblich-braun, Schlitzaugen, breite, derbe Schädel, kurz geschoren, kräftige, sehnige Körper: Viele sind im Schlaf durch unser Artilleriefeuer so überrascht worden, daß sie nur ein Kleidungsstück trugen, Hemd oder Unterhose oder Rock. Das ganze Tauroggen ist mit Ausnahme weniger Häuser niedergebrannt. Auf meinem anderen Angriffsflügel ging es besser. Dort wurden 70 km jenseits der Grenze die Dubyssa an zwei Stellen erreicht.«

Am Nachmittag des 23. Juni zeigte sich deutlicher, wie richtig es war, »daß im Streit der Meinungen die PzGr. 4 gegen das Drängen des LVI. Korps daran festhielt, daß der Schwerpunkt . . . nicht rechts zum LVI. Pz.Korps gelegt wurde, sondern bei dem XLI. Pz.Korps blieb«[11]. Die Luftaufklärung erfaßte auf der Straße von Jonava nach Kedainiai eine starke Feindkolonne, dabei ca. 200 Feindpanzer. Diese feindliche Kräftegruppe befand sich zwar im Angriffsstreifen des rechten Korps, machte sich aber vor diesem nicht bemerkbar, sondern bewegte sich nach Südwesten auf die 6. Panzerdivision des XLI. Panzerkorps zu. In dieser Lage entschloß sich Hoepner, das nach Osten rasch auf Dünaburg vorgehende LVI. Panzerkorps wegen dieses Panzerfeinds nicht anzuhalten, sondern ihn durch das stärkere linke Korps ausschalten zu lassen. »Die vom Kd. General des XLI. PzKorps frühzeitig und umsichtig gegen diese russischen Kräfte angesetzte Umfassungsschlacht von Rossienie führte zwischen dem 24./26. 6. zu einer vollständigen Vernichtung. Über 200 Panzer waren die Beute, kein Feindpanzer war entkommen.«[12]

Diese Panzerschlacht von Rossienie in den ersten Tagen des Rußlandfeldzuges bietet viele Parallelen zu derjenigen von Hannut in Belgien zu Beginn des Westfeldzuges. Hoepner hatte wieder nach dem Clausewitzschen Grundsatz verfahren, »seine Kräfte zusammenzuhalten« und dem starken sowjetrussischen Panzerfeind – es handelte sich um die 2. sowjetrussische Panzerdivision und eine weitere Panzerbrigade – mit der Masse seiner eigenen Panzerkräfte entgegenzutreten. In General Reinhardt und dessen Divisionskommandeuren hatte er hervorragende Taktiker, die in den oft schwierigen Situationen die Übersicht behielten sowie den Willen, diesen gefährlichen Feind nicht nur zu schlagen, sondern zu vernichten. Bei aller Führungskunst des Befehlshabers, des Kommandierenden Generals, der Divisionskommandeure und -stäbe hätten die zwei Junitage 1941 nicht zu einem so überwältigenden Sieg der deutschen Panzerwaffe werden können ohne den Siegeswillen *aller* Soldaten des XLI. Korps. Die Hauptlast des Kampfes trug Hoepners ehemalige 1. Leichte aus Wuppertal, die jetzige 6. Panzerdivision. General Reinhardt hat die Leistungen dieser Division besonders gewürdigt:

»Alle Bewegungen liefen am 24. 6. planmäßig, nur die 6. Pz. Div. hatte eine ernste Krise durchzustehen . . . Die Masse der 6. Pz. Div. wurde schließlich in schweren Kämpfen bis auf die Höhen von Rossienie zurückgedrängt. Erschwerend für den Abwehrkampf der Division kam hinzu, daß der Russe eine größere Zahl bisher unbekannter überschwerer Panzer (52 t Panzer) zum Einsatz brachte, gegen die sich alle Waffen der 6. Pz. Div.

als unwirksam erwiesen. Pak, sogar schwere Feldhaubitzen wurden im Vorfahren von diesen Panzern überrollt. Der mühsam haltenden Truppe bemächtigte sich in ihrer Ohnmacht teilweise Ratlosigkeit, bis am Nachmittag vom Korps herangeholte 8,8 cm Flak endlich die ersten schweren Panzer zum Abschuß brachte, und schneidige Stoßtrupps der 6. Pz. Div. ihnen mit geballten Ladungen wirksam zu Leibe gingen. Im hin und her wogenden Kampf wurde Rossienie gehalten . . .«[13] Der damalige Ia der 6. Panzerdivision, Graf Kielmansegg, berichtet über diese Kampftage: »Diese dreitägige Panzerschlacht von Rossienie war eine der größten Nervenbelastungen, die ich im ganzen Kriege erlebt habe und auch gemessen an vielen Kämpfen des späteren Rußlandfeldzuges eine der schwersten, die wir je zu bestehen hatten.«[14] Am 25. Juni wurde die schwer ringende 6. Panzerdivision durch die drei anderen Divisionen des Korps entlastet, welche konzentrisch den nunmehr eingeschlossenen Feind angriffen. Am Abend waren die 2. sowjetische Panzerdivision, eine weitere Panzerbrigade sowie Teile von Infanteriedivisionen vernichtet. Zur Freude des ganzen XLI. Korps meldete am 26. Juni der Wehrmachtsbericht:

»Nach zweitägiger Dauer führte eine gewaltige Panzerschlacht nördlich von Kowno zum siegreichen Ende. Mehrere Divisionen wurden eingeschlossen und vernichtet. 200 sowjetische Panzer, 150 Geschütze sowie Hunderte von Kraftfahrzeugen fielen in deutsche Hand.«

Während im Kampfschwerpunkt links dieser große Sieg von Rossienie erzielt wurde, gelang dem LVI. Panzerkorps rechts, mit der 8. Panzerdivision voraus, der »schnelle Stoß zur Düna« in einem Angriffstempo, das an den Raid der 4. Panzerdivision auf Warschau erinnerte. Im Morgengrauen des 24. Juni passierte die 8. Panzerdivision, vom Feinde unbehelligt, Kedainiai; am Spätnachmittag nahm sie das 50 km ostwärts gelegene Wilkomierz und gelangte auf die Hauptstraße von Kowno nach Dünaburg. Jetzt gab es für sie kein Halten mehr: Am 25. Juni nachmittags nahm sie Utena und befand sich noch 70 km vor Dünaburg. Den zurückweichenden Feind vor sich her treibend, drang sie am 26. Juni früh vormittags in Dünaburg ein und konnte die Straßenbrücke über die Düna unversehrt, die Eisenbahnbrücke nur leicht beschädigt in Besitz nehmen.

Mit der Einnahme Dünaburgs hatte die Panzergruppe 4 nach vier Tagen das erste operative Zwischenziel erreicht. Wie Hoepner in Dünaburg zum Kommandeur der 8. Panzerdivision, Generalleutnant Brandenberger, sagte, war es auch »der erste gelungene Durchstoß dieses Feldzuges durch eine operative Verteidigungsfront«. Den Plan des Kommandierenden Generals des LVI. Panzerkorps, General v. Manstein, mit seinem Korps unverzüglich und, ohne das Herankommen des linken Nachbarn an die Düna abzuwarten, weiter vorzustoßen, konnte Hoepner nicht genehmigen. General v. Manstein hat diesbezüglich, wie an Hoepners Führung der Panzergruppe 4 überhaupt, im Kapitel »Ein Panzerraid« seines Buches »Verlorene Siege« scharfe Kritik geübt. Zum Stop bei Dünaburg schrieb v. Manstein: »Gewiß, dies war die ›sichere‹ und bestimmt die schulmäßige Lösung. Wir hatten es uns allerdings anders gedacht.«[15] – Aus dem Polen- und Westfeldzug war Hoepner bei seinen Untergebenen, die ihn dort, wie General Eberbach, bei Führungsentscheidungen erlebten, als »wagemutiger, aber nie leichtsinniger Panzerführer« in Erinnerung. Einem isolierten Vorstoß des LVI. Panzerkorps, wie ihn v. Manstein gleich nach der Einnahme Dünaburgs beabsichtigte, konnte ein Mann vom Verantwortungsge-

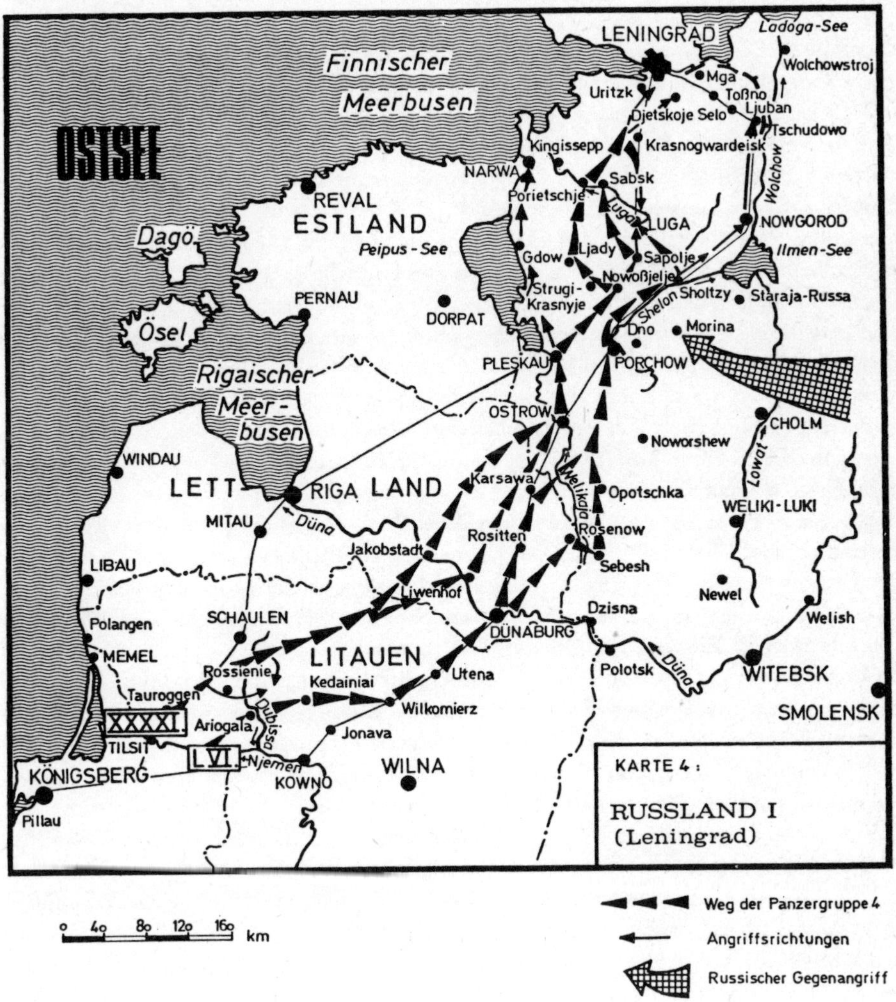

KARTE 4:

RUSSLAND I
(Leningrad)

fühl Hoepners nicht zustimmen. Maßgebliche hohe Offiziere der damaligen Heeresgruppe Nord, wie ihr Chef des Stabes, General a. D. Brennecke, und ihr Ia, Generalmajor a. D. Herrmann, sind darin mit Hoepner noch heute einer Meinung: »Mansteins Klage über die versäumte Ausnutzung des Überraschungsmomentes nach Einnahme Dünaburgs mag von der Theorie her richtig sein. In der Praxis war ein isoliertes, sofortiges Weiterantreten des LVI. Korps nicht zu verantworten.«[16] Und General a. D. Graf Kielmansegg schreibt: »Der Durchstoß auf Dünaburg war zweifellos eine hervorragende Operation; aber in Mansteins Buch hätte mehr herausgestellt werden müssen, daß das 56. Panzerkorps eine ausgesprochen schwache Stelle getroffen hatte, während das 41. Korps, zu dem meine 6. Panzerdivision gehörte, auf einen überlegenen und panzermäßig äußerst starken Feind stieß. Das Korps hatte mit diesem nicht, wie Manstein geringschätzig schreibt, einfach ›abzurechnen‹ . . . Die Kritik am Festhalten des 56. Panzerkorps um Dünaburg ist m. E. in keiner Weise berechtigt. Ich halte heute noch den Hoepnerschen Entschluß für richtig, und nicht nur, weil es der ›sichere‹ Entschluß war. Ein weiterer isolierter Vorstoß des 56. Panzerkorps wäre, weil zu schmal und an Kräften zu schwach, bei der tiefgestaffelten Aufstellung des Gegners, von der Manstein selber schreibt, reinster Leichtsinn gewesen. Hier geht Manstein nur von der Lage vor seinem Korps aus und nicht von der Lage rechts und links und der Stärke des Gegners.«[17]

Der Panzergruppe 4 wie auch der Heeresgruppe Nord kam es jetzt darauf an, außer bei Dünaburg noch weitere Übergänge über die Düna zu gewinnen; denn der Durchstoß durch die Düna-Linie konnte sich operativ, für das weitere Vorkommen nach Nordosten, nur aus einem breiteren Ansatz richtig auswirken. Diese breitere Basis wurde durch das schnelle Vorwärtskommen des XLI. Panzerkorps auf Jakobstadt am 30. Juni geschaffen. Bei allem energischen Verfechten der »schnellen Lösung« mußte jetzt aber ein Tag zur Durchführung der wichtigsten Versorgung eingelegt werden. Dann trat am 2. Juli frühmorgens die gesamte Panzergruppe 4 erneut an: Rechts das LVI. Korps mit den allgemeinen Zielen Opotschka und, 70 km nordostwärts, Noworshew; links das XLI. Korps auf Ostrow und Pleskau. Der Angriff durch Lettland gewann rasch an Boden, vor allem links, wo sich die Überraschung des neuen Ansatzes aus den Brückenköpfen bei Jakobstadt günstig auswirkte. Am erfolgreichsten war die 1. Panzerdivision, die es auf eine Tagesleistung von 125 km brachte, am 4. Juli Ostrow nahm und damit bereits auf altem russischen Gebiet stand. Schwerer hatten es die 6. und die 8. Panzerdivision. Offenbar dort gewonnene Eindrücke schlugen sich in einem Brief Hoepners vom 5. Juli nieder: *»Seit gestern sind Teile durch die alte russische Grenzbefestigung bei Ostrow durchgebrochen . . . An anderer Stelle sind wir an der lett.-russ. Grenze in ein Sumpfgebiet geraten, wo man mit Kraftfahrzeugen nicht durchkommt . . . Nun Rat schaffen! An den wenigen großen Straßen leistet der Russe zähen Widerstand und sprengt alle Brücken, so daß das Tempo sich erheblich verlangsamt. Wenn ich auch wohl den Aufbau einer neuen Verteidigung hier verhindert habe, so geht es doch nur mit Kampf vorwärts. Ich zweifle heute daran, daß ich am 13. 7. in Leningrad sein kann, was ich mir vorgenommen hatte. Die Verluste sind leider nicht gering, wenn auch nicht sehr schwer.«*

Auch die schnelle Einnahme Pleskaus am 8. Juli durch die 36. Infanteriedivision (mot.) und das zügige Vorwärtskommen der 1. Panzerdivision über Pleskau hinaus konnten am ernsten Grundton der Briefe Hoepners in den nächsten Tagen nichts ändern; dazu kamen jetzt gesundheitliche Störungen, worüber er erstmals am 9. Juli nach Hause berichtete: *»Ich habe in den letzten Tagen erheblich führen müssen. Russe und Gelände gaben manche Nuß zu knacken. Während das eine Korps fast im Sumpf stecken blieb, hatte das andere schwere Kämpfe. So haben wir gestern Pskow genommen . . . Mir geht es nicht sehr gut: Zahnschmerzen und dicke Beine. Aber Schonung ist unmöglich.«*

In den nächsten Tagen legte die Gesundheit seiner Mobilität aber doch Beschränkungen auf, worüber er im Brief vom 13. Juli aus dem Gefechtsstand bei Pskow klagte:

»Die Hitze ist seit 8 Tagen unerträglich, 30° im Schatten, 48° in der Sonne . . . Ich sitze im Freien, wo ein leiser Wind geht, habe das linke Bein auf einem Stuhl und mache eiskalte essigsaure Umschläge gegen Anzeichen einer Venenentzündung. Es ist sehr ärgerlich, daß ich nicht nach vorn fahren kann. Die Kämpfe werden noch nicht leichter. Der Russe wehrt sich verzweifelt und wird durch das Gelände gut unterstützt. Neben der großen Straße Pskow–Leningrad sind Sümpfe und dicke Waldungen, in denen man weder Panzer noch Artillerie entwickeln kann. Auf der Straße geht es nur langsam vorwärts, weil der Russe alle Brücken sprengt und uns mit Fliegerangriffen stark zusetzt. Z. Zt. ist von unserer Luftherrschaft wenig zu spüren. Wir haben hier nur wenige Jagdkräfte, keine Stukas. Leeb rief mich soeben an in Sorge, daß wir zuviel bluten könnten. Bisher habe ich ja auch eigentlich allein die Schwere des Kampfes getragen. Wenn ich aber loslasse, verlieren wir mindestens vierzehn Tage.«

Mit den vor den 28 Divisionen mehrfach erwähnten Geländeschwierigkeiten und der Suche nach dem für die Panzerwaffe günstigsten Angriffsgelände auf Leningrad befaßten sich jetzt verschiedene Führungsebenen; am intensivsten General Reinhardt, dessen im Zuge der Straße Pleskau–Luga angreifende Divisionen abseits dieser Straße immer tiefer in unwegsames Wald- und Sumpfgelände gerieten. Durch Kartenstudium sowie Erd- und Luftaufklärung gewann General Reinhardt den Eindruck, daß sein Korps im bisherigen Ansatz an der mittleren Luga sich festfahren werde, durch Abdrehen nach links auf die untere Luga bei Kingisepp aber trockenes, panzergünstiges Gelände bis Leningrad gewinnen könne. Dem widersprach die OKH-Forderung des operativen Schwerpunktes *rechts* mit dem Ziel, an die Bahnlinie Moskau–Leningrad heranzukommen, das Entweichen der Feindkräfte aus dem Leningrader Raum zu verhindern und den Angriff auf die Stadt von Südosten her zu führen. Auch Hitler betonte jetzt immer hartnäckiger diesen »Schwerpunkt rechts«. Es ist kennzeichnend für Hoepner, daß er sich den Argumenten Reinhardts anschloß und mit seiner ganzen Überzeugungskraft die Ansicht vertrat, daß jetzt das *Gelände* im Vordergrund aller Überlegungen zu stehen habe. Dabei kam ihm der Zufall zu Hilfe. Von der Panzergruppe 4 wurde eine sowjetrussische Karte des gesamten Raumes südlich Leningrad erbeutet, auf welcher die im Wolchow- und mittleren Lugaabschnitt bestehenden Geländeschwierigkeiten – Wasserläufe, Sümpfe, Wälder usw. – klar erkennbar waren. »Diese Karte wurde von der Panzergruppe 4 zur Begründung des Abdrehens der Heeresgruppe Nord, von dieser postwendend dem OKH zugeleitet. Dort wurde sie *ungnädig* aufgenommen.«[18] Die Heeresgruppe dagegen beschäftigte sich eingehend mit den Argumenten Reinhardts: »Den Rat eines so klugen, anerkannt klugen Panzerführers wie Reinhardt konnte man nicht einfach übergehen!«[19] Dies um so weniger, als die Generallinie auf das Operationsziel erhalten blieb, dessen Gewinnen – und nicht der Weg dorthin – Vorrang behalten mußte.

Am 16. Juli fuhr Feldmarschall Ritter v. Leeb mit seinem Ia zur Panzergruppe 4 bei Pskow. In der Besprechung überzeugte Hoepner seinen Oberbefehlshaber von der Notwendigkeit des Abdrehens nach links. Der Ia erinnert sich: »Nach langer, gründlicher Überlegung billigte Ritter v. Leeb endgültig die Änderung des Ansatzes.«[20] Daß sie damit in Gegensatz nicht nur zu Generalstabschef Halder, sondern auch zu Hitler gerieten, war Hoepner wie Ritter v. Leeb bewußt. – Auch bezüglich der Durchführung des sogenannten »Kommissarbefehls« einigten sich der Feldmarschall und der Generaloberst in Pskow, gemeinsam nach dem Grundsatz zu verfahren: »Das machen wir eben nicht!«[21] Wenn trotzdem in den Akten der Panzergruppe 4 Meldungen über liquidierte Kommissare zu finden sind, so handelt es sich dabei entweder um Routinemeldungen, die, unter Terminzwang, vorsätzlich mit falschen Angaben gemacht worden waren, um von »oben« Ruhe zu bekommen, oder aber die betreffenden Kommissare waren als Anführer von Partisanen gefaßt und nach Kriegsrecht liquidiert worden. – Ebensowenig wie die Befolgung des Kommissarbefehls würde in Hoepners Charakterbild jene »gute Zusammenarbeit« mit dem SD passen, deren sich der Führer der Einsatzgruppe A, SS-Brigadeführer Dr. Stahlecker, in einem Bericht an seine vorgesetzte SS-Dienststelle gerühmt hat. Dieser Bericht ist dann bis in die späten 70er Jahre hinein immer wieder zitiert worden; dabei hätte jedoch sorgfältiger und umfassender recherchiert und die brutale Wirklichkeit des modernen Krieges stärker berücksichtigt werden müssen. Die Sicherung der Versorgungsstraßen für die der Infanteriefront weit voraus operierende Panzergruppe war für diese lebenswichtig. Hoepner hätte aber nie gebilligt, wie Stahlecker seinen Auftrag, »Ordnung im Hinterland« zu schaffen, durchführte. Sein Ordonnanzoffizier berichtet: »Mir ist in bezug auf Stahlecker noch genau einer der deftigen Aussprüche Hoepners in Erinnerung: ›Ich habe dem Kerl gesagt, wenn er Sauereien macht, trete ich ihm in den . . . Aber das wagt er ja wohl nicht!‹«[22]

An diesem Tag, 16. Juli 1941, schrieb Hoepner nach Hause:

»Ich bin noch bei Pskow, bin ziemlich mißgestimmt, weil der Durchbruch nach Leningrad z. Zt. gestoppt ist. Mehrere Momente kommen zusammen. Die entscheidende Ursache liegt aber in unserer Schwäche, die ich schon im März zur Sprache gebracht habe. Die Zahl der Divisionen genügt für die gestellte Aufgabe ebensowenig wie ihre Ausstattung. Die Fliegerkräfte sind unzureichend und ihrer Art nach nicht für alle Aufgaben geeignet. Nun sind wir in der 4. Woche im Kampf ohne einen Ruhetag, bei glühender Hitze, in einem für Kraftfahrzeuge fast unmöglichen Gelände. Die Männer werden müde, die Verluste mehren sich, der Ausfall an Fahrzeugen steigt . . . Ich habe heute auf Leeb's Befehl das weitere Vorgehen für einige Tage eingestellt, bis Inf. Korps meine Flanken decken können. Z. Zt. führe ich 4 Korps auf einer Front von fast 250 km und Tiefe von 150 km. Leeb, der heute hier war, brauchte für 100 km 5 Stunden. Es ist garnicht mehr möglich, die Truppe zu besuchen, ohne einen ganzen Tag unterwegs zu sein. Das ist aber kaum zu verantworten, weil sehr häufig schnelle Entschlüsse erforderlich sind . . .«

Hoepner konnte am 16. Juli nicht ahnen, daß aus dem kurzen Verhalten in den durch die 1. Panzerdivision bei Sabsk, durch die 6. bei Porietschje gewonnenen Brückenköpfen ein Stop von dreieinhalb Wochen werden würde. Auf seine Panzergruppe wirkte sich jetzt das ungelöste Schwerpunktproblem der Gesamtfront aus. »Der O. B. der H. Gr. Nord unterstützte . . . bewußt die (geheime) Stoßplanung des OKH auf Moskau, wollte damit seinem engen Freund, General Halder, dem Chef des Generalstabs des Heeres, aus Überzeugung helfen, soweit das in seinen Kräften stand.«[23] Diese selbstlose, sich stets dem *Ganzen* verpflichtet fühlende Denkart unterscheidet Ritter v. Leeb vorteilhaft von anderen Feldmarschällen Hitlers. Dem Drängen der Panzergruppe 4 auf Leningrad indes war sie wenig hilfreich. Aus Hoepners Briefen ist jetzt eine zunehmende Verstimmung herauszulesen; so im Brief vom 19. Juli:

»Ich kann nicht die Reklame machen wie die anderen. Z. Zt. bin ich etwas verbittert . . . Du weißt, daß ich mehrfach vorstellig geworden bin mit der Ansicht, daß meine Kräfte für diese Aufgaben zu schwach seien. Jetzt ist es so, daß diejenigen, die viel mehr haben und in besserer Ausrüstung, deshalb leichtere Erfolge, zuerst ausgezeichnet werden. Kleist und ich haben die schwereren Kämpfe und die größeren Verluste, werden nicht erwähnt . . . Brauchitsch war schon zweimal bei der Heeresgruppe Leeb und den Armeen Busch und Küchler. Zu mir war der Weg zu weit und zu schlecht. Ich sitze nun schon über eine Woche am gleichen Fleck. Es geht sehr schwer vorwärts in dem Saugelände. Dazu wirft Woroschilow alles nur Greifbare in den Kampf . . .«

Und am 29. Juli schrieb er:

»Morgen kommt der General Fellgiebel vom OKW in die Gegend. Er soll diesen Brief nach Deutschland mitnehmen . . . Die geistige und seelische Belastung des höheren Führers ist groß. Ich leide darunter oft nicht unerheblich. Meine Gedanken arbeiten dauernd an der Doppelaufgabe der operativen und taktischen Führung und dem Streben, die Verluste zu verringern . . .«

Besonders aufschlußreich aber ist der Brief vom 1. August 1941:

»Wie Du siehst, bin ich noch nicht weiter. Das neue Antreten ist nunmehr schon auf den 6. August verschoben. Inzwischen habe ich dauernd Ärger mit höheren Stellen. Das geht seit dem 15. Juli, als Schmundt hier war. Man hat mir nicht geglaubt, als ich die jetzige Entwicklung vorhersagte. Inzwischen waren Schröder, Brauchitsch und Keitel bei Leeb, Paulus bei mir. Man hat die größten Gedanken in Befehle umgesetzt, allerhand Verschiebungen vorgenommen. Jetzt scheint man wieder die Ansicht oder den Entschluß geändert zu haben. Morgen kommt Brauchitsch wieder zu Leeb. Wahrscheinlich werde ich auch hinbefohlen. Vielleicht gibt man mir jetzt recht. Inzwischen ist viel Blut vergossen, und nun wird es schwerer . . . In den Wäldern treiben sich noch viele russische Soldaten und Partisanen herum, die nachts an der Eisenbahn Minen legen und Trosse überfallen. Meine Posten schießen in jeder Nacht. Die Russen nennen mich den »Bär Goepner« (Sie können das H. nicht sprechen.).«

In diesem Zusammenhang muß daran erinnert werden, daß zu der Sorge eines Armeeoberbefehlshaber hinsichtlich der Ereignisse vor und hinter seiner eigenen Front gerade in dem Zeitraum vom 13. Juli bis 21. August 1941 noch eine viel bedrückendere, weil umgreifendere hinzukam: Obwohl Mitte Juli schon die Heeresgruppe Mitte auf der Landbrücke von Smolensk, die Heeresgruppe Süd auf dem Sprung über den Dnjepr bei Kiew stand, tat sich nichts Spektakuläres, denn Hitler vermochte sich nicht zwischen den Zielen Leningrad, Moskau und Kiew zu entscheiden und ließ bis zu seinem verhängnisvollen Entschluß am 21. August 1941, die Umfassungsschlacht von Kiew zu schlagen, sechs Wochen ungenutzt verstreichen. Danach verlor er die Operationslinie Moskau aus den Augen, verschliß die Panzergruppe 2 durch ihren Einsatz Richtung Süden und geriet mit seinem vermeintlichen Schlußhieb auf die Rote Armee in den Winter, auf den er überhaupt nicht vorbereitet war.

Diese Bedrückung durch das Ausbleiben eines zielstrebigen Entschlusses ab Mitte Juli kann nicht hoch genug veranschlagt werden, zerrte sie doch sowohl an den Nerven des Oberbefehlshabers v. Brauchitsch und seines Generalstabschefs wie nicht weniger an dem Vertrauen zum Obersten Befehlshaber in allen hohen Führungsebenen.

Am 8. August trat die Panzergruppe 4 mit dem XLI. Korps aus den Luga-Brückenköpfen Sabsk und Porietschje wieder zum Angriff an. Es regnete in Strömen, die Luftunterstützung mußte entfallen. Die Heeresgruppe wollte deshalb den Beginn erneut aufschieben, aber Hoepner bestand darauf, daß jetzt angegriffen werden müsse. Doch vor den Brückenköpfen verteidigte sich der Feind so hartnäckig in gut ausgebauten Stellungssystemen, daß am Abend des 8. August auch General Reinhardt vorschlug, die Fortführung des Angriffs zu verschieben. In mitternächtlicher fernmündlicher Aussprache ermunterte Hoepner seinen vertrauten Waffengefährten, es noch einmal zu versuchen. Am 9. August rang sich die 1. Panzerdivision langsam, aber stetig vorwärts; zwei Tage später hatte sie sich durch einen Waldgürtel hindurchgekämpft und gewann offenes Gelände; ab 13. August war das ganze XLI. Korps in siegreichem Vorstoß auf Leningrad. Hoepners Lagebeurteilung hatte sich wieder als richtig erwiesen. Wie er aber die »große Lage« beurteilte, erhellt eindrucksvoll ein Brief vom 15. August 1941:

». . . Die meisten haben bisher noch nicht gewußt, wie ein wirklicher Krieg aussieht. Wir wollen nur hoffen, daß er bald zu Ende geht. Wir sind hier nun schon wieder seit einer Woche im Angriff. Die Russen haben die Zeit, die wir ihnen ließen, wirklich gut ausgenutzt. An der Luga, an der ich 4 Wochen festgehalten worden bin, haben sie Verteidigungsanlagen gebaut, die an Stärke und Tiefe alles bisher Angetroffene übertreffen. Trotzdem ist der Angriff an der von mir vorgeschlagenen Stelle ganz gut gelungen. Er hat aber leider starke Verluste gekostet. Nun bin ich über die Bahn Petersburg, Krasnogwardeisk, Narwa ostwärts Kingisepp hinweg und werde nach Osten eindrehen . . . Bei Luga habe ich vorläufig halten lassen, weil ich dort Kräfte herausziehen muß, um den Stoß auf Petersburg zu nähren. Eine andere Division, die mir zugesagt war, ist bei Busch eingesetzt worden. So wird man immerfort gehemmt. Ich gehe jetzt an den Samra-See (50 km südostwärts Narwa); wollte schon vor 2 Stunden abfliegen, soll aber auf Leeb warten, der mich hier noch sprechen will . . . Der Feldzug **muß** *Ende September beendet sein wegen der ganzen Versorgungslage und der Kälte . . . Ob es gelingt, den Rest noch zu erledigen, weiß ich nicht. Wenn nicht, müssen wir vor dem Winter stehen bleiben.«*

Die Iden des August 1941 wurden schicksalhaft für die Panzergruppe 4 wie für die ganze Heeresgruppe Nord. Feldmarschall Ritter v. Leeb, erfreut über das gute Vorwärtskommen des XLI. Korps und über die Aussicht, in wenigen Tagen das Hauptangriffsziel Leningrad zu gewinnen, stimmte der Zuführung des Generalkommandos LVI. Panzerkorps und der 3. Infanteriedivision (mot.) aus dem mittleren Luga-Abschnitt zur Nährung des Stoßes auf Leningrad von Südwesten zu. Hoepner wollte den entscheidenden Stoß mit der Masse seiner Kräfte zusammen führen – aber in einem Gelände, das der Eigenart der Panzerwaffe entsprach. Dieses Gelände war bei Narwa und an der unteren Luga gegeben, nicht aber bei Nowgorod und im Wolchow-Abschnitt. Auch der durch v. Manstein erhobene Vorwurf der »Zersplitterung« der Panzergruppe 4 ist deshalb in keiner Weise berechtigt. Hierzu der Chef der Heeresgruppe Nord: »Ich nenne das [Hoepners Ansatz aus Südwesten] Führung nach dem Gelände und nicht, wie Manstein, Zersplitterung.«[24]

Als Ritter v. Leeb am 15. August von der Besprechung mit Hoepner in sein Pleskauer Hauptquartier zurückkam, wurde er vom Stabschef unterrichtet, daß der sowjetrussische Einbruch südlich Staraja Russa inzwischen einen krisenhaften Verlauf genommen hatte. Es zeigte sich, daß der Raum die Kräfte jetzt geradezu verschluckte. Die Heeresgruppe wußte sich nicht anders zu helfen, als die Hoepner am Vormittag des 15. August zugesagten Kräfte am Abend desselben Tages der 18. Armee zur Bewältigung der Krise zu unterstellen. Damit verlor die Panzergruppe 4 im entscheidenden Augenblick ein Drittel ihrer Kräfte. – Am 18. August schrieb Hoepner:

»Seit 10. 8. ist es bei uns ganz gut vorwärts gegangen. Nun kommt wieder ein Stop. Bei m. Freunde Busch ist ein starker russischer Einbruch erfolgt (südl. Staraja Russa). Weder er noch Leeb hatten Reserven. Nun wurden meine mir (zum dritten Male) weggenommen, um die Sache auszubügeln. Damit fehlen mir die Kräfte zum Durchstoß nach Leningrad. Ich erhielt vielmehr Befehl, südostwärts davon einzudrehen, um B. zu helfen. So habe ich immer Aufträge, die mit unzureichenden Kräften zu erledigen sind und nie voll zu Ende kommen.« – Den Namen jenes Russen, der den gut gezielten Flankenstoß von Staraja Russa im richtigen Augenblick geführt hatte, kannte Hoepner damals noch nicht; wenige Monate später wußte er ihn und nannte ihn stets mit dem größten Respekt: Georgi *Schukow*.

Realistisch erfaßte auch die kämpfende Truppe sehr schnell, daß bei Staraja Russa eine für den ganzen Feldzug auf Leningrad verhängnisvolle Entwicklung eingetreten war. Dies geht eindrucksvoll aus einem in Reimen abgefaßten Fernschreiben des Ic einer Panzerdivision vom 19. August 1941 an die Panzergruppe 4 hervor:

»Der Feind in seiner Tücke
Erkennt die Angriffslücke.
Drum mußten wir, oh weh,
Schnell fort vom Samra-See. –
Wir wären gern gezogen mit Euch nach Leningrad.
Man hat uns drum betrogen
Und neues unsrer har(r)t.«[25]

Auch daß Hitlers Entschluß zur Kesselschlacht von Kiew das Schwerpunktproblem für die Gesamtfront erneut aufwerfen werde, vor allem aber die Folgen dieser Entscheidung, konnte Hoepner in diesen Augusttagen 1941 noch nicht übersehen. Zwar hatte Hitler am 21. August auch das Angriffsziel Leningrad, welches er als geistige »Brutstätte« des Bolschewismus betrachtete, noch einmal definiert. In der gleichzeitigen Verlegung des Operationsschwerpunktes zu einem zweitrangigen Unternehmen im Süden zeigte sich nun aber das Irrational-Schweifende, »die Gewaltnatur, die keine Grenzen des Möglichen anerkennt, die Uferlosigkeit einer gierigen Fantasie«[26] im Wesen des »Feldherrn« Hitler. – In Hoepners Brief vom 26. August 1941 vor Petersburg ist dagegen etwas von jener *Demut* zu spüren, von der Bismarck 1870 vor Paris schrieb, daß nur sie zum Siege führe: *»Du fragst nach Geburtstagswünschen . . . Ich weiß nichts als den Wunsch, daß dieser Feldzug bald beendet wird. Leider habe ich mich doch stark verrechnet, aber alle* *anderen wohl mehr. Nun stehen wir, nachdem der Durchbruch durch die Luga-Stellung wieder viel Blut gekostet hat, wieder vor Petersburg still, weil meine Nachbarn nicht heran sind und meine Reserven an anderer Stelle. Inzwischen bauen die Russen und fahren neue Kräfte heran . . .«*

Das LVI. Panzerkorps v. Mansteins stand auch nach erfolgreicher Erledigung seines Auftrags bei Staraja Russa der Panzergruppe 4 nicht mehr zur Verfügung, sondern erhielt neue Aufträge an den Waldai-Höhen. Dafür sollte Hoepner die »Gruppe Schmidt« mit drei Infanteriedivisionen zum Angriff auf Leningrad von Südosten unterstellt werden. Hoepner drängte auf baldigen Angriffsbeginn, mußte aber neue Verzögerungen in Kauf nehmen. Am 5. September schrieb er aus Meshno, 60 km südlich Leningrad: *»Ich wollte morgen auf Petersburg neu antreten. Nun sind aber die anderen wieder nicht so weit. Vorläufig ist es von mir auf 8. 9. verschoben. Entscheidung soll morgen fallen. Wie mir Leeb soeben sagte, muß ich wahrscheinlich wieder bei Küchler helfen . . . Man weiß, daß ich mir immer noch helfen kann. Aber es kommt dann niemals eine große, schnelle Sache dabei heraus . . .«*

In den nächsten Tagen allerdings schien es, als ob es doch noch zu einer »großen, schnellen Sache« in Hoepners Sinne kommen sollte. Der am 9. September von Süden und Südwesten begonnene Angriff verlief vor allem beim XLI. Korps erfolgreich. Die 36. Infanteriedivision (mot.) durchstieß die starken Befestigungen beiderseits Bol. Starokworitzy und nahm am 10. September gegen erbitterten Widerstand die Kasernenanlagen von Duderhof sowie die Waldhöhe am Südostrand des Duderhofer Sees. Zur Ausnutzung des Erfolgs wurde neben ihr die 1. Panzerdivision eingesetzt. Als am 11. September um 12.30 Uhr die Spitzenpanzer den kahlen Kamm der Duderhofer Berge erreichten, auf dem einst die Zarengarde exerziert hatte, bot sich den Besatzungen ein überwältigender Anblick. Da lag sie endlich vor ihnen: die Stadt Peters des Großen und Lenins. »Ich sehe Leningrad und das Meer«, funkte offen der Chef der 6. Panzerkompanie, Oberleutnant Darius, seinem Abteilungsführer[27]. Sie sahen mit bloßen Augen die Vorort-Straßenbahnen, durch die Gläser die vielen Kirchen, Kuppeln und Türme der alten Residenz, die Industrieanlagen der modernen Dreimillionenstadt, den Betrieb auf dem Militärflughafen Puschkin, das silberne Band der Newa, die Kronstadter Bucht mit dem durch Stukas schon angeschlagenen Schlachtschiff »Marat«. Nach einem Vorstoß über 800 km, den sie in glühender Sonne und bei strömendem Regen, durch Befestigungen, Sümpfe und Wälder in knapp drei Monaten zurückgelegt hatten, standen sie jetzt 20 km vor dem Ziel; binnen 48 Stunden konnte Leningrad genommen sein.

Am Nachmittag besuchte Hoepner die Eroberer der »kahlen Höhe« von Duderhof. Dem Ia der 1. Panzerdivision, Major i. G. Wenck, legte er die Hand auf die Schulter und sagte: »›Ihr tragt nicht nur die Nummer 1, ihr seid auch die Erste!‹ – Das war wohl die höchste Auszeichnung, die er für die Leistung der 1. Panzerdivision aussprechen konnte.«[28] Durch das Scherenfernrohr überblickte er lange das weite Panorama Leningrads. Wenn jetzt die 8. Panzerdivision verfügbar wäre, könnte man mit ihr, über die der Versorgung bedürfenden 1. Panzerdivision hinweg, bis an den Stadtrand vorstoßen, dann mit den Infanteriedivisionen in die Stadt selbst eindringen und den inzwischen neuesten Entschluß Hitlers, Leningrad auszuhungern, unterlaufen. Daß dieser in der Lagebesprechung vom 5. September 1941 Leningrad als »Nebenkriegsschauplatz« abgetan hatte[29], nach-

dem es für ihn drei Wochen zuvor noch ein wichtiges Angriffsziel war, bestätigte Hoepner in seinem alten Urteil über den »Narren«. Wurde ein militärischer Erfolg nicht bis zum letzten ausgenutzt, kostete es später um so größere Opfer. Im Ärger über die von Hitler jetzt befohlene »enge Einschließung« Leningrads mag Hoepner auch seines Lehrmeisters Graf Haeseler gedacht haben: »Der Einschließung billigte Haeseler gar nicht den Wert zu, der ihr nach der alten Anschauung zukam . . . Eine Einschließung durchzuführen, um die Besatzung in der Festung zu halten, sei zumeist das gerade Gegenteil des Richtigen.«[30]
Die 8. Panzerdivision war weder am 11. noch am 12. September verfügbar, sondern mit der Ausräumung des Luga-Kessels beschäftigt. Die Heeresgruppe Nord mußte sich jetzt dem Befehl Hitlers beugen, die schnellen Verbände nicht länger im Angriff auf Leningrad einzusetzen, sondern für die wichtigere Operation auf Moskau zu schonen. Dieses Denken hatte 1940 vor Dünkirchen schon einmal zum Mißerfolg geführt. Generaloberst Reinhardt erinnert sich: »Mitten hinein in die berechtigte Siegesfreude der Truppe schlug wie ein kalter Wasserstrahl am 12. 9. die Mitteilung, daß Leningrad nicht eingenommen, nur abgeschirmt werden solle . . . Unfaßbar für uns alle! . . . In letzter Minute wurde die nahe Siegeskrone der Truppe, die sich bis zum Äußersten eingesetzt hatte, entwunden.«[31] General Reinhardt machte der Enttäuschung seines Korps auch in einem Ferngespräch mit dem Stabschef der Heeresgruppe Nord Luft. General Brennecke »flog daraufhin zur Panzergruppe 4, um der Truppe verständlich zu machen, warum sie nach ihrem 800 km-Raid um das Erfolgserlebnis der Einnahme Leningrads gebracht werden mußte«[32]. – Hoepner selbst schrieb am 12. September in seinem vorletzten Brief von der Leningrader Front:
»Das Wichtigste ist nun, daß ich ab 15. September hier herausgenommen werde. Das ist insofern ärgerlich, als wir nun schon wieder um das äußere Zeichen des Sieges geprellt werden. Seit 9. 9. haben wir die äußere Befestigungslinie durchbrochen. Gestern mittag erreichte die 1. Pz. Div. vor meinen Augen ostw. Krasnoje Selo die Duderhofer Höhen, von denen aus man Petersburg auf 20 km vor sich liegen sieht . . . Im allgemeinen ist damit mein Feldzug gegen P. beendet. Ich komme also auch nicht in die Stadt hinein. Ein Kapitel Ärger ist damit abgeschlossen. Zuletzt wurde mir noch ein Knüppel zwischen die Beine geworfen, indem man mir nicht die Truppen unterstellte, die vorgesehen waren, und auch den Einfluß auf den Einsatz der Luftflotte sich vorbehielt . . . Nun komme ich also zu Bock, wahrscheinlich zum Angriff auf Moskau aus Südwesten, Gegend Brjansk . . .«
Eine Ironie des Schicksals lag für Hoepner und Reinhardt darin, daß Hitler die Wegnahme Leningrads auch deshalb verbot, weil er die schnellen Verbände nicht in Straßenkämpfen geschwächt haben wollte – und dabei die Erinnerung an den verlustreichen Versuch im September 1939, Warschau mit Teilen der 4. Panzerdivision Reinhardts im Handstreich zu nehmen, eine Rolle spielte. In seiner fatalen Art, Dinge miteinander zu vergleichen, die keinen Vergleich zulassen, zeigte sich wieder Hitlers irrationales Verhältnis zur Geschichte; ähnlich hat er vier Monate später in der Winterkrise vor Moskau gegenüber Guderian mit Erlebnissen des Ersten Weltkrieges argumentiert, als ob die Verhältnisse Flanderns sich mit denjenigen um Moskau gleichsetzen ließen. Die Lage vor Leningrad am 12. September 1941 war keineswegs mit derjenigen vor Warschau am 8. Sep-

tember 1939 zu vergleichen. Vor Warschau stand man mit einem Panzerregiment; vor Leningrad jetzt mit mehreren Panzer- und Infanteriedivisionen. Am 8. September 1939 begann der rasche Zusammenbruch Polens sich bereits abzuzeichnen, die Einnahme Warschaus war schon von daher nur eine Frage des Datums. War dagegen mit dem baldigen Zusammenbruch Sowjetrußlands Mitte September 1941 schon so sicher zu rechnen, daß die Einnahme oder Nichteinnahme der alten Hauptstadt derart zweitrangig behandelt werden durfte? Konnte die psychologische Wirkung des Verlustes der Stadt, die Lenins Namen trug, so viel geringer veranschlagt werden als die Wirkung des Verlustes von Moskau? Was berechtigte schließlich zur Hoffnung, in den drei Wochen, die bis zu den üblichen ersten Schneefällen für große Operationen noch zur Verfügung standen, die Reste der sowjetrussischen Streitkräfte auf den 200 km vor Moskau vernichten zu können? Wußte man genau, wie schwach oder stark diese *»Reste«* waren? – Realität war dagegen, daß die vordersten Teile des Korps Reinhardt als Spitze der Heeresgruppe Nord knapp 20 km vor Leningrad standen!
Der Chef der Operationsabteilung erinnert sich – und bestätigt damit die Richtigkeit der Absicht von Hoepner und Reinhardt bezüglich Leningrads, aber auch die der Gedanken des alten Haeseler über die Einschließung: »Hitler, OKW und OKH mußten später einsehen, daß es operativ richtiger gewesen wäre, das *Geschwür da oben* gleich am Anfang zu bereinigen.«[33]

---

1 Vgl. Alfred Philippi und Ferdinand Heim: »Der Feldzug gegen Sowjetrußland. Ein operativer Überblick«. Stuttgart (1962). S. 27.
2 Vgl. Hermann Hoth: »Panzer-Operationen«. Heidelberg (1956). S. 49.
3 Vgl. Philippi-Heim, a.a.O., S. 30. Lachnit-Klein: Der »Operationsentwurf Ost« des GM Marcks v. 5. 8. 1940, in: Wehrforschung 1972, S. 114/123.
4 Dr. jur. W. E. Bothe im Brief an den Verfasser vom 14. April 1978.
5 General a. D. Kurt Brennecke im Gespräch mit dem Verfasser am 18. Februar 1978 in Bonn-Venusberg.
6 Ibid.
7 General a. D. Adolf Heusinger im Gespräch mit dem Verfasser am 5. Februar 1977 in Köln-Marienburg.
8 Vgl. Wilhelm Ritter v. Leeb: »Tagebuchaufzeichnungen und Lagebeurteilungen aus zwei Weltkriegen«. Hrsg. Georg Meyer. Stuttgart (1976). S. 61.
9 Vgl. Chales de Beaulieu: »Der Vorstoß der Panzergruppe 4 auf Leningrad – 1941«. Neckargemünd (1961). S. 16.
10 Ibid.
11 Vgl. Hans Reinhardt: »Der Vorstoß des XLI. Panzerkorps im Sommer 1941 von Ostpreußen bis vor die Tore von Leningrad«. Wehrkunde, Heft 3 (1956). S. 123.
12 Vgl. Walter Chales de Beaulieu: »Generaloberst Erich Hoepner«. A.a.O. S. 139.
13 Vgl. Hans Reinhardt: »Der Vorstoß des XLI. Panzerkorps . . .«. A.a.O. S. 125.
14 General a. D. Graf Kielmansegg im Brief an den Verfasser vom 27. Juni 1975. – Über die Panzerschlacht von Rossienie außerdem: Walter Chales de Beaulieu sowie Wolfgang Paul: »Brennpunkte. Die Geschichte der 6. Panzerdivision (1. Leichte) 1937–1945«. Krefeld (1977). S. 107–110.
15 Vgl. Erich v. Manstein: »Verlorene Siege«. Bonn (1955). S. 172–205.
16 General a. D. Kurt Brennecke im Gespräch mit dem Verfasser am 13. November 1976 in Bonn-Venusberg.
17 General a. D. Graf Kielmansegg im Brief an den Verfasser vom 27. Juni 1975.
18 General a. D. Kurt Brennecke im Gespräch mit dem Verfasser am 13. November 1976 in Bonn-Venusberg. Die erbeutete Karte war für die deutsche Führung deshalb so wichtig, weil die deutschen Karten ungenau und z. T. falsch waren.
19 Ibid.
20 Generalmajor a. D. Paul Herrmann im Gespräch mit dem Verfasser am 9. April 1978.
21 Ibid; sowie in einem weiteren Gespräch am 4. Februar 1980 in Wiesbaden-Neroberg. Siehe auch: »Wilhelm Ritter v. Leeb: Tagebuchaufzeichnungen . . .«. A.a.O. S. 61.

22 Dr. jur. E. W. Bothe im Brief an den Verfasser vom 16. August 1978.
23 Vgl. Walter Chales de Beaulieu: »Generaloberst Erich Hoepner . . .«. A.a.O. S. 156.
24 General a. D. Kurt Brennecke im Gespräch mit dem Verfasser am 13. November 1976 in Bonn-Venusberg.
25 Bundesarchiv - Militärarchiv, PzAOK 4, Nr. 24932.
26 Vgl. Franz Halder: »Hitler als Feldherr«. München (1949). S. 50 f.
27 Vgl. »1. Panzerdivision 1935–1945«. A.a.O. S. 244.
28 General d. Panzertruppe a. D. Walther Wenck im Brief an den Verfasser vom 22. Oktober 1977.
29 Vgl. Generaloberst Halder: »Kriegstagebuch«. A.a.O. Bd. III, S. 215.
30 Vgl. Ernst Buchfinck: »Feldmarschall Graf von Haeseler«. Berlin (1929). S. 126.
31 Vgl. Hans Reinhardt: »Der Vorstoß des XLI. Panzerkorps . . .«. A.a.O. S. 132.
32 General a. D. Kurt Brennecke im Gespräch mit dem Verfasser am 13. November 1976 in Bonn-Venusberg.
33 General a. D. Adolf Heusinger im Gespräch mit dem Verfasser am 21. Januar 1978 in Köln-Marienburg.

4. Bei der Operation auf Moskau

Anfang September 1941 wurden die mit dem Ostfeldzug befaßten höheren deutschen Führungsstäbe zunehmend nervös. Während die Niederwerfung Polens in drei, diejenige Hollands, Belgiens und Frankreichs in sechs Wochen geglückt war, befand man sich mit Sowjetrußland jetzt schon fast drei Monate in einem kräfteverzehrenden Ringen, ohne daß der baldige Zusammenbruch des Riesenreiches sich abzeichnete. Bei realistischer Lagebeurteilung hätte Hitler sich jetzt eingestehen müssen, daß er die Stärke der Roten Armee unterschätzt, die Faktoren Raum und Zeit ungenügend berücksichtigt hatte und mit seiner Blitzkriegsstrategie an *diesem* Gegner gescheitert war. – Immerhin räumte er nun dem Schwerpunktgedanken des Chefs des Generalstabs Halder die erforderliche Priorität ein. Es waren aber sechs Wochen ungenutzt verstrichen, so daß aus der geplanten Sommeroffensive auf Moskau in Halders Terminologie jetzt bereits eine »Herbstoperation« geworden war. Auch dabei blieb fraglich, ob, vom Kalender ausgehend, der westeuropäische Herbst einfach dem osteuropäischen gleichgesetzt werden durfte; Deutschlands »goldener Oktober« ist in Rußland ja meist schon ein Schneemonat.
Am 14. September 1941 ließ Halder sich von General Olbricht die Mannschafts- und Kraftfahrzeuglage, von General Wagner »über Planung der vom Generalstab einheitlich gesteuerten Wintervorbereitungen« Vortrag halten. Dann hatte er ein »Gespräch mit Fm. v. Bock über Ansatz des Herbstangriffs«[1]. – Ebenfalls am 14. September 1941 beging Hoepner, von der Duderhofer Höhe auf Leningrad herabblickend, seinen 55. Geburtstag; es war sein 37. Soldatengeburtstag und der letzte im aktiven Dienst. – Vor genau 129 Jahren, am 14. September 1812, war Napoleon I. in Moskau eingezogen – und fand dort keine Friedensunterhändler, sondern eine leere Stadt, in welcher schon die ersten Brände aufflackerten. In den nächsten Tagen fuhr Napoleons Diplomat Caulaincourt, ein Freund des Zaren, als Unterhändler von Moskau nach Petersburg und versuchte vergeblich, in Verhandlungen die Unterwerfung Rußlands zu erreichen, was dem Kaiser mit dem Schwert, trotz Einnahme Moskaus, nicht gelungen war. – Am 17. September 1941, dem 88. Tag des Ostfeldzuges und mitten in den Vorbereitungen für das Unternehmen »Taifun«, wie die entscheidungssuchende Operation auf Moskau genannt wurde, suchte der Chef des Generalstabs die Aussprache mit dem Diplomaten. In seinem Tagebuch verzeichnete er: »Botschafter v. Papen: Gespräch über die allgemeine strategische Lage und die Aussichten der russischen Operation (des deutschen Ostfeldzuges).«[2]
Ebenfalls am 17. September, abends, schrieb Hoepner seinen letzten Brief von der Leningrader Front: *»Heute mittag habe ich nun hier den Befehl an Küchler übergeben. Morgen früh fliege ich zu Bock, um dort den neuen Einsatz zu besprechen. Nach dem, was Angerer (Ia), der schon dort war, mitbrachte, steht wieder erst großer Ärger bevor. OKW, OKH, HGr. und Kluge sind unter sich schon nicht einig. Nur eins scheint sicher, daß alle sich in Einzelheiten einmischen und Dinge festlegen wollen, die meine Sache sind. Es heißt also wieder: schon vor dem Kampf kämpfen. Im ganzen ist es aber eine große Aufgabe. Wenn sie gelöst wird, kann man einigermaßen beruhigt in die Winterquartiere gehen . . .«*
In der Morgenfrühe des 18. September flog Hoepner mit Teilen seines Kommandostabes von der Front vor Leningrad ins Hauptquartier des Oberbefehlshabers der Heeresgruppe

Mitte bei Smolensk. Der Flug mit der Ju 52 »bei einem gemeinen Wetter, Wind und tiefen Regenwolken« dauerte über drei Stunden. Die in zahllosen Erdeinsätzen abgebrühten Panzermänner fühlten sich im fremden Element zunehmend unwohl und »opferten« der Reihe nach. Nach einer kurzen Besprechung mit Feldmarschall v. Bock gelangten Befehlshaber und Kommandostab der Panzergruppe 4 nach einer weiteren Flugstunde und zwei Stunden Autofahrt zum Oberbefehlshaber der 4. Armee, Feldmarschall v. Kluge. Verhältnismäßig zufrieden über die Verlegung und die ersten Besprechungen schrieb Hoepner am 21. September nach Hause: *»Immerhin legten wir . . . 1 000 km mit zwei Besprechungen in 10 Stunden zurück . . . Meine neue Aufgabe ist recht gut. Wenn ich sie löse, wird viel gewonnen. Man gibt mir auch ausreichende Kräfte . . . U. a. habe ich Kuntzen und Stumme. In der Nachbarschaft ist Geyer . . .«* –

Während der Kommandostab unverändert blieb, erhielt die Panzergruppe 4 zur Operation auf Moskau jetzt völlig neue Truppenteile zugewiesen. Was Hoepner am meisten freute, war das dritte Panzerkorps, welches ihm beim Stoß auf Leningrad so sehr gefehlt hatte. Die Panzergruppe 4 bestand nunmehr aus dem XL. Panzerkorps – 2. und 10. Panzerdivision – unter General der Panzertruppen Stumme, dem XLVI. Panzerkorps – 5. und 11. Panzerdivision, 252. Infanteriedivision – unter General der Panzertruppen v. Vietinghoff sowie dem LVII. Panzerkorps – 19. und 20. Panzerdivision, 3. Infanteriedivision (mot.), SS-Division »Das Reich« – unter General der Panzertruppen Kuntzen. Auf dem Südflügel wurde der Panzergruppe 4 außerdem das XII. Infanteriekorps unterstellt; es sollte den Flankenschutz nach rechts übernehmen und die Verbindung mit dem rechten Nachbarn, der 2. Armee, halten.

Was den Oktoberangriff auf Moskau betrifft, so wird von Stabschef Oberst Chales de Beaulieu bestätigt, was sich in den Briefen ausdrückt: »Auch Generaloberst Hoepner war davon überzeugt, daß ein letzter Versuch unternommen werden müsse, nachdem das russische Abenteuer nun einmal begonnen war. Bedenklicher war er allerdings in der Feindbeurteilung . . . wie auch in der Bewertung der eigenen Kampfkraft.«[3] Seine Bedenken würden geringer gewesen sein, wäre dieser Angriff um sechs oder acht Wochen früher begonnen worden. Hoepner war noch des Glaubens, daß »die Verzögerung um 6 Wochen der Balkan-Feldzug gebracht hat«. Offenbar ist nicht zu seiner Kenntnis gelangt, was auf höchster Führungsebene sich in den Sommerwochen abgespielt hatte: daß Hitlers Entschlußunfähigkeit in jenen Bereichen, wo der »Wegelagererinstinkt«[4] ihm nicht helfen konnte, letztlich diese verhängnisvolle Verzögerung verursacht hatte. – Es würde sein Urteil über den »Führer« nur abgerundet haben.

Die fortgeschrittene Jahreszeit und der mangelhafte Zustand der Truppe beeinträchtigten schon den im ganzen noch gedämpft optimistischen Grundton des Briefes vom 24. September 1941:

»In unserem Sonderzuge ist es kalt. Schulenburg (IIa) behauptete heute morgen, sich als Grönland-Fahrer zu fühlen . . . Ich fahre jetzt nach Smolensk, wo ich Brauchitsch und Halder treffen werde. Sie wollen das Neue besprechen. Dieses wird nun doch kaum vor 1. 10. losgehen. Leider bekomme ich nicht alles, was zuerst vorgesehen war. Einige Teile sind auch so mitgenommen, daß sie nicht als voll angesprochen werden können. Ich habe also wieder den planmäßigen Ärger. Trotzdem hoffe ich, daß wir bis Ende Oktober die Sache zu einem gewissen Abschluß bringen können.«

Das »Neue« basierte gedanklich auf den Clausewitzschen allgemeinen Grundsätzen, wonach es in der Kriegsführung drei Hauptzwecke gibt: ». . . a) die feindliche bewaffnete Macht zu besiegen und aufzureiben; b) sich in den Besitz der toten Streitkräfte und der anderen Quellen der feindlichen Armee zu setzen und c) die öffentliche Meinung zu gewinnen.«[5] Der erste Hauptzweck wird nach Clausewitz erreicht, indem »man seine Hauptoperation immer gegen die feindliche Hauptarmee oder doch gegen einen sehr bedeutenden Teil der feindlichen Macht« richtet. Zur Eroberung der feindlichen toten Kräfte »richtet man seine Operationen gegen diejenigen Punkte, wo diese Kräfte am meisten konzentriert sind: Hauptstädte, Niederlagen, große Festungen. Auf dem Wege zu ihnen wird man die feindliche Hauptmacht oder einen beträchtlichen Teil der feindlichen Armee antreffen. Die Meinung gewinnt man durch große Siege und durch den Besitz der Hauptstadt.«[6]

Mit seinem Grundgedanken vom »geraden Stoß auf Moskau« befand sich der Generalstabschef des Heeres also in voller Übereinstimmung mit Clausewitz. Doch in den »Grundsätzen« zur Erreichung der »Hauptzwecke« war Halder durch den »Obersten Kriegsherrn« schwer ins Handwerk gepfuscht worden: So in dem Grundsatz, »seine Macht da, wo die Hauptschläge geschehen sollen, soviel als immer möglich zu konzentrieren, sich auf anderen Punkten Nachteilen auszusetzen, um auf dem Hauptpunkte des Erfolges umso gewisser zu sein«. Vor allem aber auch in dem dritten Grundsatz, »keine Zeit zu verlieren«[7].

Zu dem am 2. Oktober 1941 um 5.30 Uhr, bei klarem Herbstwetter, ostwärts Smolensk auf 200 km Frontbreite beginnenden entscheidungsuchenden Angriff hatte Hoepner an die Panzergruppe 4 einen Tagesbefehl erlassen, der durch den Bezug auf Hindenburg bei völliger Nichterwähnung Hitlers für ihn kennzeichnend ist: »Der 2. Oktober ist der Geburtstag des verewigten Generalfeldmarschalls von Beneckendorff und von Hindenburg . . . Für die Panzergruppe sei am 2. Oktober 1941 die Parole: Hindenburg – Vorwärts – Sieg!« Nach dem Operationsplan sollte die Masse der die Hauptstadt deckenden Feindkräfte in doppelseitiger Umfassung und Einkesselung vernichtet, sodann zum Durchstoß auf Moskau angetreten werden. Hierzu sollte die Panzergruppe 4 aus dem Raum ostwärts Roslawl vorstoßen, um als schneller rechter Zangenarm, südlich der Autobahn Smolensk–Moskau operierend, bei Wjasma, 150 km nordostwärts Smolensk, sich mit dem nördlich umfassenden Zangenarm, der Panzergruppe 3 unter Generaloberst Hoth, zu treffen. Dem eingeschlossenen Feind sollten sich dann die Panzergruppen beiderseits Wjasma mit verkehrter Front vorlegen, während 4. und 9. Armee von Südwesten, Westen und Nordwesten den Kessel infanteristisch ausräumten. Erschwerend, ja als Rückschritt gegenüber der Panzerführung bei *Nord* empfand es Hoepner, daß bei *Mitte* die Panzergruppen nicht der Heeresgruppe direkt, sondern den Infanteriearmeen unterstellt waren. Die Panzergruppe 4 unterstand dem Oberbefehlshaber der 4. Armee, Feldmarschall v. Kluge. Diesem war Hoepner schon einmal im Mai 1940 beim Westfeldzug unterstellt gewesen; in Erinnerung daran machte er sich auf neue »Kämpfe« wegen gegensätzlichen Führungsdenkens gefaßt.

Bei der am Südflügel der 4. Armee eingesetzten Panzergruppe 4 lag der Schwerpunkt dieser Armee. Hoepner setzte das XII. Korps mit seinen beiden Infanteriedivisionen rechts, das XL. Panzerkorps in der Mitte und das XLVI. links in Front ein. Das LVII. Panzerkorps einschließlich der SS-Division »Das Reich« hielt er in Reserve. Nach einem kurzen, starken Feuerschlag der gesamten Artillerie erkämpften sich die Korps am 2. Oktober bis 7.30 Uhr auf ganzer Breite den Übergang über die Desna. Noch in den Vormittagsstunden gingen Panzerkräfte über den Fluß und verstärkten den Brückenkopf. »Am Abend des ersten Angriffstages war die Panzergruppe, mit der 10. Pz. Div. an der Spitze, 30 km tief in den Feind hineingestoßen . . . Am 3. und 4. Oktober ging es in der Mitte und auf dem rechten Flügel weiter flüssig vorwärts . . . Die weit vorausstürmende 10. Pz. Div. unter General Fischer besetzte am 4. Oktober Mosalsk (40 km südwestlich Juchnow). Die 2. Pz. Div. näherte sich gleichzeitig von Süden her in mehreren Marschgruppen der Straße Juchnow–Wjasma . . . Am 5. Oktober nahm die 10. Pz. Div. Juchnow . . .«[8]

Über die Größe des durch die Zangenbewegung zu bildenden Kessels bestanden noch im Verlauf der Operation offenbar unterschiedliche Vorstellungen. So vermerkte Generaloberst Halder am 3. Oktober nach Besprechung mit dem Chef der Operationsabteilung im Tagebuch: »Sorgen des ObdH über zu weitgehendes Ausholen der Panzergruppe 4 nach Osten. – Ich teile diese Sorgen nicht.«[9] – Später allerdings sollte sich zeigen, daß diese Sorgen berechtigt waren. Zunächst aber gaben die ersten Oktobertage Anlaß zu Freude und Optimismus. Am 4. Oktober notierte Halder: »Die Operation ›Taifun‹ läuft geradezu klassisch. Guderian hat über Orel hinaus Mzensk erreicht und stößt völlig in das Leere. Hoepner ist durch den Feind durch und hat Mossalsk erreicht. Hoth ist bis Cholm am oberen Dnjepr durchgestoßen. . .«[10] Und am 6. Oktober: »Die Entwicklung schreitet erfreulich fort . . . Im ganzen kann man sagen, daß die Einkreisungsschlacht der Heeresgruppe Mitte sich ihrem Höhepunkt, dem Abschließen des Kessels, nähert.«[11]

Ebenfalls mit der Lage zufrieden, aber schon höchst unzufrieden mit der Führung durch 4. Armee und Heeresgruppe, schrieb Hoepner am gleichen 6. Oktober nach Hause:

»Lage entwickelt sich gut. Morgen hoffe ich, Hoth, der von Nordwesten kommt, die Hand zu geben. Dann müssen fast 30 Divisionen Timoschenkos eingeschlossen sein. Es ist nicht so angesetzt worden, wie ich vorschlug, sonst wären mehr gefaßt worden. Seit vorgestern ist das für mich und viele andere klar. Bock und Kluge suchen das Versäumte durch dauerndes Hetzen einzuholen. Mit B. habe ich schon am 29. 9. einen Krach gehabt . . . Kl. mischt sich auch in meine Angelegenheiten, was immer Ärger gibt. Gestern kam es auch zum Zusammenstoß. Ich wollte mich heute krank melden. Da wurde er butterweich. Es ist ein Prinzip groß geworden, in alles hineinzubefehlen. Ich habe das bei Kl. schon im Westen erlebt, lasse es mir aber nicht gefallen. Die unteren Stellen wissen nicht mehr, was sie machen sollen, werden immer nur gedrängelt, heute nach der, morgen nach der anderen Richtung. Ihre Nöte bleiben ohne Rücksicht. Bisher haben Kl.'s Eingriffe dreimal genau das Gegenteil erreicht von dem, was er eigentlich beabsichtigte . . .«

Am 6. Oktober hatte es stark geregnet. In der Nacht zum 7. Oktober fiel an der Ostfront der erste Schnee des Kriegswinters 1941/42. Er blieb noch nicht liegen, war aber doch ein Warnzeichen, die größeren Operationen an *dieser* Front zum baldigen Abschluß zu bringen. Die Hoffnung Hoepners, am 7. Oktober dem von Nordwesten herankommenden Hoth »die Hand zu geben«, ging in Erfüllung. Am Vormittag dieses Tages konnte die 10. Panzerdivision unter Generalmajor Fischer an der Autobahn nördlich Wjasma mit der 7. Panzerdivision der Panzergruppe 3, Rommels ehemaliger »Gespensterdivision«, die Verbindung herstellen. Damit war die erste Phase der Operation »Taifun« schon nach einer Woche erfolgreich beendet, der Kessel um etwa 400 000 bis 500 000 Sowjetsoldaten geschlossen. Während Generaloberst Halder den bisherigen Verlauf der Operation »geradezu klassisch« nannte und Generalfeldmarschall v. Bock ihn als »die größte Waffentat des Feldzuges« rühmte, ist aus Hoepners Briefen, besonders aber aus seiner Studie »Die Operation auf Moskau« vom 16. Oktober weit mehr Kritik als Euphorie herauszulesen. Insbesondere beklagt er *»die Unterstellung der Panzergruppe unter eine Armee und das zu frühe Eindrehen, das dem Führer einer Inf.-Armee näher liegt als dem Führer Schneller Truppen. Wäre meinem Vorschlag gefolgt worden, so hatte man die größere Chance, alle Reserven der Russen zu fassen . . .*

Hoepner war bis zum Schließen des Kessels von Wjasma ein Befürworter des »großen Kessels«. Mit der damit verbundenen Problematik, der Resistenz dieses Kessels, welche die Panzergruppe 4 dann für unwiederbringliche Zeit ihrer eigentlichen Aufgabe, dem »schnellen Stoß auf Moskau«, fernhielt, ist er in den Tagen und Wochen nach dem 7. Oktober konfrontiert worden. Diese Problematik erhellt aus den weitgehend konformen Gedanken und Erinnerungen zweier damals führender Soldaten auf beiden Seiten. Marschall Schukow, von der Leningrader Front zur Rettung Moskaus herbeigeordert, schreibt: »Dank der Standhaftigkeit und Beharrlichkeit unserer Truppen, die sich im Kessel von Wjasma schlugen, gewannen wir wertvolle Zeit für den Ausbau unserer Verteidigungslinie Moshaisk. Die blutigen Opfer der eingekesselten Truppen waren nicht vergebens. Diese außergewöhnliche Leistung ist bis heute noch nicht ausführlich geschildert worden.«[12]

Schukows Ansicht wird bestätigt durch den Chef der Operationsabteilung des OKH: »Wir sind im Ostfeldzug z. T. daran gescheitert, daß die Kessel zu groß waren. Große Kessel haben den Nachteil, daß zu ihrem Schließen die Panzerverbände benötigt und damit gebunden werden.«[13] – Es wäre aber falsch, die nach dem 7. Oktober 1941 in diesem Maße erstmals deutlich werdenden Nachteile der »großen Kessel« Hoepner anzulasten, weil er zuvor ein Befürworter dieser Kesselbildung war. Wie erinnerlich, hatte er nach dem Polen- und Westfeldzug die erreichte Zusammenarbeit zwischen Panzer- und Infanteriedivisionen für unbefriedigend gehalten und zur Lösung des Problems vorgeschlagen, drei modern ausgerüstete Kavalleriedivisionen als »Bindeglieder« zu schaffen. Wären diese, evtl. zum Kavalleriekorps zusammengefaßt, bei Wjasma der Infanterie voraus verfügbar gewesen – möglich, daß dann die Panzerdivisionen um einige entscheidende Tage früher zum Stoß auf Moskau hätten antreten können. – Drei Jahre nachdem Hoepner die Wiedererrichtung einer Kavallerietruppe gefordert hatte, 1943, wurde durch Georg v. Boeselager das »Kavallerieregiment Mitte« aufgestellt; aus ihm erwuchsen die 3. und 4. Kavalleriebrigade, später Kavalleriedivisionen. Da aber hatte sich das Kriegsglück bereits völlig gewendet; es war jetzt das deutsche Heer, das einem bitteren Ende in »großen Kesseln« entgegen ging.

Die Heeresgruppe Mitte beurteilte die Lage nach Schließung des Kessels von Wjasma am 7. Oktober sehr optimistisch. In die russische Front war eine breite Lücke geschlagen. Obwohl der »große Kessel« noch nicht ausgeräumt und auch gar nicht bekannt war, was er umschloß, glaubte sich die Heeresgruppe stark genug, »das Ausräumen des Kessels und den Weiterstoß auf Moskau gleichzeitig durchführen zu können. Die Überraschung und Schwächung des Feindes mußte unverzüglich ausgenutzt werden«[14]. Ihr Optimismus fand nicht nur bei Hitler, sondern auch beim OKH geneigte Ohren. Die Befehle, welche OKH und Heeresgruppe Mitte am 7. Oktober für die Weiterführung der Operation herausgaben, wiesen den Armeen Ziele zu, als ob die Entscheidung bereits gefallen sei:

Die 2. Panzerarmee Guderians sollte auf Tula durchstoßen, um sodann Moskau von Süden anzugreifen; die 4. Armee v. Kluges hatte ohne Verzug mit dem XIII. und XII. Armeekorps gegen die Linie Kaluga–Medyn, mit dem dieser Armee jetzt unmittelbar unterstellten LVII. Panzerkorps gegen die Protwa-Übergänge von Malojaroslawez und Borowsk vorzustoßen; schließlich sollte Hoepners Panzergruppe 4 mit allen verfügbaren Kräften im Zuge der Autobahn von Wjasma auf Moshaisk angreifen. Die Panzergruppe 3, deren Kommando in diesen Tagen Hoepners alter Kampfgefährte, General Reinhardt, übernommen hatte, wurde aus dem Angriff auf Moskau sogar ganz herausgenommen; sie war »zu baldigem Vorstoß Richtung Kalinin oder Rshew zu versammeln«. Am Beginn der zweiten Phase der entscheidungssuchenden Operation auf die sowjetrussische Hauptstadt zeigte sich somit das groteske Bild, daß, anstatt diesen Stoß mit der zusammengefaßten Panzerwaffe zu führen, nur etwa die Hälfte der verfügbaren schnellen Kräfte eingesetzt wurde, obwohl höchste Eile geboten war. Denn der russische Winter konnte über Nacht hereinbrechen, war man doch in einer Jahreszeit, in welcher Napoleon I., um die Reste seiner Armee zu retten, sich schon zum Rückzug aus Moskau bereitmachte. Im Unterschied zum verspäteten *Beginn* der Operation »Taifun« wäre es aber unrichtig, den fehlerhaften Plan für die *Fortführung* der Operation Hitler allein anzulasten. Wie war es möglich, daß der deutsche Generalstab seinen Clausewitz plötzlich vergessen, Kräfte, Zeit und Raum so fehlerhaft beurteilen, den Feind in fatalster Weise unterschätzen konnte?

Bei Beginn des Angriffs auf Moskau, am 2. Oktober, hatte Hitler in einem Tagesbefehl an die Ostfront erklärt: »Heute beginnt die letzte große Entscheidungsschlacht.« Am Tage darauf trat er vor das deutsche Volk und die Weltöffentlichkeit: »Ich erkläre heute und erkläre es ohne jeden Vorbehalt: der Feind im Osten ist gebrochen und wird sich nie wieder erholen.« Reichspressechef Dietrich wollte hinter seinem Meister nicht zurückstehen und verkündete am 9. Oktober, daß »die militärische Entscheidung im Osten gefallen und Rußland erledigt sei«. Ähnlich euphorisch äußerte sich in diesen Tagen sogar der Chef des deutschen Generalstabs.

Mehr Wirklichkeitssinn als aus den Äußerungen der Obersten Führung im fernen Rastenburg spricht aus den Briefen des Frontbefehlshabers Hoepner. Am 11. Oktober schrieb er nach Hause, daß die Ausbruchsversuche aus dem Kessel südlich Wjasma eine straffe Führung zeigten, im Kessel selbst etwa 350 000 Russen eingeschlossen seien. Mit dieser Zahl lag er wohl zu niedrig, insgesamt aber richtiger als der OKW-Bericht, der später von 663 000 Gefangenen sprach. Im gleichen Brief berichtete Hoepner, daß er noch mit zwei Korps am Kessel festliege, die zwei anderen Korps auf Befehl v. Bocks sich unter unmittelbarer Führung v. Kluges im Vorgehen auf Moskau befänden. *»Ich ärgere mich natürlich darüber, weil ich bei Wjasma auch nicht selbständig bin . . . Ich hoffe, daß ich nun bald auf Moskau antreten kann, habe gestern Kl. meinen Plan zum An-*

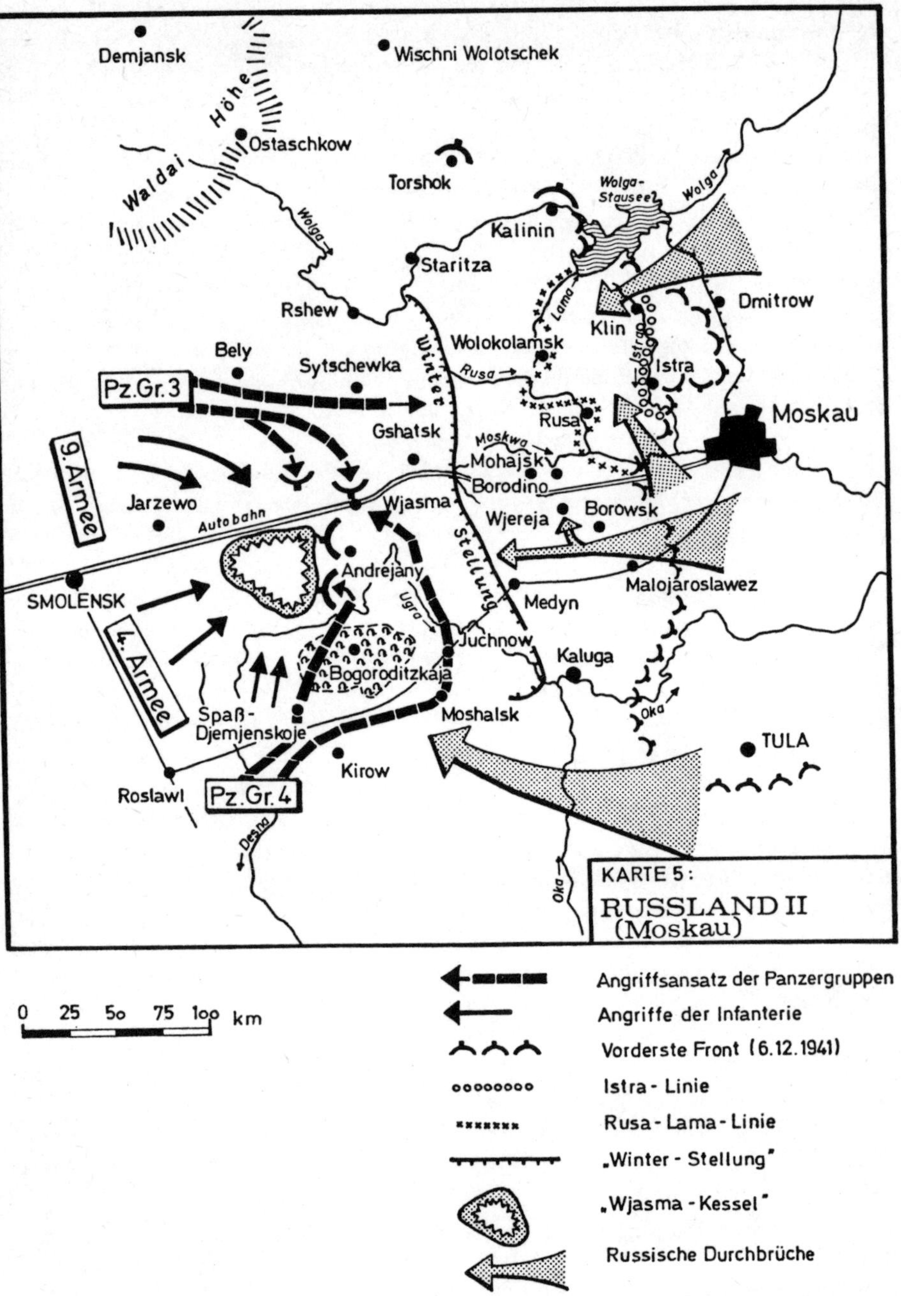

Demjansk
Wischni Wolotschek
Waldai Höhe
Ostaschkow
Torshok
Wolga
Wolga-Stausee
Kalinin
Staritza
Rshew
Dmitrow
Klin
Lama
Istra
Wolokolamsk
Bely
Sytschewka
Rusa
Pz.Gr.3
Moskau
Gshatsk
Moskwa
Mohajsk
Borodino
9. Armee
Jarzewo
Autobahn
Wjasma
Wjereja
Borowsk
Winter Stellung
Andrejany
Malojaroslawez
SMOLENSK
Medyn
Ugra
4. Armee
Juchnow
Kaluga
Bogoroditzkaja
Spaß-Djemjenskoje
Moshalsk
Oka
TULA
Kirow
Roslawl
Pz.Gr.4
Desna
KARTE 5:
RUSSLAND II
(Moskau)
0 25 50 75 100 km
Angriffsansatz der Panzergruppen
Angriffe der Infanterie
Vorderste Front (6.12.1941)
Istra-Linie
Rusa-Lama-Linie
„Winter-Stellung"
„Wjasma-Kessel"
Russische Durchbrüche

griff entwickelt.« Seine ganze Unzufriedenheit über die Führungsverhältnisse spricht aus den Aufzeichnungen, die er am 16. Oktober über »Die Operation auf Moskau« gemacht hat: *»4. Armee und ich führen am Kessel und nach Osten. Ich blieb dabei dem A.O.K. 4 unterstellt und war machtlos, in irgend einer Richtung aktiv zu werden. Warum gab man mir nicht wenigstens vorübergehend die Angriffsführung nach Osten?«*
Am 9. Oktober nahm die an der Autobahn angreifende SS-Division »Das Reich« unter SS-Gruppenführer Hausser in hartem Kampf Gshatsk, das auf Moskau vorgehende LVII. Panzerkorps unter General Kuntzen am 11. Oktober Medyn. Die Panzergruppe 3 des Generals Reinhardt drang am 13. Oktober unter schweren Kämpfen in Kalinin ein. Der Oberbefehlshaber der Heeresgruppe Mitte, Generalfeldmarschall v. Bock, notierte u. a. am gleichen Tage in seinem Tagebuch: »Morgens spreche ich mit Heusinger vom Oberkommando des Heeres – Halder ist krank – und erfahre, daß der Führer die Abschließung von Moskau etwa im Zuge der Ringbahn befohlen hat . . . Kluge und Blumentritt werden unterrichtet, daß die linke Grenze der 4. Armee weiter nach links etwa in die Linie Gshatsk–Klin verschoben und daß die spätere Einschließung von Moskau im wesentlichen der 4. Armee zufallen wird. – Der Kampf bei Wjasma neigt sich zum Ende, bei Brjansk wird er noch einige Tage dauern. Die Kämpfe dort und die fürchterlichen Wegeverhältnisse bringen es mit sich, daß Guderian noch nicht nach Nordosten weitergehen kann – ein Erfolg für die Russen, deren Zähigkeit sich belohnt.«[15] – Die Zähigkeit der sowjetrussischen Truppen innerhalb wie außerhalb der Kessel wurde am 13. Oktober im wahrsten Sinne des Wortes von oben belohnt. An diesem Tage öffnete der Himmel seine Schleusen. »Es regnete und regnete und regnete, in Tula, in Moshaisk, in Brjansk, vom Ladogasee bis zum Schwarzen Meer. Und alle weiteren Operationen wurden zu einem Kampf mit Wasser und Schlamm. Zu einem aussichtslosem Kampf.«[16]
Während Hitler in Ostpreußen sich mit Einzelheiten der Einschließung Moskaus beschäftigte, hatte tausend Kilometer weiter ostwärts mit voller Wucht die Schlammperiode eingesetzt. Wege und Straßen, selbst die sogenannten Rollbahnen wurden unergründlich. Mit Bleigewichten hängte sich der Schlamm an Menschen, Tiere und Fahrzeuge und erstickte jede schnelle Vorwärtsbewegung. Gleichzeitig wurde die in den ersten Oktobertagen entstandene Hoffnung, die Sowjetrussen hätten jetzt endgültig abgebaut, erneut enttäuscht. Aus Gshatsk schrieb Hoepner am 19. Oktober:
»Seit 13. 10. bin ich nun schon wieder hier. Es geht wegen der unergründlichen Wege nur langsam vorwärts. Dazu ist der Widerstand in der Moskauer Schutzstellung recht stark. Die Russen haben hier eine neue Division aus dem Fernen Osten noch rechtzeitig einsetzen können. (Man hätte ihnen zuvorkommen können, wenn ich mich durchgesetzt hätte.) Dann haben sie etwa 10 ganz neue Panzer-Brigaden = 1 000 Panzer herangebracht. Es ist erstaunlich. Ich habe bei Moshaisk die schwersten Kämpfe, weil an der Autobahn stärkster Ausbau und tapferste Verteidigung sind. Die Umgehung macht wegen der Wege nur langsam Fortschritte. Ich will dann nördlich Moskau herum über Sagorsk anfassen.«
Am 20. Oktober unternahm Feldmarschall v. Bock eine Frontfahrt, über die sich folgende aufschlußreiche Notiz in seinem Tagebuch findet: »Ich fahre auf der Autobahn vor, um mich von den dort gemeldeten Nachschubschwierigkeiten zu überzeugen. Sie sind vor allem deshalb so groß, weil die Umgehungsstraßen an den gesprengten und im Neubau befindlichen Brücken tief verschlammt und nahezu unpassierbar sind. – Grauenvoll

ist der Eindruck der Zehntausende von russischen Kriegsgefangenen, die, kaum bewacht, im Marsch auf Smolensk sind. Todesmatt und halb verhungert wanken diese Unglücksmenschen dahin. Zahlreiche Tote und Erschöpfte sind am Wege zusammengebrochen. Ich spreche mit den Armeen darüber, aber zu helfen ist kaum . . .«[17] Diese Zeilen machen deutlich, daß der Oberbefehlshaber der Heeresgruppe Mitte, ebensowenig wie die Oberbefehlshaber Nord und Süd, sich nicht ohne weiteres mit Hitlers inhumaner Lösung der Kriegsgefangenenfrage in Sowjetrußland abgefunden hat[18]. Doch die Verhältnisse waren stärker als der vorhandene Wille, den Unglücklichen nach den Geboten der Menschlichkeit zu helfen. Nicht einmal ein so leistungsfähiges Versorgungssystem wie dasjenige der US-Armee war ja im Mai/Juni 1945 – bei besten Witterungs- und Straßenverhältnissen! – in der Lage, den plötzlichen »Zugang« von hunderttausenden hungrigen Kriegsgefangenen der besiegten Wehrmacht zu verkraften.
Am 15. Oktober bereits hatte v. Bock in seinem Tagebuch festgehalten: »Das Übergangswetter mit seinem Wechsel zwischen Schnee, Frost und Regen nimmt die Truppe mit und drückt auf die Stimmung. Die Frage ›Was wird mit uns im Winter?‹ beschäftigt jeden Mann.« Eine Woche später, 21. Oktober, notierte er: »Der Russe hemmt uns weit weniger als die Nässe und der Dreck!« Am 24. Oktober stellte er fest: »An der Heeresgruppenfront nur sehr geringe Fortschritte. Geschütze müssen zum Teil von 24 Pferden gezogen werden, da sie anders nicht zu bewegen sind . . .« Sehr wenig optimistisch schloß der Feldmarschall seine Eintragung vom 25. Oktober: »Das Auseinanderreißen der Heeresgruppe in Verbindung mit dem fürchterlichen Wetter hat dahin geführt, daß wir festsitzen. Dadurch gewinnt der Russe Zeit, seine zerschlagenen Divisionen aufzufüllen und die Verteidigung zu stärken, zumal er über die Masse der Bahnen und Straßen um Moskau verfügt. Das ist sehr schlimm!«
In welchem Umfang der Feind »seine zerschlagenen Divisionen aufzufüllen« in der Lage sein werde, vermochte Feldmarschall v. Bock nicht zu erkennen. Zwar hatte das XL. Korps mit seiner 2. und 10. Panzerdivision bei der Einnahme von Moshaisk am 19. Oktober noch mehr gegen Wetter und Wege als gegen den Feind anzukämpfen. Wie aber aus Hoepners Brief vom 19. Oktober hervorgeht, hatte er damals an Verstärkungen aus dem Fernen Osten schon nicht mehr allein die 32. Schützendivision vor sich. Diese war am 11. September in der Mandschurei abtransportiert und am 13. Oktober in der »Moskauer Schutzstellung« an der Autobahn westlich Moshaisk erstmals eingesetzt worden. Ohne daß es im Nebel der Ereignisse erkannt werden konnte, markierte das Auftreten dieser Division, zusammen mit der ebenfalls am 13. Oktober einsetzenden Schlammperiode, den Beginn der »Wende« – unweit jenes Schlachtfeldes von Borodino, auf dem auch Napoleon I. nur noch einen ordinären und keinen Vernichtungssieg mehr erringen konnte. In den Wochen nach dem 13. Oktober erschien eine sowjetrussische Fernost-Division nach der anderen vor der Heeresgruppe Mitte mit Schwerpunkt westlich Moskau. Die Russen trugen hervorragende Winterbekleidung, der Landser oft nur sein Drillichzeug. Der sowjetische Heerführer schrieb darüber später: »Auch winterfeste Bekleidung und warme Wäsche sind Waffen. Unser Land sorgte dafür, daß der Sowjetsoldat wetterfest gekleidet war. Die Nazi-Führung hingegen meinte, der Rußlandfeldzug sei ein Spaziergang, der nur wenige Monate oder Wochen dauern werde.«[19] Die Schuld an der unzureichenden Winterausrüstung unseres Ostheeres ist später durch Goebbels dem deut-

schen Generalstab zugeschoben worden. Dazu wäre viel zu sagen. Hier sei indessen nur die Frage beleuchtet, wie es geschehen konnte, daß die deutsche Führung vom Eingreifen der sowjetrussischen Fernostarmee in die Schlacht um Moskau völlig überrascht wurde. Der Ic der Heeresgruppe Mitte schreibt: »Die Luftüberlegenheit in den ersten Kriegsjahren nützte wenig, weil die damalige Luftaufklärung nur sehr bescheidene Ergebnisse brachte ... Damals rangierte die Luftaufklärung bei der strategischen Aufklärung an letzter Stelle. Sie konnte zwar Eisenbahn-Transportbewegungen feststellen, aber nicht, was in den geschlossenen Waggons drin war. An absolut erster Stelle stand die Funkaufklärung, dann kamen Agentenaufklärung und sonstige Aufklärungsmethoden, dann erst die Luftaufklärung. Canaris stützte sich im wesentlichen auf seine Agentenaufklärung, während Gehlen seine Erkenntnisse vor allem aus der Funkaufklärung gewann. Das Auftauchen der Sibirien-Armee vor Moskau war von den Sowjets so geschickt vorbereitet worden, daß es tatsächlich von der deutschen Aufklärung kaum bemerkt wurde. Als die Sowjets durch Richard Sorge an der deutschen Botschaft in Tokio orientiert waren, daß Japan zunächst nicht in den Krieg eintreten würde, warfen sie ihre Fernost-Verbände in einer schnellen Aktion an ihre Westfront. Alle Verbände beließen Restkommandos in ihren fernöstlichen Standorten, die durch einen auffälligen Funkverkehr das Verbleiben der Verbände in Sibirien vortäuschten. Diese wurden indessen auf der Eisenbahnverbindung Wladiwostok–Moskau in Marsch gesetzt, wobei die Transportzüge unter Verzicht auf das übliche Blocksystem auf Sicht fuhren ... Ohne Rücksicht auf erhebliche Verluste an Menschen und Material haben die Sowjets das Unternehmen in unglaublich kurzer Zeit durchgeführt. Der deutsche Ic-Dienst hat sich das einfach nicht vorstellen können.«[20]
Im letzten Oktoberdrittel erreichte die Schlammperiode den Höhepunkt. Im Gelände war das Vorwärtskommen jetzt fast unmöglich. Die schwer freigekämpfte Autobahn wurde durch den Versorgungsverkehr überlastet und zerfahren; sie brach zwischen Wjasma und Gshatsk und dann zwischen Gshatsk und Moshaisk völlig durch. Ende Oktober und Anfang November lagen zwischen Gshatsk und Moshaisk annähernd 3 000 Fahrzeuge fest. Über die Kalamität der ganzen Versorgung berichtete Hoepner im Brief vom 30. Oktober: *»Das Wetter ist z. Z. so schauderhaft, daß alle Wege grundlos wurden.* Alles *stockt. Man kann keine Truppe bewegen. Es kommen weder Betriebsstoff noch Munition noch Verpflegung nach vorn durch. Flugzeuge können nicht starten, weil sie entweder auf den Plätzen versacken oder ihnen kein Betriebsstoff zugeführt werden kann oder durch Regen und Nebel die Orientierung unmöglich ist ... Die Feldpost blieb 10 Tage lang auf freier Strecke im Schlamm stecken ...«* Ebenfalls am 30. Oktober schrieb Hoepner noch einen weiteren Brief an den Verleger Mossdorf: *»Nach unserem schönen Erfolge bei Wjasma ist jetzt infolge des Regens eine Riesenschweinerei entstanden.* Alles *steckt im Dreck fest. Der liebe Gott gebe uns 14 Tage Frost! Dann wollen wir Moskau einschließen.«*
Ob Hoepner am letzten Oktobertag bereits wußte, daß die oberste Führung über die Einschließung Moskaus hinaus noch weitergesteckte Ziele verfolgte, ist ungewiß. Am 26. Oktober verzeichnete Feldmarschall v. Bock darüber im Tagebuch: »Abends teilt Heusinger mit, daß ... für den Nordflügel der Heeresgruppe zur Erwägung stände ... die Panzergruppe 3 und 4 zu einem Stoß zwischen Moskau und der Wolga, Richtung

Jaroslawl–Rybinsk, zusammenzufassen. Die Heeresgruppe soll sich äußern, ob dies versorgungsmäßig möglich sei . . .« Am gleichen Tage sprach v. Bock noch mit Generaloberst Halder, ohne die vom OKH gestellte Frage zu beantworten: »Ob es möglich ist, zwei Panzergruppen zwischen Moskau und der Wolga nach Nordosten hindurchzuzwängen und zu versorgen, wird geprüft. Halder erwidert: Er glaube nicht, daß das ginge . . .« Die lange Bedenkzeit, welche die Heeresgruppe Mitte zur Prüfung der Frage brauchte, ob ein Vorstoß starker Panzerkräfte bis Jaroslawl–Rybinsk versorgungsmäßig möglich sei – zu einer Jahreszeit, in welcher Napoleon I. bereits seit Wochen wieder auf dem Rückmarsch war[21] –, blieb Hoepner absolut unverständlich. Im Brief vom 5. November kommt seine Unzufriedenheit mit der übergeordneten Führung wieder besonders zum Ausdruck: *»Ich bin in schlechter Stimmung, weil es nicht vorwärts geht. Man ist machtlos. Gestern und heute hatten wir endlich Frost. Von morgen an soll die Temperatur wieder steigen. Damit werden die Hoffnungen auf Bewegungsmöglichkeit wieder zunichte. Ich weiß schon jetzt nicht, wie ich die Versorgung nur an Verpflegung schaffen soll. Für den neuen Angriff ist eine Vorbereitung in der Versorgung von mindestens 10 Tagen erforderlich. Dazu kommt der Ärger mit den vorgesetzten Stellen, die kein Verständnis für die Lage haben. Mit Fedi B. bin ich innerlich vollkommen fertig . . . Schröder ließ fragen, warum es nicht so schnell geht wie bei Charkow. Ich habe ihn zu einer Autofahrt von hier nach Moshaisk eingeladen.«* Noch immer aus Gshatsk teilte Hoepner am 12. November seiner Mutter mit, daß seit zwei Tagen wieder ein einigermaßen flüssiger Verkehr möglich, der Umzug nach Moshaisk aber durch Bombardierung des Quartiers des dortigen Vorkommandos erneut verzögert sei.

Am gleichen Tage befand sich Generaloberst Halder auf der Fahrt zur Chefbesprechung nach Orscha. Diese am 13. November stattfindende, oft auch »Konferenz von Orscha« genannte Lagebesprechung gehört zu den wichtigen und für das deutsche Heer verhängnisvollen Ereignissen des 20. Jahrhunderts. Anwesend waren außer dem Chef des Generalstabs des Heeres »die 3 H.Gr. Chefs, die Chefs 18., 16., 9., 4., 2. PzArmee, 6. und 17. Armee«[22]. Bei Abwesenheit der Oberbefehlshaber wurde von den Chefs nichts Geringeres besprochen als die Frage, ob und wie der entscheidungssuchende Angriff auf Moskau in der zweiten Novemberhälfte fortgeführt werden solle. Insofern ließen sich vom 13. November 1941 aus Orscha auch Parallelen ziehen zu 1917/18, als Ludendorff operative Fragen von größter Tragweite unter Umgehung der Oberbefehlshaber auf dem direkten »Chef-Wege« regelte. »Es ist aber immer unkorrekt, wenn schwerwiegende Entscheidungen allein von den Chefs ohne ihre Oberbefehlshaber getroffen werden.«[23] – Nicht zugezogen waren in Orscha die Chefs der Panzergruppen 3 und 4. Es war dies formell gerechtfertigt, sofern man nur die Armeechefs beteiligen wollte[24]. In Anbetracht der gewaltigen Aufgaben, welche den beiden Panzergruppen zugedacht waren, bleibt die Nichthinzuziehung ihrer Chefs trotzdem unverständlich. Darüber haben die Befehlshaber Reinhardt und Hoepner dem OKH ihre Ansicht unmißverständlich zum Ausdruck gebracht: »Die PzGr 3 hatte sich schon vor der Konferenz eindeutig gegen den geplanten Vorstoß bis Jaroslawl ausgesprochen. Hoepner . . . warnte vor jedem ›Wiederantritt‹, welche Ziele auch immer ins Auge gefaßt würden.«[25] Ein dritter Fachmann der Panzerkriegführung, Reinhardts Vorgänger im Kommando der Panzergruppe 3, Generaloberst Hoth, nahm nach dem Kriege zu der umstrittenen Frage wie folgt Stellung: »War die

deutsche Führung berechtigt, nach dem Abschluß der Schlachten von Brjansk und Wjasma Mitte Oktober die Operationen zur Einschließung von Moskau mit Aussicht auf Erfolg fortzusetzen? Wir müssen die Frage verneinen.«[26] Auch die beiden Chefs der Panzergruppen 3 und 4 vertraten in ihren Nachkriegsveröffentlichungen noch einmal die Haltung ihrer damaligen Befehlshaber. Der Chef der Panzergruppe 3 nannte die Fortsetzung der Offensive auf Moskau eine »Flucht nach vorn«[27]. Hoepners Stabschef fragte: »Was nützten erreichbare Anfangserfolge, wenn man ausgepumpt und ausgeblutet vor Moskau ankam, dem feindlichen Ansturm dann aber noch wehrloser ausgesetzt war!«[28] Bei alledem muß aber zugegeben werden: Es gab gewichtige Gründe *gegen* die Fortsetzung der Operation auf Moskau, und es gab gewichtige Gründe *dafür*. Der Chef der Operationsabteilung berichtet: »Bei Fortführung des Angriffs hoffte man, Moskau doch noch vor Einbruch des Winters nehmen zu können. Man wollte sich später nicht dem Vorwurf ausgesetzt sehen, fünf Minuten vor zwölf aufgegeben zu haben.«[29]
Neben Generaloberst Halder gilt Feldmarschall v. Bock, Oberbefehlshaber der Heeresgruppe Mitte, als Spiritus rector der Fortführung des Angriffs auf Moskau[30]. Trotz Übereinstimmung mit dem OKH im Grundsätzlichen opponierte v. Bock jedoch gegen die weitgesteckten Ziele, was u. a. aus der Tagebuch-Notiz vom 14. November hervorgeht: »Greiffenberg kommt von einer Besprechung des Generalobersten Halder mit den Armee- und Heeresgruppenchefs zurück. Von den neuerlich propagierten, von der Heeresgruppe angefochtenen Zielen ist nur übrig geblieben, daß die Heeresgruppen tun sollen, was sie können.«[31] – Was die Heeresgruppe Mitte damals für möglich hielt und worüber der Oberbefehlshaber der 4. Armee, Feldmarschall v. Kluge, Hoepner schon am 11. November »erfreut« Mitteilung machte, war die Gewinnung des Moskwa-Wolga-Kanals; damit war der Angriff in seiner Zielsetzung auf das Erreichen Moskaus begrenzt. In richtiger Beurteilung der Lage hielt Hoepner auch die Fortführung des Angriffs mit begrenztem Ziel für verfehlt und verlangte statt dessen die sofortige Vorbereitung einer »Winterstellung«. Er zog damit unter Anerkennung der Clausewitz-These von der abnehmenden Kraft einer Offensive zugleich die Lehren aus Ludendorffs mißglückten Schlägen von 1918. Noch vor Wiederantreten ließ Hoepner ostwärts Gshatsk eine Abwehrstellung erkunden und, so gut es ging, vorbereiten. Als die Nachricht von dieser »Hoepner-Linie« durch Dr. Todt ins Führerhauptquartier gelangte, wurde sie dort ungnädig aufgenommen. Welche Gedanken Hoepner dabei bewegten, erhellt aus einer kurzen Notiz in seinem Nachlaß:
»Ich will, daß meine Truppe, falls es zu diesem Angriff auf Moskau und damit unweigerlich zum Zusammenbruch dieser Front kommt, nicht dem Feind und noch mehr dem Winter einfach preisgegeben wird. Das ist auch der einzige Grund, aus dem ich auf meinem Posten bleibe.«
Bereits im Ersten Weltkrieg galt Hoepner als nervenstarker Offizier, der auch in schweren Krisenlagen Optimismus bewahrte. In einem Brief vom 17. November teilte er nun der Mutter mit, daß die Nervenbelastung dieser Tage an seiner Truppe, seinem Stabe und an ihm selbst zehrte: *»Es ist doch schon recht kalt, insbesondere für die, die nachts draußen bleiben müssen. Meine Leute zeigen auch infolge der Kälte Schwäche-Erscheinungen. Alles drängt nach den Ortschaften. Man kämpft eigentlich nur um diese. Infolgedessen wird die Sicherung häufig vernachlässigt, und russische Überfälle haben Erfolg. Es ist*

recht schwer, seinen Willen durchzusetzen, weil die Offiziere mit den Nerven ziemlich herunter sind. Ich merke das außer an mir selbst auch im Stabe. Manchmal mag ich die nächsten Gehilfen nicht sehen . . .«

Nun ist Führungsdenken alles andere als ein simpler Denkvorgang nach den auf der Kriegsakademie vermittelten Lehren und Normen. Dafür gibt es kaum einen instruktiveren Prozeß als z. B. die geistige Mitarbeit in allen Ebenen bei Vorbereitung der Offensive 1940 durch das OKH, wo bei anerkannten und unumstößlich gewahrten Prinzipien die Ansichten für die Durchführung im Detail differierten, jedoch abschließend im »Sichelschnittplan« zum Fall »Gelb« zu *einem* überzeugenden »Guß« zusammenflossen.

Was zudem die Führung im Spätherbst 1941 von der des Frühjahrs 1940 unterscheidet, ist dies: Vermochte im Vorjahr der spektakuläre Schlacht- und Feldzugserfolg innerhalb von 6 Wochen alle Meinungsverschiedenheiten und Antagonismen in sich aufzufangen, so war nun führungspsychologisch eine vollständig konträre Lage eingetreten. Der Erfolg war Mitte November höchst unsicher geworden, ein Hasardspiel, nämlich das verspätete Rennen um die letzten Kilometer auf Moskau, Tatsache, und es mußte sogar mit einem eindeutigen Mißerfolg gerechnet werden.

Das bedeutete nichts weniger als den Verlust der inneren Sicherheit, den Vertrauensschwund gegenüber der Obersten Führung, die Zunahme abwartender Distanz zu vorgesetzten Stellen überhaupt und der Heeresgruppenführung im besonderen, einen sich steigernden Dissens und eine wachsende Nervosität. Gleichzeitig wuchs in Anbetracht eines spürbar sich verstärkenden Gewichts des gegnerischen Kriegspotentials das Bewußtsein eigener Verantwortlichkeit gegenüber der Truppe, aber auch der Richtigkeit persönlicher Lagebeurteilung. Und vor der bangen Frage, ob nun in allerletzter Stunde die eigene vermeintliche Trumpfkarte doch noch stechen würde, verbreitete sich in den Köpfen und Herzen vieler soldatischer Führer die Erkenntnis, daß – unbestreitbar einer drohenden Gefahr durch die entfesselten Elemente eines Rußlandkriegswinters ausgesetzt sowie vom Risiko einer kraftlos auslaufenden Offensive verführt – in dieser Krise jeglicher Zwischenfall, gleich welchen Ranges, Ausgangspunkt einer Katastrophe werden könnte, für die es nur *einen* Gegenzug gab: ihr sofort mit dem Errichten einer belastbaren Verteidigungsstellung vorzubeugen.

Das war die psychologische Situation, in der unter sämtlichen Spielarten vom Opportunismus über Optimismus, von der berechtigten Skepsis bis zu finsterstem Pessimismus die Führer aller Grade sich ihre Gedanken machten. Von daher muß man gerade die zunehmende Befürchtung des disziplinierten Draufgängers Hoepner sehen und werten, daß die eisernen Regeln und die alles diktierende Begrenzung auf das Maß ein Manipulieren oder leichtfertiges Übergehen feststehender Grundsätze nicht mehr erlaubten, hingegen illusionslose Weitsicht das Denken zu steuern hatte.

Bei mildem Frostwetter mit Rauhreif und sieghaft aufgehender Morgensonne trat am 18. November die Panzergruppe 4 zum Angriff auf die 16. und 5. sowjetrussische Armee an. Angriffsziel war, außer dem Moskwa-Wolga-Kanal, der Westrand von Moskau. Das XLVI. Panzerkorps traf die Naht zwischen den beiden Sowjetarmeen und erzielte Erfolge. Auch die SS-Division »Reich« kam gegen hartnäckigen Widerstand zu Geländegewinn. Das Regiment »Deutschland« dieser Division drang tief in die Moskauer Schutzstellung ein. Der damalige SS-Oberführer Bittrich berichtet: »Ich war mit meinem Regi-

ment in die Schutzstellung eingebrochen und sicherte auf der ›alten Poststraße‹ bei Borodino den Vormarsch der Division in der Nordflanke. Es war ein schöner Herbsttag. Wie immer hatte ich Pioniere vorn. Plötzlich sah ich eine hohe Gestalt und hörte die polternde Stimme des Generalobersten Hoepner: ›Endlich ein Kommandeur, der Pioniere vorn hat!‹ Ich hatte unter Hoepner schon vor Warschau und an der Bzura gekämpft, war ihm dort aber nicht persönlich begegnet. Auf der Rückfahrt verfügte Hoepner bei SS-Gruppenführer Hausser meine Einreichung zum Ritterkreuz; ich erhielt es am 14. 12. 1941 für meinen tiefen Einbruch in die Moskauer Schutzstellung.«[32]
Bittrich wird bald als Nachfolger des verwundeten SS-Generals Hausser bis zur Jahreswende 1941/42 die Führung der Division »Das Reich« übernehmen und über den 20. Juli und 8. August 1944 hinaus ein Verehrer Hoepners bleiben.
Bittrichs kampferprobte SS-Division »Das Reich« erlebte die Kämpfe dieser Tage »als die schwersten und verlustreichsten des Ostfeldzuges«[33]. Sehr nachteilig machte sich bald bemerkbar, daß der Nordflügel der 4. Armee mit dem XX. und LVII. Korps den Angriff nicht begleitete; dadurch mußten von der Angriffsspitze der Panzergruppe 4 zunehmend Kräfte abgezogen werden, um die immer länger werdende offene Südflanke zu schützen. Hoepner bemühte sich lange vergeblich, den Oberbefehlshaber der 4. Armee zum weiteren Angriff dieses Korps zu drängen; schließlich teilte er dem Feldmarschall mit, seine Panzergruppe »fühlte sich im Stich gelassen«[34]. Überhaupt wurde die Stimmung auf den höheren Führungsebenen der Heeresgruppe Mitte jetzt immer gereizter[35]. Da an der Angriffsfront die Panzergruppe 4 in den letzten Novembertagen noch am besten vorwärts kam, konzentrierte sich das Interesse immer mehr auf sie. Am 25. November schrieb Hoepner aus Wjedjenskoje, 90 km westlich Moskau:
»Bei mir ist es ganz gut vorwärts gegangen. Kluge und Bock rufen dauernd an und fragen, wie ich es weitermachen will. Das stört. Anscheinend ist Adolf sehr interessiert. Leider hat die Truppe doch stark gelitten, sie ist müde. Man muß schon alle Saiten des Instrumentes spielen können, um immer noch Erfolge erzielen zu wollen.« Am 26. November wurde von der SS-Division »Reich« unter Bittrich der wichtige Ort Istra eingenommen. Aber immer deutlicher zeigte sich jetzt, daß der Kulminationspunkt der Operation »Taifun« überschritten war und die Kräfte fehlten, den weiteren Angriff zu nähren.
Am 29. November teilte Hoepner seiner Frau mit: *»Der Angriff geht langsam vorwärts. Ich habe täglich Telefongespräche mit Bock und Kluge, um diesen auch zum Antreten zu bewegen[36]. Die vordersten Teile von mir sind nun schon auf 25 km an M. heran. Der Russe bringt von allen Seiten neue Kräfte heran. Ich stehe allein.«* Bereits am 21. November hatte Hoepner an den Verleger Mossdorf geschrieben: *»Es ist recht traurig feststellen zu müssen, daß unsere Kräfte doch nicht ausreichen.«* Der Panzergruppe 4 standen in diesen Tagen »17 Schützendivisionen, 4 Kavalleriedivisionen und 12 Panzerdivisionen gegenüber, vorzüglich für den Winterkrieg ausgerüstet. Außerdem verfügte der Russe über ein dichtes Netz vorbereiteter Stellungen, die eigene Truppe aber lag bei −30 Grad auf offenem Feld. Der Kampf löste sich zunehmend in örtliche Gefechte auf. Eine Operation war es nicht mehr zu nennen . . . Der Frost riß ebenso große Lücken wie der Feind. In Front und Flanke angefallen, blieb die Panzergruppe stehen . . . Obwohl die Truppe ihr Möglichstes und mehr getan hatte, mußte auch die Panzergruppe 4 den Angriff auf Moskau einstellen.«[37]

Am Nachmittag des 3. Dezember 1941 befahl Hoepner die Einstellung des Angriffs; er tat es selbständig und zunächst ohne Billigung der Heeresgruppe, die, ihrerseits gedrängt durch OKH und OKW, noch am 4. Dezember die Fortführung des Angriffs nach Süden anordnete. Aber auch der Befehlshaber der Panzergruppe 3, General Reinhardt, stellte am 5. Dezember aus eigenem Entschluß den Angriff ein und beantragte gleichzeitig die Rücknahme der Truppe in eine haltbare Winterstellung. Erst am Morgen des 6. Dezember erhielt die Panzergruppe 4 den Befehl der Heeresgruppe Mitte zum Übergang zur Verteidigung in der von ihr vorgeschlagenen »Istra-Linie«. Daß der Entschluß, den Schlußstrich unter das »Unternehmen Moskau« zu setzen, Hoepner schwergefallen ist, zumal seine vordersten Teile, wie die 2. Panzerdivision und die 106. Infanteriedivision, bis auf Sichtweite des Kreml ans Angriffsziel Moskau herangekommen waren, erhellt aus dem Brief vom 4. Dezember: *»Ich habe ja sehr viel erreicht, aber das Endziel doch nicht. Die Kräfte reichen nicht mehr aus. Die Truppe ist im Ganzen am Ende. Man kann sie natürlich noch weiter hetzen. Dann ist aber eines Tages* nichts *mehr da. Demgegenüber verstärkt sich der Russe, der von anderen Fronten alles irgend Verfügbares gegen mich heranbringt, täglich. Ich habe, nachdem ich vom 18. bis 29. November in schweren Kämpfen allein bis auf 30 km an Moskau herangekommen war, verlangt, daß Kluge auch angreifen soll, damit nicht* alle *russ. Divisionen und Panzerbrigaden gegen mich eingesetzt werden können. Am 1. Dezember haben nun andere auch angegriffen, aber mit ganz unzureichenden Kräften und sind gestern wieder zurückgezogen worden. Dafür hat Bock mir über Nacht eine Division weggenommen, die gerade am Schwerpunkt meines weiteren Angriffes eingesetzt werden sollte. So habe ich schwere Sorgen und gestern, gedrängt durch Kluge, die Meldung gemacht, die mich innerlich hart mitnimmt, daß die Angriffskraft meiner Korps ihr Ende erreicht hat. Es ist sehr bitter, daß man in der festen Überzeugung, das Beste mit allen Mitteln geschafft, die Truppe bis zum Letzten gefordert zu haben, den Erfolg vor sich hatte und nun . . . im entscheidenden Moment im Stich gelassen und zur Resignation gezwungen wird. Kein erfreulicher Jahresschluß.«*

Am 6. Dezember begann die Rücknahme der Panzergruppen 3 und 4 und gleichzeitig das Ringen um die Frontenbildung. Teile der Panzergruppe 4 mußten bis zu 60 km zurückgenommen werden; bei dem Mangel an Zugmaschinen und dem Schwächezustand der Zugpferde traten Verluste an Großgerät ein, vor allem bei der Artillerie. Im ganzen jedoch verlief die Rücknahme »leidlich planmäßig«. Durch die Verkürzung der Linien konnte die Herauslösung der auf dem Nordflügel kämpfenden 2. Panzerdivision zur Bildung einer Reserve ins Auge gefaßt werden; eine solche Reserve wurde zur Stützung des noch immer überdehnten Südflügels mit dem VII. und IX. Korps dringend erforderlich. Der Oberbefehlshaber der Heeresgruppe Mitte machte sich am zweiten Tag der Rücknahme-Bewegung, dem 7. Dezember, Gedanken über die Ursachen der Krise und verzeichnete darüber in seinem Tagebuch: »Drei Dinge haben zu der gegenwärtigen schweren Krise geführt: 1) Die einsetzende Herbst-Schlammzeit . . . 2) Das Versagen der Bahnen . . . 3) Die Unterschätzung der Widerstandskraft des Feindes und seiner personellen und materiellen Reserven.«[38] Inwieweit eigene Führungsfehler auf allen Ebenen eine Rolle spielten, ließ er offen. – Zu einem neuen schweren Krisentag wurde der 8. Dezember; Hoepners Brief von diesem Tage enthält darüber folgendes: *»Heute wieder Tag großer Spannung. Während ich Not habe, meine Korps in schweren Kämpfen zurückzuneh-*

men, ohne Verwundete und Geschütze liegen zu lassen, ist bei meinem nördl. Nachbar Reinhardt ein Einbruch, d. h. eine Krise erfolgt. Alle schreien um Hilfe. Ich sollte abgeben. Nach einer sehr ernsten Auseinandersetzung, die ich mit Kluge hatte, hat Bock mir nun die Panzergruppe 3 (Reinhardt) unterstellt mit dem Befehl, die Sache in Ordnung zu bringen. Nette Aufgabe!« – Über seine Gründe für die Unterstellung der Panzergruppe 3 unter Hoepner trug Feldmarschall v. Bock am gleichen Tag in sein Tagebuch ein: »4. Armee schlägt vor, Hoepner den Befehl über die Panzergruppe 3 mit zu übertragen, um die Handlungen dort in eine Hand zu geben. Hoepner selbst habe diesen Wunsch geäußert. Ich greife zu, denn Hoepner wird nun mehr Interesse daran bekommen, der Panzergruppe 3 zu helfen . . .«[39]

Die Unterstellung der Panzergruppe 3 brachte Hoepner also die Verpflichtung, dem alten Waffengefährten Reinhardt in seiner Notlage zu helfen. Dies war aber nur möglich durch Einsatz der 2. Panzerdivision, die gerade als Reserve herausgelöst und dem bedrohten Südflügel der Panzergruppe 4 zugeführt werden sollte. Daß Hoepner über diesen Auftrag verärgert war, trotz seiner eigenen kritischen Lage Kräfte zur Unterstützung des Nachbarn abzugeben, ist verständlich. Andererseits wurde von General Reinhardt die Unterstellung unter die Panzergruppe 4 unwillig aufgenommen. »Jede Unterstellung einer Armee unter eine andere . . . ist ein Notbehelf und meist ein Zeichen mangelnder Führungskunst der Heeresgruppe.«[40] Nun kam hinzu, daß Hoepner und Reinhardt über Art und Tempo der Rücknahme unterschiedlicher Ansicht waren. »Während 3 rasch, in einem Zuge, weit nach Westen ausweichen wollte, war 4 bestrebt, möglichst lange noch zu halten und drängte auch die Pz.Gr. 3 dazu . . . Die Anspannung in jenen Tagen war groß . . . General Reinhardt hatte ein besonders warmes Herz für *seine* Truppe.«[41] Daß auch Hoepner, wo es um die eigene Handlungsfreiheit und das Leben seiner Soldaten ging, als militärischer Führer besonders herausgefordert war, braucht kaum noch betont zu werden. Über all dem »waren die Spannungen zwischen beiden Oberkommandos gewachsen«[42]. Die langjährige, in vielen Krisen bewährte Soldatenkameradschaft zwischen Hoepner und Reinhardt schien in Feindschaft überzugehen. Zum Glück hat sich in Hoepners Nachlaß ein Brief Reinhardts vom März 1942 erhalten, aus dem ersichtlich ist, daß die Spannungen nur vorübergehend waren.

Tiefergehend waren die Spannungen zwischen Hoepner und dem Kommandierenden General des ihm unterstellten IX. Armeekorps, General der Infanterie Hermann Geyer. Der württembergische General Geyer war ein besonders angesehener, in Ludendorffs »Kriegserinnerungen 1914–1918« lobend erwähnter Infanterie- und Abwehrspezialist. Zu Beginn der dreißiger Jahre war Geyer Hoepners Vorgesetzter als Regimentskommandeur des Infanterieregiments 17 in Braunschweig gewesen. Als im November 1941 Geyers IX. Armeekorps zur Panzergruppe 4 kam, schrieb Hoepner nach Hause: *»Das Schicksal will es, daß Geyer mir unterstellt wird!«* Bald darauf traten die unterschiedlichen Führungsauffassungen des Panzerführers und des Infanterieführers deutlich zutage. »Es war wohl nicht nur dem Zusammenprall scharfkantiger Persönlichkeiten, sondern auch der Krisenlage zuzuschreiben, daß Ende Dezember 1941 sachliche Auseinandersetzungen mit dem Stabe der Panzergruppe 4 unkonventionelle Formen annahmen . . . Solche persönlichen Spannungen als wichtige Elemente der Truppenführung verschweigen die Kriegstagebücher . . .«[43]

Sie schweigen nicht ganz darüber: Aus den Aufzeichnungen eines Teilnehmers am Rußlandfeldzug Napoleons, Graf Ségur, ist ersichtlich, daß es beim Marsch von Smolensk auf Moskau auch unter den Marschällen der Grande Armée Auseinandersetzungen gegeben hat. Marschall Murat, Schwager des Kaisers und König von Neapel, ging damals sogar mit dem Säbel auf Marschall Davout los, den Sieger von Auerstädt, der in Smolensk vom Weitermarsch auf Moskau abgeraten hatte. So wurden die düsteren Zeichen, die an 1812 erinnerten, im Dezember 1941 auch im persönlichen Umgang der deutschen Truppenführer immer häufiger.
Als auf dem Nordflügel die Gefahr der Umfassung der unterstellten Panzergruppe 3 gerade gebannt war, geriet auf dem Südflügel die Panzergruppe 4 ihrerseits in größte Gefahr. Bei strengem Frost, der die Moskwa selbst für Panzer passierbar machte, trat am 11. Dezember früh ein starker südlicher Zangenarm der Sowjetrussen zum Stoß in die Tiefe, Richtung Wolokolamsk, an, zersplitterte den dünnen linken Flügel des VII. Korps, durchschnitt am 12. Dezember bei Swenigorod den Versorgungsstrang des noch ostwärts kämpfenden IX. Korps des Generals Geyer. Die Anspannung dieses Tages spiegelt sich in einem Brief wider, den Hoepner am 12. Dezember aus Wjedjenskoje an seine Frau schrieb:
». . . Es kommen nur noch Hiobsposten. Man erschrickt, wenn das Telefon geht. Und das steht überhaupt nicht mehr still. An jedem Tage muß man irgendwo zurücknehmen. Der heute geführte Gegenstoß war ohne Erfolg . . . Die Masse *der Russen erdrückt uns. Ihre Kampfmoral ist gering. Aber unsere Leute sind übermüdet, schlafen im Stehen ein, sind so stumpf, daß sie sich nicht mehr hinwerfen, wenn geschossen wird. Erfrierungen sind fast zahlreicher als blutige Verluste. Unsere Lage hat verzweifelte Ähnlichkeit mit der Napoleons 1812. Die Russen hatten doch Recht, als sie behaupteten, daß der Winter uns zum Stehen bringen werde. Es ist ungeheuer schwer, die Nerven zu behalten. Die Kommandierenden Generale schreien um Hilfe. Geyer schickte fast täglich ein schriftliches Klagelied. Dazu rufen Kluge und Bock von hinten an, fragen, fragen, geben Ratschläge und Befehle, die nicht ausführbar sind. Selbst Beaulieu wird demgegenüber schon dickfellig und am Telefon grob. Im übrigen ist er auch so nervös, daß er nachts nicht mehr schlafen kann . . .«*
Immerhin hatte die Heeresgruppe der von Hoepner beantragten Rücknahme seiner Abwehrfront hinter die Flüsse Rusa und Lama zugestimmt, so daß die rückwärtigen Bewegungen der Korps am 13. Dezember fortgeführt werden konnten. Die Gefechtsstärken waren jedoch sehr stark abgesunken. Nach Angaben des Chef des Stabes »entsprach das Bataillon etwa einer Kompanie, war also nur noch mit 25 % zu bewerten«[44]. Beeindrukkend schilderte Hoepner im Brief vom 14. Dezember die Schwierigkeiten des Rückzuges: *»An der 150 km breiten Front, in der ich jetzt 7 Korps mit 22 Divisionen gegen etwa 43 russische Divisionen führe, gibt es keine Stelle, die nicht irgendwie gefährdet oder gar durchbrochen ist. Ich habe keine Division, die angriffsfähig oder gegen stärkeren Feind abwehrkräftig ist. Die Kfz. haben keinen Betriebsstoff, die Pferde keinen Hafer. Die Leute schlafen im Stehen ein. Die Straßen sind vereist, die Waldwege verschneit. Der Boden ist 1 m tief gefroren, sodaß man sich nicht eingraben kann. Ich habe heute am Südflügel noch einen Gegenangriff angesetzt. Gottlob scheint die Sonne, sodaß die Flieger miteingreifen können, was in den letzten Tagen wegen tiefer Wolken und Schneetreibens*

nicht möglich war. Hoffentlich habe ich einen Erfolg. Sonst ist das Fortkommen für wesentliche Teile fast unmöglich. Es müssen so schon viele Geschütze stehen bleiben und gesprengt werden, weil sie nicht forzuschaffen sind. Wenn man sich vorstellt, daß der Rückzug eilig sein muß und noch von den Russen gestört wird, kann man verrückt werden.«
Über die Frage, ob der Rückzug »eilig« oder langsam durchzuführen sei, hatte Hoepner eine heftige Kontroverse mit der Heeresgruppe. Feldmarschall v. Bock wollte ein langsameres Absetzen. Hoepner erwiderte, falls weiteres Halten befohlen werde, »könne sich [die Panzergruppe] natürlich auch in der jetzigen Stellung totschlagen lassen«[45]. Im ganzen liefen aber die Bewegungen in die »Rusa-Lama-Linie« programmgemäß; die beiden Panzergruppen blieben jederzeit in der Hand ihrer Führer. Trotzdem drückten Hoepner weiterhin schwere Sorgen, wie aus dem wieder in Gshatsk geschriebenen Brief vom 17. Dezember ersichtlich ist:
»Wie Du aus dem Datum ersiehst, bin ich zurückgegangen. Ich mache schreckliche Tage durch. Nachts quälen mich die Erinnerungen an 1918. Aber hier ist man im Kampf gegen den Winter noch machtloser als damals gegen den Feind. Der spärliche Betriebsstoff ist nicht nach vorn zu bringen . . . Der Russe kommt mit Ski-Batln. und Kosaken und richtet bei Trossen und Nachschubkolonnen Unheil an. Seine Flieger fliegen die Rückzugswege ab und werfen aus geringer Höhe Bomben. Unsere Flieger sind zum größten Teil zurückgezogen, weil sie für den Winter nicht vorbereitet sind oder für spätere Aufgaben instandgesetzt werden sollen . . . H. hat nun jedes weitere Ausweichen verboten. Damit kann das Todesurteil für viele gesprochen sein . . . Die Unterschätzung des Gegners und der Winterschwierigkeiten kann zum Verhängnis werden . . .«
Mit rotem Stift schrieb Hoepner damals über diesen Brief: »Geheim behandeln.«
Das von Hoepner sogleich düster kommentierte Verbot einer jeden weiteren Ausweichbewegung war in der Nacht vom 15. auf 16. Dezember 1941 bei einer Besprechung der Heeresführung mit Hitler von diesem als »Grundsätzlicher Befehl« diktiert worden. Die wichtigste Ziffer darin lautete: »Größere Ausweichbewegungen können nicht durchgeführt werden. Unter persönlichem Einsatz der Befehlshaber, Kommandeure und Offiziere ist die Truppe zum fanatischen Widerstand in ihren Stellungen zu zwingen, ohne Rücksicht auf durchgebrochenen Feind in Flanke und Rücken.« – Zwei Tage zuvor, am 13. Dezember, waren die Feldmarschälle v. Brauchitsch und v. Bock in Smolensk zu der Überzeugung gelangt, daß das Ausweichen in die vorgesehene »Winterstellung« jetzt unvermeidlich sei. Die brüske Ablehnung ihrer Vorschläge durch den Obersten Befehlshaber war für beide ein schwerer Schock und »zog gleichzeitig den Schlußstrich unter die noch verbliebene geringe Handlungsfreiheit der militärischen Führung«[46].
Am 18. Dezember 1941 übergab Feldmarschall v. Bock das Kommando über die Heeresgruppe Mitte an Feldmarschall v. Kluge; tags darauf übernahm Hitler, nach Genehmigung des Abschiedsgesuchs des Feldmarschalls v. Brauchitsch, den Oberbefehl über das Heer. Die beiden Feldmarschälle, welche im November die Fortführung der Operation »Taifun« befürwortet hatten, wurden jetzt auch deren erste Opfer. Hoepner schrieb über diese Wechsel auf der obersten Führungsebene in einem Kartenbrief vom 20. Dezember 1941: *»Hier weiter sehr ernste Lage. Brauchitsch hat sich entheben lassen. A. H. hat OKH selbst übernommen. Für Rundstedt ist Reichenau, für Bock Kluge eingesetzt. Das sind traurige Zeichen.«*

Sollte Hitler erst Mitte Dezember 1941 erkannt haben, welche Gefahren dem deutschen Heer durch die Naturgewalten des Ostens drohten? Ergänzend zum »Grundsätzlichen Befehl« forderte er im Lagevortrag vom 20. Dezember: »Der fanatische Wille zur Verteidigung des Bodens, auf dem die Truppe steht, muß mit allem, auch schärfsten Mitteln der Truppe eingeimpft werden.« Im »fanatischen Willen«, nicht mehr in einer auf kühlem Abwägen basierenden Truppenführung sah Hitler die Rettung vor einer Wiederholung jener Katastrophe der Grande Armée von 1812, deren Möglichkeit er mit den Worten zugab: »Das Wort vom Napoleonischen Rückzug droht Wirklichkeit zu werden.« Während aber Napoleon bei einer Besprechung im Kreml in der ersten Oktoberhälfte 1812 sich von Marschall Davout und Generalintendant Graf Daru überzeugen ließ, daß sein Plan einer weiteren Operation von Moskau auf Petersburg undurchführbar und der Rückzug unvermeidlich war, blieb Hitler allen Argumenten der Vernunft verschlossen. Und während deutsche Soldaten mit schweren Erfrierungen die Lazarette füllten, verstieg sich ihr Oberster Befehlshaber in die Behauptung: »Der russische Winter ist nur ein Schlagwort.«
Daß dem deutschen Heer im Winter 1941/42 dann doch die napoleonische Katastrophe erspart blieb und es im Frühjahr 1942 zu neuen Angriffsoperationen schreiten konnte, hat, außer Hitler selbst, auch ein Teil der Nachkriegsliteratur seiner Willenskraft und den von ihr diktierten Haltebefehlen zugeschrieben. Dabei ist eines übersehen worden: Endergebnis der Haltebefehle und des »fanatischen Willens« als oberstem Prinzip der Truppenführung war ja nicht das Frühjahr 1942, sondern der Mai 1945. Da jedoch gab es das Deutsche Reich, das deutsche Heer und seinen »Obersten Befehlshaber« nicht mehr. Im Juli 1815 hingegen führte der trotz seiner Rückzüge unbesiegt gebliebene Herzog von Auerstädt ein zwar kleines, aber von den Alliierten noch immer gefürchtetes französisches Heer über die Loire und unterstützte mit seiner Präsenz die erfolgreichen Verhandlungen Talleyrands um einen günstigen Frieden für Frankreich. – Schließlich mußte gerade Hitler an seinem oft beschworenen Leitbild, an Friedrich dem Großen, erkennen, daß es Pflicht des Feldherrn sein kann, Rückzüge anzutreten, um das Heer zu retten. Friedrich hat mehrfach erhebliche Verluste an Boden und Prestige in Kauf genommen, um seine Truppen vor dem Untergang zu bewahren.
Am 21. Dezember legte Hoepner seinem Brief ein sowjetisches Flugblatt bei, das die Überschrift trug: »Der deutsche Plan der Einkreisung und Einnahme von Moskau ist gescheitert – Niederlage der deutschen Truppen im Vorgelände von Moskau.« Mit dickem Rotstift hatte er darin die letzten Sätze angestrichen: »Die Fehlrechnung in den deutschen Plänen läßt sich in keiner Weise mehr durch die Verhältnisse des Winterfeldzuges erklären. Nicht der Winter hat hier die Schuld, sondern ein organischer Fehler in der Arbeit des OKW bei der Planung des Krieges.« – Im Brief selbst schrieb Hoepner zu diesem Thema: *»Ich lege Dir ein russisches Flugblatt bei, das im wesentlichen die Dinge richtig schildert . . . Z. Zt. schreibe ich an einem Rückblick auf ›das Mißlingen der Operation auf Moskau‹*[47]*. Dieser beschäftigt mich in der Zeit, die mir zwischen der Arbeit bleibt, die durch Entgegennahme von ungünstigen Meldungen, Grübeln über Aushilfen und Befehlen für diese übrig bleibt.«*
Selten hat man im deutschen Heer so viel an das Schicksal Napoleons und seiner Grande Armée gedacht wie im Winter 1941/42. Auch in Hoepners Weihnachtsbrief vom 23. De-

zember 1941 aus Gshatsk, in welchem er seiner Familie für ihre Geschenke dankte, kam dies zum Ausdruck: *». . . Ich freue mich über das Buch von Caulaincourt über Napoleon*[48]*. Wir haben doch oft an ihn gedacht . . . Seit 17. Dezember habe ich den Russen zum Stehen gebracht, weiß aber nicht, ob das mit meinen geringen Kräften nach den großen Verlusten längere Zeit möglich ist. Der an sich sehr spärliche Nachschub ist wegen der Schneeverwehungen nicht heranzubringen. Vor zwei Korps mit 6 schwachen Divisionen hat der Russe 8 Schützen-, 2 Kav. Divisionen und 17 Schützenbrigaden. Das ist also eine etwa 6-fache Überlegenheit. Die Lage ist äußerst gespannt. Ich hoffe nur, daß der Schnee den Russen festhält. Er ist aber sehr viel besser auf dieses Wetter eingerichtet. Kluge ist noch mehr in Sorge um Guderian, dem auch noch die Armee v. Weichs, der krank geworden ist, unterstellt wurde . . .«*

Die Verbände der Panzergruppe 4 verbrachten in der »Rusa-Lama-Linie« verhältnismäßig ruhige Weihnachtstage. Ihre Frontlage hatte sich gefestigt, die Truppe gewann wieder an Zuversicht. Der damalige Regimentsadjutant des Infanterieregiments 467 der 267. Infanteriedivision schreibt: »Der Entschluß Hoepners, sprungweise, vom Russen nicht gedrängt, auf Gshatsk zurückzugehen, noch bestärkt durch den Abwehrerfolg an der Rusa, hatte der Armee auch wieder das Überlegenheitsgefühl über den Russen gegeben . . .«[49]

Die Weihnachtsfeier des Kommandostabs wurde durch eine besinnlich-launige Darbietung bereichert, deren Text, ohne daß die Teilnehmer es zunächst wußten, von Hoepner verfaßt worden war. Es war seine besondere Stärke als Truppenführer, daß er auf seine Umgebung stets Ruhe und Zuversicht auszustrahlen vermochte.

Wie er damals jedoch wirklich dachte und fühlte, teilte er seiner Frau im Neujahrsbrief vom 1. Januar 1942 mit: *». . . Hier ist es (das Glück)* z. Zt. *so bescheiden, daß man hoffen muß, es wird besser, wenn man nicht der Furcht Raum geben will, daß etwas ganz Schlimmes eintritt. Ich danke Dir sehr für Deine Briefe vom 23. und 27. Dezember mit den guten Wünschen für mein Soldatenglück und die Nerven. Diese müssen jetzt allerlei aushalten. Sie sind aber oft so gespannt, daß zum Reißen nicht viel fehlt. Gestern bin ich zu Kluge so grob geworden, daß ich sagte: »Ich verbitte mir . . .« Heute tat er mir wieder leid. Er darf höchstens* eine *Division bewegen. A. H. befiehlt schon über Korps. Er hat jedes Ausweichen verboten. Damit ist natürlich die Möglichkeit gegeben, daß größere Verbände abgeschnitten werden, wenn irgendwo ein größerer Durchbruch der Russen erfolgt. Das Halten und Kämpfen ist aber nur möglich, solange Menschen mit Waffen und Munition vorhanden sind. Der Verbrauch an Führern ist daneben groß. Nach dem Weggehen von Brauchitsch, Rundstedt und Bock ist das von Guderian*[50] *am bemerkenswertesten . . . Hier sind schon 5 Komm. Generale fortgegangen. Ich habe auch Geyers Ablösung durchgesetzt. Der Kampf* gegen mich *hat ihn ›zermürbt‹, wie er mir schrieb. Aber es ist schon viel, das man aushalten muß. Es zerrt von allen Seiten. Die Truppe schreit nach Ersatz, Munition, Betriebsstoff. Sie soll halten. Wenn ich mit allen Chikanen eine Reserve geschaffen habe, nimmt die Heeresgruppe sie fort, um bei den Nachbarn ein Loch zu stopfen. Diese dürfen oder müssen immer ausweichen, während ich halten soll. Heute sind wir Armee, ich* Ober*befehlshaber damit geworden. Alle freuen sich. Die Aufgabe und die Verantwortung werden darum nicht geringer. Ich trage schwer daran . . .«*[51]

Hoepners Sorge, es könne plötzlich »etwas ganz Schlimmes« eintreten, war nur zu begründet. In den letzten Dezembertagen hatte der Feind beim südlichen Nachbarn, der

4. Armee, die Front des LVII. Panzerkorps aufgespalten und drückte in der Lücke zwischen Malojaroslawez und Borowsk nach Westen und Norden. Auch der Ortsname Malojaroslawez erinnerte düster an Napoleons Rußlandfeldzug. Nach seinem Abmarsch aus Moskau am 18. Oktober 1812 wollte Napoleon, auf Rat des Marschalls Davout, zur besseren Versorgung seiner Truppen nach Smolensk nicht auf der ausgeplünderten Vormarschstraße, sondern durch das vom Krieg noch unberührte Gouvernement Kaluga gelangen. Als sich aber am 24. Oktober 1812 bei Malojaroslawez Kutusow dem Kaiser vorlegte, zeigte sich, daß die Grande Armée nicht mehr die Kraft hatte, die Zarenarmee zu werfen. Die Franzosen mußten nun doch den Rückweg über das alte Schlachtfeld von Borodino und über Wjasma nehmen, wo der Verpflegungsmangel sich bald verheerend auswirkte.[52]

Bereits am 1. Januar 1942, vormittags, war Hoepner durch Feldmarschall v. Kluge orientiert worden, daß der russische Einbruch bei der 4. Armee in Richtung Malojaroslawez und Borowsk zur Zurücknahme des XX. und VII. Armeekorps zwingen könne. Am Nachmittag des 2. Januar teilte der Feldmarschall mit, daß trotz weiterer Verschlechterung der Lage bei der 4. Armee und obwohl Malojaroslawez und Borowsk schon in russischer Hand seien, das XX. Korps weiter halten solle. Auf Befehl des Führers habe die Panzerarmee Hoepner sofort zwei verstärkte Regimenter dem XX. Korps zuzuführen. Der Oberste Befehlshaber, der jetzt aus 2 000 km Entfernung schon Regimenter führte, dürfte sich kaum bewußt gewesen sein, daß ein solches »verstärktes« Regiment damals kaum 1 000 Mann stark und fast ohne schwere Waffen war. Gegen 19.00 Uhr am 2. Januar 1942 wurde dann das schwer bedrohte XX. Korps des Generals Materna der 4. Panzerarmee unterstellt. Überraschenderweise erhielt diese damit den Auftrag, sowohl das Halten der Front des XX. Korps sicherzustellen, als auch die ständig sich vergrößernde Lücke zur Masse der 4. Armee zu schließen. Die Trennungslinie zwischen LVII. und XX. Korps wurde so gelegt, daß die gesamte Einbruchsstelle zur 4. Panzerarmee kam; in bissigem Sarkasmus erfand die Front für eine solche Führungsmaßnahme die Bezeichnung »Unterstellung einer Lücke«. Feldmarschall v. Kluge erkundigte sich am Vormittag des 3. Januar 1942, wieviel Vorwarnzeit für den Fall des Zurücknehmens nötig sei. Auf Hoepners Antwort, daß er 72 Stunden benötige, antwortete v. Kluge, daß das XX. und VII. Korps »dann wahrscheinlich schneller als andere Korps zurückgenommen werden müssen«.

Am 4. Januar 1942 schrieb Hoepner in Gshatsk seinen letzten Brief von der Front und im aktiven Dienst an seine Frau; er ist für sein Verantwortungsbewußtsein als Truppenführer besonders kennzeichnend:

»Die Lage hat sich insofern verschärft, als bei meinem Nachbarn erhebliche russ. Durchbrüche erfolgt sind, während bei mir alles abgewehrt wurde, obgleich ich die stärksten Kräfte gegenüber habe. So wurde mir am 1. 1. abds. noch das linke Flügelkorps m. r. Nachbararmee unterstellt[53] *und der Auftrag erteilt, die dort. Schweinerei, die durch russ. Durchbruch entstanden ist, in Ordnung zu bringen. Damit hatte ich 26 Divisionen zu führen. Kluge teilte mir mit, daß A. H. das selbst befohlen und ›unbegrenztes Vertrauen zu mir und meinen Leistungen‹ habe! Nettes Zuckerbrot in solcher Lage! 24 Stunden später kam schon ein Befehl mit Einzelweisungen, wie ich es machen sollte. Darüber habe ich zunächst so gelacht, daß Kl. einstimmen mußte. Dann habe ich mir derartige Eingriffe*

verbeten, weil hier nur ich *die Lage und die Hilfsmittel übersehen kann. Gestern abd. hat man mir die 3. Panzerarmee und das V. Korps abgenommen, weil ich zu viel und mein l. Nachbar zu wenig hätte. Dieser, Gen. Oberst Strauss, ist auch in übeler Lage. Es scheint mir aber, daß er die Sache auch so nicht meistern wird. Das liegt an grundsätzlichen Fehlern in der höheren Führung, gegen die sich außer mir keiner stemmt. Das kostet natürlich Nerven, wenn man gegen Feind und Vorgesetzte gleichzeitig kämpfen muß. Es kann natürlich eintreten, daß ich auch eines Tages so oder so fertig bin. Vorläufig habe ich Kl. erklärt, daß ich außer der Verantwortung gegenüber der vorgesetzten Dienststelle noch die – vielleicht größere – gegenüber meiner Truppe habe. Ich habe aber die große Genugtuung, daß alle Komm. Generale – Geyer ist weg! – vertrauensvoll unter mir arbeiten. Alle höheren Offiziere und auch verwundete Leutnants kommen zu mir, wenn sie hier durchfahren. Je schwerer die Lage wird, um so mehr fühle ich, daß ich hier bleiben muß! . . .«*

Das von der 4. Armee abgesplitterte XX. Korps sollte mit seinen vier Infanteriedivisionen den sogenannten »Balkon« von Borowsk bis ostwärts und südostwärts Wjereja halten. Nachdem Borowsk gefallen war, zielte der russische Hauptstoß nach Norden auf das Verkehrs- und Versorgungszentrum Wjereja. Dem russischen Angriff wurden Teile der 10. Panzerdivision, der 3. Infanteriedivision (mot.) und vor allem der 267. Infanteriedivision entgegengeworfen. Über Lage und Stimmung bei der 267. Infanteriedivision schrieb der Adjutant des dieser Division angehörenden Infanterieregiments 467, Oberleutnant Wolters, in sein Tagebuch: »Verlegung in Raum um Wjereja. – Blau-weiße Stimmung. Russische Flieger. Fahrt zur Div. Weiter russischer Durchbruch über Malojaroslawez. Russ. Schipatrouille auf Nachschubstraße . . . 40° Kälte.«

Am 5. Januar 1942 setzte der Feind seine Angriffe bei Borowsk und westlich fort. Die 267. Infanteriedivision bemühte sich weiter, die Lücke zu schließen und das Vordringen des überlegenen Feindes zu verhindern. Das Herankommen der Panzer der 10. Panzerdivision sowie der Teile der 3. Infanteriedivision (mot.) wurde durch Betriebsstoffmangel verzögert. Tags darauf, am 6. Januar, stieß der Angriff der 267. Infanteriedivision bei Dubrowa auf Feind, der nicht geworfen werden konnte. Auch ostwärts Dubrowa, im Protwatal, blieb der Feind im Vorgehen nach Norden; bis Wjereja konnte ihm allenfalls noch ein auf 100 Mann zusammengeschrumpftes Bataillon des Infanterieregiments 14 entgegengestellt werden. Unter Berücksichtigung dieser Lage, insbesondere der stündlich zunehmenden Gefährdung der so lebenswichtigen Versorgung, bat Hoepner am 6. Januar die Heeresgruppe um Erlaubnis zur Zurücknahme des XX. Korps. Feldmarschall v. Kluge wollte zunächst noch den Erfolg des Angriffs der 267. Infanteriedivision abwarten. Diese wurde aber ihrerseits von der 201. und 338. sowjetischen Division angegriffen und konnte nur mit Mühe ihren Divisionsgefechtsstand Blagowjeschtschenskoje behaupten. Wie es um das Infanterieregiment 467 stand, ist aus der knappen Tagebucheintragung von Oberleutnant Wolters am 7. Januar ersichtlich: »Div. besteht auf Vorstoß nach Osten. – Panzerstoß (1 Pz III, 1 Pz IV, 1 Pz 38) nach Wyschgorod . . . Rgt nur noch Schlacke, gedrückte Stimmung. – Spannung Front – Generalstab.«

Mit ausdrücklicher Genehmigung des Feldmarschalls v. Kluge, der in langen Telefongesprächen bemüht war, Hitler den Ernst der Lage darzulegen[54], hatte Hoepner schon am 6. Januar mehrmals vergeblich versucht, telefonisch den Chef des Generalstabs zu sprechen. Am 8. Januar, 09.00 Uhr, meldete General Materna an Hoepner, daß die Lage beim XX. Korps zur Krise eskaliere, er die Verantwortung, seine Truppe in ihrer jetzigen Lage zu lassen, nicht mehr tragen könne, die Versorgung durch das Vorgehen des Feindes auf Wjereja unterbrochen werde und er dringend um Befehl bitte, die Front zurückzunehmen, um mit den dadurch eingesparten Kräften die rückwärtigen Verbindungen freizukämpfen. Schon auf seiner Frontfahrt zum XX. Korps, am 6. Januar, hatte Hoepner in der Besprechung mit General der Infanterie Friedrich Materna, einem Österreicher, der im Polen- und Westfeldzug sich bewährt, mit dem Ritterkreuz ausgezeichnet und ebenso wie sein bayerisches Korps im Winterkrieg erprobt war, die Überzeugung gewonnen, daß der Kommandierende General die Lage richtig beurteilte und ein baldiger Entschluß getroffen werden mußte. Nach Rückkehr aus Wjereja sagte Hoepner zu Chales de Beaulieu: *»Wissen Sie, es ist etwas furchtbar Belastendes, einen Kd. General vor sich weinen zu sehen, aus Verzweiflung über den Unsinn, der gemacht wird. Natürlich muß sein Korps aus dieser Lage gerettet werden. Das habe ich ihm versichert. Dem* Kerl *zuliebe wird hier auf dem Verantwortungsgefühl eines zuverlässigen und tüchtigen Soldaten herumgetrampelt, daß es nicht mehr schön ist. Nee, so geht det nich.«*[55] Bei der Kompromißlosigkeit von Hoepners Charakter, der in grundsätzlichen Dingen keine Konzessionen zuließ, mußte der Konflikt zwischen dem totalen Gehorsamsanspruch des Diktators einerseits, Gewissen und Vernunft andererseits jetzt einer dramatischen Lösung zustreben. – Über die Lage am 8. Januar notierte Oberleutnant Wolters in seinem Tagebuch: »Nächtlicher russischer Einbruch mit schweren Panzern in Wyschgorod. Gegenstoß gescheitert . . . Angriffsabsichten nach Osten aufgegeben. 220 Mann Verluste in 2½ Tagen. – Ob doch noch die rückwärtige Stellung kommt?« Das sagt genug!

Wie sehr auf den höheren Führungsebenen um die »rückwärtige Stellung« gerungen wurde, konnte der Adjutant des Infanterieregiments 467 damals nicht wissen. Gleich nach dem Anruf des Generals Materna meldete Hoepner die krisenhafte Zuspitzung der Lage des XX. Korps erneut an Feldmarschall v. Kluge und verwies auf seine Bitte vom Vortage, das Korps unverzüglich zurückzunehmen. Der Feldmarschall forderte daraufhin den Chef des Generalstabs des Heeres auf, bei Hitler einen »großen« Entschluß herbeizuführen. Da dieser Entschluß eventuell sehr schnell umgesetzt werden müsse, sollten alle Vorbereitungen für kurzfristige Ausführung der rückwärtigen Bewegung getroffen werden. Um 10.00 Uhr, 11.00 Uhr und noch einmal um 13.00 Uhr versuchte Hoepner seinerseits, Generaloberst Halder zu sprechen. Es war, wie auch schon am 6. Januar, vergeblich. Aus der historischen Distanz von fast 40 Jahren erscheint es direkt unglaubhaft: Der Chef des deutschen Generalstabs war über Tage hinweg nicht für einen Armeeführer zu sprechen, der, im Schwerpunkt des gesamten Kriegsgeschehens, gegenwärtig die stärkste Armee des Heeres befehligte. Sei es, daß Generaloberst Halder ebenfalls psychisch stark belastet war, sei es, daß er tatsächlich verhindert war – wofür sein Tagebuch allerdings keinen Anhalt bietet: Als Novum in der Geschichte des deutschen Generalstabs bleibt sein Verhalten kennzeichnend für jenen Grad an Dekomposition, den die militärische Führungsschicht unter Hitler erreicht hatte. So nahmen die Dinge im Oberkommando der 4. Panzerarmee ihren Lauf.

Von General Materna war in der Lagemeldung darauf hingewiesen worden, daß der Befehl für die Rücknahme um 13.00 Uhr vorliegen müsse, sollten die Bewegungen in der

Nacht geordnet ablaufen. Hoepners tagelange Bemühungen, von vorgesetzter Seite die Einwilligung für die der Lage angepaßte Räumung des »Balkons von Borowsk« zu erreichen, waren ergebnislos geblieben. Jetzt aber mußte etwas geschehen, und zwar sofort! Der Entschluß, dem Geschichtsdramatiker Grillparzer zufolge »das schwerste auf der Welt«, wurde ihm allein abverlangt, weil er allein sich über das formale Gehorsamsprinzip zu erheben vermochte. Um 13.30 Uhr fielen unwiderruflich die Würfel. Hoepners Begleitoffizier berichtet über jene spannungsgeladenen Stunden des 8. Januar im Schulhaus von Gshatsk: ». . . Die Stunden schlichen dahin, alles arbeitet und wartet und die Stunde der Entscheidung rückt heran . . . 13.30 Uhr! Die Verbindung zum Korps ist hergestellt. Die Lage hat sich weiter zugespitzt, alles deutet darauf hin, daß das Korps in den nächsten 24 Stunden eingeschlossen in einem Kessel sitzt. Hoepner gibt – nach stundenlangen quälenden Überlegungen – den Befehl, den Rückzug einzuleiten und in der Nacht zurückzugehen.«[56]

Dieser Entschluß ist von Hoepner zwar mit Unterstützung seines Chefs und des Stabes, letztlich aber doch »einsam« und alleinverantwortlich gefaßt worden. Die selbständig eingeleiteten rückwärtigen Bewegungen der 4. Panzerarmee wurden der Heeresgruppe Mitte in der Zwischenmeldung von 18.15 Uhr wie folgt gemeldet: »Bei XX. A. K. setzte Gegner seine Angriffe in die tiefe Flanke mit besonders starkem Druck beiderseits der Protwa nach Norden fort . . . Es ist bisher noch nicht gelungen, ausreichende Abwehrkräfte zur Herstellung der Verbindung zwischen 267. und 15. I. D. anzusetzen, da die Gesamtkräfte für die immer weiter ausgedehnte Front zu schwach sind . . . Zur Gewinnung von Kräften, um der starken Bedrohung der Südflanke des XX. A. K. zu begegnen, wird heute abend beginnend die Ostfront des XX. und VII. A. K. unter Belassung von starken Nachhuten in bisherigen Stellungen . . . zurückgenommen. Weitere Zurücknahme hinter die Protwa-Linie herübergehend nach Moshaisk in zwei Sprüngen muß folgen, um das Herauslösen von Kräften überhaupt erst wirksam werden zu lassen . . .«[57]

Auf dem Gefechtsstand der 4. Panzerarmee in Gshatsk hatte man nach der Zwischenmeldung, wie Hoepners Begleitoffizier weiter berichtet, »das Gefühl, irgendwo tickt ein Zeitzünder«. Gegen 19.00 Uhr ruft der Ia der Heeresgruppe Mitte, Oberstleutnant v. Tresckow, an. Er hält die Meldung über die Rücknahme der Korps für einen Übermittlungsfehler »und macht noch einen Scherz über das offensichtliche Mißverständnis, das da in die Abendmeldung eingeflossen ist. Er wird aufgeklärt.«[58] Minuten später ist der Feldmarschall an der Leitung: Hoepner bestätigt ihm die Richtigkeit der Meldung. Der Feldmarschall erhebt heftige Vorwürfe: Hoepner hätte doch den Führerbefehl genau gekannt und kein Recht gehabt, die Rückzugsbefehle an die Korps zu geben; auf jeden Fall hätte er die Heeresgruppe vorher verständigen müssen. Im Verlauf des impulsiv geführten Telefongesprächs erhebt v. Kluge dann auch den Vorwurf der Pflichtvergessenheit gegenüber dem Führer, worauf Hoepner seine berühmt gewordene Antwort gibt: **»Herr Generalfeldmarschall, ich habe Pflichten, die höher stehen als die Pflichten Ihnen gegenüber und die Pflichten gegenüber dem Führer. Das sind die Pflichten gegenüber der mir anvertrauten Truppe.«**

Nach diesem Gespräch meldete Feldmarschall v. Kluge die von Hoepner selbständig eingeleitete Zurücknahme des Südflügels der 4. Panzerarmee an Hitler. Er tat dies, nach dem Bericht v. Tresckows an Chales de Beaulieu, »in wenig geschickter Form«[59]. Hitler

– aufs äußerste entrüstet und gereizt – ordnete ohne Prüfung der Rechtslage Hoepners Enthebung vom Dienstposten, darüber hinaus seine Ausstoßung aus dem Heere mit allen rechtlichen Folgen an. Der Chef des Generalstabs machte einen Versuch, Hoepner zu verteidigen[60]. Aber der Chef des OKW, Feldmarschall Keitel, wie immer in solchen Situationen besonders bemüht, Hitler zu Willen zu sein, ließ die Anordnung sofort zu Papier bringen und legte sie zur Unterschrift vor[61].

Während all dies sich auf der obersten Führungsebene abspielte, waren die rückwärtigen Bewegungen des XX. und VII. Korps angelaufen und nahmen den geplanten Verlauf. Beim Stab der 4. Panzerarmee war man weiter in Spannung, denn die Ankündigung des Oberbefehlshabers der Heeresgruppe, Feldmarschall v. Kluge, es müsse mit allem gerechnet werden, verhieß wenig Gutes. Die letzte Stunde des dramatischen 8. Januar 1942 war angebrochen. »Dann war die Heeresgruppe, Feldmarschall v. Kluge, wieder am Apparat: ›Hoepner, ich habe mit dem Führerhauptquartier gesprochen. Sie haben eindeutig gegen den Führerbefehl gehandelt und damit die Vertrauensbasis entzogen! Die Konsequenzen müssen Sie tragen: Sie werden mit sofortiger Wirkung Ihres Postens enthoben, General Ruoff übernimmt das PzAOK 4 . . . Wenn Sie morgen hier vorbeifahren, melden Sie sich noch einmal bei mir, ich habe Ihnen noch etwas persönlich zu sagen.‹«[62]

Der für Erich Hoepner entscheidende 8. Januar 1942 ist für den an der Historie orientierten Betrachter nicht ohne bitterste Ironie: Hier der Frontbefehlshaber, dem der Feind seit dem 5. Dezember 1941 das Gesetz des Handelns aufzwingt – dort die von den Ereignissen meilenweit abgesetzte Heeresgruppen- und Oberste Führung, wo man, wie Hitler es formuliert hat, »aus der Entfernung die Dinge schärfer sieht«. Hier spätnachmittags die längst fällige Ermächtigung Hitlers für die Heeresgruppe Mitte, »sich schrittweise abzusetzen« – das seit Tagen erstrebte Ziel aller militärischen Autoritäten war damit erreicht. Dort die aus diesem Grunde völlig unnötige Meldung des Feldmarschalls v. Kluge, daß Generaloberst Hoepner selbständig Befehl zum Zurückgehen gegeben habe, ohne der H. Gr. die Absicht zu melden.

Berücksichtigt man dabei die seinen Führungsstil prägenden charakterlichen Eigenschaften Hitlers, sein abgrundtiefes Mißtrauen, bei Fehlen jedweder selbstkritischen Einsicht, seinen unbezähmbaren Hang zum Detail, einer Kleinlichkeit, die ihn selbst Regimenter zum Schaden des Grundsätzlichen führen ließ, sein Bestreben, jeden Mißerfolg ausschließlich Dritten anzulasten, vor allem aber die Unlogik und stets durchbrechende Irrationalität, Wesenseigenschaften, wie sie Albert Speer aus profunder Kenntnis Adolf Hitlers schildert[63], dann konnte in der Tat der Ausgang dieser Konfrontation mit dem Verantwortungsbewußtsein eines Oberbefehlshabers vom Schlage Erich Hoepners nicht zweifelhaft sein. Die gewählte brüske und persönlich entwürdigende äußere Form entsprach den Gepflogenheiten des Mannes an der Spitze.

Am Vormittag des 9. Januar, 11.00 Uhr, verabschiedete sich Hoepner mit knappen Worten, die sich allen tief einprägten, von den Offizieren und Beamten seines Armeestabes: *»Ich bin meines Postens als Oberbefehlshaber der 4. Panzerarmee enthoben worden, weil ich einen Führerbefehl nicht befolgt habe. Seit meiner Jugend der Armee verbunden und dadurch dem deutschen Soldaten verpflichtet, fühle ich mich bei meinen Entschlüssen stets einem* Höheren *verantwortlich. Jederzeit würde ich wieder so handeln, wie ich gehandelt habe. Ich weiß, daß dies das Ende meiner militärischen Laufbahn bedeutet, aber ich gehe*

in dem Bewußtsein meiner Armee und meinem Volke gegenüber erfüllter Pflicht. Möge das jeder von Ihnen am Ende seiner Laufbahn auch sagen können.«
Anschließend gab der Generalstabsarzt jenen Gedanken Ausdruck, die den ganzen Stab beim Abschied vom Oberbefehlshaber bewegten. Alle hofften, daß einmal der Tag kommen möge, an dem Generaloberst Hoepner den Dank des Vaterlandes ernten könne. Oberleutnant Prinz Ernst August, Herzog von Braunschweig und Lüneburg, äußerte noch einen ganz anderen Gedanken: »Notfalls werden wir Herrn Generaloberst heraushauen!«[64] Alle waren überrascht und verstanden erst später, was damit gemeint sein konnte.
Bei der Heeresgruppe Mitte wurde Hoepner wenige Stunden später der folgende Führerbefehl eröffnet:
»1. Der Generaloberst Hoepner hat meine Autorität als Oberbefehlshaber der Wehrmacht und als Staatsoberhaupt des Großdeutschen Reiches gefährdet.
2. Der Generaloberst Hoepner wird aus der Wehrmacht ausgestoßen mit allen sich daraus ergebenden Konsequenzen.«
Über die anschließende Aussprache unter vier Augen zwischen Hoepner und Feldmarschall v. Kluge ist nichts überliefert. Eine Genugtuung indes wurde Hoepner am Tage seiner Entlassung noch zuteil: XX. und VII. Korps meldeten den planmäßigen Verlauf der rückwärtigen Bewegungen. Und von General v. Vietinghoff, dem Kommandierenden General des XLVI. Panzerkorps, war ein vom 8. Januar 1942 datiertes Schreiben an die 4. Panzerarmee unterwegs, welches Hoepner zwar nicht mehr zu sehen bekam, das aber für seinen großen Entschluß eine Rechtfertigung von kompetenter Seite darstellt: »Ein rechtzeitiger freiwilliger Rückzug ohne Feinddruck in einer günstigen Witterungsperiode«, schrieb v. Vietinghoff, »spart Menschen, Kräfte und Material. Für das Korps trifft der Führerbefehl vom 2. 1. 1942 nicht zu, da durch die vorausschauenden Maßnahmen der Armee eine rückwärtige Stellung vorhanden ist . . . Nur ein striktes Festhalten am Gesamtplan der Panzerarmee und Beziehen der Gshatsk-Stellung verspricht nach meiner Ansicht Erfolg.«[65]
Am Tage nach Hoepners Entlassung führte der General der Schnellen Truppen im OKH, Generalmajor Balck, ein Gespräch mit dem Oberstleutnant i. G. Claus Schenk Graf Stauffenberg. »Ich habe es erwartet«, sagte Stauffenberg dabei zu Balck, »er (Hoepner) ist zu eigenwillig«[66].
So war der 8. Januar 1942 zur Peripetie eines Soldatenschicksals geworden, die sich schon im Brief des Dragonerleutnants vom 24. Mai 1906 angekündigt hatte: *». . . ich bin leider zu selbständig«*, schrieb Hoepner damals, *»und handle nach Befragen meines eigenen Gewissens.«*
Später hat die Nachkriegsliteratur Hoepners Handeln gegen den Befehl vom 8. Januar 1942 zur Rettung seiner Truppe immer wieder erörtert. Der damalige Ia der benachbarten 3. Panzerarmee schrieb in seinem aus dem unmittelbaren Erleben schöpfenden Buch: »Ein zweiter der anerkanntesten Panzerführer der Wehrmacht wurde der Truppe genommen und für sein richtiges taktisches Handeln mit Verlust aller Rechte seines Ranges bestraft . . . Aber XX. und VII. AK waren gerettet und die aussichtslose Lage in der Frontlücke entscheidend gebessert.«[67]
Der Chef der Operationsabteilung im Generalstab des Heeres schließlich urteilte rück-

blickend darüber wie folgt: »Hoepner faßte diesen Entschluß zum Wohle seiner Truppe in voller Kenntnis vom Bilde der Person Hitlers . . . Es war ein mannhafter Entschluß, wie es wenige in der Kriegsgeschichte aller Zeiten gibt. Ich kann ihn aus heutiger Sicht nur billigen.«[68]

---

1 Vgl. Generaloberst Halder: »Kriegstagebuch« A.a.O. Bd. III. S. 231.
2 Ibid. S. 236.
3 Vgl. Walter Chales de Beaulieu: »Generaloberst Erich Hoepner«. A.a.O. S. 191.
4 Franz Halder: »Hitler als Feldherr«. A.a.O. S. 25.
5 Vgl. Carl v. Clausewitz: »Vom Kriege«. Bonn ([18]1972). S. 1070.
6 Ibid.
7 Ibid.
8 Vgl. Carl Wagener: »Moskau 1941. Der Angriff auf die russische Hauptstadt«. (1965). S. 72 f.
9 Vgl. Generaloberst Halder: »Kriegstagebuch«. Bd. III. A.a.O. S. 226.
10 Ibid. S. 267.
11 Ibid. S. 270.
12 Vgl. Georgi K. Schukow: »Erinnerungen und Gedanken«. Stuttgart (1969). S. 323.
13 General a. D. Adolf Heusinger im Gespräch mit dem Verfasser am 27. November 1976. – Siehe hierüber auch: Edgar Röhricht: »Probleme der Kesselschlacht«. Karlsruhe (1958).
14 Vgl. Carl Wagener: »Moskau 1941«. A.a.O. S. 81.
15 Vgl. GFM Fedor v. Bock: Unveröffentlichtes Tagebuch (Maschinenschrift). S. 64. Durchschrift dem Verfasser zur Verfügung gestellt durch Generalmajor d. Bw a. D. Heinz Guderian.
16 Vgl. Carl Wagener: »Moskau 1941«. A.a.O. S. 82.
17 GFM v. Bock: Unveröffentlichtes Tagebuch. S. 68.
18 Vgl. hierüber aber auch: Christian Streit: »Keine Kameraden. Die Wehrmacht und die sowjetischen Kriegsgefangenen 1941–1945«. DVA (1978). Überdies: Ortwin Buchbender: »Das tönende Erz. Deutsche Propaganda gegen die Rote Armee im Zweiten Weltkrieg«. Stuttgart (1978).
19 Vgl. Georgi K. Schukow: »Erinnerungen und Gedanken«. Stuttgart (1969). S. 336.
20 Generalmajor a. D. R. Chr. Frhr. von Gersdorff im Brief an den Verfasser vom 23. November 1977.
21 Die Grande armée hatte am 18. Oktober 1812 aus Moskau den Rückmarsch angetreten.
22 Vgl. Franz Halder: »Kriegstagebuch«. A.a.O. Bd. III. S. 288.
23 General a. D. Kurt Brennecke im Gespräch mit dem Verfasser am 16. Juni 1978 in Bonn-Venusberg. General Brennecke hat als Chef des Stabes der Heeresgruppe Nord in Orscha keine Entscheidung getroffen, weil er »dazu erst den Oberbefehlshaber hören wollte«.
24 Die Panzergruppen 3 und 4 wurden erst am 1. Januar 1942 offiziell in Panzerarmeen umbenannt.
25 Vgl. Klaus Reinhardt: »Die Wende vor Moskau«. Stuttgart (1972). S. 139 f.
26 Vgl. Hermann Hoth: »Panzer-Operationen«. A.a.O. S. 137.
27 Vgl. Carl Wagener: »Moskau 1941 . . .«. A.a.O. S. 113.
28 Vgl. Walter Chales de Beaulieu: »Generaloberst Hoepner . . .«. A.a.O. S. 210.
29 General a. D. Adolf Heusinger im Gespräch mit dem Verfasser am 21. Januar 1978 in Köln-Marienburg.
30 Diese Ansicht wird bereits vertreten von Kurt v. Tippelskirch: »Geschichte des Zweiten Weltkrieges«. A.a.O. S. 208.
31 GFM Fedor v. Bock: Unveröffentlichtes Tagebuch. A.a.O. S. 80.
32 SS-Obergruppenführer und General der Waffen-SS Wilhelm Bittrich im Gespräch mit dem Verfasser am 25. Juni 1978 in Münsing/Obb.
33 S. KTB H Gr Mitte vom 21. November 1941.
34 Vgl. Chales de Beaulieu: »Generaloberst Hoepner«. A.a.O. S. 212.
35 Eine eindrückliche Darstellung gibt Klaus Reinhardt: »Die Wende vor Moskau«. A.a.O. S. 158 f.
36 Über mögliche Gründe für das Verhalten des Generalfeldmarschalls v. Kluge: Carl Wagener: »Moskau 1941 . . .«. A.a.O. S. 129.
37 Ibid. S. 133.
38 GFM v. Bock: »Unveröffentlichtes Tagebuch«. A.a.O. S. 95.
39 Ibid. S. 96.
40 Generalmajor a. D. Carl Wagener im Brief an den Verfasser vom 24. Mai 1978.
41 Ibid. Siehe hierzu auch: Hans Reinhardt: »Panzer-Gruppe 3 in der Schlacht von Moskau und ihre Erfahrungen im Rückzug«. Wehrkunde (1953), Heft 9. S. 4 ff.

42 Vgl. Klaus Reinhardt: »Die Wende vor Moskau«. A.a.O. S. 206 f.
43 Vgl. Hermann Geyer: »Das IX. Armeekorps im Ostfeldzug 1941«. Neckargemünd (1969). Vorwort des Herausgebers, Generalleutnant a. D. Meyer-Detring, S. 11 f. Siehe auch: Militärgeschichtliches Forschungsamt: Nachlaß Geyer.
44 Vgl. Chales de Beaulieu: »Generaloberst Erich Hoepner . . .«. A.a.O. S. 218.
45 KTB HGr Mitte vom 14. Dezember 1941.
46 Vgl. Alfred Philippi und Ferdinand Heim: »Der Feldzug gegen Sowjetrußland . . .«. A.a.O. S. 101.
47 Diese Aufzeichnungen sind bis jetzt nicht gefunden worden.
48 Es handelte sich vermutlich um den zweiten Auswahlband der »Denkwürdigkeiten« des Grafen Caulaincourt, welcher 1938 in Deutschland unter dem Titel »Mit Napoleon in Rußland« erschienen ist.
49 Oberst a. D. Otto Wolters in einer Mitteilung an den Verfasser vom 30. März 1978.
50 Generaloberst Heinz Guderian war am 26. Dezember 1941 durch Hitler seines Oberbefehls über die 2. Panzerarmee enthoben worden. Eine eingehende Schilderung der vorausgegangenen Auseinandersetzung am 20. Dezember 1941 findet sich in Guderians Buch: »Erinnerungen eines Soldaten«. A.a.O. S. 240–243.
51 Die Panzergruppe 4 war mit Wirkung vom 1. Januar 1942 offiziell 4. Panzerarmee geworden.
52 Der sowjetische Historiker Eugen Tarlé vertritt die Ansicht, daß der Hunger mehr als die Kälte den Untergang der Grande Armée herbeigeführt hat.
53 Vermutlich Schreibfehler. Wie aus seinem genauen »Bericht . . .« vom 13. Januar 1942 (Anlage . . .) hervorgeht, wurde das XX. Korps ihm erst am Abend des 2. Januar 1942 unterstellt.
54 Siehe KTB Heeresgruppe Mitte, 19. bis 31. Dezember 1941.
55 Chales de Beaulieu: »Generaloberst Erich Hoepner . . .«. A.a.O. S. 250.
56 Nach Aufzeichnungen von Oberleutnant Ernst Rudolf Voigts.
57 Militärarchiv Freiburg: PzAOK 4: »Abwehrschlacht vor Moskau; Meldungen nach Oben: 22457/38.
58 Nach Aufzeichnungen von Oberleutnant Ernst Rudolf Voigts.
59 Vgl. Chales de Beaulieu: »Generaloberst Hoepner . . .«. A.a.O. S. 248.
60 Siehe auch: Heusinger: »Befehl im Widerstreit«. A.a.O. S. 162 f.; sowie Warlimont. A.a.O. S. 235, Anm. 31.
61 Die Erinnerungen des Adjutanten der Luftwaffe im FHQ, Nicolaus v. Below, decken sich im wesentlichen mit der Schilderung v. Tresckows. (Briefliche Mitteilung an den Verfasser vom 24. November 1978.)
62 Nach den Aufzeichnungen von Oberleutnant Ernst Rudolf Voigts.
63 Vgl. Albert Speer: »Speer über Hitler«. Welt am Sonntag, Nr. 44 ff. vom 29. Oktober und 5. November 1978.
64 Siehe Anm. 59.
65 Bundesarchiv-Militärarchiv Freiburg: PzAOK 4, 22457/42.
66 General der Panzertruppen a. D. Hermann Balck im Gespräch mit dem Verfasser am 18. Dezember 1979 in Asperg/Württbg.
67 Vgl. Carl Wagener: »Moskau 1941«. A.a.O. S. 177.
68 General a. D. Adolf Heusinger im Brief an den Verfasser vom 7. Juni 1976.

V. Der letzte Einsatz (1942–1944)

»Denn, ihr Deutschen, auch ihr seid
Tatenarm und gedankenvoll.
Oder kömmt, wie der Strahl aus dem Gewölke kömmt,
Aus dem Gedanken die Tat?«

(Friedrich Hölderlin: »An die Deutschen«)

1. Die Sorge um Deutschland

Mit seiner willkürlichen Erledigung des »Falles Hoepner« hatte Hitler als Oberster Befehlshaber der Wehrmacht und als Oberbefehlshaber des Heeres schwer gegen das geltende Recht verstoßen. »Auf jeden Fall gab es nur zwei Mittel, die die damalige Rechtsordnung vorsah, um einen General zu entlassen. Es mußte das Reichskriegsgericht ein rechtskräftiges Urteil gefällt haben. Wollte man diesen Weg nicht gehen, so konnte derselbe Effekt durch den Spruch eines Ehrengerichts erreicht werden. Beide Wege hat Hitler vermieden und bediente sich eines Verfahrens, das im Gesetz nicht vorgesehen war. Er stieß den Generaloberst Hoepner aus der Wehrmacht aus . . . Wäre Hitler den Weg des Gesetzes gegangen, so war der Ausgang des Verfahrens ungewiß. Weder das Reichskriegsgericht noch ein Ehrengericht hätten es sich nehmen lassen, ein Urteil zu fällen, das der eigenen Überzeugung entsprach.«[1]

Daß allerdings die Feldmarschälle diesen neuerlichen Verstoß ihres Obersten Kriegsherrn gegen das Recht widerspruchslos hinnahmen, wirft ein Licht auf die eingetretene »Dekomposition« der deutschen militärischen Führungsschicht, wie Beck sich ausdrückte[2].
Die Folgen der Ausstoßung aus der Wehrmacht wurden indes bald gemildert, wobei sowohl Feldmarschall v. Kluge als auch General Bodwin Keitel, der Chef des Heerespersonalamtes, und insbesondere dessen Stellvertreter, Generalmajor Schmundt, sich sehr für Hoepner einsetzten. Ihren gemeinsamen Bemühungen war es u. a. zu verdanken, daß Hoepner mit seiner Familie die Dienstwohnung des Kommandierenden Generals XVI. Armeekorps am Hohenzollerndamm 100 weiter bewohnen konnte und nach drei Monaten auch die ihm zustehende Versorgung erhielt. Dem Adjutanten Hoepners, Oberst v. d. Schulenburg, berichtete Generalmajor Schmundt, er sei am Abend des 8. Januar 1942 leider nicht im Führerhauptquartier gewesen, sonst wäre das nicht passiert. Nach Rückkehr habe er zum Führer gesagt: »Was haben Sie da gemacht! Sie haben einen unserer fähigsten, wenn nicht *den* fähigsten Armeeführer entfernt!« Worauf er von Hitler die Antwort erhalten habe: »Ich mußte ein Exempel statuieren!« Im übrigen, so sagte Generalmajor Schmundt noch, »habe der Führer jetzt geweint und sei wieder ganz ruhig«.[3]

Am 11. oder 12. Januar 1942 war Hoepner zu seiner Familie nach Berlin-Dahlem heim-

gekehrt. In seinem Rechtsgefühl schwer getroffen, verfaßte er schon am 13. Januar einen genauen »Bericht über die Entwicklung der Lage zum 8. Januar 1942«. Wie er handschriftlich unter der Überschrift vermerkte, schickte er ihn »auf Wunsch General d. Inf. Keitel an diesen und Gen. Maj. Schmundt«. Gleichzeitig wollte er sich mit dem Bericht auf die angestrebte Kriegsgerichtsverhandlung vorbereiten. Seinem Innern machte er gegenüber Frau und Tochter mit den Worten Luft: *»Immerhin habe ich 200 000 deutschen Soldaten Freiheit und Leben gerettet.«* Vor allem in den ersten Wochen nach der Entlassung besuchte Hoepner dann häufig verwundete Soldaten seines Bekanntenkreises, die in Berliner Lazaretten lagen.
Eines Abends erhielt er seinerseits Besuch von dem in der Nähe am Roseneck wohnenden Generaloberst Heinz Guderian. Die beiden Panzerführer, denen Hitler seine größten militärischen Siege verdankte und die er trotzdem entlassen hatte, zogen sich in Hoepners Arbeitszimmer zu einem langen Gespräch unter vier Augen zurück. Niemand hat erfahren, was damals besprochen worden ist. Bald bekam Hoepner auch von der Front zahlreiche Besuche. Vor allem ihm früher unterstellte jüngere Offiziere fuhren auf ihren Heimaturlauben gerne über Berlin, um sich mit ihrem alten Oberbefehlshaber auszusprechen. Einer von ihnen berichtete über einen Besuch bei Hoepner im Februar 1942: »Hoepner bezeichnete damals den General Schukow als außerordentlich tüchtigen Heerführer. Heute wissen wir, wie recht Hoepner damals hatte.« – Diese Erkenntnis und Offenheit ist – weil an sich selbstverständlich – um so bemerkenswerter, als das NS-Regime sich damals in Verächtlichmachung der alliierten Führerpersönlichkeiten geradezu überschlug.
Im März 1942 trat Hoepner eine Kur in Bad Nauheim an, die schon im Winter vorgesehen, aber im Drang der Ereignisse immer wieder verschoben worden war. Dort hatte er bald den Eindruck, daß er überwacht werde. Ein Brief, der ihn von der Ostfront erreichte, muß aber eine große Freude für ihn gewesen sein. Der inzwischen zum Generaloberst beförderte und mit dem Eichenlaub ausgezeichnete Oberbefehlshaber der 3. Panzerarmee, Georg Hans Reinhardt, schrieb am 18. März an Hoepner wie folgt:
»Sehr geehrter Herr Generaloberst! Nachdem ich in letzter Zeit zweimal, durch das Eichenlaub und durch meine vorgestrige Beförderung ausgezeichnet worden bin, ist es mir von Herzen kommendes Bedürfnis, Ihrer, sehr verehrter Herr Generaloberst, in Dankbarkeit zu gedenken. Ich glaube, meiner Annahme sicher zu sein, daß die ersten Anlässe für meine Auszeichnung mit dem Eichenlaub zurückgehen auf die Zeit, da ich mit meinem Korps teilnehmen durfte an dem Siegeszuge Ihrer Panzergruppe bis vor die Tore von Leningrad. Auch in den so sehr schweren Dezembertagen kämpften und litten wir unter dem Befehl von Herrn Generaloberst. Immer haben wir uns in der Panzergruppe Hoepner geborgen gefühlt, immer haben wir die feste und sichere und fürsorgliche Führung dankbar empfunden, der wir vertrauensvoll folgen konnten, und die uns zu so großen Erfolgen verholfen hat. Ich persönlich vergesse nicht, daß ich immer bei Herrn Generaloberst Verständnis und offenes Ohr für alle Sorgen und Fragen und Vorschläge gefunden habe, die ich auf dem Herzen hatte. Deshalb ist es selbstverständlich, daß ich in den vergangenen Wochen sehr viel mit meinen Gedanken und Wünschen bei Herrn Generaloberst war. Es drängt mich, dies heute zum Ausdruck zu bringen. Mit herzlichster Freude begrüße ich es, daß Schritte im Gange sind, die ausgleichen sollen, was wir nicht

verstehen konnten. Denn wie ernst Herr Generaloberst die Pflicht nahmen, weiß ich vielleicht besser als mancher andere. Ich hoffe und wünsche Herrn Generaloberst, daß die Kur in Nauheim die sicher angegriffene Gesundheit wieder völlig in Ordnung bringen möge und bin mit vielen Grüßen Herrn Generaloberst dankbar ergebener Reinhardt.«

Die im Brief des Oberbefehlshabers der 3. Panzerarmee erwähnten »Schritte« zur Rehabilitierung Hoepners führten nicht zu dem von Reinhardt gewünschten Erfolg. Am 22. Juni 1942 wurde Hoepner vom Heeres-Personalamt mitgeteilt, daß er zum Monatsende aus dem Heere ausscheide. Auch zu dem angestrebten Verfahren vor dem Reichskriegsgericht kam es nicht. Es wäre aber grundfalsch, in Hoepners Verbitterung über die ungerechte Behandlung das *Motiv* für seine weitere Beteiligung an den Staatsstreichplänen suchen zu wollen; dieses persönlich erlittene Unrecht hatte sein altes Urteil über Hitler nur neu bestätigt. Vermutlich schon im Frühjahr 1942 hat Hoepner seine alte Verbindung zur Opposition gegen Hitler wieder intensiviert. Dabei dürfte die »unausweichliche Auslieferung von Volk und Reich an das persönliche Geschick seines Führers«[4] die ausschlaggebende Rolle gespielt haben, wie sie im Reichstagsbeschluß vom 26. April 1942, den Hoepner in seiner fundamentalen Bedeutung klar erkannte, zum Ausdruck kam. Die Führung der Opposition war inzwischen endgültig an Beck übergegangen.

Je häufiger Beck und Goerdeler in ihrem Bemühen, die Feldmarschälle vornehmlich der Ostfront gegen Hitler zu aktivieren, sich enttäuscht sahen, um so wichtiger wurde für sie das dem Befehlshaber des Ersatzheeres unterstellte Allgemeine Heeresamt unter General der Infanterie Friedrich Olbricht. Hoepner und Olbricht kannten sich dienstlich schon seit der Mitte der zwanziger Jahre. Im Polenfeldzug hatte sich General Olbricht als Kommandeur der 24. Infanteriedivision durch die kühne, handstreichartige Inbesitznahme einer wichtigen Warthe-Brücke hervorgetan und war, gleichzeitig mit Hoepner, mit dem Ritterkreuz ausgezeichnet worden. Am 1. Mai 1940 wurde General Olbricht zum Amtschef des Allgemeinen Heeresamtes ernannt und nahm Wohnung in Berlin-Dahlem. Nach Hoepners Rückkehr von der Ostfront lernten sie sich auf dem Wege der Nachbarschaftshilfe noch näher kennen[5].

Auf General Olbrichts großer Lagekarte konnte Hoepner sich auch immer wieder über die Entwicklung an den Fronten orientieren. Es überraschte ihn nicht, vertiefte aber seine Sorge um Deutschland, daß die Niederwerfung Sowjetrußlands dem Ostheer auch beim zweiten Anlauf im Sommer und Herbst 1942 nicht gelingen wollte. Verärgert beobachtete er überdies, wie die zu rationalem Denken erzogene Heeresgeneralität ein immer gefügigeres Werkzeug der Unlogik und Irrationalität ihres Obersten Befehlshabers wurde. Die Entwicklung im Südabschnitt der Ostfront beunruhigte ihn besonders. Das Schicksal der tapferen 6. Armee, mit der zusammen er im Polen- und Frankreichfeldzug seine großen Erfolge errungen hatte und deren Oberbefehlshaber vor Kriegsausbruch sein Chef des Stabes gewesen war, bedrückte ihn über Wochen und Monate. Ein Satz eines Briefes, geschrieben am 22. Dezember 1942, einem Schicksalstag bei Stalingrad, gibt Einblick in die damalige innere Welt des Patrioten Hoepner: *»Die Not des Vaterlandes nagt an meinem Herzen.«*

Ab 1943, eventuell auch schon früher, besuchte Hoepner häufig auch die sogenannte »Berliner Mittwochsgesellschaft«. Um der Überwachung durch die Gestapo zu entge-

hen, traf man sich an stets wechselnden Orten der Stadt. Es kamen Träger großer Namen aus verschiedensten Lebensbereichen: aus Politik, Wehrmacht, Wirtschaft, Wissenschaft und Kunst. Sie trafen sich wie zufällig in U-Bahnhöfen, Parkanlagen, an Kirchen usw. und wurden doch zusammengeführt aus dem einen tiefen Beweggrund: der *Sorge um Deutschland.* Während eines solchen Treffens der »Mittwochsgesellschaft« wurde die Reichshauptstadt von einem Luftangriff schwer getroffen. Es wüteten ausgedehnte Brände, und die Asche Berlins wehte weithin in den märkischen Sand. Die Verkehrsmittel waren völlig lahmgelegt. Erst nach einem mehrstündigen Fußmarsch durch einige Stadtteile erreichte Hoepner frühmorgens sein Heim am Grunewald. Das Erlebnis dieser Nacht, in welcher in Minuten unterging, was Brandenburg-Preußen in Jahrhunderten errichtet hatte, beleuchtete auf grausige Art die Notwendigkeit, dem Amokläufer in der Staatsführung baldigst entgegenzutreten, wenn nicht *alles* der Vernichtung anheimfallen sollte. Entgegentreten konnten Hitler aber nur diejenigen Generäle, welche über Truppen oder andere Machtmittel verfügten. Wie enttäuscht damals der zivile Widerstand von dieser Generalität war, geht immer wieder aus dem Tagebuch des Diplomaten Ulrich v. Hassell hervor. Am 20. April 1943 – das Datum war bestimmt nicht zufällig – machte v. Hassell den folgenden Eintrag:
»Je länger der Krieg dauert, desto geringer wird meine Meinung von den Generälen. Sie haben wohl technisches Können und physischen Mut, aber zu wenig Zivilcourage, gar keinen Überblick oder Weltblick und keinerlei innere, auf wirklicher Kultur beruhende geistige Selbständigkeit und Widerstandskraft, daher sind sie einem Manne wie Hitler völlig unterlegen und ausgeliefert. Der Mehrzahl von ihnen sind außerdem die Karriere in niedrigem Sinne, die Dotationen und der Feldmarschallstab wichtiger als die großen, auf dem Spiel stehenden Gesichtspunkte und sittlichen Werte . . .«[6]
Dies ist ein hartes Urteil eines Reserveoffiziers des Ersten Weltkrieges über seine eigene Soldatengeneration. Allerdings konnte der Diplomat wohl auch nicht in vollem Umfange erkennen, welchen Belastungen ein am Feind stehender Truppenführer ausgesetzt war, von dem man verlangte, gleichzeitig gegen einen Feind in der Heimat vorzugehen, der zudem sein Oberster Kriegsherr war.
Außer der »Mittwochsgesellschaft« besuchte Hoepner 1942/43 auch die Veranstaltungen des Berliner Gardekavallerieklubs. Dort, im Kreise alter Kameraden, äußerte er sich in einer Offenheit gegen das Regime, die man heute zumindest riskant nennen muß, auch wenn eine damals noch intakte soldatische Kameradschaft eine Denunziation weitgehend ausschloß. Seine Eignung als Verschwörer gegen ein totalitäres, über einen gewaltigen Überwachungsapparat verfügendes Regime wurde dadurch herabgesetzt, daß Hoepner sein Herz manchmal zu sehr auf der Zunge trug[7]. Die Kunde von den Gesprächen im Gardekavallerieklub gelangte gelegentlich auch zum Stab der 4. Panzerarmee. Dort sorgte man sich begreiflicherweise, daß der verehrte »alte *OB*« auf diese Art sich in die Konfrontation mit dem Regime immer tiefer verstricken könnte. So sind in dieser Hinsicht die Erinnerungen seines ehemaligen Begleitoffiziers aufschlußreich:
»Als ich im Dezember 1942 in Berlin heiratete, machte ich mit meiner Frau einen kurzen Besuch bei Hoepner in der großen Villa am Grunewald. Wir tranken mit seiner Frau gemeinsam Tee in der großen Halle und sprachen über persönliche Dinge. Immer wieder versuchte ich eine Gelegenheit zu finden, in der ich im Gespräch kurz aber deutlich den

Satz einbauen könnte: ›Herr Generaloberst, wenn ein Attentat oder ähnliches geplant sein sollte: Bis auf einzelne Ausnahmen werden die Offiziere und Soldaten der Ostfront jeden Staatsstreich ablehnen, denn er bedeutet den Zusammenbruch der Front und liefert Mitteleuropa den Russen aus.‹

Ich habe den Satz nicht anbringen können, auch nicht beim Abschied. Heute glaube ich zu wissen, daß Hoepner wahrscheinlich in dem Sinne geantwortet hätte: ›Wir sind sicher, daß genau das passiert, wenn der Staatsstreich nicht stattfindet, Voigts!‹ – Ich habe meinen OB danach nicht mehr wiedergesehen. Er ging einem schrecklichen Schicksal entgegen.«[8]

Ob Hoepner selbst damals so etwas wie Vorahnungen dessen hatte, was auf ihn zukam, ob das über die 6. Armee verhängte Schicksal ihn dazu trieb oder ob – nachdem Briefe sich erübrigten – er doch weiterhin die Welt seiner Gedanken und Gefühle *schreibend* ordnen wollte: Im Winter 1942/43 machte er auf vierzehn Seiten »Aufzeichnungen aus dem vollen Herzen eines passionierten Soldaten«, die den Geist Moltkes atmen und sein militärisches Vermächtnis für den Sohn wie für kommende Soldaten-Generationen werden sollten. Jedes der vier kurzen Kapitel des Vermächtnisses ist für sich eine Abrechnung mit dem »größten Feldherrn aller Zeiten«. Insbesondere auf denjenigen Seiten, die Hoepner mit »Führer. Feldherr« überschrieben hat, geht er mit Hitler ins Gericht: *»Jeder Führer und insbesondere der Feldherr muß zunächst ein* Herr *sein, ein Mann, der geistig unabhängig ist, der frei ist von persönlicher Eitelkeit, der seinen Willen hat, ohne eigensinnig zu sein . . .«* – Der »Gröfaz« aber war kein Herr, am wenigsten über sich selbst, sondern ein von Haß und Machtwillen *Getriebener*. Auch die letzten Sätze dieses Kapitels bedürfen keines Hinweises, auf wen sie gezielt sind: *»Ein großer Mann sieht gern bedeutende Leute um sich. Er versteht auch, eine seiner entgegengesetzte Ansicht zu würdigen, ja auch einen Widerspruch zu hören. Der Kleine ist mißtrauisch und eifersüchtig.«*

Im Frühjahr und Frühsommer 1943 wurde in Hitlers Machtbereich inoffiziell und offiziell von einer »Festung Europa« gesprochen. Auch Hoepner beschäftigte sich mit diesem Thema und schrieb darüber nach militärischen Gesichtspunkten und in rein fachlicher Gedankenführung eine Studie »Die Festung Europa im Juni 1943«. Die Prägung des Wortes »Festung Europa«, so stellte er darin einleitend fest, »entspringt der Erkenntnis, daß wir in die Verteidigung gedrängt sind«. Nach Untersuchung von Stärken und Schwächen der Festung, wobei er die letzteren vor allem in der »Begrenzung der Zahl ihrer Kämpfer, der Rüstungsmöglichkeit und der Ernährung« sah, prüfte er die Frage, wo »Angriffe gegen die Festung Europa zu erwarten sind«. Er kam – Juni 1943 – zu dem Ergebnis, daß »die Niederwerfung Deutschlands das erste Ziel ist« und daß »der englisch-amerikanische Angriff sich fraglos gegen Italien richten« wird. Diese Lagebeurteilung erwies sich schon wenige Wochen später als richtig: Am 10. Juli 1943 – fünf Tage nach dem Beginn der »Zitadelle«, der Schlacht um Kursk, in der Hitler die Initiative im Osten wieder erringen wollte – erfolgte die Landung der Alliierten auf Sizilien. Insgesamt allerdings mag Hoepner die Gesamtlage damals noch zu optimistisch beurteilt haben; vor allem erscheint rückblickend die Hoffnung unrealistisch, daß »politische Gegensätze die feindliche Koalition sprengen« könnten, ein Wunschdenken, das 1943 allgemein war. Auch be-

züglich einer möglichen Beseitigung des Regimes durch die Wehrmacht war Hoepner damals zu optimistisch, wie man nachträglich feststellen muß. Einem württembergischen Verleger, den er aus dem Ersten Weltkrieg kannte, sagte er: *»Mit diesem braunen Pack werden wir, die Wehrmacht, doch noch fertig werden!«* Was den Gesprächspartner zu der Warnung veranlaßte: »Herr Hoepner, vergessen Sie nicht: Sie haben es mit Verbrechern zu tun, die um ihr Leben kämpfen!«[9]
Im Sommer 1943 wurde das Haus am Hohenzollerndamm 100 durch den Luftkrieg so sehr beschädigt, daß Hoepner sich im August entschloß, mit Frau und Tochter nach Bredereiche, auf die Besitzung seiner Schwester Margarete bei Fürstenberg in Mecklenburg, umzuziehen. Die Verbindung mit der militärischen Führungsgruppe des Widerstandes blieb aufrechterhalten. Hoepner fuhr zu regelmäßigen Besprechungen mit Olbricht, Beck und Goerdeler nach Berlin. Dort war im Sommer 1943 ein Mann in die Führungszentrale des Widerstandes eingetreten, der den stärksten Tatwillen mitbrachte und der die divergierenden, teilweise resignierenden Gruppen mit neuen Impulsen erfüllte: Oberstleutnant i. G. Graf Stauffenberg, Hoepners ehemaliger Ib in Wuppertal, war am 1. Juli 1943 Chef des Stabes des Allgemeinen Heeresamtes unter General Olbricht geworden. Zusammen mit v. Tresckow und v. Oertzen erarbeitete Graf Stauffenberg einen Alarmplan, der offiziell unter dem Stichwort »Walküre« die Abwehrmaßnahmen gegen alliierte Luftlandungen und innere Unruhen im Heimatkriegsgebiet regelte, insgeheim aber für die Verschwörer als Putschplan zur Entmachtung des Regimes dienen sollte. Nachteilig hierfür war allerdings von vornherein, daß Hitler sich die Auslösung von »Walküre« persönlich vorbehielt; nur wenn er verhindert war, durfte der Befehlshaber des Ersatzheeres, Generaloberst Friedrich Fromm, das Stichwort ausgeben. Der Mitwirkung gerade Fromms aber waren sich die Verschwörer durchaus nicht sicher. Im Urteil v. Hassells war Fromm vielmehr ein »Konjunkturist« und eine »Wetterfahne«[10].
Als Hoepner einmal von einer seiner Besprechungen mit Beck, Goerdeler, Olbricht und Stauffenberg, die meist im Hause von General Olbricht in Dahlem stattfanden, nach Bredereiche zurückkehrte, hörte die Tochter Ingrid ihn aus dem Nebenzimmer zur Mutter sagen: *»Fromm ist unsicher; aber wenn es gut läuft, macht er mit.«*[11] In dieser Zeit – Frühsommer 1944 – traf Hoepner in Dannenwalde auch mit dem Polizeipräsidenten von Berlin, Graf Helldorf, zusammen. Niemand hat erfahren, was damals zwischen beiden besprochen worden ist.
Was hat der kurze Ruhestand vom Januar 1942 bis Juli 1944 für Hoepners innere Entwicklung bedeutet? Sicher ist er nicht in *diesem* Lebensabschnitt zum entschiedenen Hitlergegner geworden; er war es, wie gezeigt, schon zehn Jahre zuvor. Aber die Verhältnisse in Deutschland, wie das Regime sie in zweieinhalb Kriegsjahren geschaffen hatte, wurde er jetzt besser gewahr, in der Reichshauptstadt wie in der Provinz. Unter der Pervertierung der Rechtsverhältnisse litt er persönlich schwer, nach der rechtswidrigen Ausstoßung aus der Wehrmacht auch noch an der Verweigerung des angestrebten kriegsgerichtlichen Verfahrens. Die Beschlüsse des Reichstages auf seiner letzten Sitzung am 26. April 1942 erkannte er als das, was sie waren, als die »Bestätigung der Diktatur und die . . . Ausschaltung der Eigenverantwortlichkeit der Eidgebundenen . . .« (Hermann). Die Goebbels-Propaganda wiederum, welche im »Völkischen Beobachter« vom 4. Februar 1943 den Untergang der 6. Armee mit der Schlagzeile verbrämte: »Sie starben, damit

Deutschland lebe«, vermochte Hoepner nicht darüber zu täuschen, daß die Katastrophe von Stalingrad in Wirklichkeit die schwerste Niederlage des deutschen Heeres seit Jena und Auerstädt war. Aber wie viele noch sterben würden, weil Hitler sich mit Deutschland identifizierte, konnte Hoepner auch im Juni 1944 noch nicht ahnen. Und mit welcher verbrecherischen Intensität Hitler noch »mörderische Allotria«[12] treiben werde, ist ihm wohl erst in seinen letzten Lebens- und Leidenstagen ganz bewußt geworden.

---

1 Bundesrichter a. D. Fabian v. Schlabrendorff im Brief an den Verfasser vom 8. März 1978.
2 Siehe hierüber auch: Ulrich v. Hassell: »Vom anderen Deutschland«. Zürich/Freiburg Brsg (1946). Tagebucheintragung vom 26. Februar 1942. S. 280.
3 Vgl. Chales de Beaulieu: »Generaloberst Erich Hoepner . . .«. A.a.O. S. 253.
4 Vgl. hierzu: C. H. Hermann: »Deutsche Militärgeschichte«. A.a.O. S. 439 ff.
5 Hoepners Dienstwohnung am Hohenzollerndamm wurde zunehmend vom Bombenkrieg in Mitleidenschaft gezogen.
6 Vgl. Ulrich v. Hassell: »Vom anderen Deutschland . . .«. A.a.O. S. 303.
7 Vgl. Chales de Beaulieu: »Generaloberst Erich Hoepner . . .«. A.a.O. S. 260.
8 Nach Aufzeichnungen von Major a. D. Ernst Rudolf Voigts.
9 Verleger Dr. Karl Herz, Bad Mergentheim, im Gespräch mit dem Verfasser am 20. Juli 1954.
10 Vgl. Ulrich v. Hassell: »Vom anderen Deutschland . . .«. A.a.O. S. 291 ff.
11 Nach einer Mitteilung von Frau Ingrid Potente-Hoepner vom 6. Mai 1978.
12 Vgl. Sebastian Haffner: »Anmerkungen zu Hitler«. München (1978). S. 180.

2. Der 20. Juli 1944

Am Montag, 10. Juli 1944, verstarb in Bredereiche in Mecklenburg Hoepners Mutter, Elisabeth Hoepner geborene Kienast, im 81. Lebensjahr. Ebenfalls am 10. Juli, mitten in den Vorbereitungen für die Beisetzung, erhielt Hoepner einen Telefonanruf von General Olbricht des Inhalts, er möge am 11. Juli nach Berlin kommen und seine Uniform mitbringen, es sei dann »etwas Neues mitzuteilen«. Hoepner fuhr daraufhin am 11. Juli nach Berlin. Aber das Attentat, welches Stauffenberg an diesem Tag auf dem Obersalzberg ausführen wollte, wurde verschoben, weil der Reichsführer SS Himmler, den man zusammen mit Hitler auszuschalten gedachte, nicht eingetroffen war. Am 12. Juli, abends, erhielt Hoepner erneut einen Anruf von General Olbricht, er möge am 15. Juli wieder kommen; Fromm und Stauffenberg seien dann im Führerhauptquartier. Auch den 15. Juli verbrachte Hoepner umsonst in der Bendlerstraße. Stauffenberg konnte das Attentat, dieses Mal im Führerhauptquartier Rastenburg, nicht ausführen, weil Hitler den Lageraum vorzeitig verließ.

Ein drittes Mal fuhr Hoepner am Vormittag des 19. Juli wieder mit der Bahn nach Berlin; er wollte mit seiner Frau Besorgungen machen, die mit dem Trauerfall zusammenhingen. Von der Villa seines Schwiegervaters Gebauer in Wannsee aus telefonierte er am Nachmittag mit General Olbricht. Dabei wurde er informiert, daß Stauffenberg am Vormittag des 20. Juli wieder ins Führerhauptquartier Rastenburg fliegen und Hoepners Anwesenheit in der Bendlerstraße am Nachmittag erforderlich werde. Frau Irma Hoepner fuhr daraufhin am Abend des 19. Juli allein nach Bredereiche zurück. Sie ahnte nicht, daß dieser Abschied von ihrem Mann ein Abschied für immer sein würde.

Der Wehrmachtsbericht vom 19. Juli 1944, den Hoepner abends im Hause seines Schwiegervaters Gebauer in Wannsee hören konnte, war auch für die Verschwörer nicht ermutigend. An der Invasionsfront war der Feind nach mehrstündigem Trommelfeuer und heftigen Luftangriffen ostwärts der Orne zum Großangriff angetreten. Im Raum um St. Lô wurde erbittert gekämpft, in St. Lô selbst tobten Straßenkämpfe. In Italien setzte der Feind seinen Großangriff von der Küste des Ligurischen Meeres bis in den Raum von Arezzo sowie im adriatischen Küstenabschnitt fort. Ostwärts Livorno hatten sich die deutschen Truppen auf das Nordufer des Arno abgesetzt. Auch die Hafenstadt Ancona war aufgegeben worden. An der Ostfront dauerte die große Abwehrschlacht auf der gesamten Front zwischen Galizien und dem Peipussee an. Im Südabschnitt stieß der Feind mit starken Kräften auf Lemberg vor. Auch westlich Kowel waren heftige Kämpfe im Gange, ebenso im Seengebiet südlich der Düna. In der Heimat war der Ostseeraum von einem starken US-Bomberverband angegriffen worden; insbesondere in Kiel waren schwere Schäden in Wohnvierteln und Personenverluste entstanden. Nächtliche Luftangriffe hatten sich wiederum auf den Raum von Köln, gegen das Ruhrgebiet und auf Berlin gerichtet[1].

Mit der rapiden Verschlechterung der Lage, vor allem an der Westfront, gingen die Faustpfänder verloren, die zur Erreichung eines glimpflichen Friedens für Deutschland noch vorhanden waren. Aber obgleich kaum noch zu hoffen war, daß die Alliierten auch nach Beseitigung Hitlers von der Forderung einer bedingungslosen Kapitulation abgehen würden: der Staatsstreich *mußte* gewagt werden, sollte der Geist der Zerstörung nicht

völlig den Sieg über den Geist der Bewahrung davontragen. Wie hatte Beck, der jetzt immer schwerer unter seiner passiven Haltung in der Fritsch-Krise litt, doch gesagt: »Uns aus uns selbst gereinigt zu haben, ist allbedeutend.«[2]
Um die Mittagszeit des 20. Juli 1944 begab sich Hoepner wieder in die Bendlerstraße. General Olbricht unterrichtete ihn über die Vorgänge des 15. Juli, insbesondere über die Schwierigkeiten, welche er wegen der »Walküre«-Auslösung für die Schulen des Heeres nachträglich gehabt hatte. Der Amtschef des Allgemeinen Heeresamtes war dazu nicht autorisiert gewesen. General Olbricht und sein Chef des Stabes, Oberst i. G. Mertz v. Quirnheim, konnten die Kompetenz-Überschreitung zwar noch einmal kaschieren, indem sie die »Walküre«-Auslösung als Probealarm für die Schulen deklarierten. Trotzdem wurde Olbricht von Generaloberst Fromm gerüffelt, der seinerseits deswegen von Generalfeldmarschall Keitel angenommen worden war.
Mit dem General der Nachrichtentruppen und Chef des Wehrmacht-Nachrichten-Verbindungs-Wesens, dem in die Verschwörung eingeweihten General Erich Fellgiebel[3], war vereinbart, daß dieser die Nachricht vom erfolgten Attentat aus Rastenburg sofort mit einem Stichwort an die Bendlerstraße durchgeben und dann die Nachrichtenverbindungen abschalten sollte. Bevor aber General Fellgiebel, welcher in der Nähe der Lagebaracke die Detonation der Bombe abgewartet hatte, die Nachrichtenzentrale erreichen konnte, war vom diensttuenden Offizier, Oberstleutnant Sander, auf Befehl eines Adjutanten von Hitler die Nachrichtensperre schon ausgelöst worden. Zuvor allerdings, gegen 13 Uhr, hatte Sander den Vertreter Fellgiebels in der Bendlerstraße, Generalleutnant Thiele, noch kurz informieren lassen, daß ein Attentat auf den »Führer« erfolgt, dieser aber nur leicht verletzt worden sei. Thiele, von dieser Nachricht schockiert, unterließ es, General Olbricht zu unterrichten. Der Amtschef des Allgemeinen Heeresamtes, auf dem die ganze Last einer Entscheidung bei Unsicherheit ruhte, mußte bei der gegebenen Sachlage, da das Stichwort ausgeblieben war, annehmen, daß die Durchführung des Anschlags aus irgendwelchen Gründen verzögert oder Stauffenberg erneut etwas Unvorhergesehenes dazwischengekommen war. Nach 13 Uhr begaben sich Olbricht und Hoepner zum Mittagessen, vermutlich in ein nahegelegenes Kasino, wo sie telefonisch jederzeit erreichbar waren.
Zu kritisieren, daß die beiden ranghöchsten Offiziere der Militäropposition – Beck war noch nicht in der Bendlerstraße – zu einem Zeitpunkt essen gingen, da es galt, das durch Attentat und zeitweilige Nachrichtensperre erzielte Schwächemoment des Regimes zu nutzen, ist abwegig. Was hätten Olbricht und Hoepner bei dem Informationsstand, den sie hatten, nach 13 Uhr anderes tun sollen als das Gewohnte, das zudem noch verschleiern konnte. Eine erneute unautorisierte Auslösung von »Walküre« aufs Geradewohl würde General Olbricht seinen Dienstposten, die Opposition ihres wichtigsten Stützpunktes zur Entmachtung des Regimes gekostet, überdies die Gefahr der Aufdeckung des ganzen Komplotts heraufbeschworen haben. – Für Freisler allerdings wurden die beiden Verschwörer bei Tisch, die sich auf den Tot Hitlers zugeprostet hätten, später ein willkommener Anlaß für wüste Beschimpfungen[4].
Über das Geschehen der nun folgenden neun Stunden ist Hoepner selbst der beste Chronist. Er hat später vor der Gestapo und dem Volksgerichtshof wahrheitsgetreu ausgesagt, ohne jemand zu gefährden, denn von den Mitverschworenen, mit denen er im Bendler-

block unmittelbar zu tun hatte, war schon am 21. Juli 1944 keiner mehr am Leben. Über seine Telefongespräche mit den Wehrkreisen allerdings, die den betreffenden Befehlshabern verhängnisvoll hätten werden können, hat er mit großer Zurückhaltung ausgesagt, worauf noch einzugehen sein wird.

Als Olbricht und Hoepner gegen 15 Uhr wieder in die Bendlerstraße kamen, lag über die Ereignisse im Führerhauptquartier noch immer keine Nachricht vor. Hoepner wollte jetzt die Lagekarte der Ostfront studieren, um unter anderem festzustellen, wo sich sein Sohn Joachim befand. Da kam gegen 15.15 Uhr Generalleutnant Thiele und teilte mit, es wäre ein Communiqué aus dem Führerhauptquartier zu erwarten; gleichzeitig schlug Thiele vor, das Radiogerät anzustellen. General Olbricht beauftragte Thiele, festzustellen, was für ein Communiqué zu erwarten sei. Nach einiger Zeit erschien Thiele wieder und meldete: »Ich habe mit dem Hauptquartier gesprochen und habe nichts Bestimmtes feststellen können, nur so viel, daß dort eine Explosion in dem Besprechungssaal erfolgte, wobei eine größere Anzahl von Offizieren schwer verwundet worden ist.«[5] Aus den Worten Thieles glaubte Hoepner herausgehört zu haben, daß Hitler schwer verwundet oder tot sei. Jetzt, um 15.50 Uhr, entnahm General Olbricht mit Oberst v. Mertz dem Panzerschrank die »Walküre«-Befehle. Etwa gleichzeitig meldete vom Flugplatz Rangsdorf der Adjutant Stauffenbergs, Oberleutnant v. Haeften, daß ihre Maschine dort gelandet und Hitler tot sei.

Nach diesem Anruf hat Hoepner General Olbricht vorgeschlagen, mit der Unterredung bei Fromm zu warten, »bis Stauffenberg da ist, damit man klar sieht«[6]. Olbricht erwiderte, das könnte zu lange, eine halbe bis dreiviertel Stunde dauern. Dies war zweifellos richtig, zumal nach dem Attentat – aus welchen Gründen auch immer – ohnehin schon drei wertvolle Stunden ungenutzt verstrichen waren. Während Hoepner in Olbrichts Dienstzimmer nichts tun konnte als warten, gingen General Olbricht und Oberst v. Mertz zu ihrem Vorgesetzten, Fromm, und versuchten, den Befehlshaber des Ersatzheeres zur Auslösung von »Walküre« zu veranlassen. Aber Generaloberst Fromm weigerte sich, die Befehle zu unterschreiben. Offenbar auf dem Rückweg von Fromm in sein Dienstzimmer begegnete Olbricht, gegen 16.30 Uhr, dem soeben eintreffenden Oberst Graf Stauffenberg. Dieser erstattete jetzt Olbricht und Hoepner Bericht darüber, was sich im Führerhauptquartier zugetragen hatte: »Ich habe alles von außen gesehen; ich habe außerhalb der Baracke zusammen mit General Fellgiebel gestanden; da ist eine Explosion in der Baracke erfolgt, und da habe ich nur noch gesehen, wie eine große Anzahl Sanitäter herüber gelaufen sind, Wagen hingebracht worden sind; diese Detonation war so, als ob eine 15-cm-Granate hineingeschlagen hätte: da kann kaum noch jemand am Leben sein.«[7]

Die Explosion war um 12.50 Uhr erfolgt, als gerade der Chef der Operationsabteilung des OKH, Generalleutnant Heusinger, der den erkrankten Chef des Generalstabs, Generaloberst Zeitzler, vertrat, die Lage Ost vortrug. Die Wirkung wurde jedoch nach links, wo Hitler stand, durch eine massive Platte, welche den Kartentisch stützte, stark herabgesetzt. Während die Wucht der Explosion sich nach rechts stärker entfaltete und die dort stehenden Besprechungsteilnehmer schwer, einige tödlich verwundete, wurde Hitler nur leicht verletzt. Diese enttäuschende Wirkung der Bombe – die »Lage« fand ja ausnahmsweise in einer Baracke statt – hatte Stauffenberg nicht mehr feststellen können, weil er sofort nach der Explosion versuchen mußte, sein Flugzeug zu erreichen. Es steht fest, daß der Attentäter nicht mehr aus den Sperrkreisen herausgekommen wäre, wenn er nur noch wenige Minuten gewartet hätte. In der Bendlerstraße aber war Stauffenberg als Chef des Stabes des BdE für die weitere Durchführung des Staatsstreiches unentbehrlich.

Olbricht informierte Stauffenberg, daß Fromm die Auslösung von »Walküre« wie die Beteiligung am Staatsstreich bislang abgelehnt habe und wegen der schon erlassenen Befehle den Oberst v. Mertz verhaften wolle. Beide gingen daraufhin gemeinsam zu Fromm. Auf die Meldung von Olbricht, daß Stauffenberg soeben den Tod Hitlers bestätigt und man angesichts dieser Lage das Stichwort »Walküre« für innere Unruhen ausgegeben habe, reagierte Fromm überaus erbost, berief sich auf Generalfeldmarschall Keitel, der ihm soeben versichert habe, daß der Führer lebe, nannte das Vorgehen der drei Ungehorsam, Revolution und Hochverrat und wollte nun auch General Olbricht und Oberst Graf Stauffenberg festnehmen. In dem anschließenden Handgemenge wurde aber der Generaloberst seinerseits von Stauffenbergs Ordonnanzoffizieren, den Oberleutnanten v. Haeften und v. Kleist, festgenommen. Stauffenberg gab Fromm fünf Minuten Zeit zur Entscheidung, ob er sich dem Staatsstreich anschließen wolle oder nicht. Als General Olbricht ihn nach fünf Minuten wieder aufsuchte, hatte der Befehlshaber des Ersatzheeres zwar keine Entscheidung, aber eine Ausflucht vor der Entscheidung gefunden: »Unter diesen Umständen betrachte ich mich als außer Kurs gesetzt«, sagte er[8]. – Nach dem Mißlingen des Attentats sowie dem Zeitverlust von drei Stunden zwischen der Explosion der Bombe und der Auslösung von »Walküre« war die Weigerung Fromms, sich am Staatsstreich zu beteiligen, der dritte schwerwiegende Faktor, der sich negativ für die Verschwörung auswirkte. Auch aus der Rückschau von fast fünfunddreißig Jahren wird es von den wenigen Überlebenden noch so empfunden: »Fromm's Festnahme am späten Nachmittag wirkte an sich wohl nicht ausgesprochen stabilisierend. Ferner waren zu diesem Zeitpunkt die ersten Gerüchte aufgetaucht, daß Hitler am Leben sei, was zu weiteren Irritationen führte.«[9] Aber ebensowenig wie die Wirkung der Bombe oder die zeitgerechte Übermittlung der Nachricht vom erfolgten Attentat war das Verhalten Fromms zuvor genau kalkulierbar; man sollte auch dies den Verschwörern nicht als »Planungsfehler« anrechnen.

General Olbricht war von dieser Auseinandersetzung mit Fromm noch nicht zurück, als in seinem Dienstzimmer, wo Hoepner sich aufhielt, Generaloberst a. D. Beck erschien. Während Beck auf Hoepner zuging und ihn begrüßte, kam auch General Olbricht wieder und sagte zu Hoepner: »Also die Sache ist jetzt da drüben in Ordnung; Sie müssen das jetzt für Fromm übernehmen.« Anschließend bestätigte Olbricht, daß Generalfeldmarschall v. Witzleben jetzt Oberbefehlshaber der Wehrmacht und Generaloberst Beck neuer Regierungschef sei. Daß Hoepner zur Übernahme des Amtes als Oberbefehlshaber im Heimatkriegsgebiet und Befehlshaber des Ersatzheeres erst eine schriftliche Beorderung oder einen Befehl von Witzleben haben wollte, hat ihm nachher nicht nur den Spott Freislers, sondern auch ironische Bemerkungen der Widerstandsliteratur, selbst derjenigen mit wissenschaftlichem Anspruch, eingebracht[10]. Dabei wird die große Rolle übersehen, welche die Vorstellung von einer wieder korrekten Geschäftsführung im Denken der Opposition gespielt hat. Unter dem Nationalsozialismus, dessen oberstes Bekenntnis die Gewalt war, war die Sachlichkeit in Anordnungen, die Wahrheit in Meldungen, die

Seriosität in der Argumentation, die Ehrlichkeit bei Forderungen »von oben« oder aus dem nachgeordneten Bereich vielerorts in erschreckendem Maß verlorengegangen. Der geborene Preuße Hoepner konnte und wollte das Amt nicht ohne *ordentliche* Beorderung antreten. – Mag darüber spotten, wer kann.

An der Tür zum Dienstzimmer des Befehlshabers des Ersatzheeres traf Hoepner auf Fromm, der, »außer Kurs gesetzt«, gerade dabei war, seine alte Wirkungsstätte zu verlassen. Hoepner, der Fromm schon seit langer Zeit kannte, machte eine bedauernde Bemerkung, daß man sich in dieser Situation wieder begegne, worauf Fromm antwortete: »Ja, Hoepner, es tut mir leid, aber ich kann nicht anders; meiner Ansicht nach ist der Führer nicht tot, und Sie irren.«[11]

Die nun folgenden Minuten dürfte Hoepner benutzt haben, um seine Uniform anzuziehen. Diese, in einem Koffer verpackt, wurde seit dem 11. Juli im Hause von General Olbricht aufbewahrt und war in dessen Dienstfahrzeug am Vormittag des 15. Juli in die Bendlerstraße gebracht worden. Durch einen Soldaten aus Hoepners ehemaligem Braunschweiger Infanteriebataillon ist auch bekannt, daß er sich in der Geheimregistratur des Bendlerblocks umgezogen hat: Diese wurde damals von Inspektor Benno Zass geleitet, einem einstigen Soldaten des I. Bataillons des Infanterieregiments 17, der Hoepner gut kannte[12].

Als eine seiner ersten Amtshandlungen muß Hoepner noch am frühen Abend die Ernennung des schwäbischen Theologen Dr. Eugen Gerstenmaier zum Militärbevollmächtigten für Kultus- und Kirchenangelegenheiten unterschrieben haben. Dr. Gerstenmaier war damals Leiter des Ökumenischen Referats im Kirchlichen Außenamt der Evangelischen Kirche; er stand in enger Verbindung mit Anhängern der Opposition im Auswärtigen Amt sowie auch mit dem Kreisauer Kreis um den Grafen Moltke. Nach 17 Uhr wurde er von Graf Yorck v. Wartenburg, seinem Wohnungsnachbarn in Berlin-Lichterfelde, telefonisch gebeten, in die Bendlerstraße zu kommen. Dr. Gerstenmaier erinnert sich: »Ich habe noch am frühen Abend des 20. Juli 1944 einen von Generaloberst Hoepner unterzeichneten Brief ausgehändigt erhalten, der meine Ernennung zum Militärbevollmächtigten für die Bereiche des Reichskirchenministeriums und – wenn ich mich recht erinnere – auch des Reichsministeriums für Wissenschaft, Erziehung und Volksbildung enthielt. Das Schreiben ist mir deshalb in genauer Erinnerung, weil ich mich an der nachdrücklichen Ermahnung gestoßen habe, von der Waffe nur im äußersten Notfall Gebrauch zu machen. Ich sagte dem Grafen Schulenburg damals: ›Wenn ich mich strikt an dieses Schreiben halte, darf ich erst schießen, wenn ich bereits tot bin.‹ Erst später fand ich einen Charakterzug Hoepners darin wieder. Er war in jeder Lage auf denkbar größte Schonung von Menschenleben bedacht.

Schließlich erinnere ich mich, daß auch der mir ausgehändigte Ausweis, der mich als zum Kreis der Verschwörer gehörig kennzeichnete, von Hoepner unterschrieben war. Es war eine orangefarbige Karte in Postkartengröße. Nach meiner Festnahme am späten Abend des 20. Juli versuchte ich, diesen Ausweis zu beseitigen . . .«[13]

Auch das behutsame Vorgehen der Verschwörer zur Entmachtung ihrer Gegner ist hinterher viel kritisiert worden. Konnte man so, möglichst ohne einen Schuß abzufeuern, ein Regime beseitigen, welches seit Jahren bedenkenlos Ströme von Blut vergoß? Dr. Gerstenmaier, der Theologe, hatte an diesem Tag »außer der Bibel auch eine Pistole in der Tasche. An einem solchen Tag, und wenn man schon eine Revolution gegen Leute wie die Nationalsozialisten und die SS machte, da müsse eben auch geschossen werden, meinte er, da könne Rücksicht nur den Erfolg und das Leben der Verschwörer unnötig aufs Spiel setzen. Aber die Verschwörer befanden sich im Dilemma; denn sie wollten ja eben aus Humanität und Rechtlichkeit das Regime beseitigen, welches jeden Rechtsweg mit Füßen trat. Ihre eigenen Grundsätze und Ziele hemmten nun ihr Handeln auf eben diese Ziele hin.«[14]

Die Kritik allzu rücksichtsvollen Vorgehens der Verschwörer gegen einen Feind, der kein Gewissen und keine Rücksichten auf Menschenleben kannte, mag zum Teil berechtigt sein. Bedacht werden sollte aber auch folgendes: Die Verschwörer bewegten sich in mehrfacher Hinsicht zwischen Scylla und Charybdis. Versuchten sie, die Zahl ihrer Helfer zu vermehren aus dem vorhandenen, aber schwer zu erkundenden Kreis von »Sympathisanten«, so wuchs die Gefahr der Denunziation und der Aufdeckung des Komplotts. Die Zahl der Eingeweihten war deshalb begrenzt geblieben. Da man aber – zunächst jedenfalls – nur eine kleine Minderheit war, kam Waffengebrauch nur im äußersten Notfall in Frage. Darüber hinaus wollten die Verschwörer alles, aber auch alles tun, um zu verhindern, daß aus dem Staatsstreich ein Bürgerkrieg würde; auch deswegen mußte Waffengebrauch im Interesse des *Ganzen* nach Möglichkeit vermieden werden.

Ebenfalls noch am frühen Abend begann Hoepner die Befehle zu lesen, die schon herausgegangen waren oder baldigst herausgegeben werden sollten. Unter den letzteren war ein Bündel von achtzehn vorbereiteten Fernschreiben an die Wehrkreise I bis XIII, XVII, XX und XXI sowie an den Wehrkreis Böhmen-Mähren. Darin wurden »Politische Beauftragte« der zu bildenden vorläufigen Regierung und Verbindungsoffiziere des OKH zu den Wehrkreisen mit Namen und Anschrift genannt. Dieses doppelte Netz von politischen und militärischen Kontaktmännern der Berliner Zentrale zu den Wehrkreisen war auf Weisung Becks ab Herbst 1943 von Olbricht und Stauffenberg gemeinsam geschaffen worden. Die Fernschreiben schlossen stereotyp mit dem Satz: »Die Genannten sind sofort heranzuziehen.« Unterzeichnender war »Der Chef des Heimatführungsstabes Hoeppner«. (Anm.: Im Original mit »pp«!)

Unter den »Politischen Beauftragten«, die zugleich als Berater der Verbindungsoffiziere und der Befehlshaber in den Wehrkreisen fungieren sollten, waren Persönlichkeiten aus allen Lebensbereichen und aus allen Gruppierungen der alten Weimarer Republik: Im Wehrkreis I, Königsberg, der Generalmajor a. D. Graf zu Dohna-Schlobitten; im Wehrkreis IV, Dresden, der Industrielle Walter Cramer aus Leipzig; im Wehrkreis VII, München, der Reichsminister a. D. Otto Gessler und im Wehrkreis IX, Kassel, der Reichsminister a. D. Gustav Noske, dessen Unterbeauftragter der Sozialdemokrat und Gewerkschaftsfunktionär August Fröhlich aus Thüringen. Sie alle waren überzeugte, engagierte Gegner des Nationalsozialismus entweder schon immer gewesen, oder sie waren es geworden, wie der »Politische Beauftragte« im Wehrkreis XX, Danzig, der frühere Stahlhelmführer und NSDAP-Mann Frhr. v. Lüninck[15].

Auch die Liste der Verbindungsoffiziere[16] bestand aus entschlossenen Regime-Gegnern; an ihrer Spitze stand der im Frühjahr 1943 in die Führerreserve versetzte Generalmajor Hans Oster.

Es ging dann ein fernschriftlicher Befehl heraus, in welchem Hoepner durch Generalfeldmarschall v. Witzleben zum Befehlshaber des Ersatzheeres und Oberbefehlshaber im Heimatkriegsgebiet ernannt wurde. Auch darin, wie in allen vorausgegangenen und folgenden Befehlen, fällt die durchweg falsche Schreibung des Namens auf. Hoepner hatte sich früher darüber oft geärgert, zumal auf erbeuteten russischen Flugblättern dagegen sein Name immer richtig geschrieben war. Zwischen 20.20 Uhr und 21.02 Uhr gingen über den Fernschreiber vier oder fünf von Hoepner gezeichnete »Standrechtsverordnungen« an die Wehrkreise heraus[17]. Die erste verbot Aufmärsche, Kundgebungen, Gruppenbildungen usw. und ermächtigte zum Tragen von Waffen nur die Wehrmacht und die ihr unterstellte Polizei. Die Standrechtsverordnung Nr. 2 gab Einzelanweisungen für die Weiterführung der Wirtschaft, des Verkehrs und der Verwaltung des Reiches. In der Standrechtsverordnung Nr. 3 wurde den Amtsträgern der Partei und ihrer Gliederungen jede durch die Partei befohlene Tätigkeit verboten. Das gesamte unbewegliche und bewegliche Vermögen der NSDAP, außer RAD und OT, sollte beschlagnahmt werden. Die Standrechtsverordnung Nr. 4 schließlich drohte Strafen für Zuwiderhandlungen gegen die Anordnungen der Wehrmachtsbefehlshaber, gegen Aufforderung zu Gewalttätigkeiten und gegen Plünderungen an. Die Standrechtsverordnung Nr. 5 ist vermutlich nicht mehr abgesetzt worden.

Schon zur Zeit der Festnahme Fromms, etwa kurz vor 17.00 Uhr, waren, wie erwähnt, im Bendlerblock die ersten Gerüchte aufgetaucht, daß Hitler noch am Leben sei. Die Unsicherheit darüber wuchs immer mehr. Beck und Hoepner mußten sich dieser für den Staatsstreich entscheidenden Frage stellen; unabhängig voneinander beauftragten sie Olbricht und Stauffenberg, durch Rückfragen im Führerhauptquartier Klarheit zu schaffen. Hoepner darüber vor dem Volksgerichtshof: »Ich habe zu Beck gesagt: Diese Geschichte muß erst geklärt werden; sonst entbehrt die ganze Aktion, dieser ganze Befehl der Grundlage . . .« Wegen dieses Verhaltens ist Hoepner von der Widerstandsliteratur bis hinein in die 70er Jahre kritisiert worden[18]. Nachdem die Bombe einmal explodiert war, hätte es für die Verschwörer doch nur die Flucht nach vorn geben dürfen. Dabei wird übersehen, daß die Verschwörer, Soldaten wie Zivilisten, ja nur eine kleine Minderheit waren. Auf einer Flucht nach vorn mußten sie auf die große Masse der Wehrmacht und Bevölkerung treffen, die sich noch immer Hitler gegenüber zum Teil in einer festen Treuebindung, zum Teil in einer abwartenden Position befand. Nur die überzeugende Nachricht allein, daß der »Führer« tot sei, konnte diese Masse dem Regime entwinden. Hierfür war Voraussetzung, daß die Führer des Staatsstreichs über die tatsächliche Lage Gewißheit hatten.

Obwohl Hoepner über die Lage im Führerhauptquartier selbst noch im unklaren war, mußte er nun die Gruppenleiter im Stabe des Chefs Heeresrüstung und Befehlshaber des Ersatzheeres über die eingetretenen Veränderungen unterrichten. Um 17.15 Uhr versammelten sie sich im Dienstzimmer Stauffenbergs. Hoepner erklärte ihnen, der Führer sei tot – was er zu dem Zeitpunkt wohl noch geglaubt, zumindest aber gehofft hat –, der Feldmarschall v. Witzleben habe den Oberbefehl über die Wehrmacht übernommen und ihn, Hoepner, als Vertreter von Generaloberst Fromm eingesetzt, der die Geschäfte nicht führe. Abschließend bat er die Offiziere, ebenso treu und zuverlässig wie bisher weiterzuarbeiten: ». . . Es handelt sich jetzt darum, daß das Ersatzheer weiter arbeitet, daß der Stab Chef H Rüst dafür sorgt, daß die Truppe an der Front weiter versorgt wird.«[19] In diesem Sinne sprach Hoepner anschließend auch zu den Gruppenleitern des Allgemeinen Heeresamtes. Der Inspekteur des Führernachwuchses, Generalleutnant Karl-Wilhelm Specht, wollte wissen, ob »denn der Führer wirklich tot sei«[20]. Als ihm Hoepner erwiderte, daß er darüber mehrfache Meldung habe, die aber von anderer Seite bezweifelt werde, sagte Specht: »Ja, mit dieser Auskunft allein kann ich nicht weiter arbeiten.«[21] Specht stand mit dieser Meinung unter den Gruppenleitern nicht allein. – Auch wegen dieser beiden kurzen Ansprachen ist an Hoepner später viel unberechtigte Kritik geübt worden. Was konnte jedoch ein Mann mit Hoepners Verantwortungsgefühl gegenüber Untergebenen in einer solchen Situation anderes sagen? Ein Vorgesetzter, der lügt, wird bei erster sich bietender Gelegenheit unglaubwürdig – und das ist viel schlimmer.

Nach der Unterzeichnung der Fernschreiben und nach den beiden Ansprachen an die Gruppenleiter führte Hoepner am späten Abend Telefongespräche mit den Wehrkreisen. Zunächst sprach er um 20.30 Uhr mit dem Befehlshaber im Wehrkreis II (Stettin), General der Infanterie Werner Kienitz. Dieser war gerade von einer Parteiveranstaltung, auf welcher das zehnjährige Dienstjubiläum des Gauleiters von Pommern, Schwede-Coburg, gefeiert worden war, in seine Wohnung gekommen, als ihn Feldmarschall Keitel aus Rastenburg anrief. Der Chef des OKW teilte mit, daß Stauffenberg »das Attentat gemacht«[22] habe, der Führer aber lebe und er, Keitel, den General Kienitz »ans Portepee«[22] fassen müsse. Hoepner, der kurz darauf mit Kienitz verbunden wurde, hatte danach keine Chance, den Befehlshaber des Wehrkreises II für den Staatsstreich gewinnen zu können. – General Kienitz hat später die Abendstunden des 20. Juli 1944 als die schwersten seines Lebens bezeichnet, die ihn innerlich zerbrochen hätten. Die tragische Situation, in die er sich gestellt sah, hat er mit den Worten umrissen: »Es ist furchtbar, mit dem Herzen auf der einen Seite, mit dem Verstand und der Pflicht auf der anderen Seite zu stehen.«[22]

Zu einem späteren Zeitpunkt wurde Hoepner mit dem Wehrkreis V (Stuttgart) verbunden. Dortiger Befehlshaber war der sechzigjährige General der Panzertruppen Rudolf Veiel, der sich im Polen- und Westfeldzug als Kommandeur der stets hervorragenden 2. Panzerdivision ausgezeichnet und später das XLVIII. Panzerkorps geführt hatte. Veiel war aus den Ulmer Ulanen hervorgegangen und Hoepner wohl schon aus der Kavallerie der Kaiserzeit bekannt. Er war »ein typischer Schwabe, bauernschlau, sehr anständig und wegen seiner väterlichen Art bei Untergebenen beliebt. Im Kasino nannte man ihn Max Pumpe.«[23]

Im Wehrkreiskommando V in der Olgastraße 11 waren die Befehle der Bendlerstraße zwar eingegangen, gleichzeitig aber auch Bedenken an der Rechtmäßigkeit ihrer Ausgabe wie Durchführung hochgekommen. Man unternahm deswegen überhaupt nichts, sondern wartete ab. Als Hoepner General Veiel erreichte, war dieser über die tatsächliche Lage offenbar voll informiert. Das kurze Gespräch ist vermutlich nach dem Bericht Hoepners vor der Gestapo aufgezeichnet worden: »›Hier Veil (sic), wer ist dort?‹ Antwort: ›Hier Hoepner, Veil, was gibt es?‹ Antwort Veiel: ›Es ist gut.‹ Hoepner: ›Was heißt, es ist gut?‹ Veiel abschließend: ›Nun, es ist gut.‹ Damit war das Gespräch beendet.«[24] – Trotz der im Grunde konspirativen Belanglosigkeit dieses Gesprächs soll General Veiel »im Zusammenhang mit dem 20. Juli 1944« amtsenthoben worden sein[25]. Der Oberbefehlshaber der Heeresgruppe G an der Vogesenfront im Herbst 1944, General der

Panzertruppen Balck, hält dies jedoch für ausgeschlossen und glaubt vielmehr, daß Veiel gesundheitshalber abgelöst worden ist[26]. Bei den häufigen Begegnungen Balcks mit Veiel nach dem Kriege in Stuttgart hat Veiel nie seine Ablösung im Sommer 1944 mit dem 20. Juli in Verbindung gebracht. Man wird davon ausgehen dürfen, daß Hoepners starke Zurückhaltung in seinen Aussagen vor der Gestapo über die Gespräche mit den Wehrkreisen den General Veiel vor Schlimmerem als der Ablösung, die kaum auf das Telefonat hin erfolgt sein dürfte, bewahrt hat.

Dramatischer als in Stettin und Stuttgart verliefen die Ereignisse am Abend des 20. Juli in Prag, der Hauptstadt des damaligen Protektorats Böhmen und Mähren. Auch dort bekleidete ein frontbewährter Panzerführer das Amt des Befehlshabers, der ehemalige Kommandeur der erfolgreichen 10. Panzerdivision und Kommandierende General des LVI. Panzerkorps, General der Panzertruppen Ferdinand Schaal. Die besonderen Gegebenheiten im Protektorat drückten sich aber schon in seiner Amtsbezeichnung aus. General Schaal, Schwabe wie Veiel, war »Wehrmacht-Bevollmächtigter beim Deutschen Staatsminister und Befehlshaber im Wehrkreis Böhmen–Mähren«. Deutscher Staatsminister im Protektorat war seit der Ermordung des Stellvertretenden Reichsprotektors und Chefs des SD, Reinhard Heydrich, der sudetendeutsche SS-Obergruppenführer Karl Hermann Frank, der als Racheakt für den Mordanschlag auf seinen Vorgänger Heydrich das tschechische Dorf Lidice hatte zerstören und alle männlichen Einwohner erschießen lassen. Frank, und nicht der Reichsprotektor Dr. Frick, war der mächtigste Mann in Böhmen und Mähren. General Schaal erinnerte sich: »Mein besonderer Auftrag, der mir vom Heeres-Personal-Amt bei meiner Ernennung mitgegeben wurde war der, daß ich es mit Frank ›können‹ müsse.«[27] In seiner Arbeit als Wehrmacht-Bevollmächtigter und damit Berater in allen militärischen und die Wehrmacht betreffenden Fragen war General Schaal ausschließlich dem Staatsminister beigegeben, wenn er auch formell als solcher dem Chef OKW, Feldmarschall Keitel, unterstand. Nur als Befehlshaber im Wehrkreis war er Generaloberst Fromm, dem Befehlshaber des Ersatzheeres, unterstellt.

Der dominierenden Stellung Franks entsprach auch diejenige der SS. Die SS-Verbände und -Dienststellen, nicht die Truppenteile des Heeres waren in Prag der entscheidende Machtfaktor. Als gegen 18.30 Uhr das erste Berliner Fernschreiben in Prag einging, war General Schaal von der SS regelrecht umstellt. Er befand sich bei der Eröffnungsfeier für die neue SS-Junkerschule am Wehrmachtsplatz, an der neben Staatsminister Frank auch zahlreiche andere »Würdenträger« des Regimes teilnahmen. »Nach Parade und Rundgang durch die Räume der neuen Schule saßen wir im Gemeinschaftssaal vor Beginn des Abendessens bei einem Glas Bier, als der Adjutant der Schule die wie eine Bombe einschlagende Radiomitteilung von dem Attentat auf Hitler überbrachte. Bald darauf wurde ich durch meinen Ia – Oberstleutnant Engeschall – zu einer wichtigen, von mir allein zu treffenden Entscheidung in mein Dienstgebäude gebeten.«[28] Dort las Schaal um 19 Uhr das von Generalfeldmarschall v. Witzleben unterzeichnete Fernschreiben an alle Kommandostellen der Wehrmacht in Böhmen und Mähren, daß eine gewissenlose Clique frontfremder Parteiführer es versucht habe, der schwer ringenden Front in den Rücken zu fallen und die Macht an sich zu reißen. Der Befehlshaber, welcher bei Bekanntwerden des Attentatsversuches Unruhen in der Bevölkerung befürchten mußte, ließ nun das vorbereitete Stichwort zur Alarmierung aller ihm unterstellten Wehrmachtsteile durchgeben, das den Objektschutz der wichtigsten militärischen Gebäude sicherstellte. Anschließend wollte er sich mit seinem unmittelbaren Vorgesetzten, Generaloberst Fromm in Berlin, verbinden lassen, um von ihm zu erfahren, weshalb die Reichsregierung und nicht Hitler diese Maßnahme angeordnet habe: »Schon 19.13 Uhr hatte ich Berlin, doch statt Fromm meldete sich Oberst Graf Stauffenberg, den ich als Chef Fromms persönlich kannte. Er sagte mir, daß Fromm die vollziehende Gewalt auf die unterstellten Befehlshaber schon übertragen habe, ein entsprechendes Fernschreiben sei unterwegs . . . Sofort rief ich Staatsminister Frank im Czerninpalais an, der aber auf seinem Gut in Jungfern-Breschan weilte, so daß ich erst kurz vor 20 Uhr Verbindung mit ihm bekam. Nachdem ich ihn von der Übernahme der vollziehenden Gewalt durch mich unterrichtet hatte, sagte er mir zu, sofort zu mir auf mein Geschäftszimmer zu einer Besprechung der neuen Lage zu kommen.«[29]

Bald nach 20 Uhr – Frank war noch nicht im Wehrkreiskommando eingetroffen – erhielt General Schaal ein weiteres Fernschreiben, das die Verhaftung der Gauleiter, Reichsstatthalter, Minister, höheren SS- und Polizeiführer, die Befreiung der Konzentrationslager usw. befahl. Der Befehlshaber war der Überzeugung, daß aus politischen Gründen, um nicht der tschechischen Bevölkerung Prags das Bild von Unstimmigkeiten zwischen den Deutschen zu geben, eine Verhaftung des Staatsministers Frank unmöglich sei. Er rief deswegen erneut Generaloberst Fromm an, um diesem eine den Verhältnissen in Böhmen und Mähren entsprechende andere Lösung vorzuschlagen. Statt mit Fromm wurde er jetzt mit Hoepner verbunden, der sich Schaal als nunmehr zuständig vorstellte. Schaal gab ihm eine Darstellung der besonderen Lage in Prag, aufgrund derer eine Ausschaltung und Verhaftung Franks unmöglich sei. Hoepner stellte Schaal die weitere Zusammenarbeit mit dem Staatsminister frei: »Er forderte lediglich, daß ich die vollziehende Gewalt in Händen behalte. Im übrigen teilte er mit, daß Generaloberst Beck die neue Regierung bilde und alles noch in der Entwicklung sei.«[30]

Um 21.05 Uhr ging in Prag ein weites Fernschreiben ein des Inhalts, daß der Führer tot sei und die angeordneten Maßnahmen mit höchster Beschleunigung durchzuführen seien. General Schaal beurteilte jetzt die Lage wie folgt: »In der Überzeugung, daß Hitler tot sei, schien sich mir der Kampf um die Macht im Reich zwischen Wehrmacht und SS abzuspielen. Diese Entscheidung wurde aber im Reich, in Berlin getroffen, nicht in Prag, im feindlich gesinnten Ausland, wo zudem die SS-Truppen derart überlegen waren, daß jeder Versuch eines Kampfes mit der Niederlage der Wehrmacht enden mußte.«[31] Noch einmal versuchte Schaal um 21.45 Uhr, mit Generaloberst Fromm zu sprechen, wurde aber wiederum mit Hoepner verbunden. Aus der damaligen Situation in der Bendlerstraße konnte ihm Hoepner nur sagen, es gäbe nichts Neues. Schaal beschloß jetzt, seinerseits zu Frank zu fahren. Kurz vor der Abfahrt, um 22.10 Uhr, erreichte ihn ein Anruf des Generals Burgdorf aus dem Führerhauptquartier. Burgdorf teilte Schaal mit, daß v. Witzleben, Fromm, Hoepner, Olbricht usw. Verräter und alle von ihnen erteilten Befehle ungültig seien.

Auf dem Gefechtsstand des SS-Brigadeführers Graf Pückler, wo der Staatsminister sich aufhielt, verlangte Frank von Schaal die sofortige Aufhebung der Alarmierung der Wehrmacht im Protektorat. Schaal kam dieser Forderung, die seinem Informationsstand von 22.10 Uhr entsprach, auch aus eigener Sicht nach. Am anderen Vormittag wurde Schaal verhaftet und verblieb, trotz Zusicherung Franks, daß er sich bei Himmler für ihn verwenden werde, in Haft bis zum Zusammenbruch 1945. – Wer Hoepner leichtfertig vorwirft, er habe »in Gesprächen mit den Wehrkreisen gewaltigen Schaden« angerichtet[32], sollte bedenken, was entstanden wäre, wenn er den Befehlshabern den jeweiligen Gegebenheiten in ihren Wehrkreisen unangemessene Aufträge erteilt hätte. Eine Rebellion im Dritten Reich war so einfach nicht! Im Wehrkreis Böhmen–Mähren jedenfalls – darüber sind sich alle Kenner der dortigen Verhältnisse einig – wäre es nach Lage der Dinge in der Nacht des 20. Juli 1944 zu einer blutigen Niederlage des Heeres durch die weit überlegene SS gekommen. Dem Staatsstreich hätte dieses Blutopfer aber nichts mehr genützt.

Wieder andere Gegebenheiten als in Prag waren im Wehrkreis XVII (Wien). Der dortige Befehlshaber, General der Infanterie Albrecht Schubert, weilte zur Kur. Seine Vertretung hatte Anfang Juli General der Panzertruppen Hans-Karl Frhr. v. Esebeck übernommen, ein Bekannter Stauffenbergs aus der 1. Leichten Division. Er sowohl wie sein Chef des Stabes, Oberst i. G. Heinrich Kodré, waren dem »Sympathisantenkreis« der Verschwörung zuzurechnen; wirklich eingeweiht aber war nur der Ib/org, Hauptmann Karl Szokoll. Unter ihrer Leitung wurden die Alarmbefehle der Bendlerstraße zunächst getreuer befolgt als im »Altreich«. Ein Großteil der Repräsentanten des Regimes, an ihrer Spitze der Höhere SS- und Polizeiführer im Wehrkreis, SS-Obergruppenführer Rudolf Querner, befanden sich bereits, seit 20 Uhr zu einer »Besprechung« gebeten, im Wehrkreiskommando am Stubenring 1 in milder Haft bei Kognak und Zigaretten. Gauleiter Baldur v. Schirach allerdings war wegen eines Trauerfalles außerhalb Wiens. Beim Stellvertretenden Befehlshaber wie auch beim Chef des Stabes kamen dann aber Zweifel auf an der Rechtmäßigkeit der durchgeführten Maßnahmen; sie wurden durch die Rundfunknachrichten, die Benennung der Politischen Beauftragten und des Verbindungsoffiziers Oberst Graf v. Marogna-Redtwitz, schließlich durch einen Gegenbefehl Keitels immer stärker irritiert. Vor 22 Uhr rief Graf Stauffenberg noch einmal General v. Esebeck an; in das Gespräch schaltete sich Hoepner ein. Esebeck sagte ihm, »er komme in Gewissenskonflikt, weil ein Befehl vom BdE vorliege und zweitens ein Befehl von Feldmarschall Keitel gekommen sei, daß die Befehle nicht zu befolgen wären.«[33] Daraufhin antwortete ihm Hoepner: »Dann befolgen Sie den Befehl von Keitel.«[34] – Man wird auch hierbei die Lage, wie sie sich kurz vor 22 Uhr darstellte, berücksichtigen müssen. Zu diesem Zeitpunkt war im Bendlerblock die Bewegung schon sehr rückläufig. Hoepner konnte es nicht mit seinem Gewissen vereinbaren, Direktiven an unterstellte Soldaten zu geben, durch welche diese ins Verderben geraten mußten. General v. Esebeck und Oberst i. G. Kodré blieben so zwar vor dem Schlimmsten bewahrt, mußten allerdings ihr Engagement bis Kriegsende in den Gefängnissen und Lagern der Gestapo büßen.

Anders als im Reich, in Prag und Wien, wo Hoepner keine Chance für das Gelingen des Staatsstreiches mehr gesehen hat, beurteilte er offenbar die Lage in Paris. Hier gab es, unabhängig von der Entwicklung in Berlin, noch Erfolgsaussichten, wenn der Oberbefehlshaber West, Generalfeldmarschall v. Kluge, sich den Verschwörern anschloß. Um sich über die widerspruchsvollen Meldungen Klarheit zu verschaffen, telefonierte der Feldmarschall zunächst mit dem OKH in Ostpreußen und rief dann die Bendlerstraße an.

»Am Apparat meldete sich Graf Stauffenberg. Kluge: ›Ich möchte Generaloberst Fromm sprechen.‹
Stauffenberg: ›Generaloberst Fromm ist nicht mehr im Amt.‹
Kluge: ›Aber er war doch vor einer halben Stunde noch da.‹
Stauffenberg: ›Herr Generaloberst ist nicht mehr zu erreichen. Sein Nachfolger ist Generaloberst Hoepner. Ich übergebe.‹
›Hier Hoepner.‹
Kluge: ›Hier Kluge. Sagen Sie, Hoepner, ich habe eben mit Stieff gesprochen, der behauptet, daß der Führer lebt. Was sagen Sie dazu?‹
Hoepner: ›Wir haben das erwartet! Es ist eine Machenschaft der SS, die versucht, eine Sache zum Scheitern zu bringen, die endlich einmal geklappt hat. Im übrigen werden Sie unsere Befehle erhalten. Sie sind durch Fernschreiben unterwegs . . .‹
Hier wurde das Gespräch aus unbekannten Gründen unterbrochen. Die Vermittlung fragte an, ob es noch einmal hergestellt werden sollte. Aber Feldmarschall v. Kluge verneinte.«[35] – Auf den weiteren Gang der Ereignisse in La Roche–Guyon und Paris konnte Hoepner danach keinen Einfluß mehr nehmen.
Vor allem wegen seiner Gespräche mit den Wehrkreisen und der beiden Ansprachen ist Hoepner der Vorwurf fehlender Energie und Entschlossenheit gemacht worden. Dabei stützte man sich auf die Protokolle des Prozesses vor dem Volksgerichtshof, auf die noch einzugehen sein wird, sowie auf Sätze der sogenannten »Kaltenbrunner«-Berichte: »Hoepner hing bei den Offizieren, die ihn aus dem Polenfeldzug kannten, der Ruf eines ›Draufgängers‹ an. Wenn er 1939 und 1940 ein Draufgänger gewesen ist, so war davon bis zum 20. Juli 1944 nicht viel übrig geblieben.«[36] – Die Kritiker übersehen dabei leicht, daß der Prozeß und die begleitenden Berichte ganz auf Verächtlichmachung und Vernichtung der Verschwörer angelegt waren. Auch wird nicht genügend berücksichtigt, eine wie große Rolle der »Dienstweg« in einer Armee spielen muß. Die Generale Schaal und Frhr. v. Esebeck verlangten immer und immer wieder nach ihrem Dienstvorgesetzten, Generaloberst Fromm. Hoepner, auch wenn sie sein Handeln am 8. Januar 1942 billigten, war ein vom »Führer« gemaßregelter und aus der Wehrmacht ausgestoßener General. Auch bei den Ansprachen vor den Gruppenleitern war dies für ihn ein Handicap. Es würde sich auch ausgewirkt haben, wenn er »an die Front« gegangen wäre und versucht hätte, die im Raum um Berlin liegenden Panzertruppen für den Staatsstreich einzusetzen. Diese Kräfte unterstanden dem Generalinspekteur der Panzertruppen, Generaloberst Guderian, der allerdings nicht in Berlin anwesend war, sondern nach einer Besichtigung der Panzerjäger in Hohensalza den Abend des 20. Juli auf seinem Gut Deipenhof verbrachte[37].
Auf die Panzer setzten manche Verschwörer in der Krisis ihre letzten Hoffnungen. Prof. Eugen Gerstenmaier erinnert sich, daß er über seinen Freund Fritz-Dietlof Graf v. d. Schulenburg Hoepner den Vorschlag unterbreiten ließ, mit einigen Panzern den Deutschlandsender besetzen zu lassen. Graf v. d. Schulenburg sei nach einiger Zeit zurückgekommen und habe berichtet, der Generaloberst Hoepner wirke bedrückt; er stimme dem Vorschlag zu, die Panzer seien wohl in ihren Standorten abmarschiert, aber bis jetzt nicht eingetroffen[38]. Nach der »Walküre«-Planung war eine aus Panzern, Panzergrenadieren und Panzeraufklärern gemischte Kampfgruppe, um 17 Uhr alarmiert, aus Krampnitz, Glienicke und Potsdam–Nedlitz in Richtung Sender Königswusterhausen

auch abgerückt, jedoch während des Marsches angehalten worden; sie rückte am späten Abend wieder in ihre Unterkünfte ein[39].

Eine Panzereinheit aus Krampnitz war gemäß ihrem »Walküre«-Auftrag in Richtung Siegessäule marschiert und im Tiergarten, unweit der Wohnung des Reichsministers Dr. Goebbels, kurz in Stellung gegangen, dann aber wieder zum Fehrbelliner Platz zurückbeordert worden. Durch die Gegenbefehle aus dem Führerhauptquartier und die im Rundfunk ständig wiederholten Nachrichten vom Wohlbefinden und von einer baldigen Ansprache des »Führers« war auch bei den Berliner Truppenteilen die Entscheidung gegen den Staatsstreich gefallen. Auch im Bendlerblock selbst gewann die Gegenaktion jetzt rasch an Boden. Sie ging nur indirekt von dem »außer Kurs gesetzten« alten Hausherrn, Generaloberst Fromm, aus, welcher in dem Raum, der ihm nach seiner Festnahme angewiesen worden war, ein Radiogerät vorfand und aus den ständigen Nachrichten den richtigen Schluß zog, daß die Entwicklung für die Staatsstreichpartei ungünstig verlief. Gegen 21 Uhr ließ Fromm über seinen Ordonnanzoffizier, Rittmeister Bartram, Hoepner bitten, in seine im Bendlerblock liegende Wohnung gehen zu dürfen, um sich schlafen zu legen. Gleichzeitig hatte er Hoepner sagen lassen: »Ich verspreche Ihnen, daß ich nichts unternehme, daß ich nichts telefoniere, was ich Ihnen nicht vorher sage.«[40] Hoepner war einverstanden, und Fromm begab sich mit Rittmeister Bartram in seine Wohnung. Obwohl er sich dort im ganzen an das Hoepner gegebene Wort hielt, wirkte Fromm auch passiv und zurückgezogen insgesamt *gegen* den Staatsstreich. Ähnlich wie die Wehrkreisbefehlshaber, verwirrt durch die widersprüchlichen Befehle und Nachrichten, nach Direktiven ihres Vorgesetzten Fromm verlangten, so forderten, gegen 21.45 Uhr, auch die in die Verschwörung nicht eingeweihten Generalstabsoffiziere des Allgemeinen Heeresamtes von ihrem ranghöchsten Dienstvorgesetzten, Generaloberst Fromm, zu erfahren, »was hier gespielt wird«. Der dienstälteste Generalstabsoffizier, Oberstleutnant i. G. Herber, übernahm es, bei General Olbricht auf Unterrichtung durch Generaloberst Fromm zu dringen. Im Flur fielen indes die ersten Schüsse. General Olbricht brachte Herber zu Hoepner. Der damalige Ib des Allgemeinen Heeresamtes berichtet: »Ich traf Hoepner in den Diensträumen von Generaloberst Fromm, wo ich eigentlich Fromm erwartete, um mich von diesem über die Lage in der Bendlerstraße unterrichten zu lassen. Es war kurz vor dem Ende der Ereignisse in der Bendlerstraße. Von einer Ansprache Hoepners ist mir nichts bekannt. Mit ihm – ich kannte ihn garnicht – habe ich bestimmt nicht über Sabotage pp gesprochen. Er erklärte mir lediglich . . . er würde veranlassen, daß ich Fromm sprechen könne.«[41]

Von der Wohnung Fromms aus wurde gleich darauf der Gegenstoß zur Ausschaltung der Verschwörer geführt. Hoepner darüber vor dem Volksgerichtshof: »Dann habe ich den Oberstleutnant in seine [Fromms] Wohnung geschickt, und er erschien nach ganz kurzer Zeit wieder mit Fromm sowie einer größeren Anzahl von Offizieren mit Waffen. Sie erschienen in dem Zimmer bei mir, und Fromm sagte: ›So, meine Herren, jetzt mache ich es mit Ihnen so, wie Sie es heute Mittag mit mir gemacht haben.‹«[42] In Fromms Dienstzimmer befanden sich zu dem Zeitpunkt, kurz nach 22 Uhr, außer Hoepner und Generaloberst Beck die vierköpfige Führungsgruppe des Staatsstreichs aus dem Ersatzheer: General Olbricht, Oberst i. G. Graf Stauffenberg, Oberst i. G. Mertz v. Quirnheim und Oberleutnant v. Haeften. Sie wurden von bewaffneten Offizieren und Unteroffizieren in

Schach gehalten. Fromm erklärte sie alle zusammen für verhaftet und forderte die Abgabe der Waffen. Generaloberst Beck bat, seine Waffe zum privaten Gebrauch behalten zu dürfen, was Fromm genehmigte mit der Aufforderung, sich zu beeilen. Beim ersten Versuch brachte Beck sich nur einen Streifschuß an der Schläfe bei. Fromm forderte alle Verhafteten auf, wenn sie etwas aufschreiben wollten, es jetzt zu tun. Daraufhin verschwand er für kurze Zeit. Als er wieder erschien, verkündete er: »Im Namen des Führers hat ein von mir bestelltes Standgericht das Urteil gesprochen: es werden der Oberst im Generalstab v. Mertz, General Olbricht, der Oberst – den ich mit Namen nicht nennen will – und der Oberleutnant v. Haeften zum Tode verurteilt.«

Die beiden Generalobersten a. D. Beck und Hoepner unterstanden nicht der Gerichtsbarkeit Fromms. Während Beck zum zweiten Schuß ansetzte, gingen General Olbricht, die Obersten Graf Stauffenberg und v. Mertz sowie Oberleutnant v. Haeften an ihrem Gerichtsherrn Fromm vorbei aus dem Dienstzimmer des Befehlshabers, dann die breite Treppe hinunter und traten, aufrecht und gefaßt, vor das im Hof bereitgestellte Erschießungskommando. – Für die weiteren Vorgänge um Hoepner ist weder auf Augenzeugen noch auf die Protokolle des Volksgerichtshofes richtig Verlaß. Fest steht, daß Hoepner im Zimmer Stauffenbergs unter vier Augen mit Fromm von diesem gefragt wurde, ob er denselben Weg wie Beck gehen wolle, andernfalls müsse er ihn verhaften. Was hat Hoepner bewogen, die Verhaftung dem Selbstmord vorzuziehen? Die Ablehnung des Selbstmordes durch die christliche Ethik wird in dem Nachkommen protestantischer Pastoren dabei eine Rolle gespielt haben. Sicher auch die Absicht, für seine Beteiligung am Staatsstreich wie für sein Handeln am 8. Januar 1942 sich vor einem ordentlichen Gericht zu verantworten. Wie sein Ordonnanzoffizier berichtet, hatte Hoepner die Flucht des Kaisers im November 1918 nach Holland innerlich nie gebilligt, sondern immer die Ansicht vertreten: *»Ein Mann, der aus besten Motiven handelte, stellt sich – was auch daraus werden mag!«*[43] Schließlich wollte Hoepner das, was er getan hatte, auch vor seiner Familie verantworten. – Durfte er aber hoffen, daß es im Machtbereich Hitlers überhaupt noch ein *ordentliches Gericht* gab, dem ein Mann wie Erich Hoepner sich stellen konnte? Über die ganze Anomalie und Brutalität des Regimes hatte offenbar selbst dieser alte Gegner des Nationalsozialismus am Abend des 20. Juli 1944 noch keine rechte Vorstellung!

Während Hoepner mit Fromm im Zimmer Stauffenbergs war, suchte Beck in einem zweiten Schuß den erlösenden Tod, lebte aber immer noch, als der Befehlshaber in sein Dienstzimmer zurückkehrte. Fromm befahl darauf einem Generalstabsoffizier, Beck zu erlösen; der Offizier gab den Befehl weiter. So war es schließlich ein Feldwebel des Heeres, der den Nachfolger im Amte Moltkes vom Leben zum Tode brachte. Während man Becks Leiche das Treppenhaus hinunterschleifte, schlug der Kopf, eine Blutspur hinterlassend, dumpf auf jede Stufe. Ähnliches wird von der Leiche Wallensteins berichtet, als man diese, Februar 1634, im Hause des Bürgermeisters Pachelbel zu Eger die Treppen hinunter schleppte. Beck war ein Fürst der Gedanken wie der Friedländer gewesen, und er ist die tragische Gestalt der preußisch-deutschen, wie jener der österreich-deutschen Militärgeschichte. »Der Generaloberst Beck hatte über die Fragen des Krieges tiefer nachgedacht als Scharnhorst oder Gneisenau; aber keine vulkanische Leidenschaft beflügelte ihn zu entscheidender Tat ... Gereizt durch das allzu lange Zaudern, verweigerte die Schicksalsgöttin ihrem Helden den Lorbeer und reichte ihm nur noch den Dornenkranz des Märtyrers . . . Nun lag Ludwig Beck in der Bendlerstraße, gefällt von den Schüssen des Revolvers, den ihm der Kamerad von gestern und Verräter von heute gereicht hatte.«[44]

Aber wie man die Ereignisse und das Verhalten der »dramatis personae« im einzelnen auch werten mag: schwerer wiegt allem gegenüber, daß das Überleben Hitlers und das reibungslose Funktionieren seiner Staatsmaschinerie bei ihren sofort anlaufenden Gegenmaßnahmen durch noch soviel »activité, activité, vitesse« nicht wettzumachen war. Daß die Verschwörer am kürzeren Hebelarm saßen, das dürfte Hoepner schon am Spätnachmittag klar gewesen sein. Daß sie alle aber vor der Geschichte den Wurf gewagt hatten, als es endlich glückte zuzuschlagen, war weitaus wichtiger als jeder sichtbare Erfolg. So ist es in sich logisch, daß der Draufgänger Hoepner in der immer irreparabler werdenden Situation primär die andere Seite seines Wesens zeigte: In zunehmendem Maße die Folgen für Dritte so gering zu halten wie möglich. Das geht aus allen seinen Äußerungen bei den Ferngesprächen hervor und offenbart einen Charakterzug, der ihn seine Rolle bis zum blutigen Abschluß des 20. Juli in der Bendlerstraße überzeugend spielen ließ.

Er muß das Blut Becks auf der Treppe noch gesehen haben, als er hinunter ging, um auf Befehl von Fromm ins Wehrmacht-Untersuchungsgefängnis in der Lehrter Straße verbracht zu werden. Ob Hoepner auch die fünf Leichen seiner Gefährten am Treppenausgang links noch gesehen hat, wissen wir nicht; auch nicht, ob er die Ansprache Fromms an die Soldaten im Hof des Bendlerblocks gehört hat. Das dreifache donnernde »Sieg Heil« des Befehlshabers beendete, gegen 1 Uhr morgens am 21. Juli 1944, den Staatsstreich und den aktiven deutschen Widerstand gegen Hitler.

---

1 Vgl. Erich Murawski: »Der deutsche Wehrmachtsbericht 1939–1945«. Boppard (1962). S. 199 f.

2 Vgl. Nicholas Reynolds: »Beck. Gehorsam und Widerstand«. A.a.O. S. 221.

3 Vgl.: »Erich Fellgiebel«. Hrsg. Karl Heinz Wildhagen. Wennigsen/Hannover.

4 Vgl. »Der Prozeß gegen die Hauptkriegsverbrecher vor dem Internationalen Militärgerichtshof Nürnberg 14. 11. 1945 – 1. 10. 1946. Bd. 33. S. 389–399.

5 Ibid. S. 400.

6 Ibid. S. 402.

7 Ibid.

8 Vgl. Peter Hoffmann: »Widerstand, Staatsstreich, Attentat«. S. 449 ff.

9 Verleger Ewald Heinrich v. Kleist im Brief an den Verfasser vom 14. Dezember 1978.

10 Vgl. Christian Müller: »Oberst i. G. Stauffenberg. Eine Biographie«. Düsseldorf (1971). S. 494: »Hoepner verlangt eine schriftliche Ernennungsurkunde. Olbricht muß diesem ordnungsliebenden General deshalb ein solches Papier ausstellen . . .«

11 Vgl. »Der Prozeß gegen die Hauptkriegsverbrecher . . .«. A.a.O. S. 404.

12 Nach einer schriftlichen Mitteilung von Herrn Fritz Hahn von der Regimentskameradschaft Infanterie-Regiment 17, Braunschweig, vom 25. November 1977.

13 Prof. D. Dr. Eugen Gerstenmaier im Brief an den Verfasser vom 6. Mai 1977.

14 Vgl. Peter Hoffmann: »Widerstand. Staatsstreich. Attentat«. A.a.O. S. 503.

15 Eine komplette Übersicht der »Politischen Beauftragten« gibt ebenfalls Peter Hoffmann in »Widerstand. Staatsstreich. Attentat«. A.a.O. S. 422 f.

16 Ibid. S. 413.

17 Die »Standrechtsverordnungen« finden sich, ebenso wie die Befehle für die Heranziehung der »Politischen Beauftragten« und der »Verbindungsoffiziere« zu den Wehrkreisen, im Bestand »N6-Sammlung 20. Juli 1944« des Bundesarchivs Koblenz.

18 So von dem Stauffenberg-Biographen Christian Müller in: »Oberst i. G. Stauffenberg. Eine Biographie«. A.a.O. S. 448.
19 Vgl. »Der Prozeß gegen die Hauptkriegsverbrecher . . .«. A.a.O. S. 407 f.
20 Ibid. S. 409.
21 Ibid.
22 S. Peter Hoffmann: »Widerstand. Staatsstreich. Attentat«. A.a.O. S. 525.
23 General der Panzertruppen a. D. Hermann Balck im Gespräch mit dem Verfasser am 10. Januar 1979 in Asperg/Württbg.
24 Vgl. »Spiegelbild einer Verschwörung. Die Kaltenbrunner-Berichte an Bormann und Hitler über das Attentat vom 20. Juli 1944«. Stuttgart (1961). S. 108.
25 Siehe Keilig, Wolf: »Das deutsche Heer 1939–1945 . . .«. (1956). S. 211.
26 Siehe Anm. 22.
27 Ferdinand Schaal: »Der 20. Juli 1944 in Prag: Der Attentatstag im Spiegel militärischer Befehle«. Schwäbische Zeitung, Überlingen, 26. Juli 1952.
28 Ibid.
29 Ibid.
30 Ibid.
31 Ibid.
32 Vgl. Christian Müller: »Oberst i. G. Stauffenberg«. A.a.O. S. 498.
33 Vgl. »Der Prozeß gegen die Hauptkriegsverbrecher . . .«. A.a.O. S. 414.
34 Ibid. – Siehe auch: Ludwig Jedlicka: »Der 20. Juli 1944 in Österreich«. Wien (1965).
35 Vgl. Wilhelm Ritter v. Schramm: »Aufstand der Generale. Der 20. Juli in Paris«. München (1964). S. 75 f.
36 Vgl. »Spiegelbild einer Verschwörung . . .«. A.a.O. S. 366 f.
37 Vgl. Dermot Bradley: »Generaloberst Guderian und die Entstehungsgeschichte des modernen Blitzkrieges«. Osnabrück (1978). S. 238 f.
38 Prof. Dr. Eugen Gerstenmaier im Gespräch mit dem Verfasser am 5. Mai 1977.
39 Oberst a. D. Dr. C. H. Hermann, am 20. Juli 1944 Lehroffizier an der Oberfähnrich-Schule I der Panzertruppen in Potsdam-Krempnitz, im Gespräch mit dem Verfasser am 15. Februar 1979 in Rheinbach.
40 Vgl. »Der Prozeß gegen die Hauptkriegsverbrecher . . .«. A.a.O. S. 410.
41 Oberst i. G. a. D. Franz Herber im Brief an den Verfasser vom 19. Mai 1978. Diese Angaben stehen etwas im Widerspruch zu Peter Hoffmann, a.a.O., S. 601: »Herber warf Hoepner vor, durch die ›Walküre‹-Befehle den Nachschub für die Front unterbrochen zu haben . . .« Es ist möglich, daß Hoepner sich bei den tumultuarischen Ereignissen nicht mehr genau erinnern konnte, welcher Oberstleutnant diesen Vorwurf erhoben hat.
42 Vgl. »Der Prozeß gegen die Hauptkriegsverbrecher . . .«. A.a.O. S. 416.
43 Hptm. Dr. Werner Bothe im Brief an den Verfasser vom 8. April 1979.
44 Vgl. Paul Sethe: »Tragische Stunde. Das Verhängnis zu späten Handelns«. Schwäbische Zeitung, 7. Mai 1946.

3. Der Tod in Plötzensee

Es spricht trotz allem einiges für Peter Hoffmanns Ansicht, »daß bei energischer und rechtzeitiger Beteiligung Fromms der Putsch hätte gelingen können«[1]. Die umsichtige Eile, mit welcher der Befehlshaber des Ersatzheeres dann am späten Abend die Führungsgruppe des Staatsstreiches standrechtlich erschießen ließ, hat ihm die Verdächtigung eingetragen, er habe sich der Belastungszeugen entledigen und im Blut der Untergebenen reinwaschen wollen. Aus Gesprächen, die der Generaloberst 1943 mit General Olbricht geführt hatte, war herauszuhören gewesen, daß Fromm zwar nicht das Attentat, wohl aber einen Staatsstreich gegen Hitler billigen werde[2]. Nun gehörte zu den besonderen Stärken Fromms neben einem außerordentlichen Organisationstalent – das ihn auf seinem Posten unentbehrlich machte, obwohl er wegen einer realistischen Denkschrift seit 1942 bei Hitler in Ungnade war – die Fähigkeit, blitzschnell den Kern einer Sache zu erkennen[3]. Damit hatte er wohl am Nachmittag, als zur bösen Überraschung für General Olbricht und Oberst Mertz die Verbindung zum Führerhauptquartier zustande kam und Feldmarschall Keitel das Überleben Hitlers meldete, die Lage in Sekunden erfaßt. Am späten Abend, nachdem er für drei Stunden noch einmal Hausherr im Bendlerblock geworden war, schaltete er ebenso schnell wie überlegt. Zwar wird man die unverzügliche Aburteilung und Vollstreckung der vier Todesurteile nicht als Fürsorgemaßnahme des Vorgesetzten Fromm gegenüber seinen Untergebenen ansehen können. Zugunsten dieses undurchsichtigen, vielgescholtenen Mannes sollte jedoch auch die Tatsache nicht übersehen werden, daß Fromm – aus welchen Überlegungen auch immer – seine engsten Mitarbeiter, General Olbricht und Graf Stauffenberg, vor einem schlimmeren Ende bewahrt hat.

Denn die anderen Verschwörer erwartete Furchtbares. Nach einer Anmerkung bei Zeller wurde Hoepner zunächst im Ministerium des Dr. Goebbels vernommen. »Übrigens fanden die ganze Nacht Verhöre im Goebbelsschen Ministerium durch Himmler und Kaltenbrunner statt. Man weiß von Vernehmungen von Fromm, Hase, Helldorf, Hoepner.«[4] Entgegen den wüsten Beschimpfungen Freislers hat Hoepner sich bei dieser ersten Vernehmung zu seinem Handeln voll bekannt, wie aus den ersten Seiten der sogenannten »Kaltenbrunner-Berichte« hervorgeht: »Hoepner räumte bereits in der ersten Vernehmung ein, daß er das Ziel der Errichtung einer Militärdiktatur unter Ausschaltung sämtlicher nationalsozialistischer Führungsstellen klar erkannte. ›Obwohl dies das Ende des nationalsozialistischen Staates bedeutet hätte, war ich gleichwohl bereit, unter Führung des Generalfeldmarschalls v. Witzleben in diesem Sinne mitzuarbeiten.‹«[5] Aber wie die meisten der in die Hände der Gestapo gefallenen Verschwörer, insbesondere die Soldaten, rechnete auch Hoepner nicht mit dem Sadismus Hitlers, nicht mit jener »Lust des Killers . . ., der die letzten Rücksichten abgeworfen hat, sein Opfer in der Hand hat und mit ihm verfährt, wie er will«[6]. Er nahm wohl an, daß es ihm gestattet werden würde, u. a. die Motive seines Handelns am 8. Januar 1942 vor Offizieren eines Kriegsgerichts darzulegen; zweieinhalb Jahre hatte er sich darum vergeblich bemüht. Wenn dann doch auf Todesstrafe erkannt werden sollte, werde diese durch Erschießen vollstreckt. Auch von Napoleon I. war ja im Sommer 1812, während des russischen Feldzugs, dem General Malet, als dieser in Paris einen Putsch gegen den Kaiser riskierte, der ehrenhafte Tod durch Erschießen gewährt worden. Denselben schnellen Tod hatte der Kaiser 1809 auch Aufständischen wie Andreas Hofer und den Schillschen Offizieren gelassen. Aber wie als Feldherr und Staatsmann, so stand der »Führer« der Deutschen auch als Mensch weit unter dem Kaiser der Franzosen. Nichts kennzeichnet besser diesen Abstand als die Tatsache, daß auf dem Gebiet der Rechtsordnung, wo Napoleon seine dauerhafteste Leistung vollbrachte, Hitler nur destruktiv gewirkt hat.

Im Unterschied zum »Code Napoléon« war Hitlers »Volksgerichtshof« von 1944 kein Instrument für Recht und Ordnung, sondern des Terrors und der staatlichen Willkür. Mit Kriegsbeginn war formal auch die Militärgerichtsbarkeit der »allgemeinen Gerichtsbarkeit« angegliedert worden. Trotzdem gab es im Juli 1944 noch einen Rest an Eigenständigkeit der Wehrmacht, der es angeraten erscheinen ließ, die Soldaten des 20. Juli erst durch einen »Ehrenhof« aus der Wehrmacht ausstoßen zu lassen, um sie dann auch formal dem Volksgerichtshof zu unterstellen. Vorsitzender dieses »Ehrenhofs« war der älteste Soldat der Wehrmacht und Hoepners einstiger Vorgesetzter in Berlin, Generalfeldmarschall v. Rundstedt; diesem assistierte u. a. der Chef des OKW, Generalfeldmarschall Keitel. Auf ihren Vorschlag wurde nun Hoepner zum zweitenmal aus der Wehrmacht ausgestoßen.

Für die an der Verschwörung beteiligten und in Untersuchungshaft befindlichen Soldaten aller Dienstgrade brachte die Ausstoßung aus der Wehrmacht entscheidende Veränderungen der Lebensumstände. Sie wurden zu »Häftlingen«, was sich äußerlich darin ausdrückte, daß sie ihre Uniformen ablegen und Zivilkleidung tragen mußten. Die beiden ranghöchsten inhaftierten Soldaten erhielten für den Schauprozeß besonders dürftige Kleidungsstücke: v. Witzleben eine viel zu weite Hose, Hoepner eine alte, hellgraue Strickjacke. Die Vernehmungen vor der Verhandlung fanden im Hauptquartier des Reichssicherheitshauptamtes in der Berliner Prinz-Albrecht-Straße statt. Alle niederen Instinkte und Rachegelüste Hitlers tobten sich hemmungslos aus; keine mildernden Umstände und früheren Verdienste wurden mehr berücksichtigt. Täglich ließ Hitler sich über die Untersuchungsergebnisse berichten und erteilte weitere Befehle; diese Tätigkeit war ihm jetzt zumindest ebenso wichtig wie die Führung der Fronten.

Die Art der Vernehmungen entsprach den sadistischen Neigungen des Mannes an der Spitze. Wo bestimmte Aussagen erzwungen werden sollten, wurden sogenannte »verschärfte Vernehmungen« angewandt. Es war dies eine etwas verschämte Umschreibung der Folter, welche Friedrich II. in Preußen abgeschafft hatte und die nun unter einem Diktator, der sich so gerne auf den König berief, in der nach dem Hohenzollernprinzen Albrecht benannten Straße Auferstehung feierte. Hoepner war in die Details der Vorbereitung und Planung des Staatsstreichs nicht eingeweiht und hatte außerdem den Vorteil, daß diejenigen Verschwörer, mit denen er in den letzten zwei Jahren am meisten Kontakt hatte – Beck, Olbricht und Stauffenberg –, nicht mehr am Leben waren. Trotzdem ist er ermüdenden, langdauernden Verhören unterzogen worden: wie er in der Hauptverhandlung vor Freisler erwähnte, einmal zwölf Stunden hintereinander[7].

Am quälendsten war in diesen Tagen für ihn wohl die Sorge um die Familie. Vor der Frau und Lebensgefährtin kannte er in 34 Ehejahren nie Geheimnisse. Frau Irma Hoepner war in Umrissen über das beabsichtigte Attentat und den Staatsstreich informiert; sie war am Abend des 19. Juli 1944 nach Bredereiche bei Fürstenberg zurückgekehrt. Als am späten

Nachmittag und Abend des 20. Juli der Rundfunk über das gescheiterte Attentat und die Niederschlagung des Putsches berichtete, sagte sie zu ihrer Schwägerin: »Jetzt ist alles aus!«[8] In Bredereiche verbrachte man eine schlaflose Nacht. Am Vormittag des 21. Juli bog in schneller Fahrt eine Kraftfahrzeugkolonne in die zur Besitzung führende Alleestraße ein. Frau Hoepner schien bereits auf sie zu warten; sie sagte ruhig und gefaßt: »Das gilt mir; sie holen mich!«[9] Sie täuschte sich nicht. Es war ein SD-Kommando, das Auftrag hatte, in der Hoepnerschen Wohnung Haussuchung durchzuführen und Frau Hoepner zu verhaften. Die Haussuchung erbrachte kein Belastungsmaterial; die Kriegsbriefe und andere Dokumente waren längst in einem Garten bei Braunschweig vergraben.

Frau Hoepner wurde trotzdem verhaftet und strengen Verhören unterzogen. Die körperlich zarte Frau ertrug alles mit großer Seelenstärke. Hoepners Sohn Joachim, Major i. G. an der Ostfront, wurde dort festgenommen und nach Berlin ins Gestapo-Untersuchungsgefängnis an der Lehrter Straße überführt. Schließlich wurden am 27. Juli in Bredereiche auch Hoepners Schwester, Frau Margarete Buchholtz-Hoepner, und seine Tochter Ingrid Potente mit ihrem gerade einjährigen Kind verhaftet. – Es ist nicht mehr feststellbar, ob Hoepner noch erfahren hat, daß die »Sippenhaft«, jene mit germanischer Ideologie verbrämte, aus einem anderen Menschheits-Zeitalter entliehene Form der Rache, bis auf sein kleines Enkelkind ausgedehnt worden ist. Hingegen konnte er aus den Vernehmungen schließen, daß auch seine Frau in Haft war und vernommen wurde. Er hat alles getan, um sie durch seine Aussagen zu entlasten, und war damit erfolgreich.

Über sein eigenes Schicksal machte er sich in den letzten Tagen der Haft in der Prinz-Albrecht-Straße wohl keine falschen Hoffnungen, wenn er auch die grausame Art der Hinrichtung noch nicht vorausgesehen haben mag. Spätestens bei Betreten des Gerichtssaales muß er sich darüber klar geworden sein. Die Hauptverhandlung vor dem Volksgerichtshof begann am 7. August 1944 vormittags im Großen Saal des Kammergerichts in Berlin. Es war der zehnte Jahrestag der Beisetzung Hindenburgs, woran Hoepner gedacht haben mag. Die Angeklagten, seit zwei Wochen von der NS-Propaganda in niedrigster Art als erbärmlich-dumme, gewissenlose und feige Ehrgeizlinge diffamiert, von den Torturen der Vernehmungen gezeichnet, in dürftigster Zivilkleidung und mit Handschellen gefesselt, wurden in einem Saal vorgeführt, in dessen Ausstattung die enorme Begabung des Regimes für Theatralik noch einmal schauerliche Triumphe feierte. Eine Hitler-Büste zeigte den heidnischen Personenkult, dem das Regime huldigte. An den Wänden hingen große Hakenkreuzfahnen; dahinter befanden sich Tonfilmaufnahmegeräte, die auf Klopfzeichen des Präsidenten in Betrieb genommen werden konnten. Im sorgfältig ausgewählten Zuhörerkreis dominierten die Uniformen der SS, SA, Polizei und Wehrmacht. In vorderster Reihe, als Nachfolger Heydrichs und Chef des SD, saß der SS-Obergruppenführer Dr. Ernst Kaltenbrunner. Aber nicht er, der Gebieter über eine gewaltige Verhaftungs- und Vernehmungsmaschinerie, beherrschte die kommenden Stunden, sondern ein Besessener, der Dämon der Justiz, Roland Freisler, dessen Gebrüll jeder juristischen Verhandlungsgepflogenheit Hohn sprach.

Der Präsident des Volksgerichtshofes erschien in blutroter Robe, den großen Schauprozeß für die Goebbels-Propaganda und zur Befriedigung der Rachegelüste des Führers zu leiten. »Das Blut von all den Opfern Roland Freislers, die in den langen Jahren das Schafott bestiegen hatten, schien sich ergossen zu haben, um seinem Kleide die Farbe schrecklicher Majestät zu geben.«[10] Als erster der acht Angeklagten des 7. August 1944 hatte der ehemalige Chef der Organisationsabteilung des OKH, Generalmajor Stieff, sich vor Freisler zu verantworten. Schon in den ersten Minuten der Verhandlung mußten Stieff vor dem Richterstuhl und die sieben auf der Anklagebank erkennen: ». . . hier stand der Angeklagte vor einem bösen Dämon. Verlassen und einsam im weiten Saal, wehrlos dieser wütenden Stimme preisgegeben. Sie hämmerte auf ihn ein und ließ ihm keine Möglichkeit, auch nur einen Satz zu Ende zu sprechen, der etwas anderes enthielt als ein Geständnis . . .« Ist es ein Wunder, daß man soviel stolze und männliche Haltung bei ihnen gesehen hat und doch so wenig trotzige Worte berichten kann? Nur wenn die sprungbereite Wachsamkeit des Tigers auf dem Präsidentenstuhl für einen kurzen Augenblick erschlaffte, war einem Angeklagten eine kühne Entgegnung überhaupt möglich. So die Worte melancholischer Gelassenheit, die dem alten Feldmarschall v. Witzleben zugeschrieben werden:

»Herr Präsident, wenn Sie in einem halben Jahr da stehen, wo ich jetzt stehe, dann werden Sie merken, wie unangenehm es für einen Angeklagten ist, ständig unterbrochen zu werden.«[11]

Gegen Hoepner wurde nach Stieff und v. Witzleben zu Beginn der Nachmittagssitzung verhandelt. Bei der Vernehmung zur Person ergab sich kurz die Chance, auf die Hoepner seit 2½ Jahren gewartet hatte: die Lage und sein Handeln am 8. Januar 1942 zu erläutern. Aber Freisler nahm ihm sofort das Wort:

Freisler: ». . . Am 19. 7. 1940 hat sie der Führer zum Generaloberst befördert. Nachher sind Sie wegen Ungehorsams in den Ruhestand versetzt worden . . . Das paßt ja nicht zusammen: Soldat des Führers, im Reichstag zum Generaloberst befördert, und dann – ich habe das Zweite vorhin nicht gesagt – in Wirklichkeit wegen Ungehorsams und Feigheit in den Ruhestand versetzt. Sie haben nämlich eine Stellung nicht gehalten, die Sie nach dem Befehl halten sollten, sondern haben gesagt: ›Ich kann auch ein paar Kilometer zurückgehen.‹«

Hoepner: »Darf ich dazu etwas bemerken?«

Freisler: »Das wollen wir hier nicht untersuchen. Das hat der Führer entschieden und wir haben kein Wort dazu zu sagen. Jedenfalls ist es so; für uns steht fest . . .«[12]

So ignorierte Freisler fast durchgehend den fundamentalen Rechtsgrundsatz der Anhörung des Beschuldigten, nutzte aber jede Gelegenheit, die Angeklagten zu diffamieren und lächerlich zu machen. Insbesondere auf Stieff, v. Witzleben und Hoepner hatte er sich konzentriert; offensichtlich kam es ihm darauf an, die älteren Angeklagten als besonders verwerfliche, von niederen Motiven getriebene Ehrgeizlinge und Verführer der jüngeren Offiziere zu brandmarken. Gegen Hoepner erreichte Freislers Verhandlungsführung eine Würdelosigkeit, die selbst den NS-Juristen und der Gestapo zu weit ging. Als Hoepner gegen Schluß der Verhandlung berichtete, er habe Fromm gesagt, er fühle sich nicht in dem Sinne schuldig und als Schweinehund, daß er sich selbst richten müsse, sondern er wolle das, was er getan habe, auch vor seiner Familie verantworten, schlug der Teufel in der roten Robe zu: »Sagen Sie einmal; welche zoologische Charakterisierung hätten Sie nun als die richtige für das angesehen, was sie getan haben, wenn Sie diese ablehnen?«[13] Freisler ließ nicht locker, bis Hoepner zuletzt antwortete: »Esel.« – Nun sollte man daraus nicht schließen, daß er damit eingestehen wollte, seine Beteiligung am Staatsstreich des 20. Juli sei eine Dummheit gewesen. Eher bedauerte er damit in selbstkritischer Rückschau, daß der Staatsstreich so spät und unzulänglich geführt worden war und ihm die kriminellen Dimensionen des Regimes, das er über elf Jahre gehaßt und bekämpft hatte, in ihren Ausmaßen bis zuletzt verborgen geblieben waren. Hoepners Optimismus und Rationalismus, die als Grundlagen seines Wesens erhalten geblieben waren, hatten durch den Fanatiker und Sadisten Freisler eine Erschütterung erfahren, wie bei vielen Deutschen in jener Zeit. Dieser Mann (Freisler) »hat wie wenige dazu beigetragen, den Rationalismus in uns zu erschüttern und den Glauben wieder wachzurufen, daß die Welt erfüllt ist von Teufeln. Einer von diesen Teufeln war Roland Freisler.«[14] Wahr ist auch, daß die unter der Regie Freislers damals gestellten Bilder bis heute nachwirken – auf doppelte Art, wie alles Dämonische wirkt. Auf die weniger Nachdenklichen üben sie wohl noch immer die von Freisler und Goebbels beabsichtigte Wirkung aus. Die Nachdenklichen aber müssen diese Bilder so ansprechen, wie Annedore Leber von ihnen angesprochen worden ist: ». . . Schon unter dem ersten Eindruck meinte ich, daß niemals Worte das Geschehen unter der modernen totalen Diktatur eindringlicher vermitteln könnten als diese Bilder. Aus ihnen tritt uns der einzelne Mensch in seinem Schicksal entgegen . . . Wir sehen uns seinem Mut, seinen Leiden und seiner seelischen Größe gegenübergestellt.«[15]

Am zweiten Verhandlungstag, Dienstag, 8. August 1944, wurden die Plädoyers des Oberreichsanwalts und der Verteidiger gehalten. Die im deutschen Rechtswesen eingetretene Perversion zeigte sich auch darin, daß die Verteidiger sich rundweg dem Vertreter der Anklage anschlossen, der für alle Angeklagten auf Todesstrafe plädierte. – Gleich im Anschluß an die Plädoyers bekamen die Angeklagten Gelegenheit, an ihre Angehörigen zu schreiben. Der Angeklagte Peter Graf Yorck v. Wartenburg folgerte daraus: »Offenbar hat man es mit der Vollstreckung des Urteils sehr eilig; deshalb haben wir schon vor der Urteilsverkündung Gelegenheit, noch einmal zu schreiben.«[16] In diesem Abschiedsbrief des Oberleutnants der Reserve Graf Yorck finden sich Sätze, die zu den stolzesten Zeugnissen des Geistes der Freiheit zählen: ». . . Ich höre, das Heer hat uns ausgestoßen, das Kleid kann man uns nehmen, aber nicht den Geist, in dem wir handelten. Und in ihm fühle ich mich den Vätern und Brüdern und auch den Kameraden verbunden . . . Des Lebens Fackel wollten wir entzünden, ein Flammenmeer umgibt uns, welch ein Feuer!«[17]

Auch Hoepners Abschiedsbrief, der letzte von wohl einigen tausend Briefen, die er in fast vierzig Jahren an seine Lebensgefährtin geschrieben hat, ist ein ergreifendes Dokument, das aus sich selber spricht und vor dem jeder Kommentar verstummt:

»Nun heißt es doch, endgültig Abschied zu nehmen. Wenn nicht ein Wunder geschieht, sehen wir uns nicht wieder. Todesstrafe ist beantragt. Das Urteil soll in zwei Stunden gesprochen werden. Es ist nicht zweifelhaft. Ich sterbe mit Soldaten und fühle mich als solcher bis zum letzten Augenblick.

Hoffentlich bleiben Euch Strafmaßnahmen, die durch meine Verurteilung ausgelöst werden können, erspart. Vielleicht gibt es doch noch ein menschliches Verstehen für Dich, so daß Du bald frei bist.

Nun noch einmal und bis zur letzten Sekunde meinen innigen Dank für alles Liebe und Schöne, das ich durch Dich genossen habe! Du warst nicht nur mein guter Stern, sondern

die Sonne der ganzen Familie. Mögen Kinder, Schwiegerkinder und Enkel Dir ein glückliches Alter schaffen.
Denket mit etwas Liebe an mich zurück, auch wenn ich schuld an großer Trauer bin. Du weißt, daß ich Euer Leben mit heißesten Wünschen heute begleite und, wenn es ein weiteres Leben gibt, aus diesem heraus verfolgen werde . . .
Was wirst Du leiden! Du armes Geschöpf! Du liebes, gutes Muttchen! Was möchte und was soll ich Dir alles noch sagen! Es ist doch sehr schwer, nach einem glücklichen Zusammenleben von fast 40 Jahren Abschied zu nehmen. Wie gern möchte ich Dich noch einmal in die Arme nehmen, in alter Liebe!
Grüße die Kinder herzlichst und alle Verwandten und Freunde!
Sie mögen Dir helfen!
Inniger Kuß!
Pappi.«
Solange das NS-Regime noch herrschte, ist dieser Brief nicht mehr zur Kenntnis der Adressatin gelangt. Erst nach zehn Jahren, 1954, erhielt Frau Irma Hoepner eine Abschrift der letzten Zeilen ihres Mannes. Das Original des Briefes war nach Kriegsende mit anderem Schriftgut ins Nationalarchiv der USA verbracht worden, wo es sich noch heute befindet.
Nach zweistündiger Beratung, die nicht der Urteilsfindung, nur ihrer Begründung diente, verurteilte Freisler alle acht Angeklagten zum Tode durch Erhängen: Generalfeldmarschall v. Witzleben, Generaloberst Hoepner, Generalleutnant v. Hase, Generalmajor Stieff, Oberstleutnant i. G. Bernardis, Hauptmann Klausing, Oberleutnant d. R. v. Hagen und Oberleutnant d. R. Graf Yorck v. Wartenburg. Generalfeldmarschall v. Witzleben war 63, Hauptmann Klausing 23 Jahre alt. So waren es zwei deutsche Soldatengenerationen, die am 7. und 8. August 1944 vor dem Richterstuhl Freislers standen. Zugleich waren es Soldaten unterschiedlichen sozialen und landsmannschaftlichen Herkommens: Preußischer Schwertadel war mit Generalfeldmarschall v. Witzleben und Graf Yorck v. Wartenburg, deutsches Bildungsbürgertum mit dem Sohn des Rektors der Universität Prag, Hauptmann Klausing, vertreten; aus Linz an der Donau in Österreich kam der Freund Stauffenbergs, der Oberstleutnant und Bauingenieur Robert Bernardis. – Alle nahmen das Urteil in stolzer Haltung entgegen. Keiner tat in seinem letzten Wort dem Präsidenten den Gefallen, ein Gnadengesuch zu stellen. Die jüngeren Angeklagten baten zum Teil, das Urteil durch Erschießen zu vollstrecken. Hoepner, auch in dieser Stunde an seine Familie denkend, bat lediglich, das Vermögen nicht einzuziehen. Keiner der Bitten wurde entsprochen. Die acht Todgeweihten wurden dann zum Strafgefängnis Plötzensee gefahren und in den sogenannten »Todeszellen« untergebracht. Sie mußten jetzt die Zivilkleidung ablegen und Zuchthaushosen und -jacken sowie Holzpantoffeln anziehen. Anschließend hatten sie, wieder gefesselt, noch zwei Stunden in ihren Todeszellen zu verbringen. Aus welchem Grund erhellt aus dem Bericht des Gefängnispfarrers Poelchau, der 1934–1944 Zeuge von etwa tausend Hinrichtungen geworden war:
»Ich erwähnte schon, daß ich nur wenige der führenden Männer der Offiziersgruppe persönlich kennenlernte . . . Dagegen konnte ich Generalfeldmarschall von Witzleben und Generalleutnant von Hase auf ihrem letzten Gang zum Hinrichtungsschuppen begleiten . . . Ich war gegen den Willen des Volksgerichtshofes erschienen. Es ging so

plötzlich, daß man nicht Zeit fand, mich zu entfernen. So konnte ich an diesem Tage die Verurteilten noch rasch sprechen. Um die hohen Offiziere zu demütigen, hatte man sie mit alten Strickjacken und Zuchthaushosen bekleidet . . . Die übrigen Opfer jenes Hinrichtungstages: Oberstleutnant Bernardis, Oberleutnant von Hagen und Generaloberst Hoepner konnte ich nicht mehr sprechen. Nur mit einem gelang es mir noch, unter vier Augen beisammen zu sein – mit dem Grafen Peter Yorck von Wartenburg . . . Unsere letzte Aussprache wurde plötzlich gewaltsam unterbrochen. SS-Männer mit großen Scheinwerfern drangen in die Zellen ein und filmten die einzelnen Gefangenen, ehe sie zur Hinrichtung geschleppt wurden. Der Film – im Auftrag des »Führers« gedreht – sollte den gesamten Prozeß in all seinen Phasen ausführlich und in allen Einzelheiten zeigen, von der Verhandlung vor dem Volksgerichtshof bis zu den letzten Zuckungen der Opfer am Galgen.«[18]

Hitler, der in einer seiner Reden sich damit gebrüstet hatte, von ihm sei »alles im Voraus einkalkuliert« worden, hatte schon im ersten Jahr seiner Herrschaft begonnen, den »Handbetrieb der Menschenvernichtung endgültig durch den maschinellen Betrieb«[19] abzulösen. Ende 1933 wurden zwanzig Guillotinen bestellt, die das bisherige Werkzeug des Henkers, das Beil, verdrängten. Als mit Verlauf des Krieges die Zahl der Todesurteile anschwoll, gab – Dezember 1942 – der Reichsjustizminister Thierack den Auftrag, im Hinrichtungsschuppen von Plötzensee eine gleichzeitige Erhängungsmöglichkeit für acht Personen einzurichten. An der Decke wurde ein T-Träger einbetoniert, an dem auf Rollen acht sogenannte »Fleischerhaken« liefen. – Gefängnispfarrer Poelchau berichtet: »Die Prozedur des Erhängens habe ich nie mitangesehen, da sie sich im geschlossenen Raum abspielte. Ich durfte die Verurteilten immer nur bis zum Schuppen begleiten. Der Arzt versicherte stets, der Erhängte verliere sehr rasch das Bewußtsein, sobald die Blutzirkulation abgedrosselt sei, der Tod träte durch Bruch des Halswirbels ein. Es dauerte aber viel länger als bei der Guillotine. Die Vorschrift lautete, den Erhängten frühestens nach zwanzig Minuten wieder abzunehmen, vorher dürfe man mit dem sicheren Eintreten des Todes nicht rechnen.«[20]

Wie alle Angehörigen der kommunistischen Widerstandsorganisation »Rote Kapelle«, so waren auch die Verschwörer des 20. Juli zum Tod durch den Strang verurteilt worden. Das besondere Interesse, welches Hitler der Hinrichtung der letzteren entgegenbrachte, verlangte einen unterschiedlichen Ablauf. Während bei der Hinrichtung der Mitglieder der »Roten Kapelle« immer acht Verurteilte *gleichzeitig* gehenkt wurden, wurde das Erhängen der Verurteilten des 8. August 1944 *nacheinander* vollzogen. Grund hierfür war der sadistische Wunsch Hitlers, auch die Prozedur der Hinrichtung im Film dargeboten zu bekommen. Der Diktator kam ebensowenig auf seine Kosten wie der Präsident des Volksgerichtshofes bei der Urteilsverkündung. Alle acht Verurteilten waren als Frontsoldaten mit dem Tode schon häufig in nahe Berührung gekommen und seinen Anblick gewohnt; sie traten ohne Furcht, aber voll Verachtung für das Regime an den Galgen[21]. Das Bewußtsein, für eine gute Sache gekämpft zu haben, war in den Tagen des Leidens nur noch bestärkt worden. Bezeichnend ist die Antwort des Generalmajors Stieff an einen Aufseher, der ihn wegen der rotgestreiften Zuchthaushosen, die er jetzt anstelle der Generalshosen trug, verspotten wollte: »Was wissen Sie«, sagte Stieff dem verblüfften Henkersdiener, »was heute ehrenvoller ist!«

In den »Moabiter Sonetten« des noch im April 1945 ermordeten Albrecht Haushofer schließlich gewann die Überzeugung, einen guten Kampf gekämpft zu haben, ihren dichterischen, zeitlos-gültigen Ausdruck:

»Den Weggefährten gilt ein langer Blick;
Sie hatten alle Geist und Rang und Namen,
die gleichen Ziels in diese Zellen kamen –
und ihrer aller wartete der Strick.
Es gibt wohl Zeiten, die der Irrsinn lenkt;
dann sind's die besten Köpfe, die man henkt.«

Nach den Hinrichtungen wurden die Filme vom Prozeß, von der Verkündung und Vollstreckung der Todesurteile entwickelt und mit Kuriermaschine ins Führerhauptquartier Rastenburg geflogen, wo Hitler, zur Befriedigung seines Hasses und Mordtriebes[22], sie sich an den Augustabenden mehrmals vorführen ließ. Die Leichen der Gehängten wurden verbrannt, ihre Asche verstreut, so daß sie sich im märkischen Sand mit der Asche der untergehenden Reichshauptstadt vermengte. Nichts sollte nach dem Willen Hitlers an die Soldaten erinnern, die sich am 20. Juli 1944 erhoben hatten, um Deutschland zu retten.

Wir stehen am Ende dieser Beschreibung eines deutschen Soldatenschicksals, da, wo die Lebensbilanz gezogen und die letzte, entscheidende Frage gestellt werden muß, die Frage: *Was blieb?* Ist es Hitler gelungen, die Toten von Plötzensee, unter ihnen den Generaloberst Erich Hoepner, aus dem Gedächtnis der deutschen Armee zu tilgen? – Es ist ihm von Anfang an nicht gelungen! Schon am Abend des 8. August 1944, vielleicht zur gleichen Stunde, in welcher Hitler sich in Rastenburg den Hinrichtungsfilm vorführen ließ, setzte sich ausgerechnet ein SS-General über das Verbot des Diktators hinweg und opponierte laut gegen die Art der Hinrichtung. Als nämlich der Kommandierende General des an der Invasionsfront in schweren Kämpfen stehenden, der 5. Panzerarmee Eberbach unterstellten II. SS-Panzerkorps, General der Waffen-SS Wilhelm Bittrich, im Rundfunk hörte, sein alter, verehrter Vorgesetzter Hoepner sei gehenkt worden, geriet er in so große Erregung, daß er seinen Korpsstab zusammenrief und sagte: »Meine Herren, ich habe die Geschichte des deutschen Heeres genau studiert. Es ist mir kein einziger Fall bekannt, daß bisher ein deutscher General aufgehängt worden ist. Dieser Vorgang bedeutet für mich das Ende der deutschen Armee!«[23]

Geblieben ist die nachhaltige Wirkung, welche die Kraft von Hoepners Persönlichkeit und ihres selbständigen Handelns am 8. Januar 1942 auf andere führende Soldaten ausgeübt hat. Etwa zur gleichen Zeit, im April 1945, als General Bittrich gegen Führerbefehl die Stadt Wien räumte und damit rettete, folgte in Oberitalien ein anderer Truppenführer dem Beispiel Hoepners und dem Wort Moltkes, daß der *Mann* über dem Gehorsamsprinzip zu stehen habe. Generaloberst v. Vietinghoff, der für den an die Westfront berufenen Feldmarschall Kesselring den Oberbefehl über die in Oberitalien kämpfende Heeresgruppe Südwest übernommen hatte, ging, ebenfalls gegen ausdrücklichen Befehl Hitlers, über den Po zurück und verhinderte die in blinder Vernichtungswut befohlene Zerstörung der Elektrizitätswerke, der Industrie- und Verkehrsanlagen.

Auch Generaloberst v. Vietinghoff war, ebenso wie General Bittrich, im Herbst und

Winter 1941 vor Moskau unter dem Kommando von Hoepner gestanden; er hatte dort, wie erinnerlich, das XLVI. Panzerkorps geführt – in einem Abschnitt zudem, wo Hoepners Handeln gegen Hitler am 8. Januar 1942 unmittelbar miterlebt worden war, und wo sich wenig später im Oberkommando der HGr Mitte unter Henning v. Tresckow die Zentrale der Militäropposition an der Ostfront gebildet hat.

Geblieben – der Freiheit und dem Leben erhalten geblieben – sind dank des selbständigen Denkens und Handelns ihres Oberbefehlshabers viele Soldaten der 4. Panzerarmee. Ihre Zahl ist schwer zu bestimmen; das Schicksal der 6. Armee, die Toten und Vermißten von Stalingrad, könnten eine Orientierung sein, sofern kriegsgeschichtliche Ereignisse und »Lagen« sich miteinander vergleichen lassen. Für die Soldaten des XX. und VII. Armeekorps jedenfalls stand am 8. Januar 1942 die Entscheidung über Wohl und Wehe auf des Messers Schneide. Diese Soldaten – soweit sie überlebten – sind nach Kriegsende heimgekehrt, haben Familien gegründet, ihre Arbeitskraft dem Wiederaufbau der zerstörten deutschen Heimat zur Verfügung gestellt. Nur wenigen dürfte bewußt geworden sein, daß ihnen nur dank des einsamen Entschlusses *eines* Mannes, der statt dem formalen Gehorsamsbegriff einem größeren Verantwortungsgefühl folgte, das Los der sowjetischen Kriegsgefangenschaft erspart geblieben ist. Dieser *eine* Mann hat mit seinem Entschluß vom 8. Januar 1942 den Sieg über einen Diktator errungen, dem fast ganz Europa gehorchte und dessen »letztes Programm . . . der Volkstod«[24] war. Am 8. Januar 1942 siegte der Geist der Bewahrung über den Geist der Zerstörung, siegte der Soldat Hoepner über den Demagogen und potentiellen Massenmörder Hitler. Zwar mußte Hoepner dieses eigenständige Handeln mit seiner Dienststellung und Karriere bezahlen. Aber er setzte damit ein Zeichen, daß die protestantisch-preußische Tradition, die »eine Tradition nüchtern-selbstlosen Dienstes am Staatswohl gewesen ist«[25], im Deutschland Hitlers lebendig geblieben war.

Geblieben ist somit Hoepners geschichtlicher Rang, der darin liegt, daß er das kommende Unheil für Deutschland nicht nur in seltenem Weitblick über ein Jahrzehnt vorausgesehen, sondern als Soldat und Staatsbürger auch die Konsequenz gezogen hat, sich bis zur Selbstaufopferung dem Schicksal entgegenzuwerfen, um sein Vaterland vor dem Untergang zu bewahren. Dieser Kampf in der Militäropposition gegen Hitler gleicht einem Drama in fünf Akten. Die Auseinandersetzungen mit dem Gauleiter Koch in Königsberg 1933/34 waren darin der erste, die Beteiligung am »Aktionsplan« im September 1938 der zweite Akt. Höhepunkt, Peripetie und dritter Akt dieses Dramas bildete sein Bemühen zwischen Polen- und Frankreichfeldzug 1939/40, den Krieg durch Sturz des Regimes zu beenden. Die Rücknahme der beiden Korps am 8. Januar 1942 gegen den Willen Hitlers wäre der vierte und der 20. Juli 1944 schließlich der fünfte Akt und die Katastrophe. Daß diesem Kampf gegen Hitler der erstrebte Erfolg versagt blieb, der Untergang Deutschlands dadurch nicht verhindert werden konnte und noch unersetzliche Blutopfer forderte, ändert am hohen sittlichen Wert des Ganzen nichts. Denn nur die Aktion des 20. Juli 1944, worin der Widerstand kulminierte, aus einer Bewegung im Verborgenen zum unübersehbaren Geschehen und damit erst eigentlich »Geschichte« geworden ist, hat nach Kriegsende die These von einer Kollektivschuld des deutschen Volkes widerlegt. So gilt für Hoepner selbst das Wort Moltkes, welches er auf der ersten Seite seines Vermächtnisses für den Sohn zitiert hat: »Nicht der Glanz des Erfolges, sondern die Lauterkeit des

Strebens und das treue Beharren in der Pflicht, auch da, wo das Ergebnis kaum in die äußere Erscheinung trat, werden den Wert eines Menschenlebens entscheiden!«
Die bedingungslose Kapitulation der Wehrmacht erfolgte – auf den Tag genau – acht Monate nach den Hinrichtungen des 8. August 1944 in Plötzensee. Die plötzliche Klarheit darüber, wo in den zwölf Jahren die echten und wo die falschen Propheten gewesen waren, und die bald nach dem 8. Mai 1945 im deutschen Volk einsetzende geistige Erneuerungsbewegung bestätigten die Gültigkeit des Moltke-Wortes. Am 14. September 1956, seinem siebzigsten Geburtstag, erfuhr Hoepners Andenken in Berlin eine besondere Ehrung: Das ehemalige Kaiserin-Augusta-Gymnasium, in das er vor sechzig Jahren als Schüler eingetreten war, wurde nach ihm benannt. Der Senator des Innern von Berlin, Julius Lipschitz, sagte in seiner Gedenkrede vor den Schülern und Lehrern der Anstalt: » . . . daß wir nicht für alle Zeiten uns zu schämen brauchen . . ., daß in Deutschlands dunkelster Epoche die Lichter des Menschentums nicht ausgegangen sind, dafür sollen sie Dank haben und unserer Verehrung gewiß sein, sie, von denen einer Erich Hoepner war.«
Als zehn Jahre später, am 17. Oktober 1966, Frau Irma Hoepner in Berlin verstarb, wurde auf ihrer Grabstätte im Zehlendorfer Waldfriedhof mit dem ihren der Name ihres Mannes eingetragen. Frau Hoepner hatte ihre Einäscherung verfügt; sie wollte auch dies mit ihrem Mann gemeinsam haben.
Zwei Jahre später ist im ehemaligen Bendlerblock in Berlin die »Gedenk- und Bildungsstätte Stauffenbergstraße« eingerichtet worden. Die wichtigsten Schauplätze jenes Aufstands des Gewissens, vier Büroräume des Befehlshabers des Ersatzheeres – das Vorzimmer und Dienstzimmer Stauffenbergs, das Kartenzimmer und das Dienstzimmer Fromms – sind heute eine vielbesuchte Erinnerungsstätte an eines der erregendsten Ereignisse der neueren deutschen Geschichte. Man verzeichnet dort ein ständig wachsendes Interesse der Öffentlichkeit, vor allem der jüngeren Generation. An Hoepner erinnern einige der von ihm gezeichneten fernschriftlichen Befehle an die Wehrkreise, sein Bild und – der Goebbelssche »Völkische Beobachter« mit den Berichten über den Prozeß gegen die »Verräter« vom 20. Juli.
Über die Problemkreise »Soldat im totalitären Staat – Soldat und Gewissen – Soldat und 20. Juli« wurde verstärkt nachgedacht, als die junge Bundesrepublik Deutschland zu Beginn der 50er Jahre sich entschloß, wieder eigene Streitkräfte aufzustellen[26]. So wie der Widerstand gegen Hitler politisch den Eintritt der Bundesrepublik in die Welt der freien Völker erleichtert hatte, erwies sich jetzt die Militäropposition für die Bundeswehr als moralisches Guthaben von unschätzbarem Wert bei Überwindung ihrer anfänglichen Identitätskrise, insbesondere, als ihre Soldaten von den einstigen Kriegsgegnern in die Nato-Gemeinschaft aufgenommen wurden. Für ihre Haltung, ihre Bereitschaft zum Opfer für Freiheit und Recht, ihre Entscheidung für Gewissen und Humanität und gegen Karrieredenken hat der erste Generalinspekteur der Bundeswehr, General Adolf Heusinger, im Tagesbefehl vom 20. Juli 1959 die Soldaten des Widerstands für die Soldaten der Bundesrepublik zu Vorbildern erklärt. In einer Rede zum 20. Juli 1961 sagte dann Heusingers Nachfolger, General Friedrich Foertsch: »Wir Soldaten der Bundeswehr sind besonders den Soldaten unter den Männern des Widerstands zu Dank verpflichtet. Sie haben uns gelehrt, über die Fragen der Pflicht, des Eides und des Gehorsams tief nachzu-

denken.« Am gleichen Tage wurden fünf Kasernen der Bundeswehr nach Männern des Widerstands benannt und damit bekundet, daß der 20. Juli 1944 einen echten Bestandteil der Tradition der Bundeswehr darstellt. Einen weiteren bedeutenden Beitrag zum Thema »Widerstand und Bundeswehr« lieferte anläßlich der Gedenkfeier zum 20. Juli 1963 in Bonn der damalige Oberbefehlshaber der Nato-Landstreitkräfte Europa-Mitte, General Graf v. Kielmansegg[27].

Am 18. Oktober 1969 wurde die »Saarburg-Kaserne« in Wuppertal-Elberfeld, in welcher einst der Stab der 1. Leichten Division untergebracht war, in »Generaloberst Hoepner-Kaserne« umbenannt. Ein Ehrenmal mit dem Bilde Hoepners auf einer Bronzetafel wird von dem in der Kaserne liegenden Pipeline-Pionierbataillon der Bundeswehr gepflegt. In der Kaserne treffen sich die Angehörigen der ehemaligen 1. Leichten Division / 6. Panzerdivision zur Pflege ihrer soldatischen Tradition. Im Gedenken an Hoepner begegneten sich dabei mehrere deutsche Soldatengenerationen. Vor allem an Hoepners Todestag, dem 8. August, berührten Vorträge und Diskussionen häufig die letzten Fragen des soldatischen Seins. Im Interesse der Bundeswehr, der Bundesrepublik und der freien Welt bleibt zu hoffen, daß die Kraft und der Wille zum Nachdenken über diese Fragen lebendig bleiben[28]. Denn Nachdenken ist eine Voraussetzung dafür, daß die Freiheit des Geistes, die Motivation zu einer befreienden Tat, aber auch die Bereitschaft zum Opfer und die Wachheit der Gewissen erhalten bleiben. Ohne die Opferbereitschaft seiner Bürger, derer in Uniform wie derer in Zivil, und ohne »Mut vor Fürstenthronen«, der im deutschen Manne in geringerem Maße vorhanden zu sein scheint als der Mut auf dem Schlachtfeld, gibt es kein freies Staatswesen von langer Dauer. Ohne die Wachheit des Gewissens aber ist der Mensch bei letzten Entscheidungen ohne verläßlichen Führer. »Der einzige Führer des Menschen ist sein Gewissen; der einzige Schild für sein Andenken ist die Ehrlichkeit und Redlichkeit seiner Handlungen.« Der große Brite Winston Churchill, der diese Worte schrieb, könnte sie vom großen Schweiger Moltke übernommen haben. Sie könnten auch auf dem Gedenkstein Erich Hoepners stehen, dessen deutsches Soldatenschicksal hier beschrieben wurde.

---

1 Vgl.Peter Hoffmann: »Widerstand. Staatsstreich. Attentat«. A.a.O. S. 446.
2 Generalmajor a. D. Hellmuth Reinhardt, von Frühjahr 1941 bis Sommer 1943 Chef des Stabes des Allgemeinen Heeresamtes unter General Olbricht, im Gespräch mit dem Verfasser am 5. Januar 1979 in Bad Boll.
3 Ibid.
4 Vgl. Eberhard Zeller: »Geist der Freiheit«. München (1963). S. 532.
5 »Spiegelbild einer Verschwörung . . .« A.a.O. S. 20.
6 Sebastian Haffner: »Anmerkungen zu Hitler«. A.a.O. S. 182.
7 Vgl. »Der Prozeß gegen die Hauptkriegsverbrecher . . .«. A.a.O. S. 380.
8 Frau Margarete Buchholtz-Hoepner im Gespräch mit dem Verfasser im März 1978 in Rheinbach.
9 Ibid.
10 Vgl. Paul Sethe: »Der Dämon der Justiz«. Schwäbische Zeitung, Überlingen, 7. Mai 1946.
11 Ibid.
12 Vgl. »Der Prozeß gegen die Hauptkriegsverbrecher . . .«. A.a.O. S. 372.
13 Ibid. S. 418.
14 Vgl. Paul Sethe: »Der Dämon der Justiz . . .«. A.a.O.
15 Vgl. Annedore Leber: »Das Gewissen steht auf. 64 Lebensbilder aus dem deutschen Widerstand 1933–1945«. Berlin–Frankfurt/M. (1954–1957). S. 5.
16 Bundesarchiv Koblenz, NS 6/50 b.

17 Ibid. Siehe auch: C. H. Hermann: »Drei Yorcks«. In: »Visier« Nr. 12, Köln, 15. Juli 1961.

18 Vgl. Harald Poelchau: »Die letzten Stunden«. Erinnerungen eines Gefängnispfarrers, aufgezeichnet von Graf Alexander Stenbock-Fermor. Berlin (1949). S. 105 ff. – Dienstgrade und Namensschreibung sind bei Poelchau sehr ungenau und wurden berichtigt.

19 Ibid. S. 29.

20 Ibid. S. 53 f.

21 Vgl. Friedrich Zipfel: »Plötzensee«. Berlin. S. 19.

22 Vgl. Sebastian Haffner: »Anmerkungen zu Hitler«. A.a.O. S. 190: »Hitler war immer ein großer Hasser gewesen und hatte viel innere Freude am Töten gehabt.«

23 General der Waffen-SS Wilhelm Bittrich im Gespräch mit dem Verfasser am 25. Juni 1978 in Münsing, Oberbayern. Siehe auch: Heinz Höhne: »Der Orden unter dem Totenkopf. Die Geschichte der SS«. (1967). S. 495.

24 Vgl. Sebastian Haffner: »Anmerkungen zu Hitler«. A.a.O. S. 185.

25 Ibid. S. 201.

26 Vgl. Dr. Trentzsch: »Der Soldat und der 20. Juli«. Darmstadt (1956). Siehe auch: Wolfgang Borgmeyer: »Stellung der Bundeswehr zum 20. Juli 1944«. In: »Europäische Wehrkunde«, 25 (1976), Heft 7, S. 349 ff.

27 Vgl. Joh. Adolf Graf v. Kielmansegg: »Der Soldat und der 20. Juli«. In: Beilage der »Information für die Truppe«, 1964, Nr. 8.

28 Siehe hierüber: Helmut Schumacher: »Bundeswehr und 20. Juli. Bemerkungen zu einem Kapitel ›unbewältigter Vergangenheit‹. »Truppenpraxis« Heft 7 (1974), S. 497 f. Darin wird die Ansicht vertreten: »Der 20. Juli ist in der Bundeswehr ›tot‹.«

Dokumente

Vorwort

Ich schreibe die folgenden Aufzeichnungen aus dem vollen Herzen eines passionierten Soldaten, der das Glück gehabt hat, in dem Ersten Weltkrieg als Generalstabsoffizier zu lernen und im Zweiten zu führen.
Neben der Ehre des Namens sollen meine Erfahrungen das militärische Vermächtnis für meinen Sohn sein.
Mögen er und kommende Soldaten-Generationen von unseren großen Feldherren zu lernen suchen, Siege erringen und – bescheiden sein!
Das Wort des Generalfeldmarschalls Grafen v. Moltke leite ihr Denken und Handeln: »Nicht der Glanz des Erfolges, sondern die Lauterkeit des Strebens und das treue Beharren in der Pflicht, auch da, wo das Ergebnis kaum in die äußere Erscheinung trat, werden den Wert eines Menschenlebens entscheiden . . .!«
Im Winter 1942/43 gez. Hoepner

Soldatische Eigenschaften

Die vornehmste und unentbehrliche Eigenschaft ist für den Soldaten der *Mut*. Dieser befähigt ihn zum Handeln und zum Aushalten. Er ist im ganzen militärischen Leben überall erforderlich, wird selbstverständlich vom Mann im Kampf mit der Waffe erwartet, wie jeder Führer ihn zur Tat, zum Befehlen, zur Verantwortung für seine Maßnahmen haben muß.
Ein *starker Wille* fördert den Mut und macht hart gegen Anwandlungen von Schwäche bei sich selbst und Untergebenen. Er kann das Letzte aus dem Soldaten herausholen, wenn er mit dem Verständnis für dessen Können und Leiden gepaart ist.
Man muß sich einen *klaren Blick für das Mögliche* erwerben und erhalten, vor allem lernen, das Wesentliche vom Unwesentlichen zu unterscheiden.
Der soldatische Führer bedarf insbesondere einer *inneren Freiheit*, einer Selbstsicherheit, des Vertrauens zu sich, zu seinem Können, seinem anständigen Wollen. Schließlich, doch nicht als wertvollster Besitz ist der Frohsinn beim Soldaten zu verlangen. Mit ihm werden auch schwere Stunden überwunden. Der Vorgesetzte hat die Pflicht, die »Freude am Geschäft« zu pflegen. Mit dem Willen zur Freude und Sinn für Humor wird jeder im Soldatenleben unendlich viele Stunden hoher Befriedigung genießen.
Die Selbsterziehung ist ein wesentliches Mittel, den Mann auf eine höhere Stufe, den Soldaten zu Führerfähigkeiten zu bringen. Die Arbeit an sich selbst, das Erkennen eigener Schwächen, der Kampf gegen sie, das Streben nach innerer Sauberkeit, zu einer klaren Stellungnahme zu den Fragen des Lebens und den Wegen zum Ziele des Berufes ergeben erst die wirkliche Kraft zum Handeln. Es ist eine alte Wahrheit, daß der Mensch nicht durch Belehrung anderer, sondern nur durch eigene Erfahrung klug wird. Diese Erfahrung muß man sich aber erarbeiten und kann sie nur erlangen, wenn man sich selbst kennt, in der Gewalt hat und richtig einzusetzen weiß.

Führer. Feldherr

Friedrich der Große, Clausewitz, Moltke, Frh. v. der Goltz und zuletzt die Generale Reinhardt und Wetzell haben über die Anforderungen an Führer und Feldherrn so eingehend geschrieben, daß es überflüssig erscheint, darüber noch weiter Erörterungen zu machen. Doch jede Zeit und insbesondere die politische und militärische Entwicklung fordern zu neuen Betrachtungen auch in dieser Frage heraus.
Man war sich wohl darüber einig, daß das Ideal darin zu suchen ist, daß das Staatsoberhaupt, das die Kriegsleitung in der Hand haben muß, Staatsmann und Feldherr zugleich ist. In Friedrich dem Großen und Napoleon war dieses der Fall. Der König hat die Aufgabe gelöst. Der korsische Eroberer ist an ihr gescheitert: Der Staatsmann Napoleon erstrebte ein Ziel, das der Feldherr Napoleon nicht erreichen konnte.
Es ist ferner anerkannt, daß die Politik, d. h. der Staatsmann das Kriegsziel bestimmt und damit Einfluß auf die Führung des Krieges gewinnen muß. Bismarck hat bewiesen, wie dieses zum glücklichen Ende führen kann. Er hatte allerdings einen Herren über sich, der gleichzeitig von dem besten Generalstabschef beraten wurde.
Ganz abgesehen von der Schöpfung des Generalstabes und seiner einflußreichen Stellung in den Kriegen sind nun bereits in der Regierungszeit Kaiser Wilhelms I. die Aufgaben des Herrschers so gewachsen, daß unmöglich *ein* Mann zugleich die Tätigkeiten des Staatsmannes und Feldherrn ausüben konnte. Das dürfte für das 20. Jahrhundert mit der ganz bedeutenden Ausweitung der politischen, wirtschaftlichen Interessen und der Kriegsschauplätze in erhöhtem Maße zutreffen. Damit soll nicht gesagt sein, daß mehrere Männer den Staat führen sollen.
Aber der leitende Staatsmann kann nicht im Nebenberuf die Operationen der Wehrmacht leiten. Noch viel weniger vermag der Feldherr sich um Fragen der äußeren Politik oder gar der inneren und die der Wirtschhaft zu kümmern. Das Beispiel Ludendorff warnt. Die Lösung liegt in dem Vorbild Kaiser Wilhelm I. – Bismarck – Moltke.
Wenn nun zu dem Feldherrn der heutigen Zeit noch etwas zu sagen ist, so sind eigentlich nur bekannte Grundsätze zu unterstreichen.
Jeder Führer und insbesondere der Feldherr muß zunächst ein *Herr* sein, ein Mann der geistig unabhängig ist, der frei ist von persönlicher Eitelkeit, der seinen Willen hat, ohne eigensinnig zu sein, der die menschliche Schwäche kennt, der hart sein kann und doch ein großes, gutes Herz hat. Er soll sich seiner Verantwortung bewußt sein, den tiefen Ernst seiner Aufgabe immer vor Augen haben, dabei aber ein fröhliches Gemüt bewahren und Sinn für Humor zeigen.
Ein Feldherr, der allen Lagen gewachsen sein soll, muß von der Pike auf im praktischen Dienst alle soldatischen Stellungen kennen gelernt haben. Nur eine lange, ernste Beschäftigung mit dem Werden und Sein von Menschen und Material wird die inneren Elemente des soldatischen Wesens erkennen lassen. Ohne dieses ist sachgemäßes Führen nicht gewährleistet. Dazu gehören weiter persönliche Erfahrungen in der Ausbildung und Führung. Aus diesen und dem Durchkämpfen äußerer Schwierigkeiten und innerer Unklarheiten erwachsen das Selbstvertrauen und souveränes Beherrschen der militärischen Grundlagen.
Der Feldherr erhält von der Kriegsleitung Weisungen über die Ziele des Feldzuges, muß dann aber Freiheit des Handelns haben für Mittel und Wege, wie er die Ziele erreicht. In demselben Sinne führt auch er. Je größer der unterstellte Verband ist, um so mehr Freiheit muß dessen Führer gelassen werden für die Art der Lösung seines Auftrags. Je kleiner die Einheit, um so genauer sind Einsatz der Kräfte und Kampfführung zu befehlen. Das »straf-

fe« Führen besteht immer in der klaren Bezeichnung des Zieles und dem Sicherstellen des räumlichen und zeitlichen Zusammenwirkens aller verfügbaren Mittel auf dieses, nicht in dem Hineinbefehlen in die Befugnisse des Untergebenen.
Der Feldherr bedarf auch eines Ratgebers in der Person seines Chefs des Generalstabes, der ihm in Charakter und Bildung im wesentlichen gleichen muß. Es ist nicht glücklich, wenn diese beiden sich in dem Sinne »ergänzen«, daß sie ganz verschiedene Naturen sind. Dann ist die unbedingte Achtung des einen vor dem anderen nicht sichergestellt. Der wahre Führer wird einen bedeutenden Mann als Chef wünschen und ihn hören, bereit sein, ihm auch einmal nachzugeben, in der Erkenntnis, daß *einer* nicht immer in allem richtig urteilen und handeln kann. Ein großer Mann sieht gern bedeutende Leute um sich. Er versteht auch, eine seiner entgegengesetzte Ansicht zu würdigen, ja auch einen Widerspruch zu hören. Der Kleine ist mißtrauisch und eifersüchtig.

Disziplin. Verantwortung

Moltke:
»Autorität von oben und Gehorsam von unten, mit einem Worte Disziplin ist die ganze Seele der Armee.«
»Die Disziplin ist der Grundpfeiler der Armee und ihre strenge Aufrechterhaltung eine Wohltat für alle.«
Man sieht im allgemeinen nur den Gehorsam als das Zeichen der Disziplin an. Das böse Wort vom »Kadaver-Gehorsam« hat versucht, den inneren Gehalt der preußischen Disziplin herabzusetzen. In der alten kaiserlichen Armee ist niemals von denkenden Soldaten ein Gehorsam verlangt worden, der die Ausführung eines sinnlosen Befehls forderte. Im Dienstunterricht wurden sogar Fälle besprochen, in denen der Untergebene einen Befehl nicht auszuführen brauchte. Es gab im Frieden in der großen Armee vielleicht einmal einen Vorgesetzten, der in einer krankhaften Anwandlung eine vorschrifts- oder gar gesetzwidrige Handlung anordnete. Dann verletzte dieser die Disziplin und hatte damit keinen Anspruch auf Gehorsam.
Die Disziplin und damit der Gehorsam beruhen auf einem Vertrauen zwischen Vorgesetzten und Untergebenen. Der Vorgesetzte gewinnt seine Autorität und damit das Recht zu befehlen nicht allein durch seinen Rang und seine Stellung, sondern durch seine Persönlichkeit, sein Können, sein Verständnis für die Truppe und ihren Dienst. »Die Autorität von oben« ist unumgängliche Voraussetzung für Gehorsam von unten.
Im Kriege kann ein Führer seine Autorität und damit den Gehorsam der Untergebenen dadurch gefährden, daß er wiederholt Befehle gibt, die nicht ausführbar sind. Über Form der Befehle wird noch zu sprechen sein. Ihr Inhalt und ihre Bindungen mussen verschieden sein je nach dem, an wen sie sich richten und für welche Zeit oder Lage sie gelten. Dem entsprechend ist die Ausführung zu beurteilen.
Man kann an den Führer einer Armee nicht ebenso befehlen wie an einen Feldwachhabenden.
So ist denn auch die Form des Gehorsams verschieden.
Moltke: »Gehorsam ist Prinzip, aber der Mann steht über dem Prinzip.« Wer dann im Kriege recht hat, kann in den meisten Fällen nur der Erfolg entscheiden . . . Deshalb muß man mit der Verurteilung eines Generals überaus vorsichtig sein.«
Ein höherer Führer trägt eine Verantwortung, die ihm niemand abnehmen kann. Er hat nicht nur seinen Vorgesetzten zu melden: »Zu Befehl! Ich habe den Befehl weitergege-

ben.« Er darf sich nicht damit abfinden, daß ein Befehl von höherer Stelle vorliegt, wenn er von dessen Ausführbarkeit nicht überzeugt ist.
»Schließlich ist es vielleicht nicht so schwer, das eigene Leben hinzugeben; aber von Berufs wegen das Leben anderer einsetzen zu sollen, lastet schwer auf dem Gewissen.« (Seeckt)
Ein General, dem das Leben von vielen tausenden Deutschen in die Hand gegeben ist, hat dessen Einsatz vor dem ganzen Heere, ja vor seinem Volke zu verantworten. Darin liegt seine Ehre, daß er in solcher Berufsauffassung seine Pflicht tut. Generaloberst v. Seeckt sagt hierzu: »Bestehen können vor dem Richter muß der Soldat. Vielleicht ist dieser Richter nur der strenge aber gerechte Vorgesetzte und Führer, vielleicht ist es das Urteil der Geschichte, unnachsichtiger als beide spricht der Richter in der eigenen Brust: denn der Mann ist der letzte, höchste Richter der eigenen Ehre.«
Eine der Hauptaufgaben der soldatischen Ausbildung und Erziehung besteht darin, das Verantwortungsgefühl zu schaffen und die Verantwortungsfreudigkeit immer wieder neu zu beleben. Ohne diese werden wir keine selbständigen, handelnden, kühnen Führer haben. Eine Warnung Seeckts muß hier aber auch Platz finden: »Wie es ein Zeichen kleinen Geistes ist, sich seiner Verantwortung zu entziehen, so ist es eine Überhebung, eine Verantwortung an sich zu reißen, der man nicht gewachsen ist.« Diese »Überhebung« kann ein Verbrechen werden.
Das Befehlen ist oft schwerer als das Gehorchen. Man soll nur das befehlen, was man vor seinem Gewissen verantworten kann, nur das, was ausgeführt werden kann.
Ludendorff richtete im Juni 1919 ein bemerkenswertes Schreiben an die Chefs der Generalstäbe und Ia der Divisionen: »Es ist jetzt wiederholt vorgekommen, daß von Seiten einiger Chefs taktisch nicht begründete Angriffsbefehle mit dem Zusatz durchgedrückt sind, die O.H.L., insbesondere ich persönlich fordere die Durchführung. In einem Fall wurde mit dieser Begründuung eine Division ohne genügende Artillerie-Munition zum Angriff veranlaßt. Die einzige Folge dieser fehlerhaften Anordnung waren sehr hohe und in keiner Weise zu rechtfertigende Verluste und voraussichtlich Minderung des Vertrauens zu den Anordnungen der O.H.L.
In ihren Weisungen betont die O.H.L. immer wieder die Notwendigkeit, die Verluste zu mindern. Ich muß entschieden dagegen Verwahrung einlegen, daß ihre Autorität mißbraucht wird.
Selbst wenn ich fern vom Schlachtfeld einen Angriff als geboten ansehe, für dessen Erfolg aber nach Urteil der örtlichen Kommandobehörden die taktische Voraussetzung, z. B. genügende Artillerie-Munition fehlt, so darf kein Generalstabsoffizier diesen Angriff anraten, im Gegenteil, er hat dahin vorstellig zu werden, daß er unterbleibt.
Ich habe ohne weiteres zu ihm das Vertrauen, daß nur taktische Gründe sein Tun maßgebend bestimmen werden.
Ich bitte aber auch *die* Generalstabsoffiziere in höheren Dienststellungen, ihren jüngeren Kameraden das gleiche Vertrauen zu schenken. Wir alle arbeiten an dem gleichen Ziel und sind erfüllt von dem gleichen Streben, den Feind zu schlagen. Den Angriff aus irgendwelchen Gründen anzuhalten, ist immer ein schwerer Entschluß. Wir dürfen voraussetzen, daß dieser nur aus gewichtigen taktischen Gründen, nicht aus Nervenschwäche gefaßt sein wird.«
Bereits am 16. Dezember 1858 erließ Prinz-Regent Wilhelm, der spätere König und Reorganisator der preußischen Armee, die bekannte Kabinettsorder »Über Rang- und Dienstverhältnisse der einzelnen Chargen«, deren Grundgedanke es war, dem Streben jedes Führers, innerhalb seines Wirkungskreises etwas Selbständiges zu schaffen, den erforderli-

Disziplin. Verantwortung.

Moltke: „Autorität von oben und Gehorsam von unten, mit einem Worte Disziplin ist die ganze Seele der Armee."
„Die Disziplin ist der Grundpfeiler der Armee und ihre strenge Aufrechterhaltung eine Wohltat für Alle."

Man sieht im allgemeinen nur den Gehorsam als das Zeichen der Disziplin an. Das böse Wort vom „Kadaver-Gehorsam" hat versucht, den inneren Gehalt der preußischen Disziplin herabzusetzen. In der alten Kaiserlichen Armee ist niemals von denkenden Soldaten ein Gehorsam verlangt worden, der die Ausführung eines sinnlosen Befehls forderte. Im Dienstunterricht wurden sogar Fälle besprochen, in denen der Untergebene einen Befehl nicht auszuführen brauchte. Es gab im Frieden in der grossen Armee vielleicht einmal einen Vorgesetzten, der in einer krankhaften Anwandlung eine vorschrifts- oder gar gesetzwidrige Handlung anordnete. Dann verletzte dieser die Disziplin und hatte damit keinen Anspruch auf Gehorsam.

Die Disziplin und damit der Gehorsam beruhen auf einem Vertrauen zwischen Vorgesetzten und Untergebenen. Der Vorgesetzte gewinnt seine Autorität und damit das Recht zu befehlen nicht allein durch seinen Rang und seine Stellung, sondern durch seine Persönlichkeit, sein Können, sein Verständnis für die Truppe und ihren Dienst.

„Die Autorität von oben" ist unumgängliche Voraussetzung für Gehorsam von unten.

Im Kriege kann ein Führer seine Autorität und damit den Gehorsam der Untergebenen dadurch gefährden, daß er wiederholt Befehle gibt, die nicht ausführbar sind. Über Befehle wird noch zu sprechen sein.

Form der

chen Spielraum zu geben. Man hat diese Verordnung die magna charta der wahren Selbständigkeit genannt.
Die Selbständigkeit der Führer aller Grade in ihrem Rahmen ist eine Forderung der Lehrmeister der Kriegskunst. Auf ihr beruhen die Erfolge des preußisch-deutschen Heeres in den Kriegen 1864, 66, 70/71 und 1914/18. Sie ist in allen unseren Vorschriften für Ausbildung und Führung mehrfach betont.
Nur wer Selbständigkeit hat, damit eine innerliche Pflicht und Freude an der Verantwortung, wird auch in unvorhergesehenen Lagen, wie sie der Krieg fast täglich bringt, zuverlässig führen.

Befehle

T. F. Ziff. 73: »Ein Befehl soll alles das, aber nur das enthalten, was der Untergebene wissen muß, um seinen Auftrag selbständig erfüllen zu können.«
Befehlen ist eine Kunst, die gelernt sein muß. Sie wird deshalb in der Armee mit besonderer Betonung gelehrt. Trotzdem wird im Kriege selbst in wenig gespannter Lage gegen die einfachsten Grundsätze gesündigt.
Der Wille des Befehlenden kommt oft nicht klar genug zum Ausdruck, weil er in ihm selbst nicht ohne Einschränkung vorhanden ist. Man muß sich nach einer sorgfältigen Beurteilung der Lage zu einem unzweideutigen Entschluß durchringen. Der Befehl gibt daraufhin das Ziel und den Weg zu diesem.
Es gibt Führer und Generalstabsoffiziere, die so viel wissen oder es sich wenigstens einbilden, daß sie nicht nur entsetzlich lange, sondern auch gänzlich überflüssige Befehle geben. Darunter leiden das Hervortreten des Wichtigen, die Aufmerksamkeit der Empfänger und die Selbständigkeit der Untergebenen.
»Temperamentvolle« Vorgesetzte meinen, sie müßten dauernd und überall helfen. Sie befehlen Einzelheiten, die sie nichts angehen, reden dem Untergebenen in seine Maßnahmen hinein, führen endlose, ermüdende Ferngespräche und senden außerdem noch Funksprüche an untere Dienststellen, ohne den diesen vorgesetzten Befehlshaber darüber zu unterrichten. Ein derartiges Befehlen ist unerträglich und führt abgesehen von persönlichen Differenzen zu Unklarheiten, Nervosität und schließlich Mißachten der Befehle.
Die T. F. warnt in Ziff. 74 ausdrücklich vor nichtssagenden und übertreibenden Ausdrükken und Wendungen.
Eine höhere Dienststelle benutzte sie täglich: »Es ist von entscheidender Bedeutung«, »die Lage fordert gebieterisch«, »so schnell als irgend möglich«, »unter Anspannung aller Kräfte«, »unter allen Umständen« usw.
In gespannter Lage sind aufmunternde Befehle sicherlich am Platze, insbesondere da der höhere Führer nicht persönlich zur Truppe sprechen kann. Man darf die Truppe aber nicht abstumpfen oder gar verletzen. Ein tapferer Soldat, der in Marsch und Kampf sein Bestes hergibt, und ein in seiner Aufgabe lebender, tätiger und erfolgreicher Führer empfinden das dauernde Treiben der Vorgesetzten nicht nur lästig, sondern kränkend.
Manche höhere Führer sehen ihre Hauptaufgabe nur im Hetzen. Das soll ein Zeichen von Energie sein. In der Wirklichkeit verlieren sie sich in Kleinigkeiten. Sie nehmen den Untergebenen zunächst die Selbständigkeit und die Freude an der Verantwortung, dann aber untergraben sie auch ihr eigenes Ansehen.
Die Truppe fühlt sehr fein, welcher Größe ihr Führer ist. Wenn dieser sich genötigt fühlt, seine Befehle mit Schlagworten zu verstärken, sie zu wiederholen oder zu ergänzen, so

sprechen daraus entweder ein mangelhaftes Vertrauen zu den Untergebenen oder das zu der eigenen Befehlsfähigkeit.
Vertrauen weckt Vertrauen, Willen und Leistung. Mißtrauen erzeugt Gleichgültigkeit, Ablehnung, tötet die Selbständigkeit.
Ludendorff befahl Ende September 1918, also zu einer Zeit äußerster Spannung: »*Selbständigkeit, Selbsttätigkeit* und *Verantwortungsfreudigkeit* müssen mehr als bisher gefördert, die *Überwachung* vertrauensvoller ausgeübt werden . . . Mißtrauen stößt ab, Vertrauen belebt das Pflichtgefühl und das gegenseitige Verständnis zwischen Führung und Truppe.
Die Führung muß mehr *Geduld* haben, muß mit *Raum und Zeit* rechnen, mehr im großen Gefechtsaufträge geben, statt im einzelnen zu kommandieren. Einzelheiten sind den verantwortlichen Unterführern zu überlassen.«

Beurteilungen

(Geschrieben vermutlich 1937/38 als Kommandeur der 1. Leichten Division in Wuppertal)

Das Schreiben von Offiziers-Qualifikationen ist eine der schwierigsten Aufgaben der Kommandeure. Es handelt sich einmal darum, die Persönlichkeit, die beurteilt werden soll, ihrem inneren Wert, ihren verschiedenen Fähigkeiten, ihrem Wissen und Streben und ihrem Können nach zu erkennen. Dann soll diese Erkenntnis so geschrieben werden, daß auch Fremde über sie ein Urteil gewinnen und mit anderen in Vergleich stellen können. Der die erste Beurteilung schreibende Kommandeur hat der Armee gegenüber die Verantwortung, daß nur anständige, zuverlässige Offiziere in ihr bleiben und unter diesen die tüchtigen vorwärts kommen, die gut veranlagten gefördert, die einseitig begabten in entsprechende Stellungen gebracht werden. Hiermit ist ihm die weitere Aufgabe gestellt, für seine Offiziere zu sorgen. Dazu gehört Wohlwollen, ein großes gutes Herz, das für menschliche Schwächen Verständnis hat, ein Unterscheidungsvermögen zwischen dem, was der Veranlagung, der Jugend, der Unerfahrenheit, was Wissen und Erfahrung, Fleiß und gesundem Ehrgeiz, was sachlichem, was persönlichem Interesse, was der Natur und was dem Wollen entspringt.
Die Beurteilung soll kurz und treffend sein, die Licht- und Schattenseiten erkennen lassen. Wie wenige Kommandeure können eine solche schreiben! Wer streng sachlich ist, kann leicht ungünstige Folgen für seine Offiziere herbeiführen. Der milde Vorgesetzte, der aus eingebildetem Wohlwollen Schwächen mildert oder verschweigt, schädigt tüchtige Offiziere, die unter härteren Kommandeuren Dienst tun, und die Armee im allgemeinen. Es ist notwendig, daß der, der eine Beurteilung liest, auch deren Verfasser genau kennen muß, sich wenigstens aus mehreren Äußerungen ein Bild von seiner Auffassung und Schreibart zu schaffen sucht. Schließlich erkennt man, wer viel und wohl auch über Gebühr lobt, und wer einen strengen Maßstab an Persönlichkeiten und Leistungen anlegt.
Häufig beginnt eine Beurteilung mit Äußerungen über den Charakter. Generaloberst Frhr. v. Fritsch hat dieses mit Recht für gewagt und im Grundsatz für untunlich erklärt. Die meisten Charaktere sind, wenn überhaupt, erst nach langer Beobachtung zu kennzeichnen. »Es bildet ein Talent sich in der Stille, sich ein Charakter in dem Strom der Welt.« Wann hat ein Offizier den »Strom der Welt« durchschwommen? Wird ein Kommandeur dieses erleben? Selbst im Kriege, in dem viele erst offenbaren, was wirklich in ihnen steckt, ist die Zeit für die Beurteilung durch *einen* Kommandeur meist zu kurz.
Eine weitere Frage ist die, wieweit einem Offizier Eröffnungen über seine Beurteilung zu

machen sind. Diese sollen erzieherisch wirken, ihn auf die möglichen Folgen von Schwächen hinweisen, feste Zusagen, insbesondere Hoffnungen auf bevorzugte Behandlung aber nicht geben. Es ist also nur Unangenehmes, das dem Offizier zu sagen ist. Diese Aufgabe ist für den Kommandeur auch nicht leicht, weil er zunächst immer Wohlwollen zeigen und die Freude am Dienst erhalten soll. Das Vertrauen zwischen Vorgesetzten und Untergebenen steht aber im Vordergrund. Deshalb ist ein offenes Wort, auch wenn es im Augenblick weh tut, besser als Schweigen und Schreiben.
Unbedingt müssen aber unabänderliche Schwächen in die Beurteilungen aufgenommen werden. Es gibt Grade von Dummheit, Energielosigkeit, Selbstsucht oder Mangel an Kavaliertum, die nicht zu bessern sind und sich mit den Anforderungen an einen Offizier nicht vereinbaren lassen.

Literaturverzeichnis

Einleitung

Beaulieu, Walter Chales de: »Generaloberst Erich Hoepner. Militärisches Porträt eines Panzerführers«. Neckargemünd (1969)
Neue Deutsche Biographie. Neunter Band. Berlin (1972)
Philippi, Felix: »Alt-Berlin«. Berlin (1953)

Kapitel I. 1.

Bertram, J.: »Die Bildung des Offiziers. Dokumente aus vier Jahrhunderten«. Schriftenreihe Innere Führung. Reihe Bildung. Heft 5. Bonn (1969)
Clausewitz, Carl v.: »Vom Kriege«. Bonn[18] (1973)
Faber du Faur, Moritz: »Macht und Ohnmacht«. Stuttgart (1953)
»Moltke. Sein Leben und Werk in Selbstzeugnissen«. Ausgewählt und eingeleitet von Max Horst. Birsfelden bei Basel
Ranke, Leopold v.: »Deutsche Geschichte im Zeitalter der Reformation«. Siebentes Buch, III. Kapitel: »Die Reformation in der Mark Brandenburg«.
Schneider, Reinhold: »Die Hohenzollern«. Köln/Olten (1955)
Schoeps, Hans-Joachim: »Das andere Preußen«. (1952)
Stadelmann, Rudolf: »Scharnhorst. Schicksal und geistige Welt«. Wiesbaden (1952)
Stammbuch der Familie Hoepner; bearbeitet von Frau Margarete Buchholtz-Hoepner

Kapitel I. 2.

Buchfinck, Ernst: »Feldmarschall Graf Haeseler«. Berlin (1929)
Correlli Barnett: »Anatomie eines Krieges«. München und Esslingen (1963)
Delbrück, Hans: »Geschichte der Kriegskunst im Rahmen der politischen Geschichte«. Berlin (1920)
Demeter, K.: »Das deutsche Offizierskorps in seinen historisch-soziologischen Grundlagen«. Berlin (1930)
Elze, W.: »Graf Schlieffen«. Breslau (1928)
Falkenhayn, Erich v.: »Die Oberste Heeresleitung 1914–1916 in ihren wichtigsten Entscheidungen«. Berlin (1920)
Fuller, J. F. C.: »Generäle von morgen. Betrachtungen über militärisches Führertum«. Potsdam (1935)
Guderian, Heinz: »Erinnerungen eines Soldaten«. Heidelberg (1951)
Haeseler, Gottlieb, Graf v.: »Zehn Jahre im Stabe des Prinzen Friedrich Karl. Erinnerungen«. Berlin (1910)
Hindenburg, Paul v.: »Aus meinem Leben«. Leipzig (1920)
Hoffmann, Max: »Der Krieg der versäumten Gelegenheiten«. Berlin (1929)
Kaulbach, Eberhard: »Schlieffen – zur Frage der Bedeutung und Wirkung seiner Arbeit«. In: Wehrwissenschaftliche Rundschau (1963)
Kielmansegg, Peter Graf v.: »Deutschland und der Erste Weltkrieg«. Frankfurt/M. (1968)

»Das Königlich-Preußische Schleswig – Holsteinsche Dragoner-Regiment Nr. 13 von seiner Gründung bis zum Ende des Weltkrieges«. In: »Aus Deutschlands großer Zeit. Heldentaten deutscher Regimenter«. 76. Band. Zeulenroda (1935)
Linnebach, K.: »Deutsche Heeresgeschichte«. Hamburg (1935)
Ludendorff, Erich: »Meine Kriegserinnerungen 1914–1918«. Berlin (1921)
Mann, Golo: »Deutsche Geschichte des neunzehnten und zwanzigsten Jahrhunderts.« Frankfurt/M. (1958)
Manstein, Erich v.: »Aus einem Soldatenleben 1887–1939«. Bonn (1958)

Kapitel I. 2.

Meier-Welcker, H.: »Deutsches Heerwesen im Wandel der Zeit«. Frankfurt/M. (1956)
Richter, Klaus-Christian: »Die blauen Dragoner sie reiten . . . Ein Beitrag zur Geschichte der Dragoner«. Deutsches Soldatenjahrbuch 1968, München
Ritter, Gerhard: »Der Schlieffenplan. Kritik eines Mythos«. München (1956)
Ritter, Gerhard: »Staatskunst und Kriegshandwerk«. München (1954–1968)
Schlachten des Weltkrieges. Bd. 31: »Die Tankschlacht bei Cambrai 20.–29. November 1917«. »Verf.: Hauptm. a. D. Dr. Georg Strutz. Oldenburg i. O.–Berlin (1929)
Ségur, Philippe, Comte de: »Histoire de Napoléon et de la Grande Armée pedant l'année 1812«. Paris (1925)
Walde, Karl J.: »Guderian«. Frankfurt/M.–Berlin–Wien (1976)
Der Weltkrieg 1914–1918, bearb. im Reichsarchiv. Berlin (1925)
Wilhelm, Kronprinz des Deutschen Reiches und von Preußen: »Meine Erinnerungen an Deutschlands Heldenkampf«. Berlin (1923)

Kapitel II.

Beck, Ludwig: »Studien«. Hrsg. von H. Speidel. Stuttgart (1955)
Benoist–Méchin, J.: »Geschichte des Deutschen Heeres seit dem Waffenstillstand 1918–1938«. Bd. 1: »Vom Kaiserheer zur Reichswehr«. Berlin (1939)
Bracher, Karl Dietrich: »Die deutsche Armee zwischen Republik und Diktatur. 1918–1945«. In: »Schicksalsfragen der Gegenwart«. Bd. 3. Tübingen (1958)
Erfurth, W.: »Die Geschichte des deutschen Generalstabes 1918–1945«. Göttingen (1957)
Eyck, Erich: »Geschichte der Weimarer Republik«. Zürich (1951)
Fest, Joachim C.: »Hitler«. Ffm.–Berlin–Wien (1973)
Gaulle, Charles de: »Vers lármée de métier«. (1934)
Görlitz, Walter: »Der deutsche Generalstab. Geschichte und Gestalt«. Frankfurt/M. (1950)
Gröner, W.: »Lebenserinnerungen«. Göttingen (1957)
Hauck, Friedrich Wilhelm: »Generaloberst Hans v. Seeckt«. In: »Studien zur Militärgeschichte, Militärwissenschaft und Konfliktforschung«. Bd. 15. Festschrift Werner Hahlweg. Osnabrück (1977)
Hermann, Carl Hans: »Deutsche Militärgeschichte«. Frankfurt/M. (^{2} 1968)
Hossbach, Friedrich: »Die Entwicklung des Oberbefehls über das Heer in Brandenburg, Preußen und im Deutschen Reich von 1655–1945«. Würzburg (1957)
Kreuter, Siegbert: »De Gaulle zwischen den Weltkriegen«. In: »Österreichische Militärische Zeitschrift.« (1975) Heft 4
Laeuen, Harald: »Polnische Tragödie«. Stuttgart (1956)
Ludwig, Emil: »Hindenburg. Legende und Wirklichkeit«. München, Heyne-Sachbuch 35 (1962)
Mann, Ulrich: »Lorbeer und Dornenkrone. Eine historische und theologische Studie über das Wehrverständnis im deutschen Soldatentum«. Stuttgart (1958)
Marcks, Erich: »Hindenburg. Feldmarschall und Reichspräsident«. Göttingen (1963)

Kapitel II.

Gorden, H. J.: »Die Reichswehr und die Weimarer Republik«. (1959)
Maercker, G.: »Vom Kaiserheer zur Reichswehr«. (1921)
Meier-Welcker, Hans: »Seeckt«. Frankfurt (1967)
Rauchhaupt, Wilhelm Volrad v.: »Die deutsche Kavallerie zwischen den beiden Weltkriegen«. In: »Das deutsche Pferd in der Welt«. (1957)
Schmidt-Pauli, Edgar v.: »General v. Seeckt«. Berlin (1937)
Schüddekopf, O.-E.: »Das Heer und die Republik. Quellen zur Politik der Reichswehrführung«. Hannover und Frankfurt/M. (1955)
Seeckt, Hans v.: »Gedanken eines Soldaten«. Berlin (1929)
Seeckt, Hans v.: »Aus meinem Leben«. Leipzig (1938)

Kapitel III.

Foerster, W.: »Generaloberst Ludwig Beck. Sein Kampf gegen den Krieg«. München (1953)
Förster, Gerhard / Paulus, Nikolaus: »Abriß der Geschichte der Panzerwaffe«. Berlin (1977)
Foertsch, Friedrich: »Schuld und Verhängnis«. Stuttgart (1951)
Herzfeld, Hans: »Das Problem des deutschen Heeres 1919–1945«. Laupheim (1951)
Kielmansegg, Joh. Adolf Graf v.: »Der Fritschprozeß. Ablauf und Hintergründe«. Hamburg (1949)
Müller, Christian: »Oberst i. G. Stauffenberg. Eine Biographie«. Düsseldorf (1971)
Nehring, Walter K.: »Die Geschichte der deutschen Panzerwaffe 1916–1945«. Berlin (1969)
Reynolds, Nicholas: »Beck. Gehorsam und Widerstand. Das Leben des deutschen Generalstabschefs 1935–1938«. Wiesbaden und München (1977)
Schall-Riaucour, Heidemarie, Gräfin v.: »Aufstand und Gehorsam«. Wiesbaden (1972)
Schlabrendorff, Fabian v.: »Offiziere gegen Hitler«. Zürich–Wien–Konstanz (1951)
Senff, Hubertus: »Die Entwicklung der Panzerwaffe im deutschen Heer zwischen den beiden Weltkriegen«. Frankfurt/M. (1969)
Senger und Etterlin, Dr. Frhr. v.: »Die deutschen Panzer 1926–1945«. München[4] (1973)
Siewert, Curt: »Schuldig? Die Generale unter Hitler«. Bau Nauheim (1968)
»Vollmacht des Gewissens«. Frankfurt/M.–Berlin (1960)
Westphal, Siegfried: »Erinnerungen«. Mainz (1975)
Westphal, Siegfried: »Der deutsche Generalstab auf der Anklagebank«. Nürnberg 1945–1948. Mit einer Denkschrift von Walther v. Brauchitsch, Erich v. Manstein, Franz Halder, Walter Warlimont, Siegfried Westphal. Mainz (1978)

Kapitel IV. 1.

Bauer, E.: »Der Panzerkrieg«. Bd. I. (1965)
Elble, Rolf: »Die Schlacht an der Bzura 1939«. Freiburg/Brsg. (1975)
Halder, Generaloberst: »Kriegstagebuch«. Bd. I. Stuttgart (1962)
Heusinger, Adolf: »Befehl im Widerstreit. Schicksalstunden der deutschen Armee 1923–1945«. Tübingen (1950)
Kielmansegg, Joh. Adolf, Graf v.: »Panzer zwischen Warschau und Atlantik«. Berlin (1941)
Keilig, Wolf: »Das deutsche Heer 1939–1945: Gliederung–Einsatz–Stellenbesetzung«. Loseblattwerk. Bad Nauheim (1956 ff.)
Kosthorst, Erich: »Die deutsche Opposition gegen Hitler zwischen Polen- und Frankreichfeldzug«. Bonn[3] (1957)
Liddell Hart: »Deutsche Generale des Zweiten Weltkriegs«. Heyne-Sachbuch 32, München (1965)
»1. Panzerdivision 1935–1945«. Aufgezeichnet und bearbeitet von Rolf O. G. Stoves. Bad Nauheim (1961)

Reinhardt, Hans: »Die 4. Panzer-Division vor Warschau und an der Bzura vom 9.–20. 9. 1939«. In: »Wehrkunde« 7 (1958) Heft 5.
Vormann, Nikolaus v.: »Der Feldzug 1939 in Polen«. Weißenburg (1958)
Warlimont, Walter: »Im Hauptquartier der deutschen Wehrmacht, 1939–1945. Grundlagen, Formen, Gestalten«. München ([3]1978).
»Wehrmacht«. I. Kapitel: »18 Tage Weltgeschichte«. Hrsg. vom Oberkommando der Wehrmacht. Berlin (1940)

Kapitel IV. 2.

Beaulieu, Walter Chales de: »Die Panzerschlacht bei Hannut am 12./13. Mai 1940«. In: »Wehrkunde« (1960) Heft 5
Beer, Albert: »Der Fall Barbarossa«. Dissertation. Münster (1978)
Buchheit, G.: »Hitler als Feldherr«. (1958)
Deutsch, Harold C.: »Verschwörung gegen den Krieg. Der Widerstand in den Jahren 1939/1940«. München (1949)
»Dokumente zum Westfeldzug«. Hrsg. von Hans Adolf Jacobsen. Göttingen (1960)
Ettighofer, P. C.: »44 Tage und Nächte. Der Westfeldzug 1940«. Stuttgart (1953)
»Gedenkbuch Panzergrenadierregiment 33«. Zusammengestellt von Johannes Steigenberger. Bad Gandersheim (1978)
Haupt, W.: »Sieg ohne Lorbeer. Der Westfeldzug 1940«. Preetz (1965)
Hillgruber, A.: »Hitlers Strategie. Politik und Kriegführung 1940–1941«. Frankfurt/M. (1965)
Hoth, Hermann: »Das Schicksal der französischen Panzerwaffe im 1. Teil des Westfeldzuges 1940«. In: »Wehrkunde« (1958), Heft 7
Jacobsen, Hans-Adolf: »Fall Gelb. Der Kampf um den deutschen Operationsplan zur Westoffensive 1940«. Wiesbaden (1957)
Jacobsen, Hans-Adolf: »Dünkirchen. Ein Beitrag zur Geschichte des Westfeldzuges 1940«. Neckargemünd (1958)
»Kriegstagebücher des Hans Riederer v. Paar«. Hrsg. von Johannes Riederer v. Paar. Polting/Ndb. (1979)
Liss, Ulrich: »Westfront 1939–1940«. Neckargemünd (1959)
Meier-Welcker, Hans: »Soldat und Geschichte«. In: »Information für die Truppe«. Bonn (1977) Heft 1
Schäufler, Hans: »So lebten und so starben sie – Das Buch vom Panzerregiment 35«. Bamberg o. J.
Tippelskirch, Kurt v.: »Geschichte des Zweiten Weltkrieges«. Bonn (1959)
»Wehrmacht«. V. Kapitel: »Die Stunde des entscheidenden Kampfes«. Hrsg. vom Oberkommando der Wehrmacht. Berlin (1940)
Zimmermann, Hermann: »Der Angriff ins Ungewisse«. Neckargemünd (1964)

Kapitel IV. 3.

Beaulieu, Walter Chales de: »Der Vorstoß der Panzergruppe 4 auf Leningrad 1941«. Neckargemünd (1961)
Halder, Franz: »Hitler als Feldherr«. München (1949)
Halder, Generaloberst: »Kriegstagebuch«. Bd. III. Stuttgart (1962)
Haupt, Werner: »Heeresgruppe Nord 1941–1945«. Bad Nauheim (1966)
Hoth, Hermann: »Panzer-Operationen«. Heidelberg (1956)
Lachmit-Klein: »Der ›Operationsentwurf Ost‹ des GM Marcks vom 5. August 1940«. In: »Wehrforschung« (1972)
Leeb, Wilhelm Ritter v.: »Tagebuchaufzeichnungen und Lagebeurteilungen aus zwei Weltkriegen«. Hrsg. Georg Meyer. Stuttgart (1976)
Manstein, Erich v.: »Verlorene Siege«. Bonn (1955)

Mellenthin, F. M. v.: »Panzer-Schlachten. Eine Studie über den Einsatz von Panzerverbänden im Zweiten Weltkrieg«. Neckargemünd (1963)

»Operationsatlas der Heeresgruppe Nord – Kriegsjahr 1941«. Bearbeitet in der Führungsabteilung Heeresgruppe Nord

Paul, Wolfgang: »Brennpunkte. Die Geschichte der 6. Panzerdivision (1. Leichte) 1937–1945«. Krefeld (1977)

Philippi, Alfred / Heim, Ferdinand: »Der Feldzug gegen Sowjetrußland. Ein operativer Überblick«. Stuttgart (1962)

Reinhardt, Hans: »Der Vorstoß des XLI. Panzerkorps im Sommer 1941 von Ostpreußen bis vor die Tore von Leningrad«. In: »Wehrkunde« (1956) Heft 3

Kapitel IV. 4.

Buchbender, Ortwin: »Das tönende Erz. Deutsche Propaganda gegen die Rote Armee im Zweiten Weltkrieg«. Stuttgart (1978)

Carell, P.: »Unternehmen Barbarossa. Der Marsch nach Rußland.« Frankfurt/M.–Berlin–Wien (1963)

Caulaincourt, Armand Comte de: »Mit Napoleon in Rußland«. (1938)

Caulaincourt, Armand Comte de: »Unter vier Augen mit Napoleon«. (1937)

Gersdorff, Rudolf-Christoph Frhr. v.: »Soldat im Untergang«. Frankfurt/M.–Berlin–Wien (1977)

Geyer, Hermann: »Das IX. Armeekorps im Ostfeldzug 1941«. Neckargemünd (1969)

Hausser, Paul: »Waffen-SS im Einsatz«. Göttingen (^{5}1953)

Kriegstagebuch (KTB) Heeresgruppe Mitte 19. 12. – 31. Dezember 1941, Bundesarchiv-Militärarchiv Freiburg/Brsg.

Munzel, Oskar: »Panzer-Taktik. Raids gepanzerter Verbände im Ostfeldzug 1941/42«. Neckargemünd (1959)

Paul, Wolfgang: »Erfrorener Sieg«. Esslingen (1975)

PzAOK 4: »Abwehrschlacht vor Moskau; Meldungen nach Oben«. Bundesarchiv-Militärarchiv Freiburg/Brsg.

Reinhardt, Hans: »Panzer-Gruppe 3 in der Schlacht von Moskau und ihre Erfahrungen im Rückzug«. In: »Wehrkunde« (1953) Heft 9

Reinhardt, Klaus: »Die Wende vor Moskau«. Stuttgart (1972)

Röhricht, Edgar: »Probleme der Kesselschlacht«. Karlsruhe (1958)

Schukow, Georgi K.: »Erinnerungen und Gedanken«. Stuttgart (1969)

Speer, Albert: »Speer über Hitler«. In: »Welt am Sonntag« vom 29. Oktober und 05. November 1978

Steiger, Rudolf: »Panzertaktik im Spiegel deutscher Kriegstagebücher 1939–1941«. Freiburg (^{3}1975)

Streit, Christian: »Keine Kameraden. Die Wehrmacht und die sowjetischen Kriegsgefangenen 1941–1945«. Stuttgart (1978)

Tarlé, Eugen: »1812. Rußland und das Schicksal Europas«. Berlin (1951)

Wagener, Carl: »Moskau 1941. Der Angriff auf die sowjetische Hauptstadt«. Bad Nauheim (1965)

Weidinger, Otto: »Division Das Reich«. Bd. III: 1941–1943. Osnabrück (1973).

Kapitel V. 1.

Buchheit, Gerd: »Ludwig Beck. Ein preußischer General«. München (1964)

»Dr. Goerdeler an General Olbricht: Ein Dokument zur Vorgeschichte des Attentats vom 20. Juli 1944«. Die Wandlung I (1945–46). S. 172–175

Haffner, Sebastian: »Anmerkungen zu Hitler«. München (1978)

Hassell, Ulrich v.: »Vom anderen Deutschland. Aus den nachgelassenen Tagebüchern 1938–1944«. Zürich–Freiburg/Brsg. (1946)

Ritter, Gerhard: »Carl Goerdeler und die deutsche Widerstandsbewegung«. Stuttgart ([3]1956)
Röhricht, Edgar: »Pflicht und Gewissen: Erinnerungen eines deutschen Generals 1932–1944«. Stuttgart (1965)
Rothfels, Hans: »Die deutsche Opposition gegen Hitler. Eine Würdigung«. Frankfurt/M.–Hamburg (1958).
Scheurig, Bodo: »Ewald v. Kleist-Schmenzin«. Oldenburg–Hamburg (1968)
Spranger, Eduard: »Generaloberst Beck in der Mittwochsgesellschaft. Zu dem Buch: Ludwig Beck, »Studien«. Universitas II (1956). S. 183–193
Westphal, Siegfried: »Heer in Fesseln«. Bonn ([2]1952)

Kapitel V. 2.

Bradley, Dermot: »Generaloberst Guderian und die Entstehungsgeschichte des modernen Blitzkrieges«. Osnabrück (1978)
Bundesarchiv Koblenz: »N 6 – Sammlung 20. Juli 1944«
Delp, SJ, Alfred: »Im Angesichts des Todes«. Frankfurt/M. ([4]1954)
Finker, Kurt: »Stauffenberg und der 20. Juli 1944«. Köln (1977)
Gerstenmaier, Eugen: »Entscheidende Stunden in der Bendlerstraße: Der Ablauf der Ereignisse im Oberkommando der Wehrmacht«. Die Welt, 19. Juli 1946
Gisevius, Hans Bernd: »Bis zum bitteren Ende«. 2 Bde. Zürich (1946)
Fellgiebel, Erich. Hrsg. Karl Heinz Wildhagen. Wennigsen–Hannover.
Hammer, Walter: »Das Ende des Generalobersten Fromm«. Rhein-Neckar-Zeitung, 17. September 1946
Hammerstein, Kunrat Frhr. v.: »Spähtrupp«. Stuttgart (1963)
Heyde, Bolko von der: »Die Verschwörung des 20. Juli: Beteiligte sagen aus«. Die Welt, 31. Juli (1947) S. 2.
Hoffmann, Peter: »Widerstand. Staatsstreich. Attentat«. München (1969)
Höhne, Heinz: »Der Orden unter dem Totenkopf: Die Geschichte der SS«. Gütersloh (1967)
Jedlicka, Ludwig: »Der 20. Juli 1944 in Österreich«. Wien (1965)
»20. Juli 1944«. Hrsg v.d. Bundeszentrale für Heimatdienst, Bonn ([4]1961).
Kielmansegg, Joh. Adolf Graf v.: »An jedem anderen Tag, nur heute nicht . . . Am 20. Juli 1944 im Hauptquartier. Ein Erlebnisbericht«. Die Zeit, 21. Juli 1949
Leber, Annedore: »Das Gewissen steht auf: 64 Lebensbilder aus dem deutschen Widerstand 1933–1945«. Berlin–Frankfurt/M. ([9]1960)
Melnikow, Daniel: »Der 20. Juli 1944: Legende und Wirklichkeit«. Hamburg ([2]1968)
Murawski, Erich: »Der deutsche Wehrmachtsbericht 1939–1945«. Boppard (1962)
Schaal, Ferdinand: »Der 20. Juli 1944 in Prag: Der Attentatstag im Spiegel militärischer Befehle«. Schwäbische Zeitung, Überlingen, 26. Juli 1952
Schramm, Wilhelm Ritter v.: »Aufstand der Generale: Der 20. Juli in Paris«. München ([2]1964)
Theimer, Walter: »Die Verschwörung des 20. Juli: Tragisches Versagen . . . in Berlin«. Die Welt, 19. Juli 1947
Wagner, Eduard: »Der Generalquartiermeister: Briefe und Tagebuchaufzeichnungen«. München–Wien (1963)
Zeller, Eberhard: »Geist der Freiheit: Der zwanzigste Juli«. München (1952–[5]65)
Ziegler, Delia: »Wer schoß auf Stauffenberg«. Die Welt, 21. August 1947

Kapitel V. 3.

Borgmeyer, Wolfgang: »Stellung der Bundeswehr zum 20. Juli 1944«. In: »Europäische Wehrkunde« ([25]1976) Heft 7, S. 349–351
Gostomski, Victor v. / Loch, Walter: »Der Tod von Plötzensee«. Freising (1969)
Heusinger, Adolf: »Reden 1956–1961«. Boppard (1961)

Kielmansegg, Joh. Adolf Graf v.: »Der Soldat und der 20. Juli«. In: Beilage der »Information für die Truppe« (1964) Heft 8
»Märtyrer der Freiheit: Die Angeklagten des 20. Juli vor Gericht«. Schwäbische Zeitung, 10. Mai (1946)
Oven, Wilfried v.: »Finale Furioso – Mit Goebbels bis zum Ende«. Tübingen (1974)
Poelchau, Harald: »Die letzten Stunden: Erinnerungen eines Gefängnispfarrers«. Aufgezeichnet von Graf Alexander Stenbock-Fermor. Berlin (1949)
»Der Prozeß gegen die Hauptkriegsverbrecher vor dem Internationalen Militärgerichtshof Nürnberg 14. November 1945 – 1. Oktober 1946«. 42 Bd. Nürnberg 1947–1949
Sethe, Paul: »Roland Freisler: Der Dämon der Justiz«. Schwäbische Zeitung, 7. Mai 1946
»Spiegelbild einer Verschwörung: Die Kaltenbrunner-Berichte an Bormann und Hitler über das Attentat vom 20. Juli 1944«. Stuttgart (1961)
Dr. Trentzsch: »Der Soldat und der 20. Juli«. Darmstadt (1956)
Zipfel, Friedrich: »Plötzensee«. Berlin ([4]1963)

Register

Aktionsplan Halder–Witzleben–Oster 75 f., 92, 205
»Alberich«-Bewegung 1917 40, 43
Albrecht, Prinz v. Preußen (1837–1906), Generalfeldmarschall 19 f., 198
Augusta, dt. Kaiserin (1811–1890) 20 f.

Balck, Hermann, General der Panzertruppen 171, 188 f.
Beaulieu, Walter Chales de (1898–1974), Generalleutnant 7, 27, 51, 53, 58, 61, 65, 82, 87, 102, 132, 136, 147, 162, 168
Beck, Ludwig (1880–1944), Generaloberst, Chef des Generalstabs des Heeres 1935–1938 15, 66 f., 78, 96, 98, 99, 102, 104, 125, 174 f., 179, 182, 184, 187, 193 f.
Billotte, franz. General im Zweiten Weltkrieg 108
Bismarck, Otto v. (1815–1898), preuß. Ministerpräsident u. dt. Reichskanzler 20, 22, 27, 141
Bittrich, Wilhelm (1894–1979), General der Waffen-SS 158 f., 204
Blaskowitz, Johannes (1883–1948), Generaloberst 89
Blomberg, Werner v. (1878–1946), Generalfeldmarschall 61, 64, 72 f.
Blücher, Gebhard Leberecht Fürst v. (1742–1819), preuß. Feldmarschall (gen. »Marschall Vorwärts«) 28, 62
Bock, Fedor v. (1880–1945), Generalfeldmarschall 89, 91 f., 98, 101 f., 103 f., 121, 146 f., 149 f., 153 f., 156 f., 159 f., 163
Brauchitsch, Walther v. (1881–1948), Generalfeldmarschall, Oberbefehlshaber des Heeres 1938–1941 15, 61 f., 64, 66, 79, 90, 92, 95 f., 102, 121, 131 f., 139 f., 163
Bredow, Kurt v., Generalmajor 64
Brennecke, Kurt, General der Infanterie 131, 136 f., 143
Broich, Frhr. v., Kommandeur Drag.Rgt. 13 32
Bruchmüller, Georg Heinrich (1863–1948), Artillerieoberst im Ersten Weltkrieg 41 f.
Busch, Ernst (1885–1945), Generalfeldmarschall 140 f.
Butler, Walter (1600–1634), Dragoneroberst im Dreißigjährigen Krieg 24

Canaris, Wilhelm (1887–1945), Admiral, Chef der Abwehr 155
Caulaincourt, Armand Augustin Louis (1773–1827), General, Oberstallmeister u. Außenminister Napoleons I. 146, 165
Churchill, Sir Winston Sp. (1874–1965), brit. Staatsmann u. Premierminister 41, 98, 207
Clausewitz, Karl v. (1780–1831), preuß. General und Philosoph 42, 106, 129, 148

Dahn, Felix (1834–1912), Schriftsteller 26
Daun, Leopold Graf v. (1705–1766), österr. Feldmarschall im Siebenjährigen Krieg 19
Davout, Louis Nicolas, Herzog v. Auerstädt (1770–1823), franz. Marschall unter Napoleon I. 39, 129, 162, 164, 166
Derfflinger, Georg Frhr. v. (1606–1695), brandenburgischer Feldmarschall 24
Dietrich, Sepp (1892–1966), SS-Oberstgruppenführer 109
Dumrath, Oberst u. Kommandeur Drag.Rgt. 13 22, 31, 54

Eberbach, Heinrich, General der Panzertruppen 106, 108, 110, 111
Eicke, Theodor, SS-Obergruppenführer 109 f.
Elles, Hugh, Kommandeur des engl. Tankkorps im Ersten Weltkrieg 41
Esebeck, Hans-Karl Frhr. v., General der Panzertruppen 191 f.

Falkenhayn, Erich v. (1861–1922), preuß. General, Kriegsminister und Chef des Generalstabs 1914–1916 39 f.

Fellgiebel, Erich (1886–1944), General der Nachrichtentruppen 139, 182
Foch, Ferdinand (1851–1929), franz. Marschall des Ersten Weltkriegs 42, 51, 80
Fontane, Theodor (1819–1898), dt. Dichter 19, 61
Frank, Karl Hermann, SS-Obergruppenführer 189 f.
Freisler, Roland (1893–1945), Präsident des Volksgerichtshofes 12, 182, 184, 197, 198 f.
Friedrich II., der Große (1712–1786), König von Preußen 18 f., 24, 164, 198
Friedrich Karl, Prinz v. Preußen (1828–1885), preuß. Generalfeldmarschall 28
Friedrich Wilhelm (1620–1688), Großer Kurfürst 18, 24
Friedrich Wilhelm III. (1770–1840), König v. Preußen 20
Fritsch, Werner Frhr. v. (1880–1939), Generaloberst, Oberbefehlshaber des Heeres 1934–1938 15, 72 f.
Fromm, Friedrich (1888–1945), Generaloberst, Befehlshaber des Ersatzheeres 1940–1944 179, 181 f., 192 f., 197, 200, 206
Fuller, J. F. C. (1878–1966), brit. General und Militärschriftsteller 41, 58, 70
Gaulle, Charles de (1890–1970), franz. General und Staatspräsident 58
Gehlen, Reinhard (1902–1979), Generalleutnant, Chef des BND 155
Gersdorff, Rudolf-Christoph Frhr. v. (1907–1980), Generalmajor 86
Gerstenmaier, Eugen, ev. Theologe, Bundestagspräsident a. D. 185 f., 192 f.
Geyer, Hermann (1882–1946), General der Infanterie 55, 147, 161 f., 165, 167
Gneisenau, Neithardt Graf v. (1760–1831), preuß. Feldmarschall 74
Goebbels, Joseph (1897–1945), Reichsminister für Propaganda 12, 154 f., 179 f., 193, 201
Goerdeler, Carl Friedrich (1884–1945), Oberbürgermeister von Leipzig 99, 176, 179
Goethe, Johann Wolfgang v. (1749–1832), Dichter der dt. Klassik 22, 129
Göring, Hermann (1893–1946), Oberbefehlshaber der Luftwaffe und »Reichsmarschall« 64, 72, 130
Grillparzer, Franz (1791–1872), österr. Dichter 169
Grimmelshausen, Hans Jakob Christoffel v. (um 1610–1676), Dichter 24
Gröner, Wilhelm v. (1867–1939), General, Reichswehrminister 55
Grolman, Karl Wilhelm Georg v. (1777–1843), preuß. General 21
Guderian, Heinz (1888–1954), Generaloberst 11, 32 f., 58, 67 f., 77, 86, 165, 175, 192
Hacha, Emil (1872–1945), Staatspräsident der Tschechoslowakei 80
Haeften, Werner v., Oberleutnant 193 f.
Haeseler, Gottfried Graf v. (1836–1919), Generalfeldmarschall 13, 15, 27 f., 33, 34 f., 39, 44, 48, 54, 78, 143
Halder, Franz (1884–1972), Generaloberst, Chef des Generalstabs des Heeres 1938–1942 8, 15, 75 f., 79, 83, 87, 90, 92 f., 101 f., 104, 125, 127 f., 132, 138, 146 f., 156 f., 168, 170
Hammerstein-Equord, Kurt Frhr. v. (1878–1943), Generaloberst u. Chef der Heeresleitung 1930–1934 15, 63, 64, 99
Hannibal (246–183 v. Chr.), Feldherr der Karthager 12
Hase, Paul v. (1885–1944), Generalleutnant 77, 197, 202
Hassel, Ulrich v. (1881–1944), dt. Diplomat 177, 179
Hausser, Paul (1880–1972), Generaloberst der Waffen-SS 159
Heim, Ferdinand (1896–1977), Generalleutnant 83, 89, 102
Helldorf, Wolf Heinrich Graf v. (1896–1944), Polizeipräsident von Berlin 179, 197
Heraklit (um 500 v. Chr.), griech. Philosoph 13
Herber, Franz, Oberst i. G. 193
Herrmann, Paul, Generalmajor 136
Heusinger, Adolf, Generalleutnant, Chef der Operationsabteilung 1940–1944, General und Generalinspekteur der BW 67 f., 126, 131 f., 153, 172, 183, 206
Heydrich, Reinhard (1905–1942), SS-Obergruppenführer und Chef des SD 199
Himmler, Heinrich (1900–1945), Reichsführer SS 64, 72, 110, 181, 191, 197

Hindenburg, Paul v. (1847–1934), Generalfeldmarschall, Reichspräsident 1925 bis 1934 13, 15, 20, 40 f., 44, 52 f., 59, 62 f., 65, 148, 199
Hitler, Adolf (1889–1945), wegen häufigen Vorkommens ab Seite 59 nicht aufgenommen
Hoeppner, Ernst v. (1860–1922), General und Chef der Luftstreitkräfte im Ersten Weltkrieg 17
Hohenzollern (Dynastie) 17, 36, 46
Hoth, Hermann (1885–1971), Generaloberst 12, 69, 83, 90, 108, 128, 149, 156 f.
Hutier, Oskar v. (1857–1934), General der Infanterie 42 f.

Johann III. Sobieski (1624–1696), König von Polen 51

Kaltenbrunner, Ernst (1903–1946), SS-Obergruppenführer und Chef des SD 12, 192, 197, 199
Karl V., Kaiser (1519–1556) 27
Karl XII. (1682–1718), König von Schweden 127
Karolinger 27
Keitel, Bodwin, General, Chef des Heerespersonalamtes 174 f.
Keitel, Wilhelm (1882–1946), Generalfeldmarschall, Chef des OKW 97, 170, 182 f., 188, 191, 197, 198
Kielmansegg, Johann Adolf Graf v., General der Bundeswehr 9, 72, 134 f., 207
Kienitz, Werner, General der Infanterie 188
Kleist, Ewald v. (1715–1759), Dichter und Offizier 19
Kleist, Ewald v. (1881–1954), Generalfeldmarschall 69 f., 121, 122
Kleist, Heinrich v. (1777–1811), Dichter und Offizier 13, 18
Kleist, Ewald Heinrich v., Offizier und Verleger 184
Kluge, Hans Günther v. (1882–1944), Generalfeldmarschall 108, 109, 111, 146 f., 148 f., 157, 159 f., 163, 165 f., 167 f., 170 f., 174, 191 f.
Koch, Erich, Gauleiter von Ostpreußen 61 f., 63 f., 95, 205
Kodré, Heinrich, Oberst i. G. 191
Kriegsakademie 33
Kulminationspunkt (Clausewitz) 42
Kuntzen, Adolf (1889–1964), General der Panzertruppen 147
Küchler, Georg v. (1881–1970), Generalfeldmarschall 142, 146
Kutusow, Michail (1745–1813), russischer Heerführer 166

Lassalle, Ferdinand (1825–1864), dt. sozialistischer Denker 82
Laudon, Ernst Frhr. v. (1717–1790), österr. Heerführer 19
Leeb, Wilhelm Ritter v. (1876–1956), Generalfeldmarschall 98, 132, 138 f.
Leibniz, Gottfried Wilhelm Frhr. v. (1646–1716), Philosoph 20
Leichte Truppe 70 f., 78
Lenin, Wladimir I. (1870–1924), sowj. Denker und Staatsmann 142
Liddell Hart, B. H., brit. General u. Militärschriftsteller 70
List, Wilhelm (1880–1971), Generalfeldmarschall 122
Logistik (Truppenversorgung) 74
Ludendorff, Erich (1865–1937), General und Erster Generalquartiermeister 1916 bis 1918 20, 40 f., 50, 65, 101, 156, 157
Luise, Königin von Preußen (1776–1810) 20
Luther, Martin (1483–1546), dt. Reformator 22
Lutz, Oswald (1876–1944), General u. Inspekteur der Verkehrstruppen 57 f.

Mackensen, August v. (1849–1945), Generalfeldmarschall 70
Malet, Claude François (1754–1812), franz. General 197
Manstein, Erich v. (1887–1971), Generalfeldmarschall 33, 67 f., 83, 89, 104, 132 f.
Marcks, Erich (1891–1944), General 54, 129
Marwitz, Joh. Adolf v. d., General Friedrichs des Großen 12, 19, 51
Materna, Friedrich (1885–1946), General der Infanterie 166, 168 f.
Maxim, Hiram S. (1840–1916), Konstrukteur des MG 25
Menschenführung 28 f., 32, 35, 37 f., 52, 54 f., 84
Metternich, Clemens Fürst v. (1773–1859), österr. Staatskanzler 47
»Michael«-Angriff 1918 42, 62
Moltke, Helmuth Karl Graf v. (1800–1891), preuß. Generalfeldmarschall und Chef des Generalstabes 1858–1888 13, 20, 22, 27, 29 f., 39, 42, 62, 66, 205 f., 207

Moltke, Helmuth Johann Ludwig v. (1848–1916), Generaloberst und Chef des Generalstabes 1906–1914 35, 39
Mussolini, Benito (1883–1945), ital. faschistischer Diktator 77
Napoleon I. (1769–1821), Kaiser der Franzosen 51, 86, 127, 129, 131, 146, 151, 154, 156, 162, 164 f., 166, 197
Nehring, Walther K., General der Panzertruppen 58, 69
Nivelle, Robert (1856–1924), franz. General im Ersten Weltkrieg 40
Noél, Generaldirektor der Werft Schichau 63 f.
Oertzen, Ulrich v., Major i. G. 179
Olbricht, Friedrich (1888–1944), General der Infanterie, Chef des Allgemeinen Heeresamtes 1940–1944 90 f., 146, 176, 179, 181 f., 193 f., 197
Oster, Hans (1888–1945), Generalmajor, Chef des Stabes der Abwehr unter Admiral Canaris 75, 98, 186
Panzerwaffe 32, 67 ff., 73 f.
Papen, Franz v. (1879–1969), dt. Diplomat u. Reichskanzler 146
Paulus, Friedrich (1890–1957), Generalfeldmarschall 79, 83, 87, 104, 176
Pétain, Henri Philippe (1856–1951), franz. Marschall und Staatsführer 35, 39 f., 122
Prételat, franz. General im Zweiten Weltkrieg 122
Prioux, franz. General im Zweiten Weltkrieg 107 f., 109
Quirnheim, Ritter Merz v. (1905–1944), Oberst i. G. 182, 193 f., 197
Reichenau, Walter v. (1884–1942), Generalfeldmarschall 61, 83, 86, 89, 92 f., 102, 104 f., 111, 121, 163
Reichswehr 49 f., 52, 73, 96 f.
Reinhardt, Georg Hans (1887–1963), Generaloberst 12, 73, 82, 87 f., 90 f., 104, 132 f., 137, 140, 143 f., 156, 160 f., 175 f.
Richthofen, Frhr. v. (1895–1945), Generaloberst 80
Riemann, Oberpfarrer in Charlottenburg 21
Röhm, Ernst (1887–1934), Stabschef der SA 64
Rommel, Erwin (1891–1944), Generalfeldmarschall 69, 110
Rundstedt, Gerd v. (1875–1953), Generalfeldmarschall 66, 83, 89, 92, 101, 163, 198
Saltykow, Pjotr Semjonowitsch Graf v. (1698–1772), russ. Feldmarschall im Siebenjährigen Krieg 19
Schaal, Ferdinand (1889–1956), General der Panzertruppen 189, 192
Schacht, Hjalmar (1877–1970), Reichsbankpräsident 96
Scharnhorst, Gerh. Joh. David v. (1756–1813), preuß. General und Heeresreformer 21, 22, 49 f.
Schiller, Friedrich v. (1759–1805), Dichter der deutschen Klassik 13, 22, 128
Schleich, Carl Ludwig (1859–1922), Arzt und Schriftsteller 23
Schleicher, Kurt v. (1882–1934), General, Reichswehrminister und Reichskanzler 61, 64
Schlieffen, Alfred Graf v. (1833–1913), Generalfeldmarschall, Chef des Generalstabs 1891–1905 30, 34, 35
Schlotheim, Frhr. v. 96
Schmidt, Carl, Staatssekretär 95 f.
Schmund, Rudolf, Generalleutnant 174 f.
Schopenhauer, Arthur (1788–1860), dt. Philosoph 26
Schukow, Grigori (1896–1974), Sowjetmarschall 141, 150, 175
Schulenburg, Fritz-Dietlof Graf v. d., Regierungspräsident 185, 192
Seeckt, Hans v. (1866–1936), Generaloberst und Chef der Heeresleitung 1920 bis 1926 13, 49 f., 52, 56 f., 70, 73, 97
Ségur, Philippe Paul Comte de (1780–1873), franz. Generalleutnant und Militärschriftsteller 162
Seydlitz, Friedrich Wilhelm v. (1721–1773), Kavallerieführer Friedrichs des Großen 12, 47, 87
Sheppard, E. V., engl. Tankspezialist 70
Sophie Charlotte (1668–1705), Kurfürstin, Königin in Preußen 20
Specht, Karl-Wilhelm (1894–1953), Generalleutnant 188
Speer, Albert, Reichsminister a. D. 170
Stahlecker, SS-Brigadeführer 138
Stauffenberg, Claus Schenk Graf v. (1907–1944), Oberst i. G. 74 f., 171, 179, 181 f., 192 f., 206
Stieff, Helmut (1901–1944), Generalmajor 192, 200, 202 f.

Stülpnagel, Karl Heinrich v. (1886–1944), General der Infanterie 92, 101
Stumme, Georg (1886–1942), General der Kavallerie 147
Sudetenkrise 1938 76 f.
Szokoll, Karl, Hauptmann 191
Talleyrand, Charles Herzog v. (1754–1838), franz. Staatsmann 164
Tannenberg (Schlacht 1914) 40, 54
Thiele, Fritz (1894–1944), Generalleutnant 182 f.
Timoschenko, Semjon (1895–1970), Sowjetmarschall 149
Todt, Fritz (1891–1942), Reichsminister 157
Torgau (Schlacht 1760) 19
Tresckow, Hans Henning v. (1901–1944), Generalmajor 97, 169, 179, 205
Tschecheikrise 79
Veiel, Rudolf (1883–1956), General der Panzertruppen 188 f.
Verdun (Schlacht 1916) 37 f.
Versailler Vertrag 47, 51, 66
Vietinghoff, Heinrich-Gottfried v., gen. Scheel (1887–1952), Generaloberst 147, 171, 204 f.
Volksgerichtshof 198
Wagner, Eduard (1894–1944), Generalquartiermeister 146
Walküre-Plan 179
Wallenstein, Albrecht v. (1583–1634), Herzog von Friedland, kaiserlicher Generalissimus 22, 75, 194
Weichs, Maximilian Frhr. v. (1881–1954) Generalfeldmarschall 67, 69 f., 165
Weimarer Republik 49, 62
Wenck, Walther, General der Panzertruppen 82, 84 f., 142
Weygand, Maxime (1867–1965), franz. General 112
Wietersheim, Gustav Anton v. (1884–1974), General der Infanterie 83
Wilhelm I. (1797–1888), König von Preußen, Deutscher Kaiser 20, 36
Wilhelm II. (1859–1941), Deutscher Kaiser 25, 29 f., 46, 48, 194
Wilhelm (1882–1951), Deutscher Kronprinz 34 f.
Witzleben, Erwin v. (1881–1944), Generalfeldmarschall 8, 75 f., 184 f., 197, 198, 200 f.
Woroschilow, Kliment Jefromowitsch (1881–1969), Sowjetmarschall 139
Yorck v. Wartenburg, Hans David Ludwig Graf (1759–1830), preuß. Feldmarschall 12
Yorck v. Wartenburg, Peter (1904–1944), Oberregierungsrat 185, 201 f., 203 f.
Zeitzler, Kurt (1895–1963), Generaloberst, Chef des Generalstabs des Heeres 1942–1944 183
Zieten, Hans-Joachim v. (1699–1786), Kavallerieführer Friedrichs des Großen 19